Andreas Platthaus

Der Krieg nach dem Krieg

Deutschland zwischen Revolution und
Versailles 1918/19

Rowohlt · Berlin

1. Auflage März 2018
Copyright © 2018 by Rowohlt · Berlin Verlag GmbH, Berlin
Karten Copyright © Peter Palm, Berlin
Satz aus der DTL Dorian PostScript bei
Dörlemann Satz, Lemförde
Druck und Bindung CPI books GmbH, Leck, Germany
ISBN 978 3 87134 786 3

V wie Verpflichtung:
Für Alan Moore, der uns alles lehrt, was Erzählen heißt.

INHALT

Vorwort:
Die Illusion vom Ende

Dieser Krieg hatte begonnen, um alle Kriege zu beenden. So zumindest verkündete es H.G. Wells, und der musste es wissen. Kein anderer Schriftsteller war mit Kriegsbüchern so bekannt geworden wie der Brite. Sein Roman «Der Krieg der Welten» war 1898 erschienen und ein Welterfolg. Allerdings war das Buch auch Science-Fiction, noch bevor das Wort geprägt war: Heldenhafte Engländer wehren einen Angriff von Außerirdischen ab, deren Heimat der nach dem Kriegsgott Mars benannte Planet ist. Zehn Jahre später wählte Wells ein ähnliches Thema für einen neuen Erfolgsroman, «Der Luftkrieg», doch diesmal waren sich die Gegner näher: Die Deutschen führen Krieg gegen die Vereinigten Staaten, und als sich eine Allianz von asiatischen Mächten einmischt, ist der Weltkrieg ausgebrochen. Wells siedelte die Handlung in einer nahen Zukunft an, am Ende des folgenden Jahrzehnts. Zu jenem Zeitpunkt also, als in der Wirklichkeit der Erste Weltkrieg enden sollte.

Mit der Parole «The War That Will End War» hatte Wells jedoch keinen Roman, sondern eine Broschüre betitelt, in der er im Oktober 1914 seine seit Kriegsbeginn geschriebenen politischen Artikel versammelte.[1] Elf Aufsätze waren in nur knapp mehr als einem Monat zusammengekommen, und gleich der erste hob mit dem Satz an: «Der Anlass eines Krieges und sein Ziel stimmen nicht notwendig überein.» Da nicht Deutschland seinem Heimatland den Krieg erklärt hatte, sondern Großbritannien am 3. September an die Seite Frankreichs und Russlands getreten war, fühlte sich Wells bemüßigt, den Kriegseintritt zusätzlich zu dem ohnehin guten Grund – dem deutschen Einmarsch in die neutralen Staaten Belgien und Luxemburg – durch ein weiteres moralisches Kriegsziel zu legitimieren: «For this is now a war for peace.»

Ewigen Frieden sah Wells am Horizont, wenn es denn gelingen werde, den «preußischen Imperialismus zu zerschmettern». Weil man nur das anstrebe – nicht etwa, die «Freiheit oder Einheit der Deutschen zu zerstören» –, richte sich der Krieg unmittelbar auf eine allgemeine Entwaffnung, denn sobald die preußische Weltbedrohung beseitigt sei, müsse die bisherige Hochrüstung nicht länger fortgeführt werden. Der reißerische Titel «Krieg zur Beendigung aller Kriege» findet sich gar nicht explizit in den Texten der Broschüre, doch zu reizvoll war diese Formulierung im Zusammenhang mit einem Autor, der auf dem Titelblatt als «Author of ‹The War of the Worlds›, ‹The War in the Air› etc.» ausgewiesen wurde, also als der literarische Kriegsexperte schlechthin. Und so zitierte denn auch der amerikanische Präsident Woodrow Wilson just jenen Buchtitel, als er am 2. April 1917 vor beiden Häusern des Kongresses den bevorstehenden Eintritt der Vereinigten Staaten in den Krieg gegen Deutschland begründete: «Ich verspreche Ihnen, dass das der letzte Krieg sein wird – der Krieg, der alle Kriege beendet.»[2] Dass Wilson tatsächlich Wells gelesen hatte, das sollte sich an dem Werk zeigen, das die präsidiale Ankündigung zwei Jahre später einlöste: dem Versailler Vertrag.

Der Text des bis dahin umfangreichsten Friedensschlusses der Geschichte liest sich selbst wie ein Roman – leider nicht stilistisch, aber allemal vom Umfang her: Er umfasst achtzigtausend Worte, das ergibt in der deutschen Druckausgabe[3] rund zweihundertfünfzig Seiten. Als in der amerikanischen Debatte um die Ratifizierung des Abkommens im Herbst 1919 der komplette Vertragstext im zuständigen Senatsausschuss verlesen wurde – eine Schikane der Abkommensgegner, die Zeit gewinnen wollten, um weitere Senatoren auf ihre Seite zu ziehen –, dauerte das zwei Wochen.[4] Wilson hatte nicht Science-, sondern Politics-Fiction schreiben lassen. Die Ablehnung vom 19. November 1919 durch den Senat war dann das erste Eingeständnis, dass dieser Vertrag scheitern würde. So umfangreich war er deshalb geraten, weil er sich einerseits vorgenommen hatte, tatsächlich ewigen Frieden zu schaffen, und andererseits, einen Krieg zu beenden, in dem es militärisch noch keinen eindeutigen Sieg gegeben hatte – die Deutschen hielten sich, mit einem späteren Propagandaslogan der politischen Rechten, für «im Felde unbesiegt».

Man könnte den Eindruck gewinnen, beide Zielsetzungen würden sich perfekt ergänzen, aber faktisch hatte es eben doch Sieger gegeben, als im November 1918 der Waffenstillstand geschlossen worden war: die Alliierten. Und die wollten diesen Sieg nun nicht nur anerkannt sehen, sondern auch seine Früchte ernten. Der Versailler Vertrag wurde von beiden Seiten unterschrieben, jedoch allein von den Siegern verfasst. Die Debatte über das Abkommen hält bis heute an, unter Historikern, aber auch in der breiten Öffentlichkeit. Umstritten ist weniger die Frage, ob es zum Scheitern verurteilt war – dass dafür schon die Form des Vertrags gesorgt hat, darüber ist man sich mittlerweile weitgehend einig –, sondern wie es geschehen konnte, dass man dem Abkommen überhaupt diese Form gab. Die Diskrepanz zwischen den beiden Hauptabsichten ist eine Erklärung, aber es spielen noch viele andere Faktoren eine Rolle. Sie sollen in diesem Buch Berücksichtigung finden.

In Deutschland ist man nach wie vor geneigt, sich auf die Folgen des Vertrags zu konzentrieren; das berühmte Schlag- und Schimpfwort von der «Erfüllungspolitik» ist dafür bezeichnend. In den anderen am Versailler Vertrag beteiligten Ländern – und das war die halbe Welt – richtet sich das heutige Augenmerk dagegen mehr auf dessen Voraussetzungen. In diesen unterschiedlichen Betrachtungsweisen artikuliert sich die jeweilige Beteiligung: Die Deutschen saßen in den Verhandlungen um den Vertragstext nicht mit am Tisch, sie wurden erst mit dem fertigen Dokument konfrontiert. Zudem hatten sie im ersten Halbjahr des Jahres 1919, als die Pariser Friedenskonferenz tagte, auf der die Sieger den Versailler Vertrag aushandelten, noch ganz andere Sorgen. Die junge Republik musste sich nicht nur mit den Beharrungskräften des alten Kaiserreichs auseinandersetzen, sondern auch mit der Enttäuschung jener, die sich eine sozialistische Revolution erhofft hatten. Das Jahr 1919 hatte in der Reichshauptstadt Berlin mit bürgerkriegsähnlichen Zuständen begonnen, und bis zur Unterzeichnung des Versailler Vertrags am 28. Juni war auch in Bayern, Sachsen und dem Ruhrgebiet der Bürgerkrieg mehrfach offen ausgebrochen.

Die deutschen historischen Darstellungen legen ihren Schwerpunkt deshalb auf die inneren Verhältnisse dieser Zeit, während in den anderen Ländern zwar Besorgnis über die revolutionären und reaktionären Ereignisse im Reich herrschte, aber das Augenmerk der Pariser Konferenz galt – und bis heute gilt. Zumal die Konferenz eine historisch einmalige Funktion zu erfüllen hatte: Ihr Ergebnis, der Friedensvertrag mit Deutschland, sollte erklärtermaßen als Muster für die dann noch anstehenden Friedensschlüsse mit den deutschen Kriegsverbündeten dienen, also mit Österreich-Ungarn, Bulgarien und der Türkei. Der Historiker Jörn Leonhard schreibt dazu: «Da die anderen Konferenzen nach dem Vorbild der Pariser Konferenz organisiert sowie die anderen Verträge nach dem Vorbild des Versailler Vertrags verfasst wurden und da viele ihrer Klauseln sich auf diesen Vertrag bezogen, lag der Fokus der Aufmerksamkeit von Zeitgenossen und Historikern vor allem auf der Konferenz von Paris und dem daraus hervorgehenden Versailler Vertrag. Ebendiese Konferenz warf die drängendsten Fragen auf, an sie wurden die meisten Erwartungen gestellt, und sie rief die schärfste Kritik hervor.»[5] Danach gab es nur noch für Deutschland ein Problem. Zumindest hofften das die Sieger.

Da sich im Versailler Vertrag aber die unterschiedlichen Interessen der Alliierten artikulierten, hörten die Probleme auch für sie nicht auf. Die nachträgliche Ablehnung des Abkommens ausgerechnet durch jene Macht, die den größten Einfluss auf seine Entstehung hatte, die Vereinigten Staaten, machte das bald klar. Es hatte etwas von diplomatischer Ironie, dass der amerikanische Präsident im Vertrag mit einer traditionellen Titulierung genannt wurde, die sich von der aller anderen Signatare unterschied: «der ehrenwerte Woodrow Wilson, Präsident der Vereinigten Staaten in seinem eigenen Namen und aus eigener Machtbefugnis». Diese Machtbefugnis war nicht groß genug, der Senat diskreditierte durch seine Ablehnung den eigenen Staatschef, der als Spiritus Rector des Vertragstextes galt. Tatsächlich war Wilson aber vor allem an einem Teil interessiert: dem ersten, der Völkerbundsakte, die lediglich sechsundzwanzig von insgesamt vierhundertvierzig Artikeln und zehn von zweihundertfünfzig Seiten umfasste. Der Rest war für ihn Klein-Klein, auch wenn es ihn und seine Berater während der Pariser Konferenz oft genug hatte verzweifeln

lassen. Als überseeische Macht, die zudem erst spät in den Krieg
eingetreten war, fehlte den Vereinigten Staaten das existenzielle
Bedürfnis, Fragen zu regeln wie jene nach den Grenzziehungen
und den wirtschaftlichen Verflechtungen in Europa, die den
größten Teil des Versailler Vertrags ausmachen.

Gegliedert ist der Vertrag in vierzehn Teile ganz unterschiedlicher Länge. Die beiden umfangreichsten (mit jeweils etwas
mehr als einem Fünftel des Gesamttextes) sind der dritte Teil
über «Politische Bestimmungen für Europa», in dem die Bedingungen der deutschen Gebietsabtretungen geregelt wurden, und
der zehnte über «Wirtschaftliche Bestimmungen». An Letzteren
hatte vor allem Großbritannien als führende Handelsmacht Interesse, während die französischen Bemühungen sich vorrangig
darauf richteten, Deutschland dauerhaft politisch und militärisch
zu schwächen. Das besondere Augenmerk der Franzosen galt
den deutschen Territorialverlusten und der damit verbundenen
Bevölkerungsreduzierung.

In Übereinstimmung zu bringen waren aber die Interessen
von insgesamt dreiunddreißig Vertragspartnern, die in Versailles schließlich unterzeichneten, inklusive Deutschland. Auf
den Verlierer musste keine große Rücksicht genommen werden,
umso mehr jedoch auf die fünf sogenannten Hauptmächte: die
Vereinigten Staaten, das Britische Empire, Frankreich, Italien
und Japan. Da das Empire neben Großbritannien die Dominions
Kanada, Südafrika, Australien und Neuseeland sowie das Kaiserreich Indien umfasste, prallten unter den Hauptmächten sogar
insgesamt zehn Positionen aufeinander. Und weil der Versailler Vertrag Vorbildcharakter für die anderen sogenannten Pariser Vorortverträge haben sollte – also in der Reihenfolge ihrer
Abschlüsse für den von Saint-Germain-en-Laye mit Österreich,
den von Neuilly-sur-Seine mit Bulgarien, den von Trianon mit

Ungarn und den von Sèvres mit der Türkei –, waren auch Mächte, die wie Italien oder Japan gar nicht intensiv in die Kriegsführung mit den Deutschen verwickelt gewesen waren, im höchsten Maße an einzelnen Bestimmungen interessiert. Italien hatte zwar keine gemeinsame Grenze mit Deutschland, weshalb sein künftiges Territorium in den «Politischen Bestimmungen für Europa» des Versailler Vertrags gar nicht erwähnt wird, aber die deutschen Gebietsabtretungen und ihre jeweiligen Regelungen sollten die Basis legen für die Bedingungen der italienischen Gebietszuwächse auf Kosten des früheren Habsburger-Reichs. Japan wiederum spekulierte auf deutsche Kolonien im Pazifik und Einflusssphären in China, weshalb für die Regierung in Tokio der vierte Teil des Vertrags, «Deutsche Rechte und Interessen außerhalb Deutschlands», zentral war – wie auch für Australien und Neuseeland, die in der Frage der Verteilung des deutschen Kolonialbesitzes im Pazifik als Rivalen Japans auftraten. Schließlich gab es neben diesen Mächten eine Reihe «normaler» Alliierter, unter denen zum Beispiel China und Siam waren, die den japanischen Einfluss eindämmen wollten. Oder die süd- und mittelamerikanischen Staaten Bolivien, Ecuador, Brasilien, Kuba, Guatemala, Haiti, Honduras, Nicaragua und Panama, die größtes Interesse an den Formulierungen der Völkerbundsakte hatten, auch deshalb, weil darin die Rolle der Vereinigten Staaten als amerikanische Ordnungsmacht fortgeschrieben werden sollte – sehr zum Missfallen der lateinamerikanischen Länder.

Das alles sind Fragen, die mit dem Vertrag selbst zusammenhängen und von denen jede ein eigenes Buch verdienen würde. Das vorliegende wird sie und viele mehr ansprechen, aber nur insofern, als sie charakteristisch sind für eine Konstellation, die die letzten fünfzig Tage des Jahres 1918 und das erste Halbjahr 1919 aus-

machte. Es war offiziell ja noch Krieg und doch auch nicht mehr
Krieg. Zwar hatten die aktiven Kampfhandlungen am 11. November 1918 aufgehört, bis der Friedensvertrag mit Deutschland aber
in Kraft trat, galt noch der Kriegszustand zwischen dem Reich
und den Alliierten. Die Welt lebte ungeachtet der Erleichterung
über das Ende des Abschlachtens an der Front weiterhin unter der
Drohung, dass die Kämpfe wiederaufgenommen werden könnten. Es war der Krieg, den keiner so nennt. Wie er geführt wurde,
diplomatisch und innenpolitisch, das ist der Gegenstand dieses
Buchs.

Es herrschte also immer noch Krieg, die ganze Zeit lang, die
dieses Buch beschreibt, bis zum Vertragsschluss von Versailles.
In einem Fall sogar noch weit darüber hinaus, und das war nun
wirklich nicht die Schuld der Deutschen: Der Krieg zwischen
Deutschland und den Vereinigten Staaten war erst 1921 mit dem
Berliner Frieden offiziell vorbei, nachdem der bereits von Wilson unterzeichnete Versailler Vertrag nicht die Zustimmung des
amerikanischen Senats gefunden hatte. Zwischen dem Reich und
allen anderen an dem Abkommen beteiligten Staaten herrschte
der Kriegszustand bis zum 28. Juni 1919, dem Tag von Versailles.
Der besiegelte dann einen Kampf mit Worten, der genauso erbit-
tert geführt worden war wie der mit Waffen.

In der Forschungsliteratur aber lesen wir über den Waffenstillstand, der ein halbes Jahr zuvor geschlossen wurde, solche
Sätze: «Sechs Stunden nach der Unterzeichnung dieses Abkommens, am 11. November um 12 Uhr mittags, wurden die Feindseligkeiten eingestellt. Der Krieg war zu Ende.»[6] An diesen zwei Sätzen eines erstmals 1968 erschienenen deutschen Standardwerks
zum Ersten Weltkrieg ist alles falsch. Weder war am 11. November
1918 der Krieg zu Ende, noch waren die Feindseligkeiten eingestellt. Im Gegenteil hatte nie größere Feindschaft zwischen den

beteiligten Nationen geherrscht als in den siebeneinhalb Monaten danach, denn nun standen sich nicht mehr nur die verbündeten Mittelmächte, also das Deutsche Reich, Österreich-Ungarn, Bulgarien sowie die Türkei, und die Alliierten mit den Hauptmächten Frankreich, Großbritannien, den Vereinigten Staaten, Italien und Japan gegenüber, sondern auch zwischen den Siegern brach Streit aus: um den endgültigen Friedensschluss mit den Besiegten. Er fand sein Schlachtfeld in Paris, vom Januar bis zum Mai 1919, als von den Alliierten jene Bedingungen ausgehandelt wurden, unter denen sie bereit waren, ihren Gegnern Frieden zu gewähren.

Die Rede von «den Alliierten» ist dabei nicht ganz richtig. Die Vereinigten Staaten, die sich in den Folgemonaten als wichtigste Macht erwiesen – und diesen Status bis heute nicht eingebüßt haben –, weigerten sich, als Alliierter bezeichnet zu werden. Sie waren erst spät in den Krieg eingetreten, im April 1917, und in Washington war man sorgsam darauf bedacht, sich nicht vollständig mit den bereits lange kämpfenden Verbündeten gemeinzumachen. Den sichtbarsten Ausdruck fand das am 8. Januar 1918 in der Verkündigung der «Vierzehn Punkte», die Woodrow Wilson zur Bedingung für einen Friedensschluss machte. Sie waren mit den anderen Ländern, die gegen die Mittelmächte kämpften, nicht abgesprochen. Und als die Deutschen unter Anerkennung dieser Vierzehn Punkte am 3. Oktober um einen Waffenstillstand baten, firmierten die Amerikaner in den folgenden Verhandlungen bis zum Abschluss des Versailler Vertrags immer nur als mit den Alliierten «assoziierte Macht», weshalb im Abkommen vom 11. November stets von «den alliierten und assoziierten Mächten» die Rede ist. Unumstößliche Einigkeit wurde damit nicht signalisiert. Sofern in diesem Buch trotzdem meist nur von «den Alliierten» oder bisweilen auch «der Entente» die Rede ist, wenn es um

die Siegermächte geht, entspricht das lediglich dem gängigen
Sprachgebrauch.

Das mehr als vier Jahre währende Gemetzel an der Front
war mit diesem Abkommen vorbei, aber das Sterben nicht. In
den siebeneinhalb Monaten des Waffenstillstands verloren weit
mehr Menschen ihr Leben durch die Spanische Grippe, als von
1914 bis 1918 in den Schützengräben gestorben waren, im Falle der
Vereinigten Staaten sogar mehr Soldaten als infolge von Kampfhandlungen. Die Zahl der weltweiten Pandemietoten ist nie exakt
ermittelt worden, die Schätzungen schwanken zwischen zwanzig und siebzig Millionen, während im Krieg rund fünfzehn Millionen Soldaten starben. Auffällig ist, dass von der Spanischen
Grippe am stärksten jene Länder betroffen waren, die am Ersten
Weltkrieg teilgenommen hatten. Durch die Truppenbewegungen
und zynischerweise auch durch die nach dem 11. November in
den alliierten Staaten abgehaltenen Siegesfeiern konnte sich der
Erreger, der zum Jahresanfang 1918 erstmals nachgewiesen worden war, rasant verbreiten. Am schlimmsten sollte er dann im Jahr
1919 in Indien wüten, kurz nachdem die Soldaten des damals der
englischen Krone untertanen Landes nach dem Waffenstillstand
nach Hause zurückgekehrt waren.

In Deutschland traf die Grippewelle auf eine ausgehungerte
und entsprechend wenig widerstandsfähige Zivilbevölkerung.
Zuletzt war bevorzugt die Front mit Lebensmitteln versorgt
worden, außerdem hatte jahrelang die alliierte Handelsblockade
gewirkt. Die Blockade bestand auch nach dem offiziellen Ende der
Kampfhandlungen fort, sie wurde eigens ins Waffenstillstandsabkommen aufgenommen. Artikel XXVI lautete: «Die Blockade
der alliierten und assoziierten Mächte bleibt im gegenwärtigen
Umfange bestehen. Deutsche Handelsschiffe, die auf hoher See
gefunden werden, unterliegen der Beschlagnahme.» Zwar wurde

im selben Artikel eine mögliche Versorgung Deutschlands mit Lebensmitteln «in dem als notwendig anerkannten Maße» angesprochen, aber das Gremium, das diese Anerkennung zu leisten hatte, war die im Schlussartikel des Abkommens etablierte Internationale Waffenstillstandskommission, der trotz ihrer «Internationalität» kein Vertreter der Deutschen angehören sollte. Auch waren die Lebensmittellieferungen nicht garantiert, sondern lediglich «in Aussicht genommen». Im hungernden Deutschland empfand man das eher als Fortführung der Feindseligkeiten.

Es wurde also weiterhin in Massen gestorben, wenn auch nicht mehr direkt durch fremde Hand. Und es wurde weiterhin gekämpft, zum Beispiel im Osten, wo es galt, der vom bolschewistischen Russland ausgehenden revolutionären Bedrohung Westeuropas Einhalt zu gebieten. Diese Aufgabe kam den Deutschen zu, die seit dem am 3. März 1918 mit Russland geschlossenen Separatfrieden von Brest-Litowsk weite Gebiete im Westen des früheren Zarenreichs kontrollierten. Der zwölfte Artikel des Waffenstillstandsabkommens vom 11. November mit den Alliierten verlangte vom Deutschen Reich zwar den Rückzug aller Soldaten von der Ostfront hinter die Grenzen von 1914, aber das galt nicht für ehemals russische Gebiete, die erst geräumt werden sollten, «sobald die Alliierten, unter Berücksichtigung der inneren Lage dieser Gebiete, den Augenblick für gekommen» erachteten. Von einer «Einstellung der Feindlichkeiten zu Lande und in der Luft», wie es das Abkommen in Artikel I für die Westfront vorsah, war im Osten daher keine Rede, konnte es auch gar nicht sein, weil Russland am Abschluss nicht beteiligt war. Zugleich zwang Artikel XIII dem Deutschen Reich den Verzicht auf den Frieden von Brest-Litowsk ab. Damit befand sich das Land formell wieder im Krieg mit Russland. Das war praktisch für die Alliierten, denn würden die Bolschewisten nach Westen vorstoßen, hätten es nur die Deutschen mit ihnen zu tun. Das Waffenstillstandsabkommen regelte also die Fortdauer des Kriegs mit anderen Mitteln.

Dass der 11. November 1918 als Schlusstag des Ersten Weltkriegs wahrgenommen wurde, ist verständlich aus der Sicht der Soldaten und ihrer Angehörigen, da nicht länger der Tod an der Front drohte. Auf alliierter Seite feierte man den Sieg, weil die Bedingungen des Waffenstillstands dokumentierten, wer den Krieg gewonnen hatte. Bis heute ist der 11. November Nationalfeiertag in Frankreich und Belgien, in den Ländern des Commonwealth begeht man an diesem Datum den Remembrance Day, in den Vereinigten Staaten den Veterans Day. In Deutschland dagegen gedenkt man dieses Tages nicht, als zu vernichtend wurde er empfunden. Für die Regierungen aller beteiligten Staaten aber begann nach dem Waffenstillstand erst der schwierigste Teil des Krieges, weil plötzlich nicht mehr nur der Feind zu bekämpfen war. Bei den Alliierten wurden Verbündete zu Gegenspielern, bei den Deutschen wütete der Kampf nun auch im Inneren.

Schreckensbild des Sieges:
Kriegsversehrte im Spiegelsaal

Im städtischen Kunstmuseum von Stuttgart hängt ein Triptychon von Otto Dix. Er hat das Bild 1927 gemalt, und es trägt den Titel «Großstadt». Im Mittelpunkt steht eine ausgelassene Tanzveranstaltung, die durch die Eleganz der Stoffe, in die die aufreizenden Damen gehüllt sind, die blitzenden Blasinstrumente einer Jazzcombo und das glänzende Parkett des Tanzbodens wie eine farbgetreue Illustration der Rede von den «Goldenen Zwanzigern» wirkt. Doch Dix rahmte diese Mitteltafel durch zwei Flügel mit Straßenszenen, auf denen die so reich geschmückten Damen zu nicht minder farbenprächtig, aber vulgär gekleideten Dirnen werden, die sich an zwei Bettlern vorbei zu den Clubs und Salons begeben, wo sie ihre Dienste anbieten. Die beiden Bettler sind Veteranen des Ersten Weltkriegs: auf der linken Tafel ein doppelt Beinamputierter in zerlumpter Uniform auf zwei Krücken, auf der rechten ein Soldat, der ebenfalls beide Beine verloren hat und in Zivilkleidung, die aber feldgrau ist wie eine Uniform, auf dem Boden sitzt, den umgedrehten Hut vor sich. Der Kopf des Bettlers auf der rechten Seite ist kahl, und zwischen Augen und Mund fehlt ihm die Nase: Eine brutale Lücke verunstaltet sein Gesicht wie ein tiefer Einschnitt. Er gehört jener Gruppe von Verwundeten an, die man in Frankreich unter dem

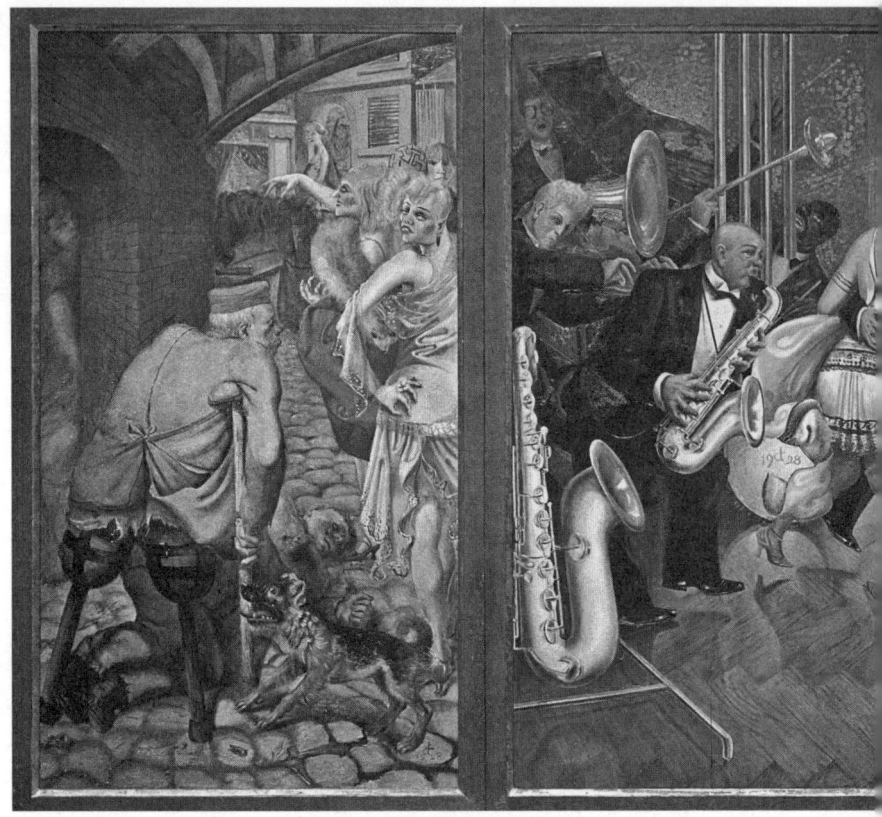

Eingerahmt vom Elend der Kriegskrüppel, malt Otto Dix 1927/28 seine Darstellung der luxuriösen und realitätsvergessenen «Großstadt». Er war selbst Kriegsteilnehmer und hatte seine Eindrücke der Versehrten schon an der Front in Skizzen festgehalten. Das Triptychon befindet sich heute im Kunstmuseum Stuttgart.

drastischen Namen «Gueules cassées» kannte, zerschlagene Fressen.

Das waren Gesichter, die nach dem Ersten Weltkrieg jeder kannte, weil sie zum Straßenbild gehörten. Die Zahl der während des Kriegs auf beiden Seiten verwundeten Soldaten wird heute auf mehr als sieben Millionen geschätzt, elf bis vierzehn Prozent

davon erlitten Gesichtsverletzungen.[1] Die Fortschritte in der Militärtechnik hatten zum Resultat, dass es schlimmere Versehrungen gab als jemals zuvor, während die Fortschritte der Medizintechnik dafür sorgten, dass viele der derart schwer Verletzten überlebten. Vor allem die plastische Chirurgie und die Entwicklung und Herstellung von Prothesen wurden in den Feld- und Heimatlazaretten der am Krieg beteiligten Staaten revolutioniert, doch auch die besten neuen Behandlungsmethoden konnten die Verheerungen der Körper nicht unsichtbar machen, und am unmittelbarsten zeigten sie sich in verwundeten Gesichtern. Wobei man in vielen Fällen eher von Zerfleischungen sprechen sollte, denn der Granaten- und der Gaseinsatz hinterließen bislang unbekannte Zerstörungen – unbekannt nicht deshalb, weil es sie vorher nicht gegeben hätte, sondern weil die Opfer nun medizinisch gerettet werden konnten. Niemand vermochte es, sie und die Menschen, die ihnen begegneten, vor dem Schock ihres Anblicks zu bewahren.

Diese zerstörten Gesichter prägten die Ikonographie des Nachkriegs, vor allem nachdem 1924 das Buch «Krieg dem Kriege!» des deutschen Pazifisten Ernst Friedrich erschienen war. Friedrich hatte sich 1914 als damals Zwanzigjähriger der Einberufung zum deutschen Heer verweigert und war erst als geisteskrank eingestuft und 1917 schließlich zu einer Gefängnisstrafe verurteilt worden. Sein Buch machte Furore: Den einen galt es als unübertreffliche Anklage gegen die Schrecken der modernen Kriegsführung, den anderen als geschmacklose Instrumentalisierung des Leidens heroischer Soldaten. Der Bildband verzichtete weitgehend auf Text – eine Ausnahme war das kurze Vorwort unter dem Titel «Menschen aller Länder» – und reihte auf zweihundert Seiten Fotos und einzelne Zeichnungen aneinander. Sie zeigten Schlachtszenen und auch fünfundzwanzig aufeinanderfolgende Porträtaufnahmen schrecklich verstümmelter Gesichter.

Friedrich verwendete die Methode von Goyas ein Jahrhundert zuvor entstandenem Radierungszyklus «Desastres de la guerra» (Schrecken des Krieges) und fügte jeder Abbildung einen lapidar formulierten Untertitel hinzu, manchmal nur ein Wort, dann wieder einen ganzen Satz und bisweilen auch die Namen der abgebildeten Kriegsopfer. Unter dem berühmten Foto, das einen aus dem Schützengraben heranstürmenden gasmaskenbewehrten Soldaten zeigt, hieß es: «Das ‹Ebenbild Gottes› mit

Gasmaske». Friedrichs Werk bezog wie Goyas Radierungen Stellung durch Augenzeugenschaft, wobei im Falle der fotografischen Bilddokumentation «Krieg dem Kriege!» die Kamera an die Stelle des Autors trat, der als erst psychiatrisierter und dann inhaftierter Kriegsdienstverweigerer nicht mehr vom Krieg hatte sehen können als die Folgen des Schlachtens, wie sie sich im Alltag darboten. Damit ging es ihm wie der Mehrheit der Menschen in den kriegführenden Staaten, und deshalb war die Wirkung der zerstörten Gesichter so stark: Sie stellten nun den Erfahrungshintergrund aller dar.

«Krieg dem Kriege!» bot seine knappen Texte in vier Sprachen dar – Deutsch, Französisch, Englisch und Niederländisch –, wurde in den Folgejahren aber noch in fünfzig weitere übersetzt und fand so weltweit Verbreitung. 1926 erschien ein zweiter Band der gleichen Machart mit neuen Aufnahmen, der allerdings im Schatten der Originalausgabe blieb. Das Buch trug dazu bei, dass auch in Staaten, die nicht selbst am Kampfgeschehen beteiligt gewesen waren, die verheerenden Auswirkungen bekannt wurden. Neben den Fotos von zerstörten Gesichtern fanden sich auch solche von Überlebenden in ersichtlich zerrüttetem Geisteszustand, zu denen Friedrich bisweilen berühmte Sätze deutscher Militärs als Begleittexte setzte, etwa Hindenburgs Ausspruch «Der Krieg bekommt mir wie eine Badekur». Auf der gegenüberliegenden Seite stand dann unter einem weiteren zerstörten Gesicht: «Die Badekur des Proleten».[2] Auch die Behauptung des früheren preußischen Generalstabschefs Helmuth von Moltke «Die edelsten Tugenden des Menschen entfalten sich im Krieg» griff Friedrich auf.[3] Vor allem deutsche Veteranenverbände warfen dem Buch deshalb Zynismus vor.

Ernst Friedrichs Bildband war aber nur das bekannteste Beispiel der öffentlichen Instrumentalisierung von Kriegsversehrten.

Es gab durchaus auch nationalistische und militaristische Beispiele,
die weitaus früher erschienen, nämlich noch während des Kriegs.
Die ersten acht Fotos von schwer am Gesicht verwundeten Soldaten druckte die deutsche Zeitschrift «Die Umschau» bereits im
Februar 1916. «Zu medizinischen Zwecken wurden (...) Fotogra-
fien von Gesichtsverletzten veröffentlicht, die die hervorragen-
den Methoden moderner Gesichts- und Kieferchirurgie demonstrieren sollten. Der Kontext jedoch maß den Bildern jeweils den
Rang des Singulären zu, gepaart mit einem Versprechen: Mit den
Möglichkeiten des wissenschaftlich voll auf der Höhe befind-
lichen Kaiserreichs – ergo mit plastischer Chirurgie, sozialer
Wiedereingliederung, Orthotechnik – ist die Situation für die
Betroffenen gut zu meistern.»[4] Als nach dem Waffenstillstand die
Pressezensur aufgehoben wurde, ergab sich aber auch die Mög-
lichkeit, solche Motive für antimilitärische Zwecke einzusetzen.
Und durch die Verbreitung der Amateurfotografie verfügten die
Kriegsteilnehmer über reiches Bildmaterial. Viele führten auch
Skizzenbücher, in denen sie ihre Beobachtungen festhielten.

Gerade Otto Dix, der im Gegensatz zu Friedrich vier Jahre
lang selbst im Feld gestanden hatte und dort traumatisiert worden
war, wählte immer wieder die Schreckensmotive, die er während
der Wartezeiten im Schützengraben in zahlreichen Kreidezeich-
nungen und Gouachen festgehalten hatte, als Material für seine
späteren Bilder. Ebenfalls 1924 – kein Zufall, denn die internationale pazifistische Bewegung hatte anlässlich der zehnten Wiederkehr des Kriegsausbruchs ein «Anti-Kriegs-Jahr» ausgerufen – brachte er seine fünfzigteilige Graphikfolge «Der Krieg»
heraus, in der das Krepieren an der Front genauso Thema war
wie die Langzeitfolgen der Verwundungen. Auch Dix bezog sich
in den Titeln der einzelnen Motive auf Goyas Vorbild, wenn er
etwa eine Radierung mit grässlich zugerichteten Soldaten einfach

mit «Gesehen am Steilhang von Cléry-sur-Somme» unterschrieb. Aus diesem Zyklus wanderten vor allem die versehrten Gesichter als besonders verstörende Motive in die großen Tafelbilder, die Dix in den zwanziger Jahren malte: in den seit 1940 verschollenen «Schützengraben», ins Dresdner Triptychon «Der Krieg» und eben auch in dessen Stuttgarter Äquivalent, das die Auswirkungen des Gemetzels auf das spätere Alltagsleben in den Städten zeigte.

Vorbereitet worden war diese Faszination für deformierte Menschen schon vorher: durch die Freakshows, die sich während der zweiten Hälfte des 19. Jahrhunderts in den Vereinigten Staaten und Großbritannien zu Jahrmarktsattraktionen entwickelt und damit das zuvor feudale Privileg der schaudernden Ergötzung an Missbildungen, wie es etwa am Beispiel der sogenannten Hofzwerge belegt ist, demokratisiert hatten. Dass der Krieg dann aber auch die Verunstaltung selbst demokratisieren würde, war nicht absehbar gewesen. Die propagandistische Wirkung der Abbildungen war umso größer, als es sich in der öffentlichen Wahrnehmung bislang um ein Minderheitenphänomen bedauernswerter Kreaturen gehandelt hatte, eine Laune der Natur; nun hatte man es mit einem Massenphänomen zu tun, einer Folge bewussten Handelns. Durch die Präsenz der Kriegsversehrten auf der Straße und im neuen Zeitalter medialer Massenreproduktion wurden die Verunstaltungen überdies zu einem sichtbar objektiven Tatbestand, während sich ihre Vorstellung zuvor nur durch mündliche Berichte von Freakshow-Besuchern verbreitet hatte. Trotzdem blieb etwas von der älteren bildlosen Kommunikation der Deformation erhalten, weil die damit einhergehende Betonung des Unvorstellbaren so leicht instrumentalisiert werden konnte – sogar noch nach 1918, nicht nur durch die Gegner des Kriegs, sondern auch durch seine Befürworter. Die drastische französische Selbstbezeichnung der schwer im Gesicht Verwundeten als «Gueules cassées» etwa war nicht pazifistisch motiviert, sondern nationalistisch und somit kriegsbejahend.

Die Entstehung dieses Ausdrucks wird anekdotisch erklärt. Im Januar 1917 war der damals vierunddreißigjährige Oberleutnant Yves Picot als Kommandant eines Infanterieregiments an der Westfront schwer im Gesicht verwundet worden; er hatte dabei ein Auge verloren. Zu Operation und langwieriger Rekonvaleszenz kam er in das Hospital von Val-de-Grâce, das mitten in Paris gelegene Zentralkrankenhaus der französischen Armee. Mit verbundenem Gesicht soll sich der mittlerweile zum Oberst beförderte Picot noch während der Kriegszeit eines Abends zur nahen Sorbonne-Universität aufgemacht haben, wo eine patriotische Feier veranstaltet wurde. Doch ohne Einladung wollte man ihn nicht hineinlassen, obwohl sich Picot als Offizier ausweisen konnte und seine Verwundung offensichtlich war. Ein Neuankömmling drängte ihn schließlich beiseite, zog eine Visitenkarte hervor und rief dem Kontrolleur lediglich das Wort «député» zu, wies sich also als Abgeordneter der ebenfalls nicht weit entfernt gelegenen Nationalversammlung aus. Daraufhin soll Picot seinerseits eine Visitenkarte gezückt und sich selbst als «gueule cassée» vorgestellt haben – silbengleich und ähnlich klingend wie «député». Niemand traute sich jetzt noch, ihn aufzuhalten, und die despektierliche Bezeichnung etablierte sich als Ehrentitel. Als 1921 in Frankreich die «Union des Blessés de la Face et de la Tête», also die Interessenvertretung der an Gesicht und Kopf Verletzten, gegründet wurde, trug man Picot die Präsidentschaft an, die er auch übernahm. Fortan trat die Vereinigung in der Öffentlichkeit vor allem als «Union des Gueules Cassées» auf.

Richtig populär wurde der Ausdruck mit der Unterzeichnung des Versailler Vertrags. Was der Historiker Gerd Krumeich dem Buch «Krieg dem Kriege!» pauschal zuschreibt, nämlich den «Vorhang weggerissen zu haben vor dem bestgehüteten Unsagbaren des Ersten Weltkrieges»[5], geschah zumindest in Frankreich schon fünf Jahre früher, und zwar auf denkbar affirmative Weise. Am 28. Juni 1919 sollten im Spiegelsaal von Versailles fünf Schwerverwundete eine wichtige symbolische Rolle spielen und ins Bildgedächtnis der Nation eingehen: «Bevor man die deutsche Delegation in den Saal führte», schreibt Jörn Leonhard, «wurden fünf an ihren Gesichtern schwer verletzte französische Soldaten in der Nähe des Tisches platziert, an dem die deutschen Politiker ohne jede Aussprache die Dokumente zu unterzeichnen hatten. Der französische Ministerpräsident Clemenceau unterstrich diese Geste noch, indem er den *cinq gueules cassées* vor Beginn der eigentlichen Vertragsunterzeichnung (...) die Hände schüttelte. Auf Hunderttausenden von Bildpostkarten sollten die fünf Soldaten nach dem Friedensschluss zum Symbol der französischen Opfer werden.»[6]

Die fünf Soldaten hatte Clemenceau persönlich für die Zeremonie angefordert. Es war ihm ein besonderes Anliegen, die deutsche Schuld hervorzuheben, indem er nicht nur auf die Toten des Weltkriegs hinwies, sondern auch auf die noch zahlreicheren Verwundeten. Bereits sieben Wochen zuvor, bei der Übergabe der alliierten Friedensbedingungen an die deutsche Delegation, hatte Clemenceau als Vorsitzender auch dieser Zeremonie ausgeführt: «Das Verhalten Deutschlands ist in der Geschichte der Menschheit fast beispiellos. Die schreckliche Verantwortung, die auf ihm lastet, lässt sich in der Tatsache zusammenfassen, dass wenigstens sieben Millionen Tote in Europa begraben liegen, während mehr als zwanzig Millionen Lebender durch ihre Wunden und ihre Leiden von der Tatsache Zeugnis ablegen, dass Deutschland

So sahen Sieger aus: eine der Propagandapostkarten, die nach dem
Friedensschluss von Versailles in ganz Frankreich in Umlauf kamen.
Das Foto zeigt die fünf im Spiegelsaal anwesenden «Gueules cassées»:
André Cavalier, Pierre Richard, Eugène Hébert, Henri Agogué und
Albert Jugon (v. l. n. r.).

durch den Krieg seine Leidenschaft für die Tyrannei hat befriedigen wollen.»[7] An diese Worte sollte nun beim Abschluss des
Friedens durch die Anwesenheit der fünf Versehrten protokolla-
risch erinnert werden. Sie kamen zusammen mit fünfundzwanzig
weiteren französischen Kriegsteilnehmern, die ebenfalls kurzfristig auf Clemenceaus Geheiß teilnehmen durften – niemand
sonst in Frankreich hatte zuvor daran gedacht, auch gewöhnliche
Soldaten zur feierlichen Vertragsunterzeichnung einzuladen,[8]
während England und Amerika jeweils fünfzehn ihrer im Krieg
aktiv gewesenen Kämpfer hinzubaten. Das waren die einzigen
«normalen» Bürger im Saal unter all den Delegierten, Offizieren,
Berichterstattern und Vertretern der feinen Pariser Gesellschaft.
Dass es sich auch bei den französischen Versehrten nicht um hohe
Offiziere handelte, hatte Clemenceau sichergestellt, indem er sich
ausdrücklich Träger der Médaille militaire gewünscht hatte, einer
hohen Auszeichnung, die nur an Unteroffiziere oder gemeine

Soldaten verliehen werden konnte.[9] Der Militärgouverneur von
Paris hatte sich deshalb am Vortag auf Geheiß des Ministerpräsidenten an das Hospital Val-de-Grâce gewandt, wo schon Picot
operiert worden war. Zweihundert Männer waren dort sieben
Monate nach Ende der Kämpfe immer noch in Behandlung wegen
ihrer Gesichtsverletzungen, und aus ihren Reihen stammten
jene fünf, die am nächsten Tag nach Versailles gebracht wurden:
Albert Jugon, Eugène Hébert, Henri Agogué, Pierre Richard und
André Cavalier.

Jugon war schon seit fast fünf Jahren in Val-de-Grâce und
mittlerweile nicht mehr nur Patient, sondern auch in der Verwaltung tätig; er war gleich zu Beginn des Kriegs im September 1914
als Angehöriger eines Infanterieregiments bei einem Granaten-
einschlag verwundet worden, seitdem fehlte ihm ein Großteil des
Gesichts und der Kehle. Da er sich so lange im Krankenhaus aufhielt, wurde er zum Vertrauten sämtlicher ähnlich schlimm zugerichteten Patienten, und so überließ ihm das Hospital die Auswahl
der anderen vier Gueules cassées. Hébert war ein Jugendfreund
von Jugon; die beiden hatten sich im Krankenhaus wiedergetroffen, nachdem Hébert ebenfalls als Soldat eines Infanterieregiments verwundet worden war. Agogué und Richard hatten
jeweils Jägerbataillonen angehört, und Cavalier war als Mitglied
des Eliteregiments der Zouaven verwundet worden – auch schon
vor vier Jahren. Sie alle waren in Val-de-Grâce von dem berühmten Mediziner Hippolyte Morestin behandelt worden, der sich
während des Kriegs auf plastische Gesichtschirurgie spezialisiert
hatte, aber im Februar 1919 gestorben war. Jugon war der Primus
inter Pares unter den fünf Verwundeten; seine Teilnahme an der
Unterzeichnung des Vertrags machte ihn so bekannt, dass er zwei
Jahre später mit einem Leidensgenossen die Union des Gueules
Cassées gründen konnte.

Das Quintett nahm im Spiegelsaal einen herausgehobenen Platz ein: Die fünf Männer besetzten die mittlere Fensternische gleich hinter dem Schreibtisch, an dem die Delegierten der beteiligten Staaten das Vertragswerk nacheinander unterzeichnen sollten. Gegenüber, vor der Spiegelfront des Saals, saßen die Vertreter der fünf alliierten Hauptmächte, die zusammen mit den jeweils Unterzeichnenden und den fünf Gueules cassées die zentrale Achse des gesamten Geschehens bildeten. Clemenceau wollte mit den Schwerverwundeten, die eigens angewiesen worden waren, ihre Orden anzulegen, das Ausmaß der Opfer Frankreichs sichtbar machen, das nun endlich Kompensation erfahren sollte. Zugleich sollte die Platzierung genau gegenüber den Hauptmächtevertretern auch die eigenen Verbündeten daran erinnern, welches Land den höchsten Preis für den gemeinsamen Sieg gezahlt hatte. Der Versailler Vertrag entsprach in seinen Konsequenzen keineswegs den Erwartungen Frankreichs, und so sollten die entstellten Menschen gar nicht einmal vorrangig bei den Deutschen, sondern auch bei den aus Clemenceaus Sicht uneinsichtigen Alliierten für ein schlechtes Gewissen sorgen.

Auf Anweisung des Ministerpräsidenten hatten die Gueules cassées bereits mehr als eine Stunde vor dem Eintritt der deutschen Delegation ihre Plätze eingenommen, sodass Clemenceau selbst, als er den Saal betrat, auf sie zugehen und ihnen für ihre Teilnahme danken konnte. Nach den Erinnerungen der Versehrten sagte er dabei: «Man sieht zweifellos, dass ihr in einer schlimmen Gegend wart. Frankreich, das ich heute repräsentiere, grüßt in euch die Männer, die mit ihrem Blut für den Sieg bezahlt haben. Die heutige Zeremonie ist der Beginn einer Entschädigung. Das ist nicht alles, es wird noch mehr geben, das versichere ich euch.»[10] Damit machte der Vorsitzende im Spiegelsaal schon vor dem eigentlichen Beginn der Zeremonie ihren Zweck deutlich:

Kompensation seitens der Deutschen für die Schrecken und auch die Kosten des Krieges.

Andererseits hatte Clemenceau diese Worte nicht so laut gesprochen, dass sie außer den Angeredeten noch sonst jemand aus der unruhig wartenden Gesellschaft gehört hätte. Tatsächlich war im riesigen und vollbesetzten Spiegelsaal jeder sichtbare Akt besser dazu geeignet, von den Teilnehmern wahrgenommen zu werden, als eine mündliche Äußerung. Lautsprecherverstärkung gab es noch nicht, abseits des zentralen Bereichs rund um den Unterzeichnungstisch war für die Anwesenden kaum mehr etwas zu verstehen. Deshalb brachte Albert Jugon als Sprecher der Versehrtengruppe die Sache auf den Punkt, als er nach der Zeremonie gegenüber einem Reporter feststellte: «Indem die französische Regierung uns ausgewählt hat, demonstrierte sie ihren Willen, den deutschen Delegierten die schmerzhaften Konsequenzen des Krieges zu demonstrieren, den sie verschuldet haben. Zugleich demonstrierte sie, dass der Friede, den wir feiern, teuer bezahlt wurde. Als wir die deutschen Delegierten sahen, wie sie sich in diesem grandiosen Saal, wo so viele ruhmreiche Seiten unserer Geschichte geschrieben wurden, herunterbeugten, um die Niederlage ihres Landes zu besiegeln, vergaßen wir alles Elend der Vergangenheit, und unser Herz schwoll an von einer Freude, die kaum zu bewältigen war und an der wir in Gedanken all unsere Brüder teilnehmen ließen, die auf dem Feld der Ehre gefallen waren.»[11] Die Präsenz der fünf Gueules cassées war ein hochsymbolischer Akt, mit dem im wörtlichen Sinne ersichtlich der Beweis dafür erbracht wurde, dass die den Deutschen abverlangten materiellen Opfer legitimiert waren durch die physischen Verluste der Franzosen.

Aber haben das die Deutschen genauso gesehen? Oder präziser: Haben sie im großen Gesamtspektakel der Vertrags-

unterzeichnung überhaupt etwas von dieser symbolischen Teil-
inszenierung mitbekommen? Interessanterweise existiert keine
einzige zeitgenössische deutsche Quelle, die zur Anwesenheit
der fünf Versehrten Auskunft gibt, und in den Erinnerungen
der – wenigen – Deutschen, die im Spiegelsaal dabei waren, gibt
es keinen Hinweis darauf, dass die Veteranen von jenen bemerkt
worden wären, denen sie doch Schuldgefühle bereiten sollten.
Schon Jugon hatte ja nach der Zeremonie nur vom eigenen Blick
auf die Deutschen gesprochen, nicht von einer Erwiderung dieses Blicks. Es mag sein, dass Clemenceau auf die Überraschung
durch den erschreckenden Anblick spekuliert hatte, doch wenn
dem so gewesen sein sollte, hatte er sich getäuscht. Als die beiden
Minister Hermann Müller und Johannes Bell als bevollmächtigte
Vertreter des Reichs durch den Saal zu ihren Sitzplätzen schrit-
ten, wird ihre Aufmerksamkeit auf die wartenden Vertreter der
Hauptsiegermächte gerichtet gewesen sein, die vor dem mittleren
Spiegel der Galerie saßen: auf Clemenceau, Woodrow Wilson,
David Lloyd George und Sidney Sonnino.

Die Versehrten in ihrer Fensternische standen also meta-
phorisch gesprochen im Schatten der vertretenen Prominenz.
Zugleich standen sie aber ganz konkret im Licht, nämlich vor der
in den sich nach Nordwesten öffnenden Saal einfallenden Nach-
mittagssonne, sodass es doppelt schwierig war, die Verwundeten
zu sehen, zumal für zwei Diplomaten, die gleich die schwerste
Pflicht ihrer Laufbahn zu absolvieren haben würden. Auch als die
beiden Deutschen als Erste von ihren Plätzen zum Unterzeichnungstisch schritten, werden sie die fünf versehrten Soldaten
im Gegenlicht nicht als solche erkannt haben. Beim Unterschreiben des Vertrags selbst wendeten sie ihnen ohnehin gezwun-
genermaßen den Rücken zu, weil der Stuhl für den jeweils
Unterzeichnenden so aufgestellt war, dass dieser den alliierten

Regierungsvertretern gegenübersaß. So schrecklich die zerstörten Gesichter waren, so wenig Wirkung konnten sie auf die Deutschen machen.

Dabei waren vielleicht sogar mehr Schwerverwundete als nur die fünf namentlich bekannten Gueules cassées im Saal, denn einige französische Quellen sprechen von bis zu dreizehn anwesenden Versehrten.[12] Im Gedächtnis der Nation aber bleiben diese fünf mit ihren Gesichtsverletzungen; nur sie wurden fotografisch festgehalten – abseits der Zeremonie, unter deren Aufnahmen durch die zugelassenen Fotografen und auch Kameramänner sich die fünf Veteranen nicht finden –, und es war dieses außerhalb des Spiegelsaals entstandene Lichtbild von fünf entsetzlich entstellten Menschen, das in den Folgejahren immer wieder zu Propagandazwecken in Frankreich reproduziert und verteilt wurde. Lange bevor Ernst Friedrichs «Krieg dem Kriege!» erschien oder Otto Dix seine Kriegsbilder malte, waren die Franzosen also mit diesem Antlitz des Kampfgeschehens vertraut. Sie sahen darin ein vaterländisches Opfer für den Sieg, dem man Dank schuldete.

In Deutschland dagegen erinnerte jedes zerstörte Gesicht an die Demütigung des verlorenen Kriegs. Niemand empfand dabei Dankbarkeit, und diese Gefühllosigkeit war das große Thema von Otto Dix. Er sah den Krieg als das grundlegend Böse, den Soldaten darin aber durchaus als Helden. «Der Krieg», so sagte er noch mehr als vierzig Jahre später, 1961, in einem Interview anlässlich seines siebzigsten Geburtstags, «ist eben etwas so Viehmäßiges: Hunger, Läuse, Schlamm, diese wahnsinnigen Geräusche. Ist eben alles anders. Sehen Sie, ich habe von den früheren Bildern das Gefühl gehabt, eine Seite der Wirklichkeit sei noch gar nicht dargestellt: das Hässliche. Der Krieg war eine scheußliche Sache, aber trotzdem etwas Gewaltiges. Das durfte ich auf keinen

Fall versäumen! Man muß den Menschen in diesem entfesselten Zustand gesehen haben, um etwas über den Menschen zu wissen.»[13] Was der Maschinengewehrschütze Dix, der im September 1914 als Zweiundzwanzigjähriger in den Krieg gezogen und bis zu dessen letztem Tag, dann als Vizefeldwebel, an West-, Ost- und schließlich wieder Westfront im Einsatz gewesen war, dabei über den Menschen gelernt hatte, das war das Thema seiner Versehrtenbilder.

Eines der ersten dieser Werke war 1920 das noch cartoonartige, im Stil von George Grosz gehaltene großformatige Gemälde «Kriegskrüppel», das vier grässlich amputierte und anderweitig entstellte verwundete Heimkehrer in einer deutschen Einkaufsstraße zeigte. Dix stellte es im selben Jahr auf der «Ersten Internationalen Dada-Messe» in Berlin aus, anschließend setzte er seine thematische Beschäftigung mit weiteren Bildern fort, in denen er die elende Situation von Schwerverwundeten nach ihrer Rückkehr in die besiegte Heimat darstellte. Noch 1920 begann er mit dem monumentalen «Schützengraben», das erst 1923 beendet werden sollte, sein erstes Gemälde in einem drastischen Realismus, der nun die Fronterlebnisse selbst zum Gegenstand machte. Darin gab es nichts Groteskes mehr, nur noch nackten Horror: In seiner apokalyptischen Szenerie kehrte Dix das Innerste der Körper nach außen, ließ Köpfe aufplatzen und verrenkte Glieder aus Leichenhaufen ragen. Dafür skizzierte er anatomisch genau menschliche Gehirne, und er besuchte deutsche Gueules cassées, die noch immer in Hospitälern behandelt wurden, um Porträts von ihnen anzufertigen.

Doch schon zu Kriegszeiten hatte Dix in den Lazaretten Verwundete gesehen und mutmaßlich ebenso skizziert wie die Leichen von Gefallenen an der Front. In seinem Radierungszyklus «Der Krieg» gibt es konkrete Bezeichnungen der dargestellten

Drastik à la Dix: Sein monumentales Gemälde «Schützengraben» machte den Maler 1923 berühmt und bei der politischen Rechten berüchtigt. Von den Nationalsozialisten wurde es als Musterbeispiel «entarteter Kunst» denunziert und aus der Dresdner Gemäldegalerie entfernt. Seit 1940 ist es verschollen.

Toten und Verletzten, die auf Selbsterlebtes verweisen. Aber es findet sich in der Graphikfolge auch ein Blatt wie «Transplantation», für das Dix eines jener Fotos von Schwerverwundeten zum Vorbild nahm, wie sie im selben Jahr auch Friedrich für sein Buch «Krieg dem Kriege!» verwendet hatte. Das «Großstadt»-Triptychon von 1927 führte dann das Schreckenspanoptikum wieder mit dem Satirisch-Grotesken der ersten Versehrtenbilder zusammen – als bitterer Kommentar auf die Selbstzufriedenheit einer Republik, die doch auf dem Blutzoll der Soldaten begründet worden war.

Sinnvoll hätte dieser Blutzoll in Dix' Augen nur dann genannt werden können, wenn man der Opfer gedacht hätte. Doch während in jeder deutschen Gemeinde Kriegerdenkmäler für die Toten errichtet wurden, die den Opfertod heroisierten, fanden sich die entstellten Überlebenden unbeachtet am Rande der Gesellschaft wieder. Das nahmen Dix und mit ihm andere Künstler wie Grosz oder Max Beckmann auf. In Frankreich dagegen machte allein der Illustrator Gus Bofa, der wie Otto Dix lange im Krieg gekämpft hatte, in den zwanziger Jahren das Elend der Versehrten zum Gegenstand. Doch im Vergleich zu den verkrüppelten deutschen Soldaten genossen die französischen hohes Ansehen, denn sie waren zumindest alle Sieger. Die von Livius überlieferte klassische Floskel «Vae victis» (Wehe den Besiegten) fand im Land der Besiegten selbst ihre unbarmherzigste Bestätigung.

ERSTER TEIL

DIE DEUTSCHE VERZWEIFLUNG

1. Vorgeschmack auf Versailles: Der Weg zum Waffenstillstand

Kein Frieden ohne Waffenstillstand. Aber an den dachten im Sommer 1918 im Deutschen Reich nur wenige. Der Frieden schien wieder erkämpfbar: Seit man im Osten den Krieg siegreich beendet hatte, war ein Kollaps im Westen anscheinend nicht mehr zu befürchten, denn nun konnte man doch alle Kraft hier konzentrieren; man richtete sich also auf eine lange Fortdauer der Kämpfe ein. In den besetzten Gebieten hinter der Westfront wurden sogar Katheder an den Universitäten provisorisch mit treudeutschen Wissenschaftlern besetzt, so im belgischen Gent der romanistische Lehrstuhl mit Victor Klemperer; es war der erste Ruf für den späteren Star seiner Zunft, wenn man von einer kurzfristigen Lektorenstelle in Neapel absieht, die Klemperer aber 1915 durch den italienischen Kriegseintritt auf Seiten der Alliierten wieder eingebüßt hatte. Den Genter Posten sollte er allerdings gar nicht erst antreten können.

Klemperer, sechsunddreißig Jahre alt, war Unteroffizier, wenn auch nur im Einsatz beim Buchprüfungsamt Ober-Ost, also als Zensor in der Etappe, und das noch nicht einmal an der seit dem russischen Ersuchen um Waffenstillstand friedlichen Ostfront, sondern in der Deutschen Bücherei in Leipzig. Trotzdem wollte er weg und endlich akademische Karriere machen. Die

ausgeschriebene Position in Gent war «auf Kriegsdauer» befristet. Doch das reichte Klemperer im Frühjahr 1918, zumal er von
einem Kollegen gehört hatte, «diese flämische Universität sei ein
Lieblingskind der deutschen Regierung, ich dürfte mich dort als
Ordinarius betrachten, ich würde, falls ich nach Friedensschluss
nicht dableiben könnte, fraglos durch ein deutsches Katheder entschädigt».[1] So rasch aber, da war sich Klemperer damals
ebenso sicher wie die Mehrzahl seiner Landsleute, würde der
Krieg nicht enden, die Aufnahme der Vorlesungen wurde ihm
für Mitte November 1918 in Aussicht gestellt. Als ein Freund
ihm vorhielt, er werde sich damit zum Werkzeug der deutschen
Unterdrückung Belgiens machen, hielt Klemperer dem entgegen:
«Ich werde in französischer Sprache über französische Literatur
lesen, nennst du das Unterdrückung? Glaubst du, die Franzosen,
wenn sie heute die Hand auf Heidelberg legten, würden dort mitten im Kriege deutsche Vorträge über deutsche Literatur halten
lassen?»[2]

Dennoch sah Klemperer seine Felle davonschwimmen, als
er am 29. September in München, wohin er nach Genehmigung
eines Sonderurlaubs aus Leipzig gereist war, um sich die Berufung
bestätigen zu lassen – Klemperer war Angehöriger der bayerischen Armee, und die akademische Germanisierung der Genter
Universität galt als Lieblingsprojekt des bayerischen Kronprinzen –, einen Leitartikel der «Münchner Neuesten Nachrichten»
las. Darin wurde nicht nur erwähnt, dass Bulgarien um Waffenstillstand gebeten hatte und bereits aus dem Krieg ausgeschieden
war, sondern auch, dass die angeblich unerschütterliche deutsche «Siegfriedstellung», auf die man sich an der Westfront erst
kürzlich zurückgezogen hatte, von den Alliierten durchbrochen
worden war. Wenn solche Fakten die deutsche Zensur passieren konnten, das wusste der deutsche Zensor Klemperer besser

als jeder andere, war das gewollt: Die Reichsbevölkerung sollte offenbar auf eine Niederlage vorbereitet werden.

Anfang November wurde Klemperer dann ins ehemals russische Wilna abgeordnet, wo die deutsche Besatzungsmacht sich in der prekären Lage befand, zwischen gleich zwei Unabhängigkeitsbewegungen agieren zu müssen, der litauischen und der polnischen. Am 16. November, sechs Tage nachdem die Nachricht von den Waffenstillstandsverhandlungen in Compiègne dort eingetroffen war, bekam Klemperer einen Bescheid des königlich-bayerischen Kriegsministeriums, dass er aus kriegswichtigem Grunde nicht für Gent freigegeben werde. Das war im doppelten Sinne ein Schildbürgerstreich der militärischen Bürokratie, denn zum einen war der Krieg mittlerweile faktisch verloren und Klemperer also durchaus abkömmlich, zum anderen suggerierte die Mitteilung, dass man über Gent noch verfügen könnte, obwohl die deutsche Armee bereits dabei war, Belgien zu räumen. Bayern war zudem schon Freistaat, das königliche Kriegsministerium bestand also überhaupt nicht mehr. Klemperer begab sich zurück nach München, um dort trotz nicht erfolgter Berufung auf die erhoffte «Entschädigung durch ein deutsches Katheder» hinzuarbeiten. In der bayerischen Hauptstadt wurde er dann im Winter 1918/19 zum Beobachter der revolutionären Nachwehen bis zur Ausrufung der Räterepublik. Aber das ist eine andere Geschichte, die erst später erzählt werden soll.

Typisch an Klemperers Einzelschicksal ist die Fassungslosigkeit angesichts des Umschlags von Siegesgewissheit in Fatalismus binnen jener gerade einmal sechs Wochen von Ende September bis Anfang November. Und sie herrschte eben nicht nur in der durch die zensierte Presseberichterstattung auf Siegeszuversicht eingestimmten deutschen Zivilbevölkerung, sondern auch auf den

höchsten Ebenen des Militärs. Eine Ausnahme bildete nur die
Oberste Heeresleitung (OHL) selbst, die am 29. September die
Reichsregierung aufgefordert hatte, unverzüglich Friedensverhandlungen mit den alliierten Gegnern aufzunehmen, weil der
Zusammenbruch der Westfront drohe: Binnen vierundzwanzig
Stunden müssten die Waffen schweigen, um das Schlimmste zu
verhüten. Das widersprach allen bis dahin verkündeten Durch-
halte-, ja Siegesparolen, mit denen man seit dem Friedensschluss
von Brest-Litowsk auch die vordem Skeptischen im Reich wieder
zuversichtlich gestimmt hatte. Arg verspätet schien der Schlief-
fen-Plan ja doch noch aufzugehen, wenn auch seitenverkehrt:
Sieg im Osten, um nun alle Kräfte an die Front im Westen werfen zu können. Aber «alle Kräfte» bedeutete 1918 nicht mehr
viel, denn nach vier Jahren Kriegsführung waren die deutschen
Ressourcen erschöpft – industriell, finanziell und vor allem per-
sonell. Die Gegenseite hatte sich dagegen seit dem amerikanischen Kriegseintritt im Vorjahr in allen diesen Bereichen erholt.
Dadurch war das Ausscheiden des noch stärker als Deutschland
ausgelaugten Russland aus dem feindlichen Entente-Bündnis
mehr als überkompensiert worden. Wenn überhaupt deutsche
Soldaten im Osten – wo es jetzt ein riesiges besetztes Gebiet zu
kontrollieren galt – frei geworden waren, dann trafen sie im Westen auf einen frisch verstärkten, neu motivierten und vor allem
neu munitionierten Gegner.

Die letzte große deutsche Offensive scheiterte im Spätsommer 1918, das nicht mit Berlin abgestimmte österreichische Friedensersuchen vom 13. September signalisierte den baldigen Ausfall des wichtigsten Verbündeten. Zwei Tage später brach die von
Bulgarien gehaltene Balkanfront unter dem Ansturm alliierter
Soldaten zusammen, und angesichts des militärischen Fiaskos bat
auch dieser Verbündete am 27. September die Entente um Frieden.

Im Westen verteidigten sich die Deutschen zu Tode, während im Süden und Südosten neue Fronten zu entstehen drohten – der freie Durchmarsch alliierter Truppen nach Deutschland war eine der Friedensbedingungen an Österreich –, wenn man die Kriegsführung alleine weiter aufrechterhalten wollte. Die Oberste Heeresleitung wusste, dass das nunmehr unmöglich sein würde.

Zwei Jahre zuvor, im August 1916, als sich das Konzept des vom bisherigen deutschen Generalstabschef Erich von Falkenhayn entwickelten Abnutzungskriegs mit der bereits monatelang erfolglos geführten Schlacht um Verdun als gescheitert erwiesen hatte, war mit Paul von Hindenburg ein Veteran an die Spitze der deutschen Truppen gestellt worden. Der 1847 geborene Offizier hatte als Kommandierender der 8. Armee im Spätsommer 1914 den russischen Vormarsch nach Ostpreußen stoppen können und war deshalb nicht nur zum Generalfeldmarschall ernannt, sondern in der Bevölkerung zum Mythos erhoben worden: als einziger eindeutiger deutscher Sieger im Weltkrieg. Bereits damals hatte ihm als Generalmajor der fast zwanzig Jahre jüngere bürgerliche Offizier Erich Ludendorff zur Seite gestanden, der für die strategischen Entscheidungen verantwortlich war. Als Hindenburg 1916 den Posten des Generalstabschefs von Falkenhayn übernehmen sollte, machte er zur Bedingung, dass Ludendorff zu seinem Stellvertreter und zum «Ersten Generalquartiermeister» ernannt würde. Diese Position war neu und deshalb unbestimmt; faktisch machte sie Ludendorff zum Oberkommandierenden. De jure kam diese Aufgabe im Deutschen Reich zwar dem Kaiser zu, aber weder traute die Heeresspitze Wilhelm II. ihre Erfüllung zu, noch hatte der Monarch selbst in den ersten beiden Kriegsjahren Willen zur ernsthaften Einflussnahme bewiesen, trotz markiger Randbemerkungen in den ihm vorgelegten Akten. Da auch Hin-

Die erhofften Architekten des deutschen Sieges in den Ruinen der Schlacht bei Tannenberg vom Spätsommer 1914: Dritter von rechts ist der damalige Generaloberst Paul von Hindenburg, links von ihm steht sein Stabschef Erich Ludendorff. Ihr Ruhm aus der frühen Kriegszeit brachte den beiden Offizieren 1916 die Oberste Heeresleitung ein, die sie diktatorisch ausübten.

denburg mehr symbolischer als praktischer Generalstabschef war, lagen Planung und Führung des Kriegs auf deutscher Seite nun in den Händen von Erich Ludendorff. Der Kaiser pochte zwar in Privatgesprächen auf seine verfassungsmäßige Rolle als Oberbefehlshaber – so etwa am 8. Januar 1918 gegenüber dem Chef des Marinekabinetts, Georg Alexander von Müller: «Als ob ich nicht die Oberste Heeresleitung wäre! Ich werde aber versuchen, diesen unglücklichen Begriff ‹Oberste Heeresleitung› wieder zu beseitigen!»[3] –, angesichts der beiden auch ihm gegenüber dreist auftretenden Offiziere hatte er jedoch nichts zu bestellen.

Die Oberste Heeresleitung hieß zwar schon früher so, doch

erst jetzt, mit der dritten ihrer Art im Weltkrieg, setzte sich der Begriff auch in der Bevölkerung durch. Das war das Resultat der nach außen hin behaupteten kooperativen Verantwortlichkeit von Hindenburg und Ludendorff, während sich zuvor alle öffentliche Aufmerksamkeit auf die jeweiligen Generalstabschefs, zunächst Helmuth von Moltke der Jüngere und dann Erich von Falkenhayn, konzentriert hatte. Es war paradox: Hindenburg wurde als messianischer Retter angesehen, und trotzdem kam immer stärker die verwaltungstechnische Bezeichnung für die Heeresspitze in Gebrauch. Sicher trug dazu die bewusste Abkopplung vom Kaiser bei, durch die Deutschland für zwei Jahre de facto zu einer Militärdiktatur geworden war, in der alle wichtigen Entscheidungen unter dem Primat der Weiterführung des Kriegs getroffen und somit als der Obersten Heeresleitung zugehörig betrachtet wurden. Mit der Betonung dieser Bezeichnung anstelle der konkreten Personen in den entsprechenden amtlichen Verlautbarungen sollte die neue Verantwortlichkeit verschleiert werden. Zugleich hatte die Beschwörung der obersten Instanz als Kollektiv etwas Mystisches: Eine untrennbare Zweieinigkeit schien nun für den Fortgang der deutschen Sache einzustehen. Psychologische Betäubungsmittel wie die sogenannten Kriegsnagelungen, bei denen hölzerne Hindenburg-Statuen auf öffentlichen Plätzen im Deutschen Reich aufgestellt worden waren, in die jeder Bürger gegen eine Spende einen Nagel einschlagen durfte, hatten schon seit 1915 einen quasireligiösen Kult um die Person des vergötterten Feldmarschalls geschaffen. Und Ludendorff war sein Stellvertreter auf Erden.

Im September 1918 war aber auch er mit seinem Latein am Ende. Schon im August hatte Ludendorff gegenüber Wilhelm II. eingeräumt, dass der Krieg nicht mehr zu gewinnen sei,[4] aber von einer Niederlage war noch keine Rede. Das änderte sich

Vernagelt wird hier Paul von Hindenburg gezeigt, als satirische Reaktion aus Frankreich auf eine Idee der deutschen Kriegspropaganda. Im ganzen Reich wurden hölzerne Hindenburg-Figuren aufgestellt, in die man gegen eine Spende Nägel schlagen konnte – als Zeichen der Widerstandskraft des Landes.

binnen kürzester Zeit: Am 29. September war Ludendorff so weit, dass er einen Zusammenbruch der Front für unvermeidlich hielt. Das teilte er der Reichsregierung in Berlin mit und forderte zugleich die sofortige Aufnahme von Friedensverhandlungen. «Der 29. September 1918», schreibt Sebastian Haffner, «ist eines der wichtigsten Daten der deutschen Geschichte, aber er ist nicht, wie andere vergleichbare Daten – der 30. Januar 1933, der 8. Mai 1945 –, ein fester Bestandteil des deutschen Geschichtsbewusstseins geworden. (…) Er brachte zugleich Kapitulation und Staatsumbau. Und beides war das Werk *eines* Mannes – und zwar eines Mannes, dessen verfassungsmäßige Stellung ihm nicht die geringste Befugnis zu so ungeheuren Aktionen gab: des Ersten Generalquartiermeisters Erich Ludendorff.»[5]

Dem ging es im Angesicht der jetzt als sicher angesehenen Niederlage nicht um den Schutz des Reichs oder des Kaisers, sondern um die Bewahrung jenes Instruments, das sein Lebensinhalt war: der deutschen Armee. Ihren Fortbestand und ihre Ehre galt es zu sichern, und dazu musste die eigene Verantwortlichkeit wieder beseitigt werden, denn ein vom Militär ausgehender Waffenstillstand hätte in den Augen der Öffentlichkeit ein Eingeständnis des Scheiterns von Ludendorffs Strategie bedeutet, mit anderen Worten: ein militärisches Desaster. Und seit Januar 1918 gab es ja die Vierzehn Punkte des amerikanischen Präsidenten Woodrow Wilson, die in den Folgemonaten präzisiert und um mehrere Punkte erweitert worden waren. In Wilsons Rede zum Unabhängigkeitstag am 4. Juli war etwa die Bedingung hinzugekommen, dass «jede willkürliche Macht allerorts», die geeignet sei, den Weltfrieden zu stören, vernichtet oder wenigstens neutralisiert werden müsse. Dieser Punkt bedrohte den Fortbestand der Armee nach preußischer Tradition, die in der Weltöffentlichkeit als Inbegriff aller fehlgeleiteten deutschen Ambitionen angesehen wurde. Zugleich aber eröffnete er einen Ausweg, denn in der internationalen Kommentierung von Wilsons Programm war dieser Passus vor allem als Absage an das deutsche Kaisertum, als Forderung nach einer Parlamentarisierung des Deutschen Reichs gedeutet worden. Eine von der Regierung in Berlin ausgehende Waffenstillstandsinitiative versprach der Obersten Heeresleitung somit doppelten Nutzen: ein notwendiges Zugeständnis an Wilson und die Ablenkung von der eigenen Verantwortlichkeit.

Wobei verfassungsgemäß ohnehin kein Weg an der Regierung vorbeiführte, und so war denn auch im Dezember 1916 ein erster deutscher Appell zur Aufnahme von Friedensverhandlungen vom damaligen Reichskanzler Theobald von Bethmann Hollweg ausgegangen – natürlich mit Billigung der Obersten Heeresleitung, also Hindenburgs und Ludendorffs, wie auch des Kaisers. Der seinerzeitige Vorstoß war allerdings lediglich taktischer Natur gewesen; niemand auf deutscher Seite nahm an, dass die Alliierten darauf eingehen würden, zumal sich der Reichskanzler über konkrete Ziele, die sein Land bei diesen Verhandlungen anstreben könnte, ausgeschwiegen hatte. Mit der absehbaren Ablehnung der Initiative durch die Alliierten sollte die Wiederaufnahme des uneingeschränkten U-Boot-Kriegs gerechtfertigt werden, die für den Beginn des Jahres 1917 geplant war.[6] Im Frühherbst 1918 aber gab es aus Sicht Ludendorffs für Deutschland keine militärische Option mehr, also musste eine diplomatische Initiative her, die nun nicht mehr aus einer Position militärischer Stärke wie noch 1916 erfolgen konnte. Um den dadurch zu erwartenden Autoritätsverlust der Armee in der Öffentlichkeit zu vermeiden, sollte der Eindruck erweckt werden, dass die Oberste Heeresleitung gar nichts mit dem Waffenstillstandsgesuch zu tun hatte – was man wiederum der Regierung gegenüber leicht damit begründen konnte, dass auch der Feind nichts über den drohenden Kollaps der deutschen militärischen Position erfahren dürfe, wenn man maßlose Forderungen oder gar die Ablehnung der Initiative ausschließen wollte. Es schien alles ganz logisch.

Ludendorff ließ am 28. September, ohne dass er Hindenburg informiert hatte, den seit elf Monaten amtierenden Reichskanzler Georg von Hertling in die belgische Stadt Spa bitten, wo die Oberste Heeresleitung im Hotel Britannique seit März 1918 ihr «Großes Hauptquartier» hatte und sich derzeit auch der Kaiser aufhielt. Der bereits fünfundsiebzigjährige und todkranke Reichskanzler – er sollte wenige Monate später sterben – erfuhr über den Zweck des bevorstehenden Treffens nur eines: Die Armeeführung war angeblich zu der Überzeugung gekommen, «dass eine Umbildung der Regierung oder ein Ausbau derselben auf breiterer Basis notwendig geworden sei».[7] Davon, dass die prekäre militärische Lage umgehend einen Waffenstillstand erforderte, war erst einmal keine Rede. Da die Oberste Heeresleitung jedoch bislang nicht als Vorkämpferin einer Parlamentarisierung des Deutschen Reichs aufgefallen war, musste Gravierendes geschehen sein. Hertling fuhr noch über Nacht nach Spa; seinen Staatssekretär im Auswärtigen Amt, Paul von Hintze, einen Intimus des Kaisers, schickte er sogar schon ein paar Stunden vorher los.

In Spa hatte Ludendorff inzwischen immerhin Hindenburg in seinen Plan eingeweiht; dass er dabei wie schon gegenüber Hertling eine Hälfte der Konsequenzen verschwieg – hier allerdings die politische statt der militärischen –, ist wahrscheinlich, denn Hindenburg war ein überzeugter Gegner jeder Demokratisierung. Ob der Feldmarschall dem auch von ihm als nötig angesehenen Waffenstillstand um einen solchen Preis zugestimmt hätte, darf bezweifelt werden. Am Vormittag des 29. September war Paul von Hintze in Spa eingetroffen, gemeinsam mit ihm hatte

Feier des 30jährigen Regierungsjubiläums des Kaisers
im Großen Hauptquartier.

Zensiert
Paul Hoffmann & Co.
Berlin-Schöneberg.

1881.
phot. Bild- und Film-Amt.

Ein weiteres Kronjubiläum gab es nicht mehr: Am 15. Juni 1918 feierte
Kaiser Wilhelm II. (links) den dreißigsten Jahrestag seiner Thron-
besteigung. Im Großen Hauptquartier der deutschen Truppen in Spa
gratulierten ihm dazu Oberst Max Bauer (Mitte), einer der engsten
Mitarbeiter Ludendorffs, der Chef der Obersten Heeresleitung Paul
von Hindenburg (zweiter von rechts) und der deutsche Kronprinz
(rechts), aus dem nie Wilhelm III. werden sollte.

Ludendorff seine Ursprungsidee einer Parlamentarisierung noch
erweitert: zu einer Verfassungsreform und damit zu einem Sys-
temwechsel, womit der Kaiser bestenfalls zu einer Symbolfigur
degradiert wurde. Die neue Reichsleitung würde als Initiator
des Waffenstillstandsgesuchs auftreten, Wilsons Erwartung an
demokratische Reformen in Deutschland erfüllt und die Ehre der
Armee unbefleckt bleiben: Niemals, so sollte die Legende lauten,
hätte sie eine Niederlage gefürchtet. Die Konsequenzen des Waf-
fenstillstands- und späteren Friedensschlusses wären der Politik
anzulasten. Und genau so geschah es dann ja auch.

Wobei es kurzfristig nicht danach ausgesehen hatte, als ginge Ludendorffs Plan auf. Nachdem auch Hertling in Spa angekommen war, setzte ihn Hintze über die Forderung der Obersten Heeresleitung nach sofortigem Friedensschluss ins Bild; Ludendorff oder Hindenburg ließen sich gar nicht erst blicken. Hertling beschloss, sofort zurückzutreten, denn weder die Parlamentarisierung noch eine für Deutschland demütigende Bitte um Waffenstillstand waren mit seinen Überzeugungen zu vereinbaren. Damit wurde die mittlerweile angestrebte radikale politische Neuordnung eher erleichtert, und so bemühte sich niemand, den Reichskanzler von seinem Entschluss abzubringen. Auch Kaiser Wilhelm II. tat das nicht, nachdem er am Nachmittag von der Obersten Heeresleitung und dem von ihm besonders geschätzten Hintze in einer Audienz, an der Hertling schon nicht mehr teilnahm, über deren Absichten informiert worden war. Natürlich widerstrebten dem Monarchen die einzuleitenden Maßnahmen, aber er stimmte zu – dass Hindenburg und Ludendorff die eigentlichen Machthaber in Deutschland waren, bestätigte sich ein weiteres Mal. Das letzte innenpolitische Hindernis war damit beseitigt. Hertling schlug immerhin noch seinen eigenen Nachfolger vor: den badischen Thronfolger Prinz Max, der als liberal galt und sich vor allem 1917 gegen den uneingeschränkten U-Boot-Krieg ausgesprochen hatte, was ihn in den anstehenden Verhandlungen, die nach deutscher Ansicht zunächst nur mit dem amerikanischen Präsidenten Wilson zu führen sein würden, zu einem besonders geeigneten Regierungschef machte. Außerdem war Max von Baden Ehrenvorsitzender der deutsch-amerikanischen Kriegsgefangenenhilfe, die der international tätige Christliche Verein Junger Männer noch vor dem Kriegseintritt der Vereinigten Staaten ins Leben gerufen hatte.

Wilhelm II. ließ Prinz Max aus Karlsruhe nach Berlin bestel-

len und am 1. Oktober per Telegramm davon benachrichtigen,
dass er ihn zum neuen Reichskanzler zu berufen gedenke. Er
wusste, dass diese Ernennung sowohl bei den Sozialdemokraten
als auch beim katholischen Zentrum Anklang finden würde; die
liberale Fortschrittliche Volkspartei sah den badischen Kronprinzen ohnehin als ihren Mann an. Ein Reichskanzler aus dem Hoch-
adel, der in der Zukunft sogar regierender Fürst seines Landes
sein würde, war aber auch den alten Eliten des Kaiserreichs zu
vermitteln, schließlich symbolisierte er monarchische Kontinuität.
Dass mit dem Prinzen durch die vorgeschriebene Identität von
Reichskanzler und preußischem Ministerpräsidenten ein Badener
an die Spitze Preußens treten würde, war schon kein Tabubruch
mehr; Hertling war vor seiner Berufung nach Berlin bayerischer
Ministerpräsident gewesen. Das Bismarck'sche Verfassungsmo-
dell, das den Vorrang Preußens im Reich sichern sollte, hatte
sich verkehrt: Die Bewahrung des Reichs war nun wichtiger als
die Rücksichtnahme auf preußische Interessen oder auch nur
Empfindlichkeiten. Die Erosion des entsprechenden Selbstge-
fühls wurde etwas mehr als ein Jahr später bei einem Beschluss
der preußischen Verfassunggebenden Landesversammlung, die
im Januar 1919 parallel zur reichsweiten Nationalversammlung
gewählt worden war, überdeutlich: Die eigene Landesregierung
sollte demgemäß aufgefordert werden, «die Reichsregierung
zu veranlassen, mit den Regierungen der deutschen Länder über
die Errichtung des deutschen Einheitsstaates in Verhandlungen
einzutreten».[8] Preußen erwog damals seine Selbstauflösung im
Interesse des im Verlauf des vorangegangenen Jahres so mühsam
bewahrten Deutschen Reichs.

Die Bewahrung des Reichs sollte auch den Kaiser die Krone
kosten, was der sich am 29. September aber noch nicht vorstellen
konnte oder wollte. Sonst hätte Wilhelm II. sich gewiss damals

schon so störrisch gezeigt wie etwas mehr als einen Monat später, als Prinz Max seine Abdankung erwartete, um wenigstens die
Monarchie zu retten. Der badische Thronfolger hatte das Amt
des Reichskanzlers angesichts des bevorstehenden Waffenstillstandsgesuchs nur zögerlich angetreten, worauf die Oberste Heeresleitung am 1. Oktober einen hektischen Telegrammwechsel mit
Berlin aufnahm, um die von ihr geforderte Botschaft an Wilson
sogar noch vor der Einsetzung der neuen Regierung abzusenden,
falls sich deren Ernennung weiter verschleppen sollte. Im Verlauf
dieses Tags ging das Drängen aus Spa so weit, dass der ans Große
Hauptquartier abgeordnete Vertreter des Auswärtigen Amts,
Werner von Grünau, seinem in die Hauptstadt zurückgekehrten
Staatssekretär Hintze in geheimer Botschaft mitteilte: «Ich habe
den Eindruck, daß man hier völlig die Nerven verloren hat.»[9]

Erstmals fühlte sich die Oberste Heeresleitung ohnmächtig,
und durch die verlangte Parlamentarisierung hatte sie ja tatsächlich einen Teil ihrer Macht nach Berlin abgegeben. Das bekam sie
nun zu spüren. Max von Baden ließ sich nicht vor dem 3. Oktober zum Kanzler ernennen und schickte die von Ludendorff für
unumgänglich gehaltene Bitte um Waffenstillstand erst einen Tag
später über diplomatische Kanäle in der Schweiz an den amerikanischen Präsidenten ab – und auch nur an diesen, obwohl die
Oberste Heeresleitung vom neuen Regierungschef verlangt hatte,
das Ersuchen gleichzeitig an alle Feindstaaten zu schicken, um
schneller zum Abschluss zu kommen. Der neue Kanzler vermutete, dass man in diesem Fall einen Waffenstillstand nur um den
Preis der bedingungslosen Kapitulation bekommen hätte; von
Wilson erhoffte er sich die Einhaltung der Vierzehn Punkte und
somit eine Vermittlungsinitiative gegenüber dessen Verbündeten, die vom Deutschen Reich nicht zu leisten war. Der Text der
Note vom 4. Oktober lautete: «Die deutsche Regierung ersucht

den Präsidenten der Vereinigten Staaten von Amerika, die Herstellung des Friedens in die Hand zu nehmen, alle kriegführenden
Staaten von diesem Ersuchen in Kenntnis zu setzen und sie zur
Entsendung von Bevollmächtigten zwecks Anbahnung von Verhandlungen einzuladen. Sie nimmt das von dem Präsidenten der
Vereinigten Staaten von Amerika in der Kongreßbotschaft vom
8. Januar 1918 und in seinen späteren Kundgebungen, namentlich
der Rede vom 12. September, aufgestellte Programm als Grundlage für die Friedensverhandlungen an. Um weiteres Blutvergie-
ßen zu vermeiden, ersucht die deutsche Regierung, den sofortigen Abschluß eines Waffenstillstandes zu Lande, zu Wasser und
in der Luft herbeizuführen.»[10] Damit bestand kein Zweifel mehr
daran, wer den Krieg gewonnen hatte.

In Washington hatte sich der Präsident jener Stimmen zu
erwehren, die eine deutsche Kapitulation als Vorbedingung für
die Einstellung der Kämpfe forderten, und das war nicht nur
die Ansicht der Verbündeten, sondern auch herrschende Meinung in der amerikanischen Öffentlichkeit. Aber Wilson fühlte
sich dem eigenen Programm verpflichtet und sandte mit Oberst
Edward M. House seinen engsten Vertrauten nach Europa, um
sicherzustellen, dass die Alliierten ihre bereits erklärte Zustimmung zu den Vierzehn Punkten im Licht der neuen Lage bekräf-
tigten. Gleichzeitig begann der Präsident über seinen Außenminister Robert Lansing einen Notenwechsel mit der deutschen
Regierung, der sich über den ganzen Oktober hinzog. Wilson
ließ klarstellen, dass im Gegenzug für einen Waffenstillstand die
vollständige Räumung der besetzten Gebiete sowie die Einstellung des U-Boot-Kriegs nötig seien, und er präzisierte, dass sein
am 4. Juli ergänzter neunzehnter Punkt die Person des Kaisers
mit einbezog, dessen Rücktritt er noch vor dem Waffenstillstand
erwarte, wenn es Frieden ohne deutsche Kapitulation geben solle.

In der deutschen Armeespitze sorgte das für Empörung: «Eben kam die 2. Antwort Wilsons, dieses verdammten Pharisäers. Mein Stab ist verdutzt – ich nicht! Ich hatte nichts anderes erwartet. Die Entente fordert bedingungslose Übergabe nach dem Rezept Bulgariens. Anders konnte es nicht kommen. Die Leute, die anderes erwarteten, sind Verbrecher oder Schafsköpfe oder beides», schrieb der ehemalige deutsche Kriegsminister und nunmehrige Generalkommandeur an der Westfront, Adolf Wild von Hohenborn, am 16. Oktober 1918 an seine Frau.[11] Dadurch stieg noch einmal die deutsche Bereitschaft zu kämpfen – zumindest im hohen Offizierscorps.

Nachdem Ludendorff angesichts dessen erkannt hatte, dass seine Panik von Ende September, die Front könne jeden Augenblick zusammenbrechen, unberechtigt gewesen war, schöpfte auch er neuen Kampfesmut und versuchte nun plötzlich, Zugeständnisse aus Berlin an Wilson zu verhindern. Max von Baden appellierte daraufhin an den Kaiser, Ludendorff zu entlassen – durchaus in der Hoffnung, damit eine Art Kompromisslösung zur Erfüllung von Wilsons Friedensprogramm zu erreichen: Wenn mit der Entlassung desjenigen, der für die deutsche Kriegsführung verantwortlich war, nicht der «Vernichtung jeder willkürlichen militärischen Macht» Genüge getan wäre, womit denn dann? Wilhelm II. mag das ähnlich gesehen haben; dass ihm die Abdankung drohte, hatten mittlerweile diverse mit dem Notenwechsel zwischen der Reichsregierung und Wilson vertraute Personen aus dem Umfeld des Kaisers bestätigt. Warum also nicht Ludendorff opfern, der ja ohnehin die ganze Sache erst angeregt hatte? Am 26. Oktober entließ der Kaiser den Ersten Generalquartiermeister, überredete aber Hindenburg, im Amt des Generalstabschefs zu verbleiben (das dieser bizarrerweise bis zum 25. Juni 1919 behielt, um dann unmittelbar vor der letzten Entscheidung der Nationalversammlung über die Unterzeichnung des Versailler Vertrags mit Aplomb zurückzutreten und sich damit auch aus der Verantwortung für dessen etwaige militärische Konsequenzen zu stehlen).

Den alliierten Gegnern erschien Ludendorffs Entlassung denn auch keineswegs ausreichend. Der in Paris angekommene Oberst House bekam am selben Tag vom französischen Ministerpräsidenten Clemenceau einen Entwurf für Waffenstillstandsbedingungen ausgehändigt, der vom alliierten Oberkommandierenden, dem französischen General Ferdinand Foch, ausgefertigt und bislang noch nicht einmal dem französischen Staatspräsidenten vorgelegt worden war. Ausdruck fand darin Clemenceaus und Fochs gemeinsame Überzeugung, dass die deutsche Lage so verzweifelt sei, dass das Reich auf alle Bedingungen eingehen müsse. Und der britische Premierminister Lloyd George hatte Clemenceau zu allem Überfluss gerade erst ein Telegramm geschickt, in dem er seinen französischen Amtskollegen vor zu großer Nachgiebigkeit gegenüber dem deutschen Friedensersuchen warnte. House notierte dazu: «Wenn George an etwas Schlimmeres denkt als Clemenceau, dann helfe Gott Deutschland.»[12]

Nur durch die Abdankung des Kaisers konnte man hoffen, die Gegner noch gnädig zu stimmen. Der Anfang des Monats aus Spa nach Berlin zurückgekehrte Herrscher begab sich am 29. Oktober 1918 erneut nach Belgien ins Große Hauptquartier, weil er darauf hoffte, dort Rückhalt bei den Truppen zu finden. In der Politik hatte er sie nicht mehr. Der Reichskanzler, den er immerhin noch ernannt hatte, war nicht Wilhelms Wahl gewesen, die Umstände des Zwangs zur Parlamentarisierung hatten Max von Baden ins Amt gebracht. Dessen Loyalität galt denn auch dem Reich, nicht dem Souverän, auch wenn die Monarchie nach Überzeugung des Prinzen bewahrt bleiben sollte. Aber gerade dafür musste die umstrittene Herrschergestalt, die im Ausland als Inbegriff der deutschen politischen Rückständigkeit und damit als Hauptfriedenshindernis galt, weg. Das wusste man in der Umgebung des Kaisers, und das wusste auch der Kaiser selbst, dessen Wankelmütigkeit unter den Einflüsterungen der unterschiedlichsten Berater notorisch war.

Wilhelms Abreise aus Berlin war der letzte Trumpf der Hofpartei, namentlich Friedrich von Bergs, der bis zur Ernennung Max von Badens zum Reichskanzler und der darauf folgenden Regierungsumbildung das Geheime Zivilkabinett geleitet hatte, also jene politische Institution, die als Büro des Monarchen eine Art Nebenregierung bildete, weil sie zwischen Kaiser und Kanzler vermittelte. Friedrich von Berg hatte zu den vehementesten Fürsprechern eines Siegfriedens, wie man die Vorstellung einer europäischen Nachkriegsordnung unter deutscher Hegemonie (und mit weitgehenden territorialen Zugewinnen für das Reich) bezeichnete, gehört und war nach dem Ersuchen um Waffenstillstand durch Prinz Max nicht mehr haltbar gewesen, besaß aber immer noch das Ohr Kaiser Wilhelms. «Meine größte Sorge war», so hielt Berg in seinen erst postum veröffentlichten Erinnerungen fest, «daß der Kaiser zur freiwilligen Abdankung bewogen werden würde. Nach der Natur des Kaisers war es möglich, daß er in einem Zustand der Apathie auch dieses tat (…). Schließlich schien mir das einzig Richtige, daß der Kaiser zur Armee ginge. Dort würde er vielleicht vor sich selbst geschützt sein.»[13]

Doch dieser Schutz durch die Armee erwies sich als Irrtum; gerade aus ihrer Mitte heraus breitete sich die Revolution aus. Ausgangspunkt dafür war jedoch nicht, wie von der Obersten Heeresleitung zuletzt befürchtet, die Westfront, sondern jener Truppenteil, dessen sie sich am sichersten glaubte: die Kaiserliche Marine. Die war seit dem 1. Februar 1917 nur noch mit einer militärischen Aufgabe befasst: dem uneingeschränkten U-Boot-Krieg. Doch auch zuvor war die Hochseeflotte kaum mehr zum Einsatz gekommen, seit am 1. Juni 1916 die Seeschlacht im Skagerrak mit den Briten ausgefochten worden war – ohne Sieger, was zum Ergebnis hatte, dass die englischen Seestreitkräfte die Blockade des Deutschen Reichs aufrechterhalten konnten und die kaiserlichen Schiffe überwiegend in den Häfen festlagen, mit Ausnahme der Ostsee, dem winzigen Mare Nostrum der Deutschen. Durch den U-Boot-Krieg bekamen die Linienschiffe eine neue Aufgabe, die in der bloßen Sicherung dieser Form der Seekriegsführung bestand. Alle Aufmerksamkeit der Marine lag auf den U-Booten, nur vereinzelte Vorstöße in die Nordsee wurden noch unternommen, um die von den Alliierten neugebildeten Geleitzüge aufzusprengen, was aber selten gelang.

Entsprechend frustriert waren die meisten Matrosen, denn was es auf See an Ruhm zu ernten gab, schien den Kameraden in den U-Booten vorbehalten. Und frustriert war auch die Marineleitung, denn im Verlauf des Jahres 1918 war deutlich geworden, dass die eigene Waffengattung immer weniger zum erhofften Sieg beitragen konnte; von einer Durchbrechung der alliierten Blockade konnte keine Rede sein, und davon, die Versorgung der europäischen Verbündeten durch die Vereinigten Staaten ernsthaft zu behindern, erst recht nicht.

Aus dieser Enttäuschung heraus beschloss die von Admiral Reinhard Scheer geführte deutsche Seekriegsleitung einen letzten Einsatz, der dadurch begünstigt wurde, dass der U-Boot-Krieg seit der Anerkennung von Wilsons Vierzehn Punkten durch die Reichsregierung als Voraussetzung für einen Waffenstillstand faktisch eingestellt worden war. Dadurch wurden die Schlachtschiffe wieder frei[14], und an sie erging am 24. Oktober ein Flottenbefehl zum kollektiven Auslaufen, um einen Endkampf im Ärmelkanal gegen die Briten zu führen – «aus moralischen Gesichtspunkten Ehren- und Existenzfrage der Marine», wie es im Kriegstagebuch vom 25. Oktober hieß. Moralische Gesichtspunkte interessierten aber die demoralisierten Matrosen nicht; alle wussten um den laufenden Notenwechsel zwischen Washington und Berlin, der endlich ein Ende der Kämpfe verhieß, und in den letzten Tagen des Kriegs wollte keiner mehr sein Leben riskieren. Zumal nicht die deutschen Matrosen, die sich mit Ausnahme der U-Boot-Besatzungen in den letzten Jahren an einen weitgehend ungefährlichen Kriegseinsatz gewöhnt hatten.

Aus diesem Zielkonflikt entstand die Meuterei der deutschen Hochseeflotte, die gemeinhin als «Kieler Matrosenaufstand» bekannt ist. Doch ihren Ausgang nahm sie in Wilhelmshaven, dem wichtigsten deutschen Flottenstützpunkt an der Nordsee, wo sich alle verfügbaren Schiffe vor dem geplanten letzten Einsatz versammelt hatten. In der Nacht vom 29. auf den 30. Oktober verweigerten mehrere Besatzungen den Befehl, doch am Tag danach konnte der Aufstand gewaltlos beendet werden, weil sich die Meuterer angesichts der Drohung, von den anderen Schiffen beschossen zu werden, schließlich fügten. Die geplante Expedition in den Ärmelkanal wurde trotzdem aufgegeben, da sich die Seekriegsleitung der Matrosen nicht sicher sein konnte; das in Kiel beheimatete dritte Geschwader wurde durch den Nord-Ostsee-Kanal zurück in die Ostsee geschickt, und mit diesen Schiffen kamen jene Unruhestifter nach Kiel, die dann die Revolution auslösen sollten.

Dabei hatte die Geschwaderführung unterwegs siebenundvierzig Rädelsführer der Wilhelmshavener Meuterei verhaftet und in Kiel einem Kriegsgericht überstellt. Die anderen Matrosen erhielten Landgang, und mehr als zweihundert von ihnen versammelten sich im Gewerkschaftshaus der Stadt, um zu beraten, wie sie ihre Kameraden freibekommen und ein späteres Auslaufen

Der Stolz des deutschen Kaiserreichs hatte sich im Krieg als stumpfe Waffe erwiesen. Aber die Revolution wurde von der Flotte ausgelöst. Hier ein Foto aufständischer Matrosen in Hamburg.

der Flotte verhindern könnten. Kiel war wie die meisten deutschen Rüstungsstandorte im Januar 1918 ein Zentrum der von USPD und Spartakus unterstützten reichsweiten Streikbewegung gewesen, mit der eine Beendigung des Krieges erzwungen werden sollte. Damals waren etliche Partei- und Gewerkschaftsfunktionäre festgenommen worden, doch die einfachen Arbeiter brauchte man zu sehr, als dass man Masseninhaftierungen hätte durchführen können. Die politisierte Arbeiterschaft der Kieler Werften wurde nun durch die in ihrem Gewerkschaftshaus tagenden Matrosen zum neuen Aufstand gegen die Kriegsführung aufgestachelt.

Am 3. November, einem Sonntag, also einem arbeitsfreien Tag, kamen mehrere tausend Menschen zu einer Demonstration in der Innenstadt zusammen, in deren Verlauf ein Marinequartier gestürmt wurde, in dem einige der Gefangenen einsaßen und Waffen aufbewahrt wurden. Der weitere Vormarsch auf eine Arrestanstalt, in der sich die restlichen inhaftierten Meuterer von Wilhelmshaven befanden, wurde von loyal gebliebenen Truppen mit Waffeneinsatz gestoppt: Sieben Demonstranten wurden erschossen, und die Kunde von den Ereignissen drang noch am selben Tag nach Berlin, wo Theodor Wolff, der Chefredakteur des «Berliner Tageblatts», in seinem Tagebuch notierte: «In Kiel bei der Flotte sollen Unruhen ausgebrochen, d. Situation dort sehr ernst sein.»[15] Der Blutzoll vom Vortag trieb die Kriegsgegner am Montag wieder auf die Straße, diesmal liefen Soldaten zu den Protestierenden über, und am frühen Nachmittag begann in Kiel ein Generalstreik. Von außen herangeführte Truppen solidarisierten sich ebenfalls mit den Aufständischen, woraufhin die lokalen Marine- und Armeeführer klein beigaben; noch am selben Abend bildeten sich Soldatenräte, die fortan das Regiment in der Stadt führten und am 5. November ein Programm zur Neuordnung der militärischen Strukturen verabschiedeten: die in ihrer Zahl alles andere als zufälligen «Vierzehn Kieler Punkte». Deren erste drei gingen weit über die direkten Interessen der Truppe hinaus: Freilassung aller Inhaftierten und politischen Gefangenen, Einführung der Rede- und Pressefreiheit, Abschaffung der Briefzensur.

Von einer Abdankung des preußischen Königs und deutschen Kaisers war dagegen noch ebenso wenig die Rede wie von der Ausrufung der Republik. Doch die am 4. Oktober nach Kiel entsandten preußischen Truppen kehrten nun als Botschafter der Soldatenräte in ihre Heimatkasernen zurück und schürten dort das Feuer des Widerstands gegen die Regierung: «Aus einer

Meuterei gegen das eigenmächtige Handeln der Seekriegsleitung und einer Gefangenenbefreiung war eine Umsturzbewe-
gung geworden, die sich innerhalb der folgenden Tage zu einer
fast das gesamte Reichsgebiet erfassenden revolutionären Bewegung ausweitete», wie der Historiker Ulrich Herbert schreibt.[16]
Die Demokratisierung war ja nicht nur Selbstzweck, sondern
galt auch als notwendig für einen Friedensschluss auf der Basis
der Wilson'schen Forderungen. Deshalb stieß sie in den teilweise
jahrhundertealten deutschen Monarchien auf größere Sympathie,
als man eigentlich hätte vermuten dürfen.

In Spa, wo der deutsche Kaiser sich während all dieser Ereignisse
aufhielt, trafen weiterhin Telegramme und Telefonanrufe aus
Berlin ein, in denen Max von Baden ihm die Abdankung nahe-
legte, und Wilhelm II. fand sich bald auch tatsächlich damit ab.
Er wollte allerdings preußischer König bleiben, was jedoch angesichts der Verfassungskonstruktion, die Preußen als bei weitem
größtem Einzelstaat eine herausragende Position im Deutschen
Reich zusprach, undenkbar war. Wilhelms letztes Wort, das am
Vormittag des 9. November per Telefonanruf aus dem Umkreis
des Monarchen in Spa nach Berlin übermittelt wurde, war einigermaßen rätselhaft, wie sich Max von Baden erinnerte: «Die Angelegenheit sei jetzt sachlich entschieden; sie seien jetzt bei der Formulierung. – Der Kaiser habe sich zur Abdankung entschlossen.
Wir würden in einer halben Stunde die Formulierung erhalten.»[17]
Die angekündigte Präzisierung kam aber nicht mehr, Anrufe
aus Berlin wurden in Spa nicht entgegengenommen, und mit der
knappen Telefonbotschaft vom Vormittag war betreffs der Frage,
ob Wilhelm auch als preußischer König zurückzutreten gedachte,
nichts anzufangen.

Also nahm der Reichskanzler die ihm gegenüber bekundete

Bereitschaft zum Thronverzicht kurzerhand als Vorwand, um am Mittag des 9. November in seiner letzten Regierungsproklamation die Abdankung Wilhelms II. sowohl im Reich als auch in Preußen zu verkünden – bevor er selbst zurücktrat, um das Amt an den SPD-Parteivorsitzenden Friedrich Ebert zu übergeben. Währenddessen überschlugen sich in Berlin die revolutionären Ereignisse. Prinz Max war überzeugt, dass die Einwilligung des brüskierten Monarchen schon noch erfolgen würde, zumal er wusste, dass die Kommandeure der Fronttruppen bei einer Lagebesprechung im Großen Hauptquartier am 8. November nahezu unisono mitgeteilt hatten, dass ihre Soldaten nicht bereit seien, für ihren formal obersten Befehlshaber in der Heimat gegen das eigene Volk zu kämpfen. Der erhoffte Rückhalt im Militär erwies sich für Wilhelm als eine Illusion. Wild von Hohenborn, einer der letzten unbedingt Kaisertreuen in der Armeespitze, hatte schon am 5. November erregt festgestellt: «Voraussetzung für Weiterkämpfen ist und bleibt, daß uns die Revolution, die alles hemmen würde, erspart bleibt. Es ist ja leider so furchtbar ansteckend, dieses Revolutionieren in Ost und Süd. (...) Es ist, als ob die Welt verrückt geworden sei. Selbst in Offizierskreisen wird bei uns die Frage der Abdankung des Kaisers eigentlich mehr vom Nützlichkeitsstandpunkt erörtert. Es ist, als ob alle Ideale, alle Treue, alle Festigkeit verloren wäre; eine gräßliche Zeit.»[18]

Eingedenk der Hinrichtung des abgedankten Zaren Nikolaus II. und seiner Familie durch russische Revolutionäre, die nicht einmal vier Monate vorher stattgefunden hatte, fürchteten die verbliebenen Getreuen um das Leben Wilhelms. Dass am Nachmittag des 9. November in Berlin die Republik ausgerufen worden war, hatte man auch in Spa vernommen. Am frühen Morgen des 10. November verließ der Kaiser deshalb das Große Hauptquartier – nicht etwa an der Spitze einer Armee auf dem

Weg nach Berlin, wie er es sich erträumt und auch lautstark in persönlichen Gesprächen verkündet hatte, sondern ins Exil. Um eine Inhaftierung im eigenen Land zu vermeiden, begab er sich in die neutralen Niederlande, die von der mit ihm verwandten Königin Wilhelmina regiert wurden. Würde die Revolution siegreich bleiben, drohte Wilhelm die Exekution, zumindest aber die Auslieferung an die Alliierten, falls diese eine solche Forderung im Waffenstillstands- oder in einem späteren Friedensabkommen erheben würden. Nachdem sie ohne seine Zustimmung seine Abdankung bekanntgegeben hatte, hielt Wilhelm die Berliner Regierung für zu allem fähig.

Die hatte allerdings erst einmal ganz andere Sorgen als die etwaige Festsetzung des Kaisers: innenpolitisch durch die sich von den Marinehäfen her rasch im ganzen Reich ausbreitende Revolution und außenpolitisch durch die an der Front einsetzende Ungeduld. Dass es zum Waffenstillstand kommen würde, war durch die Berichterstattung der letzten Wochen allen Deutschen klar, auch den Truppen. Niemand wollte in den letzten Kriegstagen noch zu Tode kommen – das war auf beiden Seiten der Front so. Durchschnittlich kostete jeder weitere Kriegstag mehr als zweitausend Soldaten das Leben. Aber die Deutschen standen zudem vor der Anerkennung ihrer Niederlage, und die Hoffnung, durch militärische Standhaftigkeit die Bedingungen der Gegner mildern zu können, hatte getrogen. Am 4. November hatten sich die Alliierten endlich auf die Bestimmungen eines Waffenstillstandsabkommens geeinigt, und am 6. November traf eine letzte Note aus Washington in Berlin ein – was deshalb so lange dauerte, weil es keine unmittelbare Telegrammverbindung zwischen Deutschland und den Vereinigten Staaten mehr gab. Seit die Alliierten gleich zu Beginn des Weltkriegs die deutschen Überseekabel beschlagnahmt hatten, mussten Telegramme über

Abgedankt und abgeräumt: Im preußischen, bald aber französisch und dann britisch besetzten Köln werden im November 1918 vorsichtshalber schon einmal wilhelminische Altlasten beseitigt.

die neutrale Schweiz laufen, um ins Reich oder von dort nach Amerika zu gelangen. Diese Nachricht, die nach dem amerikanischen Außenminister, der sie formell unterzeichnet hatte, benannte «Lansing-Note», enthielt endlich die Aufforderung an eine noch zu benennende deutsche Delegation, sich zur Aufnahme von Waffenstillstandsgesprächen mit General Foch auf die französische Seite der Front zu begeben.

Kurz nach Mitternacht des Folgetags schickte die Oberste Heeresleitung «auf Anordnung der Regierung» ihrerseits ein Telegramm an Foch, in dem sie die Mitglieder der deutschen Delegation benannte und um Bekanntgabe eines Treffpunkts per

Funkspruch bat. Mitgeteilt wurde außerdem, dass es die Berliner Regierung «im Interesse der Menschlichkeit» begrüße, «wenn mit Eintreffen der deutschen Delegation an der Front der Alliierten vorläufige Waffenruhe eintreten könnte».[19] Foch reagierte sofort und ließ den erbetenen Funkspruch noch in der Nacht um 2.30 Uhr von Paris aus absenden. Darin wurde Compiègne zum Ort der Verhandlungen bestimmt, eine kleine Stadt knapp neunzig Kilometer nördlich von Paris, in der bis zum April 1918 das Große Hauptquartier der französischen Armee gelegen hatte, bevor es ins hundertfünfundzwanzig Kilometer weiter westlich gelegene Provins umzog. Compiègne wurde ausgewählt, weil es näher an der Front lag als Provins und Anbindung an eine erst im Krieg errichtete Eisenbahnstrecke hatte, die rein militärischen Zwecken diente. So konnte man Waggons an eine abgelegene Stelle schaffen, um darin mit den Deutschen zu verhandeln, ohne dass die Öffentlichkeit davon Notiz nahm. Diese Stelle sollte eine Waldlichtung bei der Ortschaft Rethondes in der Nähe von Compiègne sein.

Die Zeitungen aller Länder hatten über das deutsche Waffenstillstandsersuchen vom 4. Oktober berichtet, und auch der anschließende Notenaustausch zwischen Berlin und Washington war breit kommentiert worden. Die konkreten Gespräche aber sollten möglichst ungestört und unbeobachtet stattfinden, damit an der Front nicht zu früh der Termin bekannt wurde, an dem die Waffen schweigen würden. Nun fürchteten nämlich auch die Alliierten, dass ihre Soldaten in den letzten Tagen der Kampfhandlungen den Durchhaltewillen verlieren könnten. Der Oberbefehlshaber Foch hielt es für nötig, den militärischen Druck auf die Deutschen bis zum letzten Augenblick aufrechtzuerhalten, um bei den Verhandlungen mit dem Reich nur ja kein Zugeständnis machen zu müssen. Deshalb stimmte er auch dem aus

Als Züge in einsamen europäischen Gegenden noch dem Frieden dienen sollten: Auf der Lichtung von Rethondes bei Compiègne steht am
8. November 1918 links der Salonwagen des alliierten Oberbefehlsha-
bers Foch, rechts ist der Zug eingetroffen, mit dem die deutsche Waffenstillstandsdelegation von der Front herangefahren wurde.

Spa angeregten allgemeinen Waffenstillstand vor dem Eintreffen
der deutschen Delegation nicht zu.

Die strenge Geheimhaltung, die Foch sich wünschte, konnte
aber an einem Punkt nicht durchgehalten werden: Die deutsche
Delegation musste ja die Frontlinie passieren, und dazu brauchte
es wenigstens am entsprechenden Abschnitt zeitweise eine Waffenruhe, die von 14 Uhr desselben Tages an gelten sollte. Diese
Information war ebenfalls Gegenstand des Funkspruchs aus Paris
vom frühen Morgen des 7. November gewesen. Den aber hatte der
französische Geheimdienst abgefangen, der nicht über die Pläne

der Regierung informiert war. Mangels besseren Wissens miss-
deuteten die Agenten den per Funk mitgeteilten Zeitpunkt von
14 Uhr als Beginn eines generellen Waffenstillstands an der ganzen Front, und das teilten sie brav den Verbündeten mit, woraufhin der Marinebeauftragte der amerikanischen Botschaft in Paris
diese Neuigkeit an seinen in der französischen Hafenstadt Brest
residierenden Admiral sandte, von dem wiederum ein Reporter
der Nachrichtenagentur United Press das Telegramm zu sehen
bekam, der die angebliche Sensationsnachricht dann schnells-
tens nach New York durchgab. So kam noch am Vormittag des
7. November eine UP-Eilmeldung zustande, die zwar nicht mehr
früh genug für die aktuellen Tageszeitungen eintraf, aber an den
jeweiligen Telegrammstationen der alliierten Staaten verfrühte
Freudenfeiern auslöste, die erst nach einem offiziellen Dementi
des amerikanischen Außenministers Lansing beendet wurden.[20]

An jenem Frontabschnitt in der Nähe des Dorfs Haudray,
wo am 7. November tatsächlich von 14 Uhr an Waffenruhe
herrschte, musste man lange auf die Deutschen warten. Erst
gegen 20.30 Uhr traf die nachmittags von Spa aus in drei Automobilen aufgebrochene deutsche Delegation ein. Sie bestand aus
vier Bevollmächtigten – zunächst waren fünf angemeldet worden,
aber statt des ursprünglich als Verhandlungsführer vorgesehenen
Generals Emil von Gündell hatte der Reichskanzler auf den Politiker Matthias Erzberger als Delegationsleiter gedrängt, weil ihm
vertrauliche Schweizer Quellen gemeldet hatten, dass die Alliierten nicht mit einem deutschen Militär verhandeln würden. Die
Oberste Heeresleitung stimmte diesem Austausch der Verantwortlichkeit zu, ermöglichte sie doch eine noch größere Distan-
zierung der Armee von den Verhandlungen. Allerdings wollte sie
Gündell nicht einem Zivilisten wie Erzberger unterordnen – das
hätte wie eine Degradierung ausgesehen. Also strich man den

General ganz von der Delegationsliste, die neben den vier Bevollmächtigten noch mehrere subalterne Begleiter umfasste.

Es war herbstlicher Abendnebel aufgezogen, als sich die
Autos der Front näherten, also ließen die Deutschen zur Sicherheit das international gängige Hornsignal für «Feuer einstellen»
erschallen. Ein französischer Unteroffizier erinnerte sich später
an den Klang und den Anblick, der sich ihm bot, als die Wagen
eintrafen: «Auf den Trittbrettern des (ersten) Autos standen
zwei Boches, die abwechselnd in ein Horn bliesen, das mindestens anderthalb Meter lang war, wie eine Posaune von Jericho.
Während der eine blies, schwenkte der andere ein großes weißes
Leintuch wie eine Fahne.»[21] Im dritten Auto saß Erzberger. Er war
Reichstagsabgeordneter der katholischen Zentrumspartei und
hatte sich im Juli 1917 mit einer Friedensresolution profiliert, die
eine Beendigung des Kriegs ohne jegliche Annexionen forderte
und von der Mehrheit des deutschen Parlaments damals sogar
beschlossen worden war – jener Mehrheit aus Sozialdemokraten,
Zentrumsvertretern und Liberalen, die jetzt auch den politischen
Rückhalt für Max von Baden bildete. Die Resolution von 1917 war
seinerzeit politisch unverbindlich gewesen, aber die Oberste Heeresleitung hatte darin eine massive Schwächung der deutschen
Position bei etwaigen Verhandlungen gesehen. Erzberger galt
fortan für sie als Galionsfigur jener innenpolitischen Opposition,
die die Forderung nach einem von den Militärs unerwünschten
Verständigungsfrieden erhob. Dass Max von Baden just diesen
Mann zum Minister (wenn auch ohne Geschäftsbereich) ernannt
hatte, war deshalb in der Armeespitze als Affront empfunden
worden; andererseits galt Erzberger durch seine Initiative von 1917
im Ausland als einer der wenigen deutschen Politiker, die als Verhandlungspartner auf Sympathie rechnen konnten. Die Entscheidung, ihn zum Leiter der deutschen Waffenstillstandsdelegation

zu machen, schien also nur konsequent. Der Obersten Heeresleitung, also Hindenburg und Wilhelm Groener, dem Nachfolger
des entlassenen Ludendorff als Generalquartiermeister, war es
jedoch darum zu tun, nur ja nicht selbst mit den absehbar harten
Bedingungen des Waffenstillstands in Verbindung gebracht zu
werden. Aus Berlin mit einem nachrangigen Vertreter des Außenministeriums als weiterem Delegierten angereist, bekam Erzberger am 7. September in Spa deshalb nur noch jeweils einen Vertreter von Heer und Marine als Begleiter zugesellt, einen General
und einen Kapitän.

Nachdem französische Offiziere die Legitimation der vier-
köpfigen Delegation überprüft und auch von der eigenen Armeeführung bestätigt bekommen hatten, wurden die Deutschen in
das Dorf Tergnier eskortiert. Dort stiegen sie in einen bereitste-
henden Sonderzug um, mit dem es dann in langsamer nächtlicher
Fahrt zur genannten Lichtung bei Rethondes ging, wo bereits
ein zum Konferenzraum umgebauter ehemaliger Salonwagen
bereitstand. Am 8. November, einem Freitag, wurden die Deutschen morgens um 9 Uhr französischer Zeit (in Deutschland war
es schon eine Stunde später) von einem Adjutanten des alliierten
Oberkommandierenden abgeholt und über Plankenstege, die man
wegen des feuchten Novemberwetters ausgelegt hatte, zu dem
Salonwaggon geleitet, in dem Foch auf sie wartete. Er empfing
sie mit der knappen Bemerkung: «Was führt die Herren hierher?
Was wünschen Sie?», bestand darauf, dass seine Worte von einem
Dolmetscher übersetzt wurden, obwohl die ganze deutsche Delegation Französisch sprach, und ließ Erzbergers Antwort, man
wünsche Vorschläge über einen Waffenstillstand entgegenzunehmen, mit der lapidaren Erwiderung ins Leere laufen: «Ich habe
keine Vorschläge zu machen.» Auf die Bemerkung, der amerikanische Präsident habe ihnen, den Deutschen, Foch als alliierten

Verhandlungsführer genannt, erwiderte dieser, dass doch allein sie um Waffenstillstand nachgesucht hätten. Damit waren jegliche Hoffnungen auf gleichberechtigte Gespräche, sollten sie überhaupt noch bestanden haben, zerstoben. Foch hatte in der Tat keine Vorschläge parat, er hatte Bedingungen, über die es aus alliierter Sicht nichts zu diskutieren gab. Der Adjutant las den von Foch mitformulierten Entwurf eines Waffenstillstandsabkommens vor. «Was er vorlegte», schreibt Sebastian Haffner, «war eine zehn Tage lang zwischen den alliierten Regierungen ausgehandelte fertige Liste von Waffenstillstandsbedingungen und ein Ultimatum, mit zweiundsiebzig Stunden Frist, zur Annahme oder Ablehnung. Dass das Ultimatum angenommen werden würde, stand schon in diesem Augenblick fest.»[22]

Der Text begann durchaus verheißungsvoll: Sechs Stunden nach Unterzeichnung, so besagte der erste Artikel, würden alle Feindseligkeiten eingestellt. Die folgenden Regelungen aber waren ein Vorgeschmack auf den späteren Friedensschluss, den Versailler Vertrag. Der zweite Artikel legte fest, dass die deutsch besetzten Gebiete sofort zu räumen seien, wobei neben Belgien, Frankreich und Luxemburg auch explizit Elsass-Lothringen genannt wurde. Damit war das 1871 an Deutschland abgetretene Territorium verbal bereits dem Reichsverband entrissen. Fünfzehn Tage sollten für den Rückzug aller deutschen Truppen bleiben; Soldaten, die nach diesem Zeitpunkt in den zu räumenden Gebieten verblieben, würden von den einrückenden alliierten Truppen zu Kriegsgefangenen gemacht werden. Die deutschen Armeen an der Westfront hätten beim Abzug fünftausend Kanonen, fünfundzwanzigtausend Maschinengewehre, dreitausend Minenwerfer und zweitausend Jagd- und Bombenflugzeuge zu übergeben. Die Zahlen bewiesen, dass man die deutsche Kampfkraft überschätzte, denn so viele Flugzeuge besaß das Reich gar

nicht mehr. Eine der wenigen Änderungen des schließlich unterzeichneten Waffenstillstandsabkommens bestand deshalb in der
Reduzierung auf tausendsiebenhundert Flugzeuge.

Neben dem Abzug aus den besetzten Gebieten sollten auch
alle linksrheinischen Reichsgebiete militärisch geräumt werden,
um anschließend von alliierten Truppen besetzt zu werden, einschließlich rechtsrheinischer Brückenköpfe von jeweils dreißig
Kilometer Durchmesser um Köln, Koblenz und Mainz. Rechts
des Rheins wurde zusätzlich ein zehn Kilometer breiter demili-
tarisierter Streifen vorgeschrieben. Für den Rückzug aus diesem
Bereich wurden einunddreißig Tage Zeit gewährt. Die Kosten für
die alliierte Besatzung der linksrheinischen Gebiete und der drei
Brückenköpfe hätte nach dem neunten Artikel der Vereinbarung
das Reich zu tragen; Elsass-Lothringen wurde hiervon ausdrücklich ausgenommen, um noch einmal zu betonen, dass es bereits
wieder als integraler Bestandteil Frankreichs betrachtet wurde
und nicht mehr als deutsches Territorium.

Über deutsche Gebietsverluste im Osten wurde nichts angedeutet; auch hier wurde zwar eine Räumung aller besetzten
Territorien vorgeschrieben, doch je nach alliierter Anweisung
sollten deutsche Truppen noch dort verweilen dürfen, um einen
Vormarsch der russischen Revolution zu verhindern. Die Friedensverträge des Deutschen Reichs mit Rumänien und Russland
sollten mit Unterzeichnung des Waffenstillstandsabkommens
ungültig werden, weil sie den in Wilsons Vierzehn Punkten
festgelegten Ansprüchen an internationale Abkommen nicht
genügten. Die Seeblockade Deutschlands durch die Alliierten
sollte dagegen erhalten bleiben, obwohl sie den Wilson'schen
Forderungen nach Freiheit des Seehandels widersprach. Eine
Lebensmittelversorgung der deutschen Bevölkerung durch die
Alliierten «in dem als notwendig anerkannten Maße» wurde im

sechsundzwanzigsten Artikel «in Aussicht» gestellt, allerdings nur für die Dauer des Waffenstillstands, der auf sechsunddreißig Tage befristet sein würde und bei Nichterfüllung der Bestimmungen binnen achtundvierzig Stunden vorzeitig gekündigt werden könnte. Das waren geeignete Mittel, um die deutsche Seite zur strikten Einhaltung des Abkommens zu zwingen.

Der Vortrag der alliierten Bedingungen in zwei Sprachen und die anschließende Aussprache darüber, bei der Foch sich jeder Bitte um Mäßigung unzugänglich zeigte, dauerte bis 11.30 Uhr. Dann durfte Erzberger einen Funkspruch ans deutsche Große Hauptquartier absetzen, in dem er das alliierte Ultimatum von zweiundsiebzig Stunden mitteilte, aber vorsichtshalber nicht die konkreten Bedingungen für den Waffenstillstand, weil er befürchtete, die Nachricht könnte abgefangen und dann bekanntgemacht werden. Den Entwurf selbst sollte einer der Begleiter der deutschen Delegation persönlich über die Linien nach Spa bringen, doch das gelang am 8. November nicht mehr, weil die eigene Seite den Emissär nicht erkannte und dessen «Feuer einstellen»-Signal mit einem massiven Artillerieangriff beantwortete.[23] Erst am frühen Morgen des 9. November gelangten die alliierten Bedingungen ins deutsche Große Hauptquartier und von dort per Telegramm nach Berlin, verbunden mit einer scharfen Warnung Hindenburgs vor einem Abschluss zu diesen Konditionen.

Die Botschaften trafen in einem Moment ein, als die Revolution in der Hauptstadt kurz vor dem Sieg stand. Max von Baden beschloss angesichts der Härte der alliierten Forderungen die Übergabe des Kanzleramts an Friedrich Ebert und verkündete die Abdankung des Kaisers. Erzberger, der zu weiteren Gesprächen in Compiègne geblieben war, bekam als erstes Telegramm von dem neuen Reichskanzler eine eindeutige Erklärung, die er den Gegnern übermitteln sollte: «Die deutsche Regierung wird

Die alliierte Waffenstillstandsdelegation bestand nur aus Franzosen und Briten, angeführt von Marschall Foch (2. v. r.). Neben ihm der britische Admiral George Hope, der französische General Maxime Weygand, der britische Admiral Sir Rosslyn Wemyss und der britische Kapitän zur See Jack Marriott (v. l. n. r.). Ganz hinten in der Tür des Salonwagens steht der Dolmetscher, Kapitän Paul Laperche.

mit allen Kräften für die Durchführung der gestellten Bedingungen sorgen.» Nur in der Frage der Versorgung Deutschlands mit Nahrungsmitteln und bei dem im Entwurf vorgesehenen Rückzug der deutschen Truppen aus dem ostafrikanischen Kolonialgebiet ersuchte Ebert die deutsche Waffenstillstandsdelegation um Nachverhandlungen. Geändert wurde außer der erwähnten Zahl der abzugebenden Flugzeuge aber nichts mehr. Also unterschrieben die vier deutschen Delegierten am frühen Morgen des 11. November schließlich das Abkommen. Auf alliierter Seite zeichneten Foch allein für Frankreich und drei Seeoffiziere für Großbritannien gegen. Ein Vertreter der Vereinigten Staaten, die den Waffenstillstand vermittelt hatten, war während der Tage in Compiègne nicht zugegen.

Erst sechs Stunden nach der Unterzeichnung, um 11 Uhr französischer und 12 Uhr deutscher Zeit an diesem 11. November 1918, wurden dem Text der Vereinbarung gemäß die Kampfhandlungen eingestellt, keine Minute früher. In einem Vortrag über die Arbeit der deutschen Delegation, den eines ihrer Mitglieder, der General Hans von Hammerstein-Gesmold, am 4. März 1919 in Weimar dem Reichskabinett hielt, wurde auch die Unterzeichnung des Waffenstillstandsabkommens auf 11 Uhr verlegt.[24] Das war eine bezeichnende Korrektur, die die Unmenschlichkeit des unnötigerweise um sechs Stunden verlängerten Mordens verschleierte. Es starben in diesem Zeitraum durch Kampfhandlungen an der Westfront noch einmal mindestens 2738 Soldaten. In diesen sechs Stunden gab es also mehr Tote, als im Ersten Weltkrieg sonst durchschnittlich an einem ganzen Tag zu beklagen gewesen waren.[25]

2. Entzweiung der jungen Republik: Der innere Kampf in Deutschland

Als Friedrich Ebert am 12. November 1918 die nach Berlin heimkehrenden Truppen von der Westfront begrüßte, tat er es mit folgenden Worten: «Kein Feind hat euch überwunden. Erst als die Übermacht der Gegner an Menschen und Material immer drückender wurde, haben wir den Kampf aufgegeben.»[1] Damit begannen höchstoffiziell die Umdeutung und die Mythisierung der deutschen Niederlage, denn der Mann, der da sprach, war gleich doppelt Staatschef: Zum einen war er noch kurz vor der Ausrufung der Republik als Kanzler eingesetzt worden und damit nach dem Thronverzicht des Kaisers höchster Repräsentant des alten Reichs, zum anderen war er als Vorsitzender des neugegründeten Rats der Volksbeauftragten auch höchster Repräsentant der Revolution.

Beide Ämter hatte Ebert auf zweifelhafte Weise erhalten, denn zum Kanzler hatte ihn kurzerhand sein Vorgänger Max von Baden gemacht, obwohl pro forma nur Wilhelm II. dazu berechtigt gewesen wäre. Aber am 9. November stand die erwartete offizielle Abdankung des Kaisers immer noch aus, und da Wilhelm sich angesichts der deutschen Friedensbemühungen, die mit der Anerkennung von Wilsons Vierzehn Punkten seinen Thronverzicht wohl unvermeidlich machen würden, bereits im

«Kein Feind hat euch überwunden»: So begrüßte Friedrich Ebert am
12. November 1918 in Berlin die ersten deutschen Truppen, die nach
dem Waffenstillstand von der Westfront zurückkehrten. Später
wiederholte er den Satz nicht mehr, obwohl er noch oft, wie hier im
Dezember, heimkommende Soldaten am Brandenburger Tor empfing.

Oktober ins belgische Spa abgesetzt hatte, blieb Max von Baden
keine andere Möglichkeit, als den Monarchen per Telegramm zur
Entscheidung zu drängen. Und der antwortete ja einfach nicht.
Also verkündete der Reichskanzler am Vormittag jenes Samstags
eigenmächtig den Rücktritt des Kaisers und schloss sich mit seinem eigenen gleich an, denn da Wilhelm ihn ernannt hatte, fehlte
aus der Sicht des Prinzen nun auch ihm die Legitimation.

Max von Badens Verlautbarung vom Morgen des 9. November begann also mit einer Lüge und entwarf dann ein Programm,
das nicht mehr umgesetzt werden konnte: «Der Kaiser und König
hat sich entschlossen, dem Thron zu entsagen. Der Reichskanzler bleibt noch so lange im Amt, bis die mit der Abdankung des
Kaisers, dem Thronverzicht des Kronprinzen des Deutschen

Reiches und von Preußen und der Einsetzung der Regentschaft verbundenen Fragen geregelt sind. Er beabsichtigt, dem Regenten die Ernennung des Abgeordneten Ebert zum Reichskanzler und die Vorlage eines Gesetzentwurfs wegen der Ausschreibung allgemeiner Wahlen für eine verfassunggebende deutsche Nationalversammlung vorzuschlagen, der es obliegen würde, die künftige Staatsform des deutschen Volkes, einschließlich der Volksteile, die ihren Eintritt in die Reichsgrenzen wünschen sollten, endgültig festzustellen.»[2] Der in Aussicht gestellte Regent, mit dem die Wahrung der Monarchie ebenso angestrebt war wie eine nachträgliche Heilung des Verfassungsbruchs durch die Ernennung Eberts, wurde nie eingesetzt.

Als Max von Baden Ebert zum Reichskanzler bestimmte, war das nicht seine eigenständige Idee gewesen; er kam damit der ultimativen Aufforderung des SPD-Vorsitzenden selbst nach. Das war zwar verfassungsrechtlich unzulässig, realpolitisch betrachtet aber nur konsequent.[3] Ebert war der einzige Politiker, der den alten Eliten noch das verhieß, was das Reich in ihren Augen angesichts der absehbaren Waffenstillstandsbedingungen und der deutlich werdenden Kriegsniederlage am dringlichsten benötigte: innere Stabilität. Denn Ebert besaß in der SPD unbestrittene Autorität. Der siebenundvierzigjährige ehemalige Sattlermeister war seit 1912, als die letzten Reichstagswahlen stattgefunden hatten – für die Dauer des Kriegs, so war es 1914 beschlossen worden, waren alle weiteren Urnengänge suspendiert –, Abgeordneter seiner Partei, die damals mit 110 von 397 Sitzen stärkste Fraktion im Parlament geworden war, und gehörte dort dem Fraktionsvorstand an. In dieser Funktion sollte er zu den wichtigsten Propagandisten der Burgfriedenspolitik gehören, also des Schulterschlusses der verschiedenen politischen Parteien im Interesse der Kriegsführung. Vor allem aber war Ebert seit 1913 Vorsitzender

2. Extraausgabe   Sonnabend, den 9. November 1918.

Vorwärts
Berliner Volksblatt.
Zentralorgan der sozialdemokratischen Partei Deutschlands.

Der Kaiser hat abgedankt!

Der Reichskanzler hat folgenden Erlaß herausgegeben:

Seine Majestät der Kaiser und König haben sich entschlossen, dem Throne zu entsagen.

Der Reichskanzler bleibt noch so lange im Amte, bis die mit der Abdankung Seiner Majestät, dem Thronverzichte Seiner Kaiserlichen und Königlichen Hoheit des Kronprinzen des Deutschen Reichs und von Preußen und der Einsetzung der Regentschaft verbundenen Fragen geregelt sind. Er beabsichtigt, dem Regenten die Ernennung des Abgeordneten Ebert zum Reichskanzler und die Vorlage eines Gesetzentwurfs wegen der Ausschreibung allgemeiner Wahlen für eine verfassunggebende deutsche Nationalversammlung vorzuschlagen, der es obliegen würde, die künftige Staatsform des deutschen Volk, einschließlich der Volksteile, die ihren Eintritt in die Reichsgrenzen wünschen sollten, endgültig festzustellen.

Berlin, den 9. November 1918. **Der Reichskanzler.**
Prinz Max von Baden.

Es wird nicht geschossen!

Der Reichskanzler hat angeordnet, daß seitens des Militärs von der Waffe kein Gebrauch gemacht werde.

Parteigenossen! Arbeiter! Soldaten!

Soeben sind das Alexanderregiment und die vierten Jäger geschlossen zum Volke übergegangen. Der sozialdemokratische Reichstagsabgeordnete Wels u. a. haben zu den Truppen gesprochen. Offiziere haben sich den Soldaten angeschlossen.

Der sozialdemokratische Arbeiter- und Soldatenrat.

Der Abgedankte wusste nichts von seinem Beschluss: Am 9. November 1918 verkündete Reichskanzler Max von Baden eigenmächtig den Rücktritt des Kaisers. Der sozialdemokratische «Vorwärts» übernahm die Nachricht nur zu gerne.

der SPD, zunächst gemeinsam mit Hugo Haase, und dann, seit
1916, als sich die Reichstagsfraktion über die Frage der deutschen
Kriegsziele und der Bewilligung weiterer Kredite gespalten hatte,
zusammen mit Philipp Scheidemann. Haase hatte seit 1915 zu den
Skeptikern gehört und in Zeitungsartikeln wie schließlich auch
im Plenum selbst seine Partei aufgefordert, ihre Politik zu revidieren: Sie sollte keinen weiteren Kriegskrediten zustimmen, und bis
Dezember 1915 hatten sich mehr als vierzig Prozent der hundert-
zehn SPD-Reichstagsabgeordneten dieser Position angeschlossen. Ebert war der entscheidende Akteur auf der Gegenseite;
ihm gelang es, Haase erst von der Fraktionsspitze und dann auch
als Co-Vorsitzenden der SPD zu verdrängen, in beiden Ämtern
folgte ihm auf Eberts Betreiben Scheidemann. Die Abweichler
wurden nicht mehr in der Fraktion geduldet und im Januar 1917
aus der Partei ausgeschlossen. Sie formierten sich im April als
neue parlamentarische Gruppierung unter dem Namen Unabhän-
gige Sozialdemokratische Partei Deutschlands (USPD).

Als solche verkörperten sie den pazifistischen Teil der Sozialdemokratie, dem im Herbst 1918 angesichts der Bemühungen
um einen Waffenstillstand immense innenpolitische Bedeutung
zukam. Denn nicht in den Mehrheitssozialdemokraten, sondern
in der abgespaltenen USPD sahen die Novemberrevolutionäre
ihre politischen Verbündeten, und die USPD wiederum begriff
sich als Wegbereiterin einer Rätedemokratie. Das schürte unter
denjenigen, die das Deutsche Reich bewahren wollten, Ängste
vor einer Erhebung nach russischem Vorbild, nämlich unter Führung einer radikalen Minderheit, wie sie Lenins Bolschewiken
gelungen war. Deshalb sollte die gemäßigtere SPD an der neuen
Regierung beteiligt werden. Wobei Max von Baden, als badi-
scher Thronfolger selbst ein höchst prominenter Vertreter der
deutschen Fürstenhäuser, mit der Berufung Eberts zum Reichs-

kanzler vor allem beabsichtigt hatte, die Monarchie zu retten: Mit einem sozialdemokratischen Regierungschef sollte es möglich werden, nach dem Thronverzicht des Kaisers einen Regenten aus dem Hause Hohenzollern einzusetzen. Erste Zugeständnisse auf dem Weg zur konstitutionellen Monarchie waren in den letzten Wochen schon gemacht worden, aber im Berliner Nachrichtenchaos des 9. November, als man auf mehrere erlösende Telegramme aus Spa wartete – nicht nur die ersehnte Abdankung stand ja aus, sondern auch die Mitteilung über die Bedingungen des erhofften Waffenstillstandsabkommens –, wurde mittags bekannt, dass Karl Liebknecht um 16 Uhr vor dem Stadtschloss die Republik ausrufen würde.

Liebknecht hatte im Dezember 1914 als erster Sozialdemokrat im Reichstag dem Burgfrieden abgeschworen, war zwei Jahre später wegen Hochverrats verurteilt und erst am 23. Oktober 1918, als man sich solche innenpolitischen Häftlinge außenpolitisch nicht mehr leisten konnte, freigelassen worden. Nun vertrat er im Vorstand der USPD die äußerste linke Position. Deshalb war die SPD-Spitze alarmiert, und Scheidemann entschloss sich kurzerhand, der Konkurrenz zuvorzukommen – der Kaiser war ja schon durch Max von Baden gestürzt worden – und seinerseits die Republik zu verkünden, was er kurz nach 14 Uhr vom Reichstagsgebäude aus auch tat. Liebknecht ließ sich dadurch nicht beirren und zog nach.

Die beiden Proklamationsorte waren bezeichnend: Der Reichstag stand für Kontinuität, denn die Parlamentarier, seit mehr als sechs Jahren im Amt, würden in einer neuen Republik à la SPD zunächst alle wichtigen Beschlüsse fassen. Deshalb betonte Scheidemann, dass nun «der Abgeordnete Ebert» Reichskanzler sei und eine Regierung bilden werde, die alle sozialistischen Parteien umfasse. Das bezog andere politische Kräfte expli-

Philipp Scheidemann scheint in gehobener Stimmung zu sein. Von seiner Ausrufung der deutschen Republik auf dem Reichstagsbalkon um 14 Uhr am 11. November 1918 sind keine Fotos erhalten. Dieses Bild wurde Jahre später am authentischen Ort nachgestellt.

zit mit ein. Das Schloss dagegen bot Liebknecht die Kulisse für einen dezidierten Bruch mit dem alten System, die Revolution besetzte gewissermaßen das Hauptquartier der Monarchie. Und so wurde hier denn auch nicht nur die «freie Republik» wie von Scheidemann, sondern die «freie sozialistische Republik» proklamiert. Arbeiter und Soldaten allein sollten sie regieren, vom Parlament war keine Rede.

Sebastian Haffner, der zornigste Historiograph der in seinen Augen durch die SPD verratenen Revolution vom November 1918, hat angesichts von deren Wirren gespottet: «Dass Scheidemann vom Fenster des Reichstags aus die Republik hatte hochleben lassen, war staatsrechtlich belanglos. Die Abdankungsmeldung des Prinzen Max war eine glatte Falschmeldung gewesen. Die Erklärung, mit der der Kaiser sich auf die Stellung eines Königs von Preußen zurückzog, blieb ein Entwurf, ohne Gegenzeichnung in den Akten der Reichskanzlei verborgen.»[4] Liebknechts nachgereichte Ausrufung machte diese Mängel jedoch auch nicht wieder gut. Bis sich Kaiser Wilhelm am 28. November bequemte, aus seinem niederländischen Exil in Doorn doch noch die formelle Abdankung zu liefern und darin «für alle Zukunft auf die Rechte an der Krone Preußens und die damit verbundenen Rechte an der deutschen Kaiserkrone»[5] zu verzichten, war Deutschland streng genommen staatsrechtlich noch keine Republik. Doch das konnte niemand im Reich wissen, weil Wilhelm ja auch keinen Protest gegen seine Absetzung erhoben hatte.

Innenpolitisch ging es nun darum, dass zwei sich widersprechende sozialdemokratische Strömungen um die Macht in der rechtlich unmöglichen, faktisch aber existierenden Republik buhlten. Um zwischen ihnen zu vermitteln, wurde der Rat der Volksbeauftragten gebildet. In der Nacht zum 10. November hatten die jüngst spontan gebildeten Berliner Arbeiterräte den

Auch von Karl Liebknechts Auftritt am 11. November auf einem Bal-
kon des Berliner Stadtschlosses, bei dem er seinerseits die sozialistische Republik ausrief, gibt es keine aussagekräftigen Fotos. Das
Gemälde von Georg Schlicht entstand erst 1954, als es mit der DDR
tatsächlich doch noch einen sozialistischen deutschen Staat gab.

Beschluss gefasst, am nächsten Tag Wahlen unter den Arbeitern und Soldaten durchzuführen, um demokratisch legitimierte, allerdings im Sinne Liebknechts allein auf die Vertretung des Proletariats beschränkte neue Räte zu bilden, die dann sofort eine provisorische Regierung bestimmen sollten.

In den Betrieben und Berliner Truppeneinheiten erwartete man eine Mehrheit für die USPD-Vertreter, und das hätte nach einem Tag bereits das Aus für Ebert als Chef einer Koalitionsregierung bedeutet, die einfach aus denselben Parteien bestand, die zuvor schon Max von Baden unterstützt hatten: SPD, Fortschrittliche Volkspartei und Zentrumspartei. Deshalb bot die SPD nun der USPD eine Regierungskoalition an und akzeptierte im Gegenzug, dass die politische Gewalt bei den Arbeiter- und Soldatenräten liegen sollte, denn im Reichstag hatten die beiden sozialdemokratischen Parteien ja ohnehin keine Mehrheit. Dadurch aber wurde der revolutionäre Elan bei der Berliner Abstimmung vom 10. November gebrochen, und als die frischgewählten Räte am Nachmittag im Circus Busch zusammentraten, hatten SPD und USPD bereits den paritätisch besetzten sechsköpfigen Rat der Volksbeauftragten als Räteregierung geschaffen, die noch keineswegs demokratisch legitimiert war, aber dann tatsächlich durch die Versammlung als neue deutsche Reichsleitung bestätigt wurde. Ebert war zuvor als eines der sechs Ratsmitglieder gemeinsam mit Hugo Haase, dem USPD-Chef, zum Vorsitzenden bestimmt worden, und diese Entscheidung wurde dann auf der Räteversammlung gar nicht mehr zur allgemeinen Abstimmung gestellt.

So war die deutsche Revolution vom November 1918 eigentlich ein doppelter Staatsstreich, der jeweils Ebert an die Spitze brachte: als Reichskanzler nur für einen Tag, als einer von zwei Vorsitzenden des Rats der Volksbeauftragten dann bis zu seiner Wahl zum Reichspräsidenten durch die Verfassunggebende Nationalversammlung am 11. Februar 1919. Dazwischen hatte er sich des Co-Vorsitzenden Haase einmal mehr nach bewährtem Muster entledigen können, als angesichts neuer revolutionärer Unruhen in Berlin am 29. Dezember die USPD-Vertreter den Rat der Volksbeauftragten verließen und auf Haase der mit dieser Ersatzfunktion schon vertraute Scheidemann folgte.

Zu jenem Zeitpunkt waren auch wieder genug Soldaten in Berlin, die nicht auf der Seite der Revolution standen. Das Waffenstillstandsabkommen hatte für die Westfront die Räumung der von den kaiserlichen Armeen seit 1914 besetzten Gebiete in Belgien und Frankreich vorgeschrieben, außerdem den Abzug sämtlicher deutschen Truppen aus Elsass-Lothringen und den anderen linksrheinischen Reichsgebieten. Dazu hatte man, gerechnet vom Tag der Unterzeichnung, nur fünfzehn Tage Zeit, im Falle des Rheinlands einunddreißig – nicht eben viel für ein Millionenheer. Und an der Ostfront hatten ebenfalls alle deutschen Soldaten unverzüglich hinter die deutschen Grenzen zurückzugehen, mit Ausnahme derjenigen, die vor Kriegsausbruch in den zu Russland gehörenden Gebieten stationiert waren, wo sie den Vormarsch der bolschewistischen Revolution verhindern und so lange bleiben sollten, bis die Alliierten auch sie nach Hause beordern ließen. Es gab also im November 1918 Truppenbewegungen wie seit dem Ausbruch des Kriegs vor viereinhalb Jahren nicht mehr, und da in der Reichshauptstadt und deren Umgebung große Kasernenanlagen bestanden, kamen Hunderttausende nicht sofort demobilisierte Soldaten nach Berlin.

Das war ganz im Sinne Eberts und der SPD, die damit ein militärisches Gegengewicht zu jenen überwiegend revolutionär gestimmten Einheiten schaffen wollten, die entweder während des Kriegs in Berlin stationiert oder seit Anfang November als

Ich verzichte hierdurch für alle Zukunft auf die Rechte an der Krone Preussen und die damit verbundenen Rechte an der deutschen Kaiserkrone.

Zugleich entbinde ich alle Beamten des Deutschen Reiches und Preussens sowie alle Offiziere, Unteroffiziere und Mannschaften der Marine, des Preussischen Heeres und der Truppen der Bundeskontingente des Treueides, den sie Mir als ihrem Kaiser, König und Obersten Befehlshaber geleistet haben. Ich erwarte von ihnen, dass sie bis zur Neuordnung des Deutschen Reichs den Inhabern der tatsächlichen Gewalt in Deutschland helfen, das Deutsche Volk gegen die drohenden Gefahren der Anarchie, der Hungersnot und der Fremdherrschaft zu schützen.

Urkundlich unter Unserer Höchsteigenhändigen Unterschrift und beigedrucktem Kaiserlichen Insiegel.

Gegeben Amerongen, den 28. November 1918.

Und er bewegte sich doch: Kaiser Wilhelm II. bequemte sich am 28. November 1918 im niederländischen Exil, «höchsteigenhändig» auf die preußische und deutsche Krone zu verzichten. Er tat es indes nur für sich selbst, nicht für seine Dynastie.

Meuterer in die Stadt gekommen waren und weitgehend auf der Seite der USPD standen. Das Feldheer aber hatte von den Ereignissen des Umsturzes unmittelbar nichts mitbekommen, und es konnte auch die verzweifelte Situation in der Heimat nicht in voller Bedeutung begreifen, denn alle Konzentration der kämpfenden Truppen war im Sommer und Herbst 1918 auf die immer aussichtslosere Abwehr der alliierten Übermacht gerichtet. Als dann vom 11. November an die Waffen ruhten und der erzwungene Rückzug begann, kam eine Armee heim ins Reich, die das Gefühl hatte – und das von Ebert ja auch explizit bestätigt bekam –, sich bis zuletzt behauptet zu haben, jedenfalls nicht militärisch besiegt worden zu sein, obwohl es doch ihre Führer gewesen waren, die Ende September von der Reichsregierung die sofortige Aufnahme von Waffenstillstandsverhandlungen gefordert hatten, weil sonst die Front nicht zu halten sein würde. Aber sie hatte gehalten, und nun zerbrach sie durch das Abkommen mit den Alliierten, das auf deutscher Seite – anders als auf alliierter, die nur Militärs agieren ließ – von Vertretern der Regierung mitunterzeichnet worden war, zudem federführend, sodass sich bei der Frage nach der Verantwortung für die als demütigend empfundenen Bedingungen alle Augen auf Berlin richteten statt auf Spa.

Das wusste Ebert. Sowohl die von ihm am 9. und 10. November geführte Regierung als auch der Rat der Volksbeauftragten trugen zwar erst Verantwortung, nachdem Deutschland die Bedingungen des Waffenstillstands dekretiert worden waren. Aber eben diesen Regierungen war es überlassen gewesen, über die endgültige Annahme zu entscheiden. Am 10. November, als es für Ebert erst einmal nur darum gehen musste, die am Vortag errungene Macht für die SPD zu sichern, traf sich seine Regierung vor der entscheidenden Räteversammlung im Circus Busch ein letztes Mal, ehe sie zugunsten des Rats der Volksbeauftragten demissionierte, und hatte deshalb vor allem darüber zu beraten, wie dieser Übergang zu bewerkstelligen war. «In der Regierungssitzung ging es außerdem noch um die Annahme oder Ablehnung der Waffenstillstandsbedingungen, aber darüber wurde kaum debattiert; die Annahme stand von vornherein fest.»[6]

In der Koalition mit der USPD, deren wichtigster Programmpunkt der Friedensschluss war, war dann von Beginn an klar, dass am Abkommen nicht mehr gerüttelt werden würde. Es wäre auch unmöglich gewesen, wenn man nicht jede künftige Verständigungsbereitschaft der Feindstaaten ausschließen wollte. Paul Baecker, der rechtskonservative Chefredakteur der «Deutschen Tageszeitung», schäumte trotzdem im Leitartikel seines kaisertreuen Blatts vom 10. November: «Das Werk, das unsere Väter mit ihrem kostbaren Blute erkämpft – weggewischt durch Verrat aus den Reihen des eigenen Volkes! Deutschland, das noch gestern unbesiegt war, von Männern, die den deutschen Namen tragen, seinen Feinden preisgegeben, durch Felonie aus den eigenen Reihen niedergebrochen in Schuld und Schande! Die deutschen Sozialisten wußten, daß der Friede ohnehin im Werden sei und daß es nur noch gelte, Wochen, vielleicht nur Tage lang dem Feinde eine geschlossene, feste Front zu zeigen, um ihm erträgliche Bedingungen abzuringen. In dieser Lage haben sie die weiße Fahne gehisst. Das ist eine Schuld, die nie vergeben werden kann und nie vergeben wird.»[7] Damit war erstmals die Dolchstoßlegende formuliert worden, das Gerede vom unbesiegten Heer, dem die wankelmütige Heimat – ein Topos konservativer Demokratiekritik – in den Rücken gefallen sei.

Gerade Matthias Erzberger als Leiter der deutschen Delegation in Compiègne stand als prominenter Zivilpolitiker der Zentrumspartei in der deutschen Öffentlichkeit emblematisch für jene parlamentarische Fraktionsgemeinschaft aus seiner Partei,

SPD und FVP, die sich in den letzten Monaten entschieden für den Frieden eingesetzt hatte und dann auch die kurzlebige Regierung Ebert trug. Und der Rat der Volksbeauftragten unter Beteiligung der USPD, die sich überhaupt nur aus dem Widerstand gegen den Krieg gebildet hatte, konnte nicht auf die Sympathien von Soldaten setzen, die an der Front gestanden hatten und deshalb der Propaganda der Armeeführung ausgesetzt waren, von den dort verschärft geltenden Zensurbestimmungen ganz zu schweigen.

Um diese Truppen trotzdem innenpolitisch einzubinden, die zudem beim Abzug nur in dem Maße entwaffnet wurden, wie es das Waffenstillstandsabkommen vorschrieb (fünftausend Kanonen, fünfundzwanzigtausend Maschinengewehre, dreitausend Minenwerfer und tausendsiebenhundert Flugzeuge waren ja den Alliierten zu übergeben), und somit im Reich eine massive Gegengewalt zur Politik darstellen konnten, begrüßte Ebert sie bei ihrem Einmarsch in Berlin wie eingangs zitiert: «Kein Feind hat euch überwunden. Erst als die Übermacht der Gegner an Menschen und Material immer drückender wurde, haben wir den Kampf aufgegeben.» Durch die Verlagerung vom «euch» des ersten Satzes zum «wir» des zweiten wurde rhetorisch auch die Verantwortung für den Ausgang des Krieges verlagert: Ohne dass Ebert das bedacht hatte – er wollte vielmehr eine gemeinschaftsbildende Formulierung wählen –, übernahm er mit seinen Worten die allgemeine Ansicht des Heeres, wonach alles, was mit dem Waffenstillstand zusammenhing, der neuen Führung zuzuschreiben sei: Eberts «wir» wurde von den Soldaten nicht verstanden als Kollektivbezeichnung, die sie mit einbezog, sondern als Personalpronomen der Regierung.

Damit wurde auch der Inhalt der Dolchstoßlegende quasi höchstoffiziell beglaubigt; es war, als hätte Ebert den Leitartikel von Paul Baecker vom Vortag bestätigen wollen. Eberts Versicherung in Richtung der Soldaten, dass sie im Felde unbesiegt zurückkehrten, war zwar gewiss auch insofern gut gemeint, als darin nach außen der Anspruch des Deutschen Reichs erhoben werden sollte, nicht als Geschlagener in die nun anstehenden eigentlichen Friedensverhandlungen zu gehen, sondern als ebenbürtiger Partner, doch innenpolitisch sollte sie verheerend wirken. Denn da alle Deutschen die Bedingungen des Waffenstillstands als Eingeständnis einer militärischen Niederlage empfanden, ließ Eberts Begrüßung nur den Schluss zu, dass die Soldaten woanders besiegt worden waren als auf den Schlachtfeldern: eben in der Heimat, durch mangelnde Unterstützung.

An diesem 12. November wurde dann auch anderswo, in London, angeblich der Begriff geprägt, der diese Legende vom Verrat der deutschen Heimat fortan so markant bezeichnen sollte: «Dolchstoß». In seinen 1920 erschienenen Memoiren hat Paul von Hindenburg, der letzte deutsche Generalstabschef im Krieg, eine Formulierung für die deutsche Niederlage gewählt, die an einen der bekanntesten Mythen seines Landes anknüpfte: «Wie Siegfried unter dem hinterlistigen Speerwurf des grimmigen Hagen, so stürzte unsere ermattete Front; vergebens hatte sie versucht, aus dem versiegenden Quell der heimatlichen Kraft neues Leben zu trinken.»[8] Das sollte besagen: Ohne die treulose Kapitulation an der Heimatfront hätte man den Krieg weiterführen können, versagt hatten nicht die deutschen Soldaten, sondern diejenigen, die gar nicht im Kampf standen: Politiker und Revolutionäre. Damit nahm Hindenburg ein Bild auf, das durch einen am 17. Dezember 1918 in der «Neuen Zürcher Zeitung» erschienenen Artikel geprägt worden war und seither in Deutschland kursierte: «Was die deutsche Armee betrifft», hieß es da mit Verweis auf den ehemaligen britischen General Frederick Maurice, der sich am Tag nach dem Waffenstillstand, ebenjenem 12. November 1918, in einer englischen Zeitung dementsprechend geäußert haben sollte, «so kann die allgemeine Ansicht in das Wort zusammengefasst werden: Sie wurde von der Zivilbevölkerung von hinten erdolcht.»[9]

Die national gesinnten Gruppen in Deutschland nahmen dieses Stichwort begeistert auf, das praktischerweise von neutraler Seite (Schweiz) dem Gegner (England) zugeschrieben wurde und somit unverdächtig war, lediglich vom deutschen militärischen Versagen ablenken zu wollen. Maurice hat die Formulierung «stabbed in the back» allerdings nie verwendet, auch wenn sein von der «Neuen Zürcher Zeitung» zitierter Artikel inhaltlich so verstanden werden konnte und er in seinem Anfang 1919 erschienenen Buch «The Last Four Months» das deutsche Heer ebenfalls eher starkreden sollte. Das hatte seinen Grund aber darin, dass Maurice im Jahr zuvor entlassen worden war, weil er seinen Premierminister David Lloyd George dafür kritisiert hatte, nicht genug Truppen ins Feld zu schicken. Der verärgerte Maurice wollte auch nach dem November 1918 nicht akzeptieren, dass der Krieg ohne weitere Verstärkung des britischen Heeres militärisch gewonnen worden war. Gekränkte Eitelkeit hat die Rede vom Dolchstoß in die Welt gebracht – egal, wer den konkreten Begriff dann tatsächlich zum ersten Mal verwendete.

In Berlin gab es nun mit den einerseits durch den Waffenstillstand ent-, andererseits durch Eberts Zuspruch ermutigten Fronttruppen einen neuen Machtfaktor, der in Konkurrenz stand mit jenen Bewaffneten, die sich als Schwert und Schild der Revolution begriffen. Bezeichnenderweise hatte die Oberste Heeresleitung, die nach Ludendorffs Entlassung als Erster Quartiermeister Ende Oktober nun den General Wilhelm Groener neben Hindenburg an der Spitze hatte, ihr neues Hauptquartier nach dem

Wer hat im **Weltkrieg** dem deutschen Heere den Dolchstoß versetzt? Wer ist schuld daran, daß unser Volk und Vaterland so tief ins Unglück sinken mußte? Der Parteisekretär der Sozialdemokraten **Vater** sagt es nach der Revolution 1918 in Magdeburg:

> „**Wir** haben unsere Leute, die an die Front gingen, zur Fahnenflucht veranlaßt. Die Fahnenflüchtigen haben wir organisiert, mit falschen Papieren ausgestattet, mit Geld und unterschriftslosen Flugblättern versehen. **Wir** haben diese Leute nach allen Himmelsrichtungen, hauptsächlich wieder an die Front geschickt, damit sie die Frontsoldaten bearbeiten und die Front zermürben sollten. Diese haben die Soldaten bestimmt, überzulaufen, und so hat sich der Verfall allmählich, aber sicher vollzogen."

Wer hat die Sozialdemokratie hierbei unterstützt? Die Demokraten und die Leute um Erzberger. Jetzt, am 7. Dezember, soll das Deutsche Volk den

zweiten Dolchstoß

erhalten. Sozialdemokraten in Gemeinschaft mit den Demokraten wollen uns

zu Sklaven der Entente machen,

wollen uns für immer zugrunde richten.

Wollt ihr das nicht,

dann

Wählt deutschnational!

Nr. 306   Deutschnationale Schriftenvertriebsstelle G.m.b.H., Berlin SW 11   Presse: Dr. Selle & Co. A.G., Berlin SW 29   60

Die Rede vom Dolchstoß kam wohl aus englischem Munde über die Schweiz in die deutsche Innenpolitik. Als polemisches Schlagwort trug sie nachdrücklich zur Vergiftung des gesellschaftlichen Klimas der Weimarer Republik bei. Hier ein Wahlplakat der Deutschnationalen Volkspartei von 1924.

erzwungenen Abzug aus Spa in Kassel bezogen und nicht in der Reichshauptstadt. Man wollte sich gar nicht erst der Gefahr aussetzen, in die unmittelbaren Wirren der Revolution zu kommen, die aus der Ferne wie reines Chaos aussah, in dem jene Kräfte zu triumphieren schienen, die einen Umsturz nach russisch-bolschewistischem Vorbild anstrebten. Die Angst nicht nur vor der Revolution als solcher, sondern vor einer, die jenem radikalen Muster folgte, trieb die Militärs ebenso um wie die SPD und sorgte für das spätere Bündnis, als dessen Präambel die Ebert'sche Begrüßung gelten darf. Die beunruhigte Heeresleitung hatte zudem die nicht einmal ein Jahr zurückliegenden Friedensverhandlungen von Brest-Litowsk in Erinnerung, wo der russische Gegner letztlich allen deutschen Forderungen nachgegeben hatte, um die Revolution zu retten. Das galt es jetzt, wo Deutschland in einer vergleichbaren Lage war, nicht nur aus militärischer Sicht unbedingt zu vermeiden.

Dafür musste Berlin als Zentrum der deutschen Revolution befriedet werden. «Schon Mitte November fasste die Oberste Heeresleitung (…) den Plan, unter dem Vorwand der Rückkehr der Fronttruppen die Reichshauptstadt durch zuverlässige Divisionen des Feldheeres abzuriegeln, die Zivilbevölkerung zu entwaffnen sowie die radikale Linke und die mit ihr sympathisierenden revolutionären Truppenteile auszuschalten (…). Friedrich Ebert wurde über die technischen Aspekte des geplanten militärischen Eingreifens, nicht aber über die damit verbundenen politischen Ziele unterrichtet, die auf eine ‹Machtergreifung› des Feldheeres hinausliefen. Bei einigen der Beteiligten bestand die Absicht, Ebert als vorläufigen Reichspräsidenten mit diktatorischen Vollmachten auszustatten, den Reichstag einzuberufen und eine provisorische Nationalversammlung zu schaffen.»[10] Das hätte den Rat der Volksbeauftragten als angeblich revolutionär

geschaffene Institution ebenso beseitigt wie die tatsächlich revolutionär bedingten Räteversammlungen überall in Deutschland,
die derzeit den Volkswillen zu repräsentieren beanspruchten.

Die USPD hatte darauf bestanden, in der Koalitionsverein-
barung mit der SPD vom 10. November festzuschreiben, dass die
Wahl einer verfassunggebenden Nationalversammlung, die ja
von Max von Baden in seiner letzten Proklamation schon angekündigt worden war, erst einmal auf unbestimmte Zeit verschoben wurde, solange die Revolution noch im Gange sei; die USPD
setzte auf den revolutionären Elan der Arbeiter und Soldaten, der
sich in den Räten artikulierte. Trotzdem hatte die SPD im Rat der
Volksbeauftragten recht schnell, schon am 30. November, den
Beschluss durchgesetzt, dass Wahlen zur Nationalversammlung
am 19. Januar 1919 erfolgen sollten.

Das bedeutete die offizielle Verkündigung des Endes der
Revolution, und um bis dahin zumindest noch einige ihrer bisherigen Errungenschaften abzusichern, wurde für Mitte Dezember
der erste Reichsrätekongress nach Berlin einberufen, der die bislang nur lokal agierenden Kräfte der Revolution bündeln sollte.
Bei den meisten Delegierten, auch denen der SPD, die im Kongress über eine absolute Mehrheit verfügte, bestand die Absicht,
die militärische Leitung den gewählten Soldatenräten zu unter-
stellen, was nicht nur die OHL entsetzte, sondern auch Ebert, der
sich mit dem Militär in der Sorge um den inneren Zusammenhalt
Deutschlands einig glaubte. Doch seine eigene Partei folgte ihm
nicht, und das band Ebert noch fester an die Heeresleitung. Der
Rat der Volksbeauftragten, den er trotz dessen paritätischer Par-
teibesetzung weitgehend dominierte, erließ als Exekutive nach
dem unliebsamen Rätekongressbeschluss eine Regelung, die Feldheer und Marine von der Kommandogewalt durch die Soldatenräte ausschloss – und damit die riesige Mehrzahl der deutschen

Der Beginn der Revolution verlief noch recht friedlich: Am 9. November 1918 übergaben bei Berlin stationierte Truppen ihre Garde-Ulanen-Kaserne freiwillig an den Arbeiter- und Soldatenrat der Hauptstadt.

Truppen. Diese Brüskierung der Legislative vertiefte die Gräben zwischen jenen Kräften der Linken, die die Revolution weitertreiben, und jenen, die sie beenden wollten.

Den gleichen Interessenkonflikt gab es auch in der Armee, wie sich im Dezember offen zeigte, als Groener Soldaten in Berlin einmarschieren ließ, um revolutionstreue Truppenteile zu entwaffnen, die aber von der Bevölkerung unterstützt wurden. Erstmals herrschten bürgerkriegsähnliche Zustände, auf den Straßen gab es zahlreiche Todesopfer. Als die Spaltung der Linken noch dadurch verschärft wurde, dass sich ein radikaler Flügel unter der Führung von Karl Liebknecht aus der USPD löste, um den politischen Kampf fortan mit Waffengewalt zu forcieren, verließ die Partei am 28. Dezember den Rat der Volksbeauftragten,

Die Entwicklung der Revolution war dann alles andere als friedlich: Während der Spartakusunruhen im Januar 1919 installierten loyale Soldaten der Armee ein Maschinengewehr auf dem Brandenburger Tor.

den der erfreute Ebert sofort mit drei weiteren SPD-Vertretern wieder komplettierte, darunter mit Gustav Noske der Mann, der während der Novemberrevolution intensiven Kontakt zu den meuternden Truppenteilen gehalten und durch sein Bemühen um Beruhigung der Lage den Respekt der OHL gewonnen hatte. Ihm wurde als Volkskommissar die Zuständigkeit für Heer und Marine übertragen, also für jene Machtfaktoren, die der Rat kurz zuvor der Revolution noch verweigert hatte. In den Anfang Januar 1919 eskalierenden Berliner Revolten, dem sogenannten Spartakusaufstand, vertrat Noske dann im Einklang mit der Armeeführung eine harte Linie gegen die Aufständischen und wurde fortan von seinen Gegnern als «Bluthund» geschmäht.

Der Spartakusaufstand wurde benannt nach einer linksradi-

kalen Gruppe, die sich schon im Krieg gebildet hatte. In dessen
erster Phase hatte unter den Sozialdemokraten noch eine Überzeugung geherrscht, die das Gewerkschaftsblatt «Deutsche
Metallarbeiter-Zeitung» am 7. November 1914 in folgende Formulierung kleidete: «Eine neue Zeit ist angebrochen, andere Menschen hat der Krieg in kurzer Zeit aus uns allen gemacht. Das gilt
unterschiedslos für hoch und niedrig, arm und reich (...) Sozialismus wohin wir blicken.» Doch schon einen Monat später hatte
sich Karl Liebknecht gegen den Krieg ausgesprochen, weil er
für ihn mit den sozialistischen Zielen unvereinbar war. Dadurch
wurde er zur Integrationsfigur der äußersten Linken, zusammen
mit Rosa Luxemburg, die noch früher als Liebknecht zum Widerstand gegen den Krieg aufgerufen und dafür schon im August
1914 die «Gruppe Internationale» gegründet hatte.

Beide kamen wegen ihres antimilitaristischen Engagements
während des Kriegs in Haft, und Luxemburg verfasste 1915 in der
Zelle ihre als «Junius-Broschüre» berühmt gewordene Studie zur
Krise der deutschen Sozialdemokratie, die im Jahr darauf ille-
gal publiziert wurde und jene Erwartung beschrieb, die sich im
November 1918 dann zu bestätigen schien: «Die hoffnungsvoll
aufflackernde Fahne der Revolution ging im wilden Strudel des
Krieges unter (...) und sie wird aus dem wüsten Gemetzel wieder
aufflackern.» Die Junius-Broschüre wurde zur Programmschrift
des Spartakusbundes, wie sich die «Gruppe Internationale» seit
1916 in Anlehnung an den Anführer eines römischen Sklavenauf-
stands im ersten Jahrhundert nannte.

Nachdem Liebknecht und Luxemburg kurz vor Kriegsende
freigelassen worden waren, übernahmen beide gemeinsam mit
Leo Jogiches die als «Zentrale» bezeichnete Führung der Sparta-
kusgruppierung, die mittlerweile zur USPD gestoßen war, und
brachten als Sprachrohr die Tageszeitung «Die Rote Fahne» her-

aus, deren Titel bewusst an den Wortlaut der Junius-Broschüre anknüpfte. Mitte Dezember veröffentlichte die «Rote Fahne» den von Luxemburg formulierten Programmentwurf für eine neu zu gründende Sozialistische Partei – notabene: nicht «sozialdemokratische» –, und am 30. Dezember lud der Spartakusbund seine Mitglieder und nahestehende linke Gruppen nach Berlin ein, um den Worten Taten folgen zu lassen.

«Der Name ‹Kommunistische Partei› stand noch nicht fest», erinnert sich ein Teilnehmer. «Mit diesem Programm trennte sich der Spartakusbund endgültig von der USPD. Die Zentrale hoffte, alle revolutionär gesinnten Gruppen innerhalb der Unabhängigen Partei und die verschiedenen anderen Oppositionsgruppen in Deutschland, die besonders in Bremen, Hamburg, Dresden bestanden, auf dieses Programm vereinigen zu können (…). Luxemburg und Jogiches schlugen (…) vor, die neue Partei ‹Sozialistische Partei› zu nennen, nicht ‹Kommunistische›. Als Karl Radek, der aus Moskau gekommen war, die Einladung zur Gründung der ‹Kommunistischen Internationale› überbrachte, lehnten Luxemburg und Jogiches auch diese Neugründung als verfrüht ab. Sie wurden jedoch von der Mehrheit der Konferenzteilnehmer in allen Punkten überstimmt. Die Mehrheit verwarf die Teilnahme an den Wahlen zur Nationalversammlung und zu den Länderparlamenten und beschloss, die neue Partei ‹Kommunistische Partei Deutschlands (Spartakusbund)› zu nennen.»[11] Dieser Name entsprach bewusst dem der herrschenden Partei Lenins in Russland, der Kommunistischen Partei Russlands (Bolschewiki).

Und auch die praktische Politik der KPD sollte möglichst dem ähneln, was die Bolschewiken seit 1917 betrieben. Die KPD forcierte den bewaffneten Kampf, in der Hoffnung, die «revolutionäre Situation» ausnutzen zu können. Lenin selbst war brennend daran interessiert, denn ihm war klar, dass die eigene

Oktoberrevolution nicht dem entsprach, was Marx und Engels mit wissenschaftlichem Anspruch prognostiziert hatten: dem Aufstand des Proletariats in den am weitesten fortgeschrittenen industriekapitalistischen Gesellschaften. Russland war rückständig, im Grunde noch ein Agrarstaat, und diese Tatsache taugte immerhin dazu, die Schwierigkeiten der Bolschewiken bei der Etablierung des neuen politischen Systems zu erklären. Aber angesichts des Waffenstillstands und des Sturzes der deutschen Fürstenherrschaft im November 1918 wollte Lenin in der deutschen Revolution das Geburtstagsgeschenk für die eigene Revolution von 1917 sehen, den Beginn der Weltrevolution, die dann die aus streng marxistischer Sicht zweifelhaften russischen Ereignisse vom Vorjahr nachträglich legitimiert hätte.

Deshalb lag die Initiative zum zwar spontan begonnenen, aber dann von der Kommunistischen Partei massiv unterstützten Berliner Spartakusaufstand auch in Moskau, und dass gerade Rosa Luxemburg einer bewaffneten Erhebung eher kritisch gegenüberstand, weil die KPD unmittelbaren Einfluss auf nennenswerte Teile der Arbeiterschaft zunächst nur in Berlin und Bremen besaß, spielte keine Rolle: Schon beim Gründungskongress hatten sie und Liebknecht nichts gegen die bürgerkriegsbefeuernde Rhetorik Radeks und der anderen bolschewistischen Emissäre ausrichten können, in den nächsten Tagen hielten sie sich zurück und schwenkten kurz vor ihrer Ermordung sogar noch ins Lager der Befürworter des Kampfs über – als bereits klar war, dass er verloren war, es nun aber galt, die Ehre der Revolution zu retten. Gegen die Übermacht von Noskes Truppen rund um Berlin waren die auf einige tausend zu schätzenden Aufständischen machtlos, mochten sie auch über Waffen verfügen, die sie während der November-Wirren erbeutet hatten.

Am 5. Januar 1919 zogen nach einer KPD-Demonstration auf

dem Alexanderplatz Teile der Protestierenden zum Gebäude der sozialdemokratischen Parteizeitung «Vorwärts» ins nahegelegene Zeitungsviertel, stürmten deren Redaktion und besetzten und verbarrikadierten danach den ganzen umliegenden Bereich, sodass es in Berlin tagelang keine andere Presse zu lesen gab als die von den Aufständischen kontrollierte und redigierte. Gerade dadurch wurde die vom Aufstand ausgehende Gefahr in der Öffentlichkeit überschätzt; es war nicht so, dass damals das ganze Land in revolutionärer Stimmung war, aber genau das propagierten erzwungenermaßen die besetzten Blätter der Hauptstadt, und der nunmehr rein sozialdemokratische Rat der Volksbeauftragten akzeptierte diesen Eindruck zur Rechtfertigung seiner militärischen Gegenmaßnahmen nur zu gern, zumal ihm mit dem «Vorwärts» vorübergehend die wichtigste publizistische Stimme genommen worden war. Dass die SPD-Anhänger unter den Arbeitern einen Streik gegen den Machtübernahmeversuch der KPD ausriefen, vergrößerte das Chaos in Berlin, zeigte aber vor allem die völlige Zerrissenheit der deutschen Linken. Das registrierten auch die Militärs, die eine große Chance gekommen sahen, sich Einfluss auf die Politik zu sichern. Man darf nicht vergessen, dass während der Unruhen im Deutschen Reich die Pariser Friedenskonferenz vorbereitet wurde und dass der befristete Waffenstillstand in Monatsabständen immer wieder verlängert werden musste. Durch die bedrohliche Situation im Inneren erhofften sich gerade die Armeekreise günstigere Bedingungen für Deutschland. Eskalation war also durchaus willkommen.

Gustav Noske konnte dabei neben der regulären Armee auch auf die gerade erst gebildeten Freikorps zurückgreifen. Das waren bewaffnete Einheiten deutscher Frontsoldaten, die zwar nach den Bestimmungen des Waffenstillstandsabkommens demobilisiert worden waren, aber weiterhin zusammengehalten

und nun jeweils auf einzelne kriegsbewährte Truppenführer eingeschworen wurden. Im Regelfall handelte es sich bei diesen Frei-
korpschefs um kaisertreue und deutschnationale Offiziere, die
sich geweigert hatten, auf die neue Republik vereidigt zu werden.
Umso eifriger jedoch betätigten sie sich im Januar 1919 als deren
Helfer, als es galt, die bolschewistische Gefahr in Deutschland
zu bekämpfen. Wobei es reguläre Armee- und Polizeieinheiten
gewesen waren, die binnen einer Woche das Berliner Zeitungsviertel zurückerobert hatten – im Falle des «Vorwärts»-Gebäudes
sogar unter Einsatz von Artillerie –, erst danach marschierte das
Gros der Freikorps am 13. Januar in die Stadt ein. Sie verhängten
dort selbständig das Standrecht und konnten somit jeden Bewaffneten, den sie antrafen, erschießen.

Dass es trotzdem im Laufe des Januars in Berlin nicht mehr
als offiziell festgestellte 156 Tote auf Seiten der Aufständischen
gab[12], belegt, dass die Spartakuserhebung keine wirklich staats-
gefährdende Aktion der KPD gewesen war. Die Vorbereitung
des Aufstands war dilettantisch gewesen, obwohl am 5. Januar
ein Revolutionsausschuss gebildet worden war, der jedoch keinen
unmittelbaren Einfluss auf die spontan begonnene Besetzung des
«Vorwärts» gehabt hatte.[13] Die regierungstreuen Truppen verloren
in den Januar-Kämpfen gerade einmal dreizehn Mann. Als aber
nach der Ermordung von Rosa Luxemburg und Karl Liebknecht
doch noch außerhalb Berlins kommunistische Erhebungen stattfanden, wurden diese unter Verweis auf die jüngsten Ereignisse in
der Hauptstadt weiterhin von regulären und Freikorpseinheiten
parallel bekämpft, sodass bis zur Niederschlagung der Münchner
Räterepublik im Mai reichsweit mehr als fünftausend Opfer zu
beklagen waren.

Die bis heute historisch sichtbarste Folge des Spartakusaufstands ist die gängige Benennung der ersten deutschen Demo-

Der Versuch, die Revolution fortzusetzen, wurde immer gewalt-samer: Hier werden im Januar 1919 von regierungstreuen Truppen verhaftete Soldaten abgeführt. Sie hatten sich mit der Erhebung der radikalsozialistischen Spartakusgruppe solidarisiert.

kratie als «Weimarer Republik». Am 12. Januar 1919, dem Tag der entscheidenden Kämpfe im Berliner Zeitungsviertel, war es nur noch eine Woche bis zum verkündeten Wahltermin für die Ver-fassunggebende Nationalversammlung, und die SPD dachte gar nicht daran, ihn angesichts der Ereignisse zu verschieben, nach-dem sie ihn gegen den Widerstand der USPD durchgesetzt hatte. In den Vereinbarungen zwischen beiden Parteien vom Novem-ber war ja die Rede davon gewesen, dass diese Wahl stattfinden sollte, sobald sich die Lage beruhigt hätte, und wäre dies nun nicht geschehen, hätte das als Eingeständnis gedeutet werden können, dass der Spartakusaufstand tatsächlich Fortsetzung der Novem-berrevolution gewesen sei und damit in gewisser Weise legiti-

miert. Daran konnte der SPD nicht gelegen sein, aber gleichzeitig war die Lage noch zu unübersichtlich, um ausschließen
zu können, dass das erste Parlament der Republik in der Reichshauptstadt unter bürgerkriegsähnlichen Zuständen würde tagen
müssen.

Deshalb entschied der Rat der Volksbeauftragten in Übereinstimmung mit den im Reichstag vertretenen Parteien – außer
der USPD –, dass die Nationalversammlung nicht in Berlin
zusammenkommen werde. Vier Städte standen zur Auswahl:
Bayreuth, Jena, Nürnberg und Weimar. Am 14. Januar wurde das
Hoftheater in Weimar als Versammlungsort für die erste Sitzung
des neugewählten Parlaments am 6. Februar bestimmt, und da die
Abgeordneten später im Jahr während der anhaltenden Unruhen
in Deutschland die Abgeschiedenheit der kleinen Provinzhaupt-
stadt mit dem großen geistesgeschichtlichen Ruf zu schätzen
lernten, tagte die Nationalversammlung dort noch bis zum September 1919. So wurden sowohl der Versailler Vertrag am 14. Juli
als auch der von Hugo Preuß ausgearbeitete Verfassungsentwurf
am 31. Juli in Weimar vom Parlament bestätigt. Da es jene Entscheidungen waren, die der jungen Republik ihren Stempel auf-
drücken sollten, trägt sie ihren Namen zu Recht.

Ein Gastspiel aber sollte die Nationalversammlung im Frühjahr 1919 in Berlin geben, das den Menschen im Gedächtnis blieb.
Am 12. Mai, fünf Tage nachdem der Entwurf des Friedensvertrags
an die deutsche Delegation in Versailles übergeben wurde, tagte
das Parlament demonstrativ in der Aula der Berliner Universität,
und hier sprach der seit dem 13. Februar amtierende Ministerpräsident Philipp Scheidemann mit Blick auf die nun von den Alliierten erwartete Vertragsunterzeichnung jene rhetorische Frage aus,
die ihm neben seiner Ausrufung der Republik am 9. November
1918 eine Dauerpräsenz in den Geschichtsbüchern gesichert hat:

«Welche Hand müsste nicht verdorren, die sich und uns in diese Fesseln legt?» Philipp Scheidemanns berühmtester Satz fiel am 12. Mai
1919 in der Aula der Berliner Universität, wo sich die sonst in Weimar
tagende Nationalversammlung eingefunden hatte, um gegen die fünf
Tage zuvor übergebenen alliierten Friedensbedingungen zu protestieren.

«Welche Hand müsste nicht verdorren, die sich und uns in diese
Fesseln legt?»

Damit legte der Regierungschef des Deutschen Reichs nicht
nur sich selbst auf eine Ablehnung des Versailler Vertrags fest,
sondern alle Deutschen, und das entsprach genau der Linie seines
formal parteilosen, jedoch der DDP nahestehenden Außenministers Ulrich Graf von Brockdorff-Rantzau, der den Vertragsentwurf entgegengenommen, aber schon in den Monaten zuvor eine
vehemente Öffentlichkeitsarbeit in Deutschland entfaltet hatte,
um die Bevölkerung auf den Protest gegen die wie erwartet harten Bedingungen einzustimmen. Nachdem Brockdorff-Rantzau
im Dezember 1918 vom Rat der Volksbeauftragten zum Staats-

sekretär im Auswärtigen Amt berufen worden war, hatte er dort
ein Spezialbüro geschaffen, das sich mit der Frage der deutschen
Kriegsschuld befasste, weil die Waffenstillstandsvereinbarungen
deutlich machten, dass die Alliierten diese als Rechtfertigung für
ihr unnachgiebiges Verhalten gegenüber dem Reich benutzen
würden. Aus diesem Büro sollte, nachdem Brockdorff-Rantzau
im Kabinett Scheidemann den neugeschaffenen Posten eines
deutschen Außenministers bekommen hatte, im Frühjahr 1919 das
sogenannte Kriegsschuldreferat hervorgehen, eine reine Propa-
gandastelle, die entlastendes Material sammelte und der in- und
ausländischen Presse zuspielte.

Scheidemann gewährte Brockdorff-Rantzau freie Hand
für die Verhandlungen in Versailles, nicht zuletzt aus der Erwägung heraus, dass der kaiserliche Karrierediplomat während des
Kriegs Botschafter im auch dank seines Engagements neutral
gebliebenen Dänemark gewesen war und als einer der wenigen
Angehörigen des deutschen diplomatischen Corps, die sich für
einen Verständigungsfrieden eingesetzt hatten, bei den alliierten Gesprächspartnern auf Sympathie stoßen dürfte. Die hatte
sich der Außenminister allerdings spätestens verscherzt, als er
am 7. Mai während seiner Antwort auf die Übergabe des Friedensvertragsentwurfs in Versailles demonstrativ sitzen geblieben
war. Nicht nur dass er die deutsche Alleinschuld am Kriegsausbruch von 1914 vehement abstritt, in dieser Geste des viel jüngeren Brockdorff-Rantzau sah vor allem der greise französische
Ministerpräsident Clemenceau, der als Vorsitzender der Pariser
Friedenskonferenz bei der Übergabe zuerst gesprochen und sich
dazu natürlich erhoben hatte, eine Brüskierung der Alliierten
und – nicht zu Unrecht – die Vorwegnahme der deutschen Wei-
gerung, den Vertrag zu unterzeichnen. Scheidemanns pathetische
Ablehnung der Unterschrift machte dann höchstoffiziell deutlich,

dass seine Regierung nicht daran dachte, den Friedensvertrag in der vorliegenden Form zu akzeptieren. Konsequenterweise trat sie am 20. Juni zurück, als die deutschen Änderungsvorschläge abgelehnt worden waren und ein Ultimatum aus Versailles keine Möglichkeit mehr ließ, die Unterschrift hinauszuzögern.

Damit war die erste demokratisch legitimierte deutsche Regierung nach nicht einmal einem halben Jahr gescheitert, doch es war nicht wie befürchtet und auch immer wieder proklamiert die innere Bedrohung durch den Bolschewismus gewesen, die sie stürzte, sondern immer noch der Krieg, den es eigentlich zu beenden galt. Um in Paris mildere Bedingungen zu erreichen, war ständig die heikle innenpolitische Lage betont worden, denn in Berlin hoffte man, dass die Alliierten vor der Aussicht auf einen Vormarsch der Revolution nach Westen zurückschrecken würden und deshalb an einer Stabilisierung der jungen Republik interessiert wären. Anlass dazu bot die weiterhin von den Siegermächten gewünschte Präsenz deutscher Truppen im Baltikum, mit der verhindert werden sollte, dass der Bolschewismus auf die aus dem ehemaligen Zarenreich herausgelösten neuen Staaten übergriff. Die Reichsregierung versuchte also, sich als ein Bollwerk gegen den aus dem Osten drohenden Umsturz darzustellen, das darauf angewiesen sei, vom Westen stabilisiert zu werden.

Das verärgerte insbesondere den britischen Premierminister Lloyd George, der zwar ein entschiedener Gegner der Bolschewisten war, aber eine Teilnahme des revolutionären Russlands an den Pariser Friedensverhandlungen gewünscht hatte, um die dortige Staatsführung in die beabsichtigte europäische Gesamtlösung einzubinden. Die anderen Hauptmächte jedoch weigerten sich, die von ihnen nicht anerkannte russische Regierung hinzuzuziehen, und nun musste Lloyd George zusehen, wie das Deutsche Reich aus der Isolation der Russen eine Bedrohung schmiedete. In der Folge verloren die Deutschen mit ihm nicht nur einen halbwegs kompromissbereiten Verhandlungspartner in Versailles (der immerhin für das einzige Zugeständnis an die Unterlegenen verantwortlich war, nämlich die Durchführung einer Volksabstimmung im ursprünglich zur direkten Annexion durch Polen vorgesehenen Oberschlesien), darüber hinaus erging unmittelbar nach der Unterzeichnung des Vertrags die Aufforderung der Alliierten, die deutsche Militärpräsenz im Baltikum zu beenden.

Die Regierung Scheidemann hatte zu hoch gepokert – davon verlockt, dass sie zwei konkrete innenpolitische Interessen mit ihrer rigiden Ablehnung des Vertrags verfolgen konnte. Zum einen die Abgrenzung von der USPD, die sich als einzige deutsche Partei eindeutig dafür aussprach, den Versailler Vertrag zu akzeptieren; zum anderen aus Rücksicht auf die Deutsche Demokratische Partei, die, im November 1918 gegründet, in der Koalition zwar nur die drittstärkste Kraft war, aber bei den Wahlen zur Nationalversammlung aus dem Stand auf mehr als achtzehn Prozent der Stimmen gekommen war und damit nur knapp hinter dem Zentrum lag. Für eine Regierungsbildung hätte der SPD, die ihrerseits fast achtunddreißig Prozent erreicht hatte, eine Koalition mit der katholischen Zentrumspartei genügt, doch man wollte eine breite Mehrheit, die unter Einbeziehung der DDP schließlich bei mehr als fünfundsiebzig Prozent lag.

Die DDP, eine Partei linksliberaler Provenienz, schien mit ihrer dezidiert republikanischen Ausrichtung – ihre Leitfiguren waren anfangs der in Heidelberg lehrende Soziologe Alfred Weber und drei besonders prominente Journalisten: Theodor Wolff, der Chefredakteur des «Berliner Tageblatts», sowie dessen Kollegen Georg Bernhard von der «Vossischen Zeitung» und Hellmut von Gerlach von der «Welt am Montag» – der SPD näherzustehen als das Zentrum, aber unter dem Einfluss des bisherigen Reichstagsabgeordneten Friedrich Naumann rückte sie im Lauf des Jahres 1919 nach rechts. Naumann war in der Nationalversammlung zur bestimmenden Kraft in der DDP-Fraktion geworden, weil die eigentlichen Ideengeber sich neben ihren Berufen nicht für die politische Kärrnerarbeit vorsahen. Nur Gerlach hatte sich schon im November 1918 für das Amt eines Unterstaatssekretärs im preußischen Innenministerium gewinnen lassen, fiel damit aber für die Reichspolitik seiner Partei aus. Das erwies sich im Frühjahr 1919 als entscheidend, weil er die einzige DDP-Größe war, die konsequent für die Unterzeichnung des Versailler Vertrags eintrat, während seine beiden Chefredakteurskollegen und Parteifreunde entschieden Position dagegen bezogen und Naumann schon vorher angekündigt hatte, jeden Friedensschluss ablehnen zu wollen, den er als demütigend für Deutschland empfand.

Alfred Weber, der im November 1918 zum ersten Vorsitzenden der Partei bestimmt worden war, hatte dieses Amt nach einem Monat wieder aufgegeben, als sich erste Konflikte mit Naumann abzeichneten. Bezeichnenderweise war dieser ein Bewunderer von Alfreds berühmterem Bruder Max Weber[14], was das Verhältnis zwischen den beiden Parteiführern von Beginn an schwierig machte. Alfred Weber zog sich enttäuscht auf seinen Heidelberger Lehrstuhl zurück und stand für eine Nationalversammlungskandidatur nicht zur Verfügung. Dadurch rückte die DDP von der SPD ab, und wegen des lautstark proklamierten Widerstands der nunmehr maßgeblichen Persönlichkeiten in der Partei gegen die Unterzeichnung des Versailler Vertrags drohte im Mai bereits der Koalitionsbruch, zumal das Zentrum in Matthias Erzberger, dem entschiedensten Befürworter eines sofortigen Friedensschlusses, seinen einflussreichsten Politiker hatte.

Die DDP wehrte sich als jene Partei, die sich wie keine andere der bürgerlichen Republik verschrieben hatte, am heftigsten gegen die Annahme des Versailler Vertrags. Hier spricht Friedrich Naumann, der im Winter 1918/19 die ursprünglich linksliberale Führung der Partei verdrängt hatte, am 18. Mai 1919 vor dem Haupteingang zum Reichstagsgebäude auf einer Protestkundgebung gegen die elf Tage zuvor übergebenen Friedensbedingungen.

Scheidemanns Berliner Rede war für Erzberger, den Leiter der deutschen Waffenstillstandskommission, der mit Billigung der SPD (und auch der DDP) bislang sämtliche Verlängerungen des immer weiter verschärften Waffenstillstands unterzeichnet hatte, ein Affront, für die DDP dagegen ein Zugeständnis des größten Koalitionspartners, mit dem sie eine mehrheitsfähige Regierung hätte bilden können, auch wenn das Zentrum ausgeschieden wäre. Die letzten anderthalb Monate der ersten Weimarer Koalition waren ein einziger Kampf um Zustimmung oder Ablehnung des Versailler Vertrags. Sogar die Beratungen in der Nationalversammlung über die deutsche Verfassung wurden deshalb verschoben.

Dass sich am Ende die als «Erfüllungspolitiker» geschmähten Befürworter des Versailler Vertrags durchsetzten, war unvermeidlich, wenn man in Kategorien des Kriegs dachte, und der herrschte ja noch. Erst im März war die alliierte Blockade gelockert worden, sodass sich die Versorgungslage in Deutschland etwas gebessert hatte. Das war ein Resultat der Berliner Unruhen von Anfang 1919 gewesen, die tatsächlich im Ausland Besorgnis ausgelöst hatten, die linksradikalen Kräfte könnten sich in Deutschland durchsetzen. Mit der Verweigerung des Versailler Vertrags durch das Reich wäre, daran ließen die Alliierten keinen Zweifel, die Waffenstillstandsvereinbarung aber hinfällig – und damit auch die ursprüngliche Blockade wieder in Kraft. Vor allem aber wären die Kampfhandlungen im Westen wiederaufgenommen worden.

Die deutsche Armeeführung hatte zwar bereits Pläne für einen Rückzug aller verfügbaren Kräfte nach Ostdeutschland aufgestellt, wo dann in einigermaßen sicherer Entfernung ein verteidigungsfähiges Widerstandszentrum hätte gebildet werden können, doch der Westen des Reichs wäre damit kampflos preisgegeben worden, und man wusste, dass man damit den Franzosen in die Hände spielen würde, die nur durch den Widerstand von Amerikanern und Engländern daran gehindert worden waren, im Versailler Vertrag die Loslösung sämtlicher linksrheinischen deutschen Gebiete aus dem Reichsverbund festschreiben zu lassen. Die Reichseinheit wog schließlich doch schwerer als die Bedingungen des Vertrags, zumal das Militär keinen Zweifel daran ließ, dass ein wiederaufgenommener Krieg nicht zu gewinnen wäre.

Die DDP verweigerte sich jedoch weiterhin, weshalb Scheidemann in der Nacht auf den 20. Juni, als das alliierte Ultimatum schon lief, als Reichskanzler zurücktrat. Mit ihm demissionierte das gesamte Kabinett, also auch Brockdorff-Rantzau, der sich dadurch die Vertragsunterzeichnung in Versailles acht Tage später ersparte, die sein Nachfolger Hermann Müller von der SPD zusammen mit dem Reichsverkehrsminister Johannes Bell vom Zentrum übernehmen musste, nachdem die Nationalversammlung am 22. Juni die neue Reichsregierung unter dem Sozialdemokraten Gustav Bauer dazu legitimiert hatte. Bei der Abstimmung sprachen sich 237 Abgeordnete für die Unterzeichnung und 138 dagegen aus, darunter fast alle Vertreter der DDP, die nun in die Opposition gewechselt waren, weshalb sich Bauers Regierung nur noch auf SPD und Zentrum stützen konnte, die dann am 28. Juni jeweils einen ihrer Minister nach Versailles sandten, um die gemeinsame Verantwortung zu signalisieren. Darüber hinaus hatten nur die Abgeordneten der USPD für die Unterzeichnung gestimmt.

Allerdings hatte die Nationalversammlung der Regierung keine generelle Vollmacht zur Unterschrift erteilt. Es war die Idee von Erzberger, der in der neuen Regierung das Finanzministerium erhalten hatte, nachdem er zuvor Minister ohne Geschäftsbereich gewesen war, dass das Deutsche Reich unterschreiben sollte, ohne die Vertragsartikel 227 bis 231 zu akzeptieren, und nur diesem Kompromiss war am 22. Juni zugestimmt worden. Sonst wären es mehr als nur neun Abgeordnete aus Erzbergers Zentrumspartei gewesen, die dagegen gestimmt hätten. Es handelte sich um jene Artikel, die seit der Bekanntgabe der Friedensbedingungen am 7. Mai die Diskussion in Deutschland bestimmt hatten: der ganze siebte Teil des Versailler Vertrags, in dem die Strafbestimmungen geregelt waren und die Auslieferung des ehemaligen Kaisers sowie jener deutschen Staatsbürger festgeschrieben werden sollte, die von alliierten Militärgerichten «wegen einer gegen die Gesetze und Gebräuche des Krieges verstoßenden Handlung» angeklagt würden. Das stand dem staatlichen Souveränitätsprinzip entgegen, mehr noch aber dem deutschen Ehrgefühl. Die Armeeführung entwickelte ein eigenes Fluchtprogramm für Offiziere, die als gefährdet angesehen wurden – geübt hatte man schon ein paar Monate zuvor im Falle der Mörder von Luxemburg und Liebknecht, die man nach ihrem glimpflich verlaufenen Prozess nahezu vollzählig außer Landes gebracht hatte, um sie einer etwaigen neuen Strafverfolgung zu entziehen. Artikel 231 schließlich war der Kriegsschuldparagraph, in dem Deutschland und dessen Verbündeten die Verantwortung für den Ersten Weltkrieg zugesprochen wurde.

Natürlich dachten die Alliierten gar nicht daran, diese Vertragsartikel in Frage stellen, geschweige denn, sie von der Zustimmung ausnehmen zu lassen; das deutsche Ersuchen darum wurde sofort abgelehnt. Nun hätte eigentlich eine zweite Abstimmung in der Nationalversammlung erfolgen müssen, aber ausgerechnet die Fraktion der konservativen Deutschen Volkspartei, die am 22. Juni geschlossen gegen die Unterzeichnung gestimmt hatte, schlug nun vor, die Zustimmung doch für den Gesamtvertrag gelten zu lassen, denn die sei trotz ihrer üblen Konsequenzen für das Reich «aus vaterländischer Gesinnung und Überzeugung» erfolgt.[15] Dem schlossen sich die anderen Oppositionsparteien an – ein seltener Respektserweis für die mehr als unangenehme Situation der Regierungskoalition. Man könnte hier vom «Burgfrieden» der Weimarer Republik sprechen, dem Verzicht auf parlamentarische Auseinandersetzung aus reiner Staatsräson.

Er hielt indes keine Woche lang; nach dem Tag von Versailles wurden die Verwerfungen zwischen den Parteien immer heftiger, und der entscheidende Konflikt entzündete sich nunmehr an der Frage, inwieweit man bereit war, die Bestimmungen des Friedensvertrags dann auch zu erfüllen. Friedrich Ebert als Reichspräsident und Gustav Bauer als Reichskanzler unterschrieben die Ratifikationsurkunde am 9. Juli; sie besagte ausdrücklich, dass der Reichspräsident «den Vertrag, das Protokoll und die Vereinbarung bestätige und verspreche, sie erfüllen und ausführen zu lassen».[16] Das böse Wort der «Erfüllungspolitiker» kam dadurch in die Welt.

Am 16. Juli schließlich wurde das Gesetz über den Friedensschluss offiziell verkündet, womit auch der letzte juristische Schritt auf deutscher Seite getan war. Nach einer Art Anstandsfrist, die man auch Feigheit nennen könnte, schloss sich die DDP im Oktober 1919 der Regierungskoalition wieder an; sie sollte wie auch das Zentrum an allen künftigen demokratisch gewählten Regierungen der Weimarer Republik beteiligt bleiben.

Zum 10. Januar 1920 traten die Regelungen des Versailler Vertrags in Kraft, aber die Frage nach der Höhe der zu leistenden Reparationen blieb zunächst offen – festgelegt waren konkret allein zwanzig Milliarden Goldmark, die bis April 1921 zu zahlen sein sollten, der Rest würde nach dem bemessen werden, was die Alliierten an Kriegskosten errechneten. So bekam die

Mit dem Versailler Vertrag war nicht alles vorbei: Die Siegermächte tagten weiter, um zu überprüfen, ob die Bedingungen erfüllt wurden. Dazu versammelten sie sich im Juli 1920 auch noch einmal in Spa und beschlossen dort unter anderem, dass das Deutsche Reich zwei Zeppelin-Luftschiffe als Reparationsleistung abzuliefern hatte. Zwei Jahre später wurde eines davon, die «Nordstern», übergeben und von den französischen Empfängern in «Méditerranée» umgetauft.

innenpolitische Debatte um den Versailler Vertrag zuverlässig
neue Nahrung, denn während der zwanziger Jahre gab es konti-
nuierlich Nachverhandlungen, bis schließlich am 9. Juli 1932 auf
der Konferenz von Lausanne, die unter dem Eindruck der Weltwirtschaftskrise einberufen worden war, ein Schlussstrich gezogen wurde, der Deutschland eine Restzahlung von noch einmal
drei Milliarden Goldmark auferlegte. Wie viel bis dahin schon
gezahlt worden war, ist umstritten; die deutsche Seite sprach von
mehr als 67 Milliarden Goldmark, die Alliierten errechneten nicht
einmal 22 Milliarden[17], weil sie die Sachleistungen, also vor allem
die in Waffenstillstands- und Versailler Vertrag vorgeschriebenen Überlassungen von Militärgut, Handelsschiffen und Kohle,
anders bewerteten als die Deutschen. Ratifiziert wurde die Vereinbarung von Lausanne aber nicht mehr, da sie an eine Schulden-
regelung der Alliierten untereinander gekoppelt sein sollte, die
mangels Zustimmung des Hauptgläubigers, der Vereinigten Staaten, nie erfolgte.

In Deutschland wurde das Ergebnis von Lausanne, obwohl
es dem Reich die Zahlung von noch 112 Milliarden Goldmark bis
zum Jahr 1988 erspart hätte, von der politischen Rechten als kon-
sequente Fortsetzung der Erfüllungspolitik gebrandmarkt, weil
der Kriegsschuldartikel 231 weiterhin Bestand hatte. Dieser Artikel wurde dann auch von Adolf Hitler ins Feld geführt, als er am
30. Januar 1937 den Versailler Vertrag einseitig aufkündigte. Nach
dem Einmarsch in Frankreich im Jahr 1940 wurde das Originaldo-
kument mit den Unterschriften, das in Paris verblieben war, von
deutschen Truppen entdeckt und nach Berlin gebracht. Dort ver-
liert sich 1945 seine Spur, in jenem Jahr, das eigentlich einen neuen
Friedensschluss nötig gemacht hätte. Durch das gewarnt, was der
Versailler Vertrag angerichtet hatte – nicht nur innenpolitisch in
Deutschland, sondern auch im Verhältnis der Alliierten zueinan-

der –, bestanden die Siegermächte diesmal auf der bedingungslosen Kapitulation der Deutschen und besetzten das ganze Land,
was sie im Ersten Weltkrieg noch gescheut hatten. Auf einen Friedensvertrag wurde nach den Erfahrungen von 1919 erst gar kein
Gedanke verschwendet.

3. Verweigerung der jungen Republik: Der äußere Kampf von Deutschland

Der letzte Artikel der Waffenstillstandsvereinbarung vom 11. November 1918 hatte die Einsetzung einer ständigen internationalen Kommission festgelegt, «um die bestmögliche Ausführung des vorliegenden Abkommens zu sichern».[1] Sieben Delegationen traten schließlich zusammen: aus dem Deutschen Reich, Frankreich, Großbritannien, den Vereinigten Staaten, Italien, Belgien und bizarrerweise aus Griechenland, das an der Westfront, um die es hier vordringlich ging, gar nicht mitgekämpft hatte. Luxemburg, das wie Belgien von deutschen Truppen zu Kriegsbeginn überfallen und besetzt worden war, fehlte hingegen. Da das Großherzogtum sich mit der Besatzung recht schnell arrangiert hatte, genoss es keine große Sympathie seitens der Alliierten, und Belgien hoffte zunächst sogar darauf, sich das Territorium des kleinen Nachbarstaats beim Friedensschluss einverleiben zu können.

Der Kommissionsvorsitz wurde dem Oberkommando der alliierten Streitkräfte zugesprochen. Allerdings übernahm ihn nicht Ferdinand Foch persönlich, sondern der französische General Alphonse Pierre Nudant; Foch hatte zunächst genug damit zu tun, sich in Frankreich feiern zu lassen, wurde aber in allen Belangen von Nudant konsultiert und war somit auch ohne Amt die eigentlich entscheidende Größe. Deshalb war klar, dass die deutsche Seite im Falle von tatsächlichen oder auch nur behaupteten Saumseligkeiten bei der Umsetzung der Bedingungen nicht auf Milde hoffen durfte. Matthias Erzberger als Leiter der deutschen Delegation, die das Waffenstillstandsabkommen ohne wirkliche Verhandlungen hatte akzeptieren müssen, gehörte der künftigen Kommission vorerst nicht an; er war mit zwei weiteren Delegierten nach Berlin zurückgekehrt, um dort die Verbindungsstelle zwischen Regierung und Kommission zu bilden. Der vierte deutsche Delegierte, General Detlof von Winterfeldt, sollte das Reich vertreten. Damit reagierte die Regierung darauf, dass das Abkommen in Compiègne auf alliierter Seite nur von Angehörigen des Militärs unterzeichnet worden war – eine Diskrepanz gegenüber der deutschen Delegation, die sich in der Kommission fortgesetzt hätte, wenn Erzberger geschickt worden wäre. Ein Politiker schien nicht mehr der richtige Partner, um dem militärischen Zwang zu begegnen, den die Gegenseite ausübte.

Winterfeldt hatte aber auch keinen größeren Erfolg; er trat am 24. Januar 1919 zurück, nachdem Foch erklärt hatte, dass die französische Armee neben den drei bereits bestehenden Brückenköpfen auf rechtsrheinischem Reichsgebiet noch einen zusätzlichen vierten vor Straßburg besetzen werde. Nur kurz zuvor war der Waffenstillstand verlängert worden, und Winterfeldt sah in dem Vorhaben der Franzosen zu Recht eine Misstrauensbekundung gegenüber der Internationalen Kommission. Anders als geplant übernahm daraufhin Erzberger am 1. Februar die Leitung der deutschen Delegation.

Als Sitz der Waffenstillstandskommission wurde Spa festgelegt – ein pragmatischer Beschluss, denn dort würden die von den Deutschen für ihr Kriegshauptquartier requirierten Häuser

nach dem Abzug rasch frei werden, während man in Compiègne
bis zuletzt in den Eisenbahnwaggons gehaust und konferiert hatte.
Die Kommission tagte in Spa im Festsaal des Luxushotels Britannique, das auch schon die Oberste Heeresleitung als ihren Sitz
ausgesucht hatte. Während sich Winterfeldt und sein Stab am
11. November sofort dorthin begeben hatten und bald durch aus
Berlin angereiste Fachleute des Auswärtigen Amts für politische
und wirtschaftliche Fragen verstärkt wurden, trafen die alliierten
Militärs erst am 17. November ein – ohne zivile Berater, womit den
Deutschen einmal mehr klarwurde, dass die Gegenseite weiterhin alle Fragen unter rein militärischem Aspekt betrachten würde.
«So war die Arbeit der deutschen Waffenstillstandskommission in
Spa von Anfang an eine denkbar schwere, undankbare und meist
erfolglose», erinnerte sich General Hammerstein-Gesmold, «und
doch durften die deutschen Unterhändler es sich nicht verdrie-
ßen lassen, immer und immer wieder in Anträgen und Protesten
die deutschen Forderungen zur Sprache zu bringen; auch wenn
sie als Ergebnis einer eingehend sachlich und rechtlich begründeten Ausführung oft nichts anderes zu erwarten hatten als den
formlosen kurzen Bescheid: ‹réponse négative› oder ‹la demande
allemande ne comporte aucune réponse – die deutsche Bitte läßt
keine Antwort zu.› Schließlich erreichten wir wenigstens das eine,
daß unsere Gegner in Spa von unserem ehrlichen Wollen, die
übernommenen Verpflichtungen nach bestem Können zu erfüllen, überzeugt wurden. Aber auch das hinderte den Marschall
Foch nicht daran, bei den Verlängerungsverhandlungen in Trier
den deutschen guten Willen in Frage zu stellen und Strafen für
die Nichterfüllung praktisch völlig unausführbarer Bedingungen
zu diktieren.»[2] Vom 25. November an fanden mit Ausnahme der
Weihnachtstage tägliche Sitzungen der Kommission selbst oder
ihrer diversen Unterausschüsse statt. Von den Alliierten ständig

unter Druck gesetzt, war die Situation der deutschen Delegierten in Spa frustrierend.

Das war auch nicht anders, wenn die Internationale Kommission in Trier tagte. Dort wurden jeweils die Verlängerungen des Waffenstillstands ausgehandelt und beschlossen. Dessen ursprünglich vorgesehene Laufzeit von dreißig Tagen war am 11. November 1918 auf Wunsch der Deutschen auf sechsunddreißig Tage ausgedehnt und anschließend zweimal um jeweils einen Monat verlängert worden. Daraus ergaben sich die nächsten Termine: der erste am 13. Dezember (mit Gültigkeit vom 17. Dezember an), der zweite am 16. Januar 1919 und der dritte schließlich am 16. Februar. Erst bei dieser dritten und letzten Verlängerung wurde dann eine Geltungsdauer auf «kurze Zeit» vereinbart, was zwar noch knapper bemessen klang, aber bewusst so unbestimmt gehalten war, weil mittlerweile die Pariser Friedenskonferenz begonnen hatte, deren Ablauf nicht durch andere Kontroversen belastet werden sollte. An eine weitere Fristsetzung verschwendete man bis zur Unterzeichnung des Versailler Vertrags keinen Gedanken mehr; die Konzentration der Alliierten galt allein der Auseinandersetzung untereinander über die endgültigen Friedensbedingungen, die den Deutschen zu stellen sein würden.

Mit der Verlegung der Verlängerungsverhandlungen ins damals amerikanisch besetzte Trier wurde der Tatsache Rechnung getragen, dass es für die zusätzlich aus Berlin entsandten deutschen Delegierten nicht leicht war, nach Belgien zu reisen. Die Gespräche in Trier waren deshalb besonders interessant, weil hier im Gegensatz zu jenen in Spa nicht nur die Umsetzung der konkreten Bedingungen zur Debatte stand, sondern auch deren etwaige Umgestaltung in der Zukunft. Und mit Ferdinand Foch nahm in Trier stets jener Mann auf alliierter Seite an den Beratungen teil, auf den alles ankam. So geschah es dort, dass sich

Matthias Erzberger vor der letzten Verlängerung bei Foch um Straffreiheit für Wilhelm II. und die führenden deutschen Militärs bemühte, allerdings vergeblich. Wäre sie im Waffenstillstandsabkommen festgeschrieben worden, hätte man ein Präjudiz für die gleichzeitig laufenden Verhandlungen in Paris geschaffen, und die später für so viel Aufregung sorgenden – und letztlich nie umgesetzten – «Strafbestimmungen» des Versailler Vertrags, in denen die Auslieferung der für die deutsche Kriegsführung Verantwortlichen gefordert wurde, wären gar nicht erst formuliert worden.

Die Verlängerungsverhandlungen, die im Schatten der jeweiligen politischen Großereignisse stattfanden – Unruhen, Spartakusaufstand und Wahlen zur Nationalversammlung im Deutschen Reich, Parlamentswahlen in Großbritannien sowie die Pariser Friedenskonferenz bei den Alliierten –, setzten letztlich den Kriegszustand fort. «Frankreich lebt mit Deutschland nicht im Frieden. Die Regierungen unterhalten keine Beziehungen. Es gibt nur Krieg und Frieden, ein Drittes für mich nicht», sagte Marschall Foch bei der Sitzung vom 15. Februar 1919 in Trier zur deutschen Delegation unter Erzberger, der darauf erwiderte: «Das Dritte ist eben der Waffenstillstand, der auch uns Rechte gibt.»[3]

Das sahen die Alliierten anders, und sie wussten nur zu gut, dass es den Deutschen an militärischen Mitteln fehlte, die von ihnen behaupteten Rechte auch zu beanspruchen. Die wirklich wichtigen Entscheidungen wurden seit Mitte Januar ohnehin in Paris auf der Friedenskonferenz getroffen, nicht mehr in Spa oder Trier. Deshalb war der Verzicht auf weitere Verlängerungsverhandlungen mit dem erneuerten Abkommen vom 16. Februar nur konsequent.

Die Internationale Waffenstillstandskommission tagte in Spa noch kurz über den Abschluss des Versailler Vertrags hinaus, bis zum Juli 1919, und sollte dann nach Köln umziehen, also in britisch besetztes Gebiet. Sie beschäftigte sich dort weiterhin mit der Frage, ob die Bedingungen der Abkommen aus jener Zwischenzeit, in der nicht mehr gekämpft wurde, aber, wie Foch richtig ausgeführt hatte, noch kein Frieden herrschte, ordnungsgemäß erfüllt worden waren. So ragte der Krieg auch hier weiter in den Frieden hinein. Im Spätsommer 1920 löste sich die Kommission auf, und auch deren deutscher Teil unter Erzberger beendete seine Tätigkeit schließlich am 30. September. Die Probleme, mit denen die Kommission sich befasst hatte, bestanden indes fort.

4. Verbrechen und Strafe:
Vier politische Attentate und
ihre juristischen Folgen

Am 29. März 1919 tagte in Paris eine Cour d'assises, ein Geschworenengericht, das einen viereinhalb Jahre zurückliegenden Mord verhandeln sollte. Wie es das französische Prozessrecht dieser Zeit vorsah, oblag der Schuldspruch einer zwölfköpfigen Laienjury, während die professionellen Richter das Strafmaß festzulegen hatten. Im konkreten Fall wurde der vierunddreißigjährige Angeklagte Raoul Villain bei nur einer Gegenstimme vom Vorwurf des Mordes freigesprochen, obwohl am Ablauf des Verbrechens kein Zweifel bestand und der Täter auch geständig war.

Am 31. Juli 1914 war der nationalistische Archäologiestudent Villain abends im Pariser Presseviertel des II. Arrondissements einer größeren Gruppe Menschen gefolgt, die die Redaktion der sozialistischen Tageszeitung «L'Humanité» verlassen und ins nahegelegene «Café du Croissant» zum Abendessen gegangen war. Um 21.40 Uhr gab Villain vom Bürgersteig aus durch das offene Fenster zwei Schüsse auf einen Mann aus dieser Gruppe ab, der mit dem Rücken zur Straße saß. Der erste Schuss traf ihn in den Kopf, er verstarb noch am Ort des Attentats. Sein Name war Jean Jaurès.

«C'est la guerre!», soll eine Frau aus der Gruppe um Jaurès gerufen haben, als sie ihn sterben sah: Das bedeutet Krieg. Der

Mord vom 31. Juli schließt in der Tat die sogenannte Julikrise des Jahres 1914 ab; einen Tag danach erklärte das Deutsche Reich Russland den Krieg, wodurch sich das Kampfgeschehen, das drei Tage zuvor mit der Kriegserklärung von Österreich-Ungarn an Serbien begonnen hatte, zum Weltkrieg auszuweiten begann. Die Julikrise bezeichnet die Bemühungen der europäischen Politik, nach der Ermordung des österreichischen Thronfolgers Franz Ferdinand durch einen serbischen Nationalisten am 28. Juni 1914 einen Krieg zu verhindern – oder zu beginnen. Jaurès gehörte als radikalsozialistisches Mitglied der französischen National-versammlung zu jenen Politikern, die den Krieg um jeden Preis verhindern wollten. Am Tag vor seiner Ermordung war er noch in Brüssel bei einer von ihm selbst beantragten Dringlichkeitssit-zung der Zweiten Sozialistischen Internationalen gewesen, wo sich die Vertreter der Arbeiterbewegungen aller beteiligten Staa-ten, darunter auch der Co-Vorsitzende der deutschen SPD, Hugo Haase, gegen die Kriegstreiberei der europäischen Regierungen ausgesprochen hatten. Die nächste Sitzung war angesichts der gefährlichen Lage bereits auf den 9. August terminiert worden: in Paris. Sie fand dann nicht mehr statt, Jaurès war tot, das Deutsche Reich erklärte am 3. August auch Frankreich den Krieg, und die sozialistischen Parteien beider Länder erklärten sich jeweils als loyal gegenüber ihren Regierungen, die Zweite Internationale zerfiel in viele nationale Gruppen.

Mit Jaurès war in Frankreich der wichtigste Kriegsgegner gestorben; am späteren Abend seines Todestages hätte er einen Artikel für die von ihm 1904 gegründete «L'Humanité» beenden wollen, der ein flammender Friedensappell geworden wäre. Statt-dessen verkündete am 1. August die Spitze des französischen sozialistischen Bündnisses SFIO, der «Section française de l'In-ternationale Ouvrière», der auch Jaurès angehört hatte, dass man angesichts der ernsten weltpolitischen Situation die Arbeiter nicht zu Demonstrationen anlässlich seines Todes aufrufen wolle. Das war der erste Schritt zur Union sacrée, dem französischen Äquivalent zum deutschen Burgfrieden. Ein Verrat an den Idealen des Ermordeten.

Sein Mörder war nach den Schüssen zu Fuß geflohen, aber von Augenzeugen verfolgt und eingeholt worden; man beschimpfte und schlug ihn, drohte mit Lynchjustiz, sodass Villain froh war, von der Polizei festgenommen zu werden. In der Vernehmung, die durch den Pariser Polizeipräsidenten persönlich erfolgte, erklärte er, allein gehandelt zu haben, um einen Vaterlandsfeind an der Ausübung seiner Machenschaften zu hindern. Der in der alten Krönungsstadt Reims geborene Attentäter gehörte der «Ligue des jeunes amis de l'Alsace-Lorraine» an, einer stramm nationalistischen Studentenorganisation, die sich dem Ziel verschrieben hatte, die im Frieden von Frankfurt 1871 ans Deutsche Reich abgetretenen Provinzen zurückzugewinnen; Jaurès war für ihn ein Verräter, weil dieser gegen die geplante Verlängerung des Militärdienstes auf drei Jahre agitierte.

Mit Ermittlungen, ob Villain Komplizen gehabt haben könnte, hatte sich die Polizei nicht aufgehalten. Dass es länger als ein Jahr dauerte, bis überhaupt Anklage gegen den in Untersuchungshaft sitzenden Attentäter erhoben wurde, lag am damaligen Ministerpräsidenten René Viviani, der den Generalstaatsanwalt anwies, den Prozessbeginn zu verzögern, damit die angesichts der Verhandlung zu erwartenden politischen Spannungen den Zusammenhalt der Union sacrée nicht gefährden würden, und so hielten es auch alle seine Nachfolger. Wegen des Krieges also wurde der Prozess nicht eröffnet; Villain blieb inhaftiert, und nach dem Waffenstillstand vom 11. November verlangte er schließlich selbst seine Verhandlung.

Günstiger als nach dem siegreich durchfochtenen Krieg konnte die Ausgangslage für ihn bei einer Laienjury nicht sein, und so endete der insgesamt fünftägige Prozess denn auch mit einem Freispruch, dessen Begründung in dem tautologischen Satz gipfelte: «Wenn sich der Kriegsgegner Jaurès durchgesetzt hätte, hätte Frankreich den Krieg nicht gewinnen können.» Die Kosten des Verfahrens wurden der Witwe des Opfers, die als Zivilklägerin aufgetreten war, auferlegt – prozesstechnisch korrekt, aber für die Anhänger des Ermordeten ein Affront. Und für das generelle Gerechtigkeitsempfinden auch.

Denn zwei Wochen früher, am 14. März 1919, hatte in Paris ein weiterer Attentatsprozess stattgefunden: gegen den Anarchisten Émile Cottin, just an dessen dreiundzwanzigstem Geburtstag. Hier waren zwischen Verbrechen und Verhandlung nicht einmal vier Wochen vergangen, und obwohl sein Opfer überlebt hatte, wurde Cottin zum Tode verurteilt. Er war nicht vor ein Geschworenengericht gekommen, denn seine Tat hatte zu einem Zeitpunkt stattgefunden, als sich Frankreich offiziell noch im Krieg befand, und da das Ziel des Attentats ein Politiker war, wurde Cottin vor einem Kriegsgericht angeklagt.

Sein Urteilsspruch wurde in der französischen Öffentlichkeit allgemein begrüßt, aber zunächst nicht vollstreckt, und als Ende März der Freispruch für Raoul Villain erfolgte, gab es massive Proteste der Linken in Frankreich, publizistisch angeführt von dem berühmten Schriftsteller Anatole France, der zwei Jahrzehnte zuvor genau wie Jaurès zu den führenden Dreyfusards gehört hatte, jener Gruppe von Intellektuellen, die in der Verurteilung des Hauptmanns Alfred Dreyfus, dem man Spionage für das Deutsche Reich vorgeworfen hatte, zu Recht einen Justizskandal gesehen hatte. Nun beklagte France in einem offenen Brief, der in «L'Humanité» vom 4. April abgedruckt wurde, dass

Freispruch für den Mörder: Raoul Villain (2. v.l.) saß fast fünf Jahre lang in Untersuchungshaft, nachdem er in Paris am 31. Juli 1914 den sozialistischen Politiker Jean Jaurès erschossen hatte. Als man sich nach dem Krieg endlich traute, den politisch heiklen Prozess durchzuführen, wurde der Angeklagte am 29. März 1919 freigesprochen.

man mit dem Freispruch für Villain – «un verdict monstrueux» –
die Linke für vogelfrei erklärt habe, während ein Anarchist für die
bloße Verwundung eines Politikers hingerichtet werden solle.

Zwei Tage später wurde ungeachtet des weiterhin geltenden
Kriegsrechts überall im Land gegen die Urteile protestiert, allein
in Paris gingen hunderttausend Menschen auf die Straße, und vor
allem die anarchistische Tageszeitung «La Libertaire» forderte
angesichts der Freilassung von Villain zumindest eine Rücknahme
des Todesurteils für Cottin. Es war dann dessen Opfer selbst, das
sich am 25. April an den französischen Staatspräsidenten Raymond Poincaré wandte und um Begnadigung des Mannes bat, der
am 19. Februar auf ihn geschossen hatte. Poincaré gewährte sie.
Er hatte auch gar keine andere Wahl, denn bei Cottins Fürsprecher handelte es sich um seinen eigenen Ministerpräsidenten. Der
Name des Opfers war Georges Clemenceau.

Clemenceau war durch den Freispruch für Villain und den
anschließenden Protest von Anatole France in eine prekäre Lage
geraten, denn auch er hatte vor zwanzig Jahren zu den Dreyfusards gehört; es war sogar seine eigene Zeitung, «L'Aurore»,
gewesen, in der am 13. Januar 1898 Émile Zolas berühmter offener
Brief erschienen war, der sich gegen die französische Militärge-
richtsbarkeit richtete und an den France nun mit seiner Aktion
anknüpfte. Clemenceau stand dem Parti radical vor, einer 1901
gegründeten Partei der extremen Linken, die sich aber als nationalistisch begriff und sich weniger auf Marx als auf die Werte der
Französischen Revolution und der Republik berief. Mit Jaurès war
1914 also ein früherer Weggefährte und politischer Verbündeter
von Clemenceau getötet worden, mit dem dieser aber gebrochen
hatte, als er 1906 erstmals Ministerpräsident geworden war. Die
Abgeordneten der SFIO, die Clemenceau damals unterstützt hatten, waren auf Geheiß von Jaurès aus der sozialistischen Partei

ausgeschlossen worden. Die spätere politische Rivalität zwischen dem überzeugten Pazifisten und Internationalisten und dem immer fanatischeren Nationalisten ließ die Nachbarschaft der Prozesse gegen beider Attentäter und deren so unterschiedliche Ergebnisse in besonders heiklem Licht erscheinen.

Der Tischler Émile Cottin hatte am Morgen des 19. Februar 1919 hinter einer öffentlichen Bedürfnisanstalt in der Nähe des Pariser Wohnhauses von Clemenceau auf diesen gewartet und um 8.30 Uhr mehrere Schüsse auf ihn abgegeben, nachdem der Politiker in ein Automobil gestiegen war, um zu einem Treffen mit dem englischen Außenminister Lord Balfour und dem amerikanischen Delegationsleiter bei der Friedenskonferenz, Edward M. House, zu fahren. Drei Kugeln trafen den Politiker, zwei davon waren harmlos, aber eine drang von hinten zwischen den Rippen in den Oberkörper ein, verletzte jedoch keine lebenswichtigen Organe.

Clemenceau traf dieses Attentat in einem kritischen Moment: Ende Januar hatte sich abgezeichnet, dass die Gemeinsamkeiten von Amerikanern und Briten auf der Konferenz viel größer waren, als zuvor erwartet. Frankreich hatte sich auf das enge Kriegsbündnis mit Großbritannien und auf die scheinbar unüberwindliche transatlantische Handelskonkurrenz verlassen, doch nun hatte Woodrow Wilson eine engere Kooperation zwischen der amerikanischen Delegation und deren englischen Kollegen angeregt.[1] Zudem unterbrach der Präsident seinen Pariser Aufenthalt am 14. Februar für vier Wochen, um in die Vereinigten Staaten zurückzukehren, wo Anfang März die 65. Legislaturperiode des Kongresses endete, in dem Wilsons Demokratische Partei noch die Mehrheit hatte, während der nächste Kongress republikanisch dominiert sein würde. Tatsächlich aber trieb es Wilson auch deshalb in die Heimat, weil dort im Senat der Widerstand gegen seine Idee eines Völkerbundes wuchs, der doch elementarer Bestandteil der Friedensverträge werden sollte. Der Präsident wollte persönlich Überzeugungsarbeit bei den skeptischen Senatoren leisten und hatte deshalb die Verhandlungsführung an House übergeben. Während Wilsons Abwesenheit drückte House gemeinsam mit Balfour, dessen Premierminister gleichzeitig nach London zurückgefahren war, aufs Tempo, um bis zur avisierten Rückkehr der beiden Regierungschefs am 13. März die verschiedenen Kommissionsberichte fertiggestellt zu haben.[2] Die Franzosen, denen keineswegs an Eile gelegen war, fühlten sich dadurch an den Rand gedrängt.

Clemenceau war nach dem Attentat zurück in sein Haus in der Rue Franklin getragen worden. Schnell überführte man ihn ins Krankenhaus, wo man es für zu riskant hielt, die nahe dem Herzen sitzende Kugel zu entfernen, und den Patienten wieder heimschickte. Am Folgetag war er nachmittags schon wieder in seinem Garten zu sehen, und bereits am 27. Februar führte er abermals den Vorsitz auf der Friedenskonferenz. Die acht Tage erzwungener Passivität überbrückte er durch zahlreiche Gespräche in seinem Privathaus, wo er Besuch empfing und in einem voluminösen Lehnstuhl saß, den ihm ein Möbelhändler aus Anlass seiner Rückkehr aus dem Hospital geschenkt hatte. Noch am Tag des Attentats selbst hatte trotz aller persönlichen Animosität Präsident Poincaré den Angeschossenen besucht, und das ganze französische Kabinett kam vorbei, um sich Anweisungen abzuholen. Die weltberühmte Schauspielerin Sarah Bernhardt, mit der Clemenceau schon vor dreißig Jahren freundschaftliche Briefe ausgetauscht hatte, hinterließ noch am Vormittag des 19. Februar ihre Visitenkarte, auf der sie notierte: «Bitte, bitte, geben Sie mir Nachricht, nur für mich, für mich allein.» Weil eine Antwort aus Clemenceaus Umgebung ausblieb, schrieb sie nachmittags abermals: «Verzeihen Sie mir, aber ich möchte Nachrichten haben, ich

fühle mich durch die Gerüchte so beunruhigt. Zur Zeit ist Clemenceau Frankreich!»[3]

Der Rekonvaleszent genoss die öffentliche Anteilnahme und
redete das Ereignis klein: «Da haben wir gerade den schreck-
lichsten aller Kriege gewonnen, und trotzdem gibt es einen Franzosen, der aus größter Nähe sein Ziel in sechs von sieben Fällen
verfehlt. Natürlich muss man den Kerl verurteilen: für unvor-
sichtigen Umgang mit einer Waffe und für schlechtes Zielen. Ich
schlage vor, dass er für acht Jahre eingesperrt wird, bei intensivem Üben auf dem Schießstand.»[4] Als Cottin nach den Schüssen
zu fliehen versuchte, wiederholte sich das Geschehen vom 31. Juli
1914: Augenzeugen (deren es vor dem Privathaus Clemenceaus
zahlreiche gab, denn die Menge brachte ihm bei jedem Aufbruch
Hochrufe aus) holten den Attentäter rasch ein und setzten ihn
fest; man beschimpfte und schlug ihn, drohte ihm mit Lynchjustiz, sodass auch er froh war, von der Polizei festgenommen zu
werden.

Bei der Verhandlung vor dem Kriegsgericht bezeichnete
sich Cottin als Sympathisant von Bolschewisten und Spartakisten, der sein Handeln nicht bereue. Das Todesurteil fiel einstimmig, obwohl Clemenceau einem engen Vertrauten, dem General
Jean-Jules-Henri Mordacq, der diese Äußerung zweifellos dem
Tribunal überbracht haben wird, vor dem Prozess gesagt hatte,
er wolle als alter Republikaner und Gegner der Todesstrafe nicht,
dass Cottin exekutiert werde.[5]

Cottins Berufung auf die deutsche Spartakusbewegung ist
interessant, denn damit schlug er sich auf die Seite der inzwischen
gescheiterten radikalen deutschen Revolution und legitimierte
seine Tat mit der Ermordung von Rosa Luxemburg und Karl Liebknecht im Monat zuvor. Politische Attentate hatten seit der Mitte
des 19. Jahrhunderts weltweit zugenommen, begangen wurden sie

anfangs vor allem von fanatischen Nationalisten, seit den siebziger Jahren dann vermehrt von Sozialisten und Anarchisten. Das 20. Jahrhundert brachte als Höhepunkt der Attentate von links die Ermordung gleich zweier Staatschefs binnen nur vierzehn Monaten: des italienischen Königs Umberto I. am 29. Juli 1900 und des amerikanischen Präsidenten William McKinley am 6. September 1901, doch in der aufgeheizten Stimmung vor dem Ersten Weltkrieg waren es wieder Nationalisten wie der Sarajevo-Attentäter Gavrilo Princip oder Raoul Villain, die mit politischem Mord ihre Ideale befördern wollten.

Deutschland war von tödlichen Attentaten lange verschont geblieben; erst im Juli 1918 wurden zwei ranghohe Vertreter des Reichs in Moskau und Kiew ermordet, jeweils von russischen Sozialrevolutionären, die den Zwangsfriedensvertrag von Brest-Litowsk bekämpften. Mit den Morden an Luxemburg und Liebknecht vom 15. Januar 1919 aber wurde eine Kette von rechtsradikalen Mordanschlägen in Deutschland selbst ausgelöst, denen wenig später erst der bayerische Ministerpräsident Kurt Eisner, im November 1919 der USPD-Vorsitzende Hugo Haase, im August 1921 der Zentrumspolitiker Matthias Erzberger und im August 1922 der Außenminister Walther Rathenau zum Opfer fielen.

Wobei die Ermordung von Luxemburg und Liebknecht mehr als ein Attentat gewesen war, sondern eine geplante Hinrichtung der beiden Führer des Spartakusaufstands, die zumindest auf staatliche Billigung rechnen durfte. Denn nicht die Revolution hatte am 9. November Friedrich Ebert und damit die SPD an die Regierung gebracht, sondern die Notwendigkeit, Frieden zu schließen, und das erschien Militär und Eliten des Kaiserreichs leichter mit einem Sozialdemokraten an der Spitze. Dass am nächsten Tag der sechsköpfige Rat der Volksbeauftragten gebildet wurde, war ein Zugeständnis an die revolutionären Ereignisse in Berlin und nicht im Sinne Eberts, auch wenn er den Vorsitz übernahm. Doch mit drei Mitgliedern war die USPD der SPD im Rat gleichgestellt; das neue Gremium fungierte als Vertretung all der revolutionären Arbeiter- und Soldatenräte, die sich seit dem Kieler Matrosenaufstand vom 4. November spontan im Reich gebildet hatten. Um die innenpolitische Situation zu beruhigen, wurde ihm die höchste Regierungsgewalt verliehen, somit war der Rat auch für die Abwicklung des kommenden Waffenstillstands verantwortlich. Nach nur einem Tag also hatte die SPD die gerade errungene Macht wieder teilen müssen, noch dazu mit jener Partei, die sich im Jahr zuvor aus einer Abspaltung von den Sozialdemokraten gebildet hatte. Da die USPD auch danach gegen alle Repressalien konsequent für den Frieden eingetreten war, genoss sie größeres Vertrauen bei jenen Deutschen, die nun Revolution machten; die SPD dagegen wurde von den Ereignissen getrieben. Ihr lag daher zunächst daran, die Umsturzversuche einzudämmen, und als Ende Dezember klarwurde, dass ihr das nicht gelingen würde, ließ sie die Revolutionäre mit einem Mittel bekämpfen, das dank der von der Westfront zurückströmenden Truppen reichlich zur Verfügung stand: Waffengewalt.

Was nach marxistischer Lehre eigentlich das Ziel jeder sozialistischen Politik hätte sein müssen, eben die Revolution, war zum Schrecken der SPD-Führung geworden, und um das ihren Anhängern erklären zu können, konstruierte sie Feindbilder. Sebastian Haffner hat das 1969 in seinem kämpferischen Buch «Die deutsche Revolution», in dem er drei Legenden zu widerlegen versuchte – dass es in Deutschland gar keine Revolution gegeben hätte, dass sie von außen gesteuert worden wäre und dass sie die Niederlage im Krieg herbeigeführt hätte –, so formuliert: «Wie jede Kindesmörderin sich auf eine Totgeburt oder Fehlgeburt herauszureden versucht, so auch die SPD. Das ist der

Im Dezember 1918 spricht Karl Liebknecht in der Berliner Siegesallee.
Da hatte der ideologische Kopf der deutschen Linksradikalen keinen
Monat mehr zu leben. Am 15. Januar 1919 wurde er gemeinsam mit
Rosa Luxemburg verhaftet und ermordet.

Ursprung der zweiten großen Legende über die deutsche Revolution: dass sie nicht die von den Sozialdemokraten seit fünfzig
Jahren proklamierte (…) gewesen sei, sondern eine bolschewistische Revolution, ein russischer Importartikel, und dass die SPD
Deutschland vor dem bolschewistischen Chaos bewahrt und
gerettet habe.»[6] Die Metapher von der «Kindesmörderin» lässt
den Blutzoll anklingen, den diese Rettung kostete. Am meisten
Aufmerksamkeit erregte dabei der gewaltsame Tod von Luxemburg und Liebknecht.

Auch diese beiden politischen Morde kamen zur Anklage: vor
einem Berliner Feldkriegsgericht jener Division, der die Mörder

angehörten. Der Prozess begann am 8. Mai 1919, dem Tag nach der Übergabe des Versailler Vertragsentwurfs an die deutsche Delegation, sodass es kaum Aufmerksamkeit für das Verfahren gab. Diese zeitliche Koinzidenz immerhin war nicht beabsichtigt, aber dass die Gerichtsverhandlung erst so spät begann, ist erstaunlich, weil in der «Roten Fahne», die als Zentralorgan des Spartakusbundes und der aus ihm hervorgegangenen KPD fungierte, schon am 12. Februar, also nur vier Wochen nach dem Doppelmord, ein Artikel des neuen KPD-Vorsitzenden Leo Jogiches erschienen war, in dem das Geschehen vom 15. Januar minutiös beschrieben wurde. Jogiches nannte darin die Namen von elf mutmaßlichen Tatbeteiligten, darunter Kurt Vogel, die Brüder Horst und Heinz von Pflugk-Harttung, Rudolf Liepmann und Otto Wilhelm Runge (der auf einem mitabgedruckten Lichtbild zusätzlich identifiziert wurde) sowie als ihr Befehlshaber Waldemar Pabst. Der war Erster Generalstabsoffizier und damit Anführer der ein Jahr zuvor aufgestellten preußischen Garde-Kavallerie-Schützen-Division, die nach dem Waffenstillstand zu einem Freikorps umgebildet worden und seit Ende 1918 in Berlin gegen die dortigen Aufständischen zum Einsatz gekommen war.

Dass gegen die Verdächtigen nicht vor einem normalen Strafgerichtshof, sondern vor einem Kriegsgericht verhandelt werden würde, hatte die Reichsregierung bereits am 17. Januar erklärt; dass ihr die Angelegenheit aber nicht geheuer war, zeigt sich darin, dass sie beschloss, zwei Vertreter der Berliner Arbeiterräte zur Untersuchung hinzuzuziehen. Die Frage des zuständigen Gerichts entfachte einen heftigen publizistischen Krieg zwischen den Parteizeitungen der SPD und der USPD, «Vorwärts» und «Freiheit», doch die Regierung, der mit Sozialdemokraten besetzte Rat der Volksbeauftragten, blieb bei ihrem Beschluss.[7]

Das Feldkriegsgericht von Pabsts Division (an dessen personeller Zusammensetzung er auch selbst beteiligt war) ermittelte gar nicht erst gegen ihn, und der Leutnant Hermann Wilhelm Souchon, der später eindeutig als Mörder von Rosa Luxemburg identifiziert werden sollte, war nur als Zeuge geladen. Souchon allerdings war im Artikel der «Roten Fahne» auch nicht erwähnt worden, und es stand nicht mehr zu befürchten, dass es so rasch weitere Enthüllungen aus dieser Quelle geben würde, denn Leo Jogiches war bei Prozessbeginn schon tot: Am 10. März 1919 hatte ihn ein Wachtmeister unmittelbar nach seiner Festnahme wegen kommunistischer Aktivitäten – an diesem Tag war das Standrecht über Berlin verhängt worden, weil die Falschmeldung eines Massenmords an Spartakusgeiseln kursierte – im Untersuchungsgefängnis in Berlin-Moabit hinterrücks erschossen.[8] Vorher hatte man Jogiches im Polizeigewahrsam noch zusammengeschlagen – das gleiche Muster wie bei Luxemburg und Liebknecht.

Die waren allerdings von Soldaten ermordet worden, nicht von der Polizei. Aufgespürt hatte sie eine fünfköpfige Bürgerwehr in der Wohnung eines Bekannten in Berlin-Wilmersdorf, in der sie sich seit fünf Tagen aufhielten – seitdem der Rat der Volksbeauftragten am 8. Januar ein Flugblatt unter dem Titel «Die Stunde der Abrechnung naht» veröffentlicht hatte, in dem den Führern des Spartakusbundes der Tod angedroht wurde. Die geheime Wohnung sollte verhindern, dass etwaige Häscher ihnen einfach an ihren allgemein bekannten Aufenthaltsorten auflauern konnten, wie es 1914 im Falle von Jean Jaurès in Paris geschehen war. Auch ihre letzten Artikel für die «Rote Fahne» schrieben Luxemburg und Liebknecht im neuen Domizil.

Das Ganze geschah mitten in den Wirren blutiger Unruhen, die in der Reichshauptstadt tobten, seit bewaffnete Spartakisten am 5. Januar das Berliner Zeitungsviertel besetzt hatten. Anlass dafür war die Absetzung des als gemäßigt angesehenen Berliner Polizeipräsidenten Emil Eichhorn am Tag zuvor durch den Rat der Volksbeauftragten. Als USPD-Mitglied war er im vergangenen November berufen worden. Beim Einsatz gegen die aufflackernden Kämpfe in Berlin wollte die SPD zu viel Rücksichtnahme Eichhorns auf seine Parteigenossen von der extremen Linken erkennen; deshalb rief man zu Weihnachten Armee und Freikorps in die Stadt. Als dann kurz vor Jahresende die drei Volksbeauftragten der USPD aus Protest gegen diese Maßnahme und deren blutige Folgen zurücktraten und durch drei weitere Mehrheitssozialisten ersetzt wurden, darunter mit Noske ein entschiedener Vertreter staatlicher Gewalt, nutzte der Rat die neue Einigkeit und enthob Eichhorn seines Amtes. Die Reaktion darauf waren jene sieben Tage des Ausnahmezustands in Berlin, die sofort als Spartakusaufstand bezeichnet wurden, obwohl die Besetzung des Zeitungsviertels und die darauf folgende Eskalation gar nicht geplant gewesen waren.

Die Spartakusführer Rosa Luxemburg und Karl Liebknecht sowie der Rest des vierzehnköpfigen Vorstands der seit wenigen Tagen bestehenden KPD wurden von der Entwicklung überrascht. Gemeinsam mit der USPD beschlossen sie aber am Abend des 5. Januar, die «revolutionäre Erhebung» zu unterstützen; für den 7. Januar wurde zum Generalstreik aufgerufen, was Friedrich Ebert beantwortete, indem er Noske den Oberbefehl über alle Truppen gab, die es brauchte, um in Berlin wieder Ordnung zu schaffen. Das gelang Noske bis zum 12. Januar, und am Tag danach rückten auf seine Weisung zusätzliche Freikorpstruppen in die Hauptstadt ein, darunter auch erneut die Garde-Kavallerie-Schützen-Division.

Ob es einen direkten Befehl zur Ermordung von Rosa Luxemburg und Karl Liebknecht gegeben hat, ist unbekannt. Der Divisionsführer Waldemar Pabst hat das später behauptet.[9] Noske

Die Atmosphäre in der Berliner Siegesallee ist mittlerweile aufgeladen: Am 5. Januar 1919 versammelten sich Tausende Sympathisanten der Linken, um gegen die am Vortag verkündete Entlassung des der USPD angehörenden Berliner Polizeipräsidenten Emil Eichhorn zu protestieren. Noch am selben Tag begann der sogenannte Spartakusaufstand.

persönlich habe ihm am Abend des 15. Januar, als das Korps die Revolutionäre schon in seiner Gewalt hatte, am Telefon gesagt, Pabst müsse selbst verantworten, was nun zu tun sei. Dass Pabst sich rückversichern wollte, ist plausibel angesichts der Prominenz seiner Gefangenen. Die Festnahme war am frühen Abend erfolgt, als Liebknecht gerade die Korrekturbögen der nächsten Ausgabe der «Roten Fahne» las, für die sowohl er als auch Luxemburg noch am Vormittag Artikel geschrieben hatten, die dann jedoch nicht mehr erscheinen sollten. In der Ausgabe vom Tag ihres Todes jedoch waren beide noch als Autoren vertreten; die Texte standen im Zeichen des niedergeschlagenen Aufstands: «Die Ordnung

herrscht in Berlin» war der von Luxemburg überschrieben, Liebknecht hatte getitelt: «Trotz alledem!». In beiden Artikeln wurde
das Wiederaufflammen der Revolution beschworen, und weil die
Reichsregierung genau diese Sorge hatte, war die Suche nach den
untergetauchten Autoren forciert worden, obwohl die Kämpfe in
Berlin erst einmal beendet waren.

Wie der Unterschlupf von Luxemburg und Liebknecht entdeckt wurde, ob durch Verrat, Telefonüberwachung oder weil
sie auf offener Straße anhand von Steckbriefen erkannt wurden, ist unbekannt. Jedenfalls drang die Bürgerwehr gegen den
Widerstand des Hausherrn in die Wohnung ein und verschleppte
Luxemburg und Liebknecht zunächst an getrennte Orte, ehe
beide am späteren Abend ins Hotel Eden gebracht wurden, wo
der Stab von Waldemar Pabsts Division untergebracht war, die
mit der militärischen Kontrolle des Berliner Westens betraut worden war. Erst dort wurden Liebknecht und Luxemburg, die ihre
Identität bislang verleugnet hatten, eindeutig identifiziert; während der Verhöre wurden beide Festgenommenen schwer miss-
handelt. Gegen 22.45 Uhr ließ Pabst Karl Liebknecht in Begleitung von sieben Divisionsmitgliedern unter Führung von Horst
von Pflugk-Harttung in einem Wagen abtransportieren. Sobald
er eingestiegen war, wurde der Gefangene mit einem Kolben-
hieb bewusstlos geschlagen, dann in den Tiergarten gefahren und
dort erschossen. Die Leiche wurde bei einer nahegelegenen Ret-
tungsstelle als «unbekannter Toter» abgegeben – angesichts der
Kämpfe der letzten Tage nichts Ungewöhnliches in Berlin. Jedoch
entsprach dieses Vorgehen wohl nicht den Erwartungen Pabsts,
denn als ihm das Mordkommando Meldung machte, ließ er nun
auch Rosa Luxemburg, die man gleich am Ausgang des Hotels
bewusstlos schlug, abtransportieren und erschießen, aber von
einer anderen Gruppe, und diesmal wurde die Leiche in den Land-

wehrkanal geworfen, um die Tat zu vertuschen. Pabst ließ noch in der Nacht eine Pressemeldung aufsetzen, laut der Liebknecht beim Transport ins Gefängnis einen Fluchtversuch unternommen habe und deshalb erschossen werden musste, während Rosa Luxemburg von einer erzürnten Volksmenge gelyncht worden sei – da man ihre Leiche beseitigt glaubte, wollte man zumindest die Verantwortung für ihren Tod ganz von der Garde-Kavallerie-Schützen-Division abwälzen.

Intern wurde eine Untersuchungskommission eingerichtet, die schon vom 17. Januar an unter Leitung des Kriegsgerichtsrats der Division, Paul Jorns, tagte, der die innerhalb der Einheit bekannten Beteiligten vernahm, aber auf freien Fuß setzte. Erst durch Jogiches' Artikel vom 12. Februar wurde der Vertuschungsversuch durchkreuzt, weil darin die Ermordung Rosa Luxemburgs genauso konkret beschrieben wurde wie die von Karl Liebknecht. Vier Offiziere der Division, Kurt Vogel, Horst und Heinz von Pflugk-Harttung und Rudolf Liepmann, sowie mehrere einfache Soldaten, darunter Otto Wilhelm Runge, wurden im Laufe der nächsten beiden Wochen inhaftiert. Pabst als eigentlicher Organisator der Morde blieb unbehelligt. Fünfzig Jahre später sollte er in einem Brief, der dann in seinem Nachlass gefunden wurde, feststellen: «Tatsache ist: die Durchführung der von mir angeordneten Befehle ist leider nicht so erfolgt, wie es sein sollte. Aber sie ist erfolgt, und dafür sollten diese deutschen Idioten Noske und mir auf den Knien danken, uns Denkmäler setzen und nach uns Straßen und Plätze benannt haben!»[10] Die Mitglieder der Bürgerwehr, die die beiden Revolutionäre festgenommen hatten, erhielten vom Wilmersdorfer Bürgerrat später jeder eine Prämie von eintausendsiebenhundert Mark.[11]

Das Verfahren gegen sieben mutmaßlich an den Morden Beteiligte wurde im Schwurgerichtssaal des Berliner Landge-

richts in Moabit durchgeführt und dauerte sechs Tage. Vor der
Eröffnung hatte einer der Beisitzer des Feldkriegsgerichts, Wilhelm Canaris, der später Hitlers Abwehrchef werden sollte, mit
den Beschuldigten deren Aussagen eingeübt. Die Anklage wurde
von Jorns vertreten, der sich aber gar nicht erst bemühte, die Hin-
tergründe der Geschehnisse aufzudecken. Obwohl er gegen vier
Angeklagte nach Militärrecht Todesurteile beantragt hatte, gab
es am 14. Mai lediglich zwei nennenswerte Verurteilungen: von
Vogel zu zwei Jahren und vier Monaten Gefängnis wegen «Miss-
brauchs der Dienstgewalt und Beiseiteschaffung einer Leiche»
sowie von Runge zu zwei Jahren wegen Totschlags. Liepmann,
der zu dem Quartett gehört hatte, für das Jorns auf Todesstrafe
plädiert hatte, erhielt «sechs Wochen geschärften Stubenarrest»
wegen angemaßter Befehlsgewalt. Alle anderen Angeklagten
wurden freigesprochen, eine Verurteilung wegen Mordes gab es
keine.[12]

Jorns hatte sein Schlussplädoyer mit Sätzen beendet, die dem
Gericht die Leitlinien vorgaben: «Strafmildernd kommt für sämtliche Angeklagten ihre bisherige tadellose Führung in Betracht
und für die Offiziere das außerordentlich glänzende Zeugnis,
das allen Angeklagten von ihren vorgesetzten Dienststellen ausgestellt worden ist. Es kommt auch in Betracht, dass sie die ganze
Kriegszeit über unter Waffen gestanden haben. Meine Herren,
der Krieg hat ja leider die Begriffe von Recht und Unrecht, von
Moral und Unmoral etwas verwischt. Namentlich wird jetzt ein
Menschenleben gering geachtet. Die Revolution hat in dieser
Beziehung auch im Innern unseres Vaterlandes leider nicht dazu
beigetragen, das sittliche Niveau zu heben. Auch ist zu berücksichtigen, dass die Nerven nicht mehr so auf der Höhe sind, wie
man das unter normalen Umständen voraussetzen muss. Ferner
ist zu berücksichtigen, dass sämtliche Angeklagte zu der Tat nicht

aus gemeinen Motiven gebracht worden sind, sondern dass sie in einer überaus erregten Zeit aus missverstandenen politischen Interessen begangen worden ist.»[13]

Der einfache Husar Runge, auf den sich wegen des in der «Roten Fahne» abgedruckten Fotos die öffentliche Aufmerksamkeit konzentrierte und der als Nicht-Offizier kein «glänzendes Zeugnis» zu seiner Entlastung aufbieten konnte, hatte als Einziger vor Gericht seine Beteiligung gestanden und dabei wahrheitswidrig auch die Hauptschuld am Tod von Luxemburg auf sich genommen – weil Jorns ihm ein mildes Urteil versprochen hatte, wie Runge später erklärte. Er sollte der Einzige bleiben, der seine Strafe absaß, denn Vogel wurde nur drei Tage nach dem Urteilsspruch von Canaris aus dem Gefängnis befreit, mit einem falschen Pass ausgestattet und in die Niederlande geschickt, um weiterer Strafverfolgung zu entgehen.

Die anderen beteiligten Offiziere setzten sich, obwohl freigesprochen, vorsichtshalber ebenfalls in neutrale Staaten ab. So wurde der Prozess selbst durch diejenigen als Farce entlarvt, die davon profitiert hatten. Als am Morgen des 31. Mai 1919 ein stark verwester Frauenkörper am Landwehrkanal gefunden und später als Leiche von Rosa Luxemburg identifiziert wurde, kochten die Emotionen in Berlin bis zur Beisetzung am 13. Juni noch einmal hoch, doch die Urteile waren gesprochen und die Verantwortlichen ohnehin nicht mehr greifbar.

Die juristische Aufarbeitung eines weiteren Attentats vom Winter 1918/1919 fand sogar erst lange nach Unterzeichnung des Versailler Vertrags statt: im Januar 1920, elf Monate nach der Tat. Trotzdem gehört dieser Prozess hierher, denn das Muster des Verbrechens und seine juristische Behandlung entsprachen den beiden französischen Attentaten – vor allem betreffs der Öffentlichkeitswirkung. Am 21. Februar 1919 hatte der zweiundzwanzig-

Die Idylle täuscht: In der Nacht auf den 16. Januar 1919 warfen Frei-korpssoldaten die Leiche von Rosa Luxemburg in der Nähe der Lich-tensteinbrücke in den Landwehrkanal. Zuvor hatten sie die Sozia-listenführerin erschossen, ihre sterblichen Überreste wurden erst Monate später gefunden.

jährige Leutnant Anton Graf von Arco auf Valley den bayerischen Ministerpräsidenten Kurt Eisner in München erschossen.

Dass es bis zur Anklageerhebung so lange dauerte, war hier nicht vorrangig Ausdruck von Verschleppung, sondern lag daran, dass der Täter selbst von Eisners Begleitern angegriffen und schwer verletzt worden war. Es war einer Notoperation durch den berühmten Chirurgen Ferdinand Sauerbruch zu verdanken, dass Graf von Arco überlebte, aber seine langsame Genesung verzö-gerte die Ermittlungen, und dann flammte die Revolution in Mün-chen wieder auf und gipfelte in der kurzlebigen Räterepublik vom

5. April, die einen Monat später blutig niedergekämpft wurde. Während dieser Zeit war an kein Gerichtsverfahren zu denken.

Sauerbruch war übrigens an jenem Februartag im chirurgischen Dauereinsatz, denn als die Nachricht von der Ermordung Eisners in München die Runde machte, stürmte ein Metzgergeselle namens Alois Lindner in den Landtag, wo gerade der Innenminister Erhard Auer, Vorsitzender der bayerischen SPD, eine improvisierte Trauerrede begann, und schoss den Politiker nieder, dessen Leben dann auch auf Sauerbruchs Operationstisch gerettet wurde, während ein Abgeordneter der Bayerischen Volkspartei und ein anwesender Offizier an ihren Schussverletzungen starben. Im Freistaat Bayern, den Eisner selbst ausgerufen hatte, herrschte Chaos.

Für die Öffentlichkeit handelte es sich hier zunächst um einen ganz anderen Fall als bei Rosa Luxemburg und Karl Liebknecht. Eisner war zum Zeitpunkt seines Todes kein gescheiterter Revolutionär, obwohl seine Partei, die bayerischen Unabhängigen Sozialdemokraten, erst neun Tage zuvor bei den Landtagswahlen eine schwere Niederlage erlitten und nur drei von hundertzwanzig Sitzen gewonnen hatte. Als er an jenem Februartag von Schüssen getroffen wurde, war er gerade auf dem Weg in den Bayerischen Landtag, um seinen Rücktritt als Ministerpräsident zu erklären. Doch Eisner wollte weiterhin die Arbeiter-, Soldaten- und Bauernräte führen, die in Bayern einen größeren Einfluss auf die Geschehnisse hatten als sonst irgendwo im Reich. Das war das Verdienst dieses Mannes, den Sebastian Haffner als «den einzigen revolutionären Realpolitiker in Deutschland»[14] charakterisiert hat.

Eisner war ein einundfünfzigjähriger ehemaliger Berliner Journalist, der 1907 nach München gezogen war, dort der Schwabinger Boheme angehört, im Krieg der SPD den Rücken gekehrt und die bayerische USP mitbegründet sowie im Januar 1918 den

vom Spartakusbund proklamierten Streik gegen die Fortführung
des Kriegs organisiert hatte. Dieses Engagement hatte ihm eine
Haftstrafe eingebracht, aus der er aber Mitte Oktober vorzeitig
entlassen wurde, als absehbar war, dass man die linken Anführer
brauchen würde, um den Frieden mit den Alliierten auszuhandeln. Eisner ließ sich aber nicht für innenpolitische Kompromisse
gewinnen, sondern erklärte am Abend des 7. November, als die
vom Kieler Matrosenaufstand ausgehenden Soldatenerhebungen
auch München erreichten, den Wittelsbacher-König Ludwig III.
für abgesetzt und Bayern zum ersten Freistaat der deutschen
Geschichte – also einem Land, das frei von Fürstenherrschaft ist.
Der Begriff machte Schule; die Weimarer Reichsverfassung sollte
im folgenden Sommer in Artikel 17 festlegen: «Jedes Land muss
eine freistaatliche Verfassung haben.» Eisner genoss dank seines
Engagements im Januarstreik von 1918, bei dem sich reichsweit
die ersten Arbeiterräte nach russisch-revolutionärem Vorbild
gegründet hatten, das Vertrauen der neu entstehenden Arbeiter-,
Soldaten- und – in Bayern sehr wichtig – Bauernräte und wurde
Ministerpräsident des von ihm selbst proklamierten Freistaats.

Er war die überraschendste Besetzung der deutschen Revolution von 1918 und zunächst die erfolgreichste, vor allem, was
seine Popularität in der Bevölkerung anging. Der Romanist Victor Klemperer, der damals seit kurzer Zeit als Privatdozent an
der Münchner Universität lehrte und bis zu seiner Berufung
nach Dresden im Jahr 1920 als gelegentlicher Korrespondent für
die «Leipziger Neuesten Nachrichten» arbeitete, hat sich später
an einen Auftritt Eisners vom Dezember 1918 bei einer Wahlver-
sammlung der USP erinnert, bei dem der Ministerpräsident schon
von seinem Vorredner enthusiastisch gefeiert wurde: «Erstaunli-
cher noch als diese Leidenschaft des einzelnen Sprechers war der
tobende, minutenlang tobende Beifall, mit der jede seiner Lie-

beserklärungen für Eisner aufgenommen wurde. Noch einmal, dies hier war wirklich eine bayerische Volksversammlung, ganz offensichtlich aus Arbeitern, Handwerkern, Krämern zusammengesetzt – und Eisner war Redakteur des Berliner ‹Vorwärts› gewesen, war (für viele Bayern ein Synonym) ‹Preiß und Jud›; wie kam dieser Münchner Enthusiasmus zustande, was für ein Mensch war der Ministerpräsident?»[15]

Als Eisner schließlich im Saal eintraf, beantwortete Klemperer sich die Frage selbst: «Ein zartes, winziges, gebrechliches, gebeugtes Männchen. Dem kahlen Schädel fehlen imposante Maße, das Haar hängt schmutziggrau in den Nacken, der rötliche Vollbart wechselt ins Schmutziggraue hinüber, die schweren Augen sehen trübgrau durch Brillengläser. Nichts Geniales, nichts Ehrwürdiges, nichts Heroisches ist an der ganzen Gestalt zu entdecken, ein mittelmäßiger verbrauchter Mensch, dem ich mindestens 65 Jahre gebe, obschon er noch ganz im Anfang der Fünfzig steht. Sehr jüdisch sieht er nicht aus, aber germanisch (…) erst recht nicht.»[16] Doch diese traurige äußere Erscheinung wurde wettgemacht durch eine witzige Rede, in der Eisner erst am Schluss auf den Ernst der Lage und die politischen Herausforderungen zu sprechen kam, aber gerade durch diese Dramaturgie die Zuhörer ganz für sich gewann. Das hatte Thomas Mann nicht erkannt, der aus seiner Münchner Villa die Ereignisse verfolgte und ungefähr gleichzeitig in seinem Tagebuch abfällig konstatierte: «Sicher ist mir eins: Eisner und die Gründer englischer Disputierklubs irren sich völlig, wenn sie glauben, Deutschland wolle sich ‹politisieren›. Deutschland will die Politik los sein – das wenigstens will es denn doch haben von seinem weltpolitischen Zusammenbruch.»[17]

In den Münchner Bierkellern wurde aber in Wahrheit kräftig politisiert, und Eisner war der richtige Volkstribun zu diesem Zeitpunkt. Dass sich seine Beliebtheit nicht im Wahlergebnis der

Er wurde auf dem Weg zum Bayerischen Landtag ermordet: Kurt
Eisner starb am 21. Februar 1919, unmittelbar bevor er nach der vorangegangenen Wahlniederlage der USP seinen Rücktritt als Ministerpräsident verkünden wollte.

USP ausdrückte, spricht sogar dafür, denn man vertraute nur
ihm persönlich, nicht seiner Partei. Klemperer hatte nach zwei
Monaten in München genug gesehen und gehört, um am Tag nach
der Ermordung Eisners für die «Leipziger Neuesten Nachrichten» eine ganz andere Charakterisierung niederzuschreiben als

nach seiner ersten Begegnung mit dem Revolutionär, nämlich nun eine, die ganz von Äußerlichkeiten absah und auf Eisners moralische Integrität abstellte – gerade im Vergleich zu den beiden fünf Wochen zuvor ermordeten Spartakusführern: «Eine erbitterndere Sinnlosigkeit als der Mord an Eisner ist selbst in diesen letzten Monaten kaum jemals begangen worden. Keiner zweifelte an Eisners völlig reinen Absichten. Er wollte nichts für seine Person, er war, obwohl ihn die Plötzlichkeit seines Aufstiegs natürlich mit Selbstbewusstsein erfüllt hatte, keineswegs von jener peinlichen Eitelkeit Karl Liebknechts, er war auch ohne den blutigen Fanatismus Rosa Luxemburgs. Er wollte seine Hände rein halten von Geld und von Blut. Er hatte immer den besten Willen, und er setzte bei anderen Menschen, mit Vorliebe bei denen im Lager der Entente, wo man den Schein der Humanität so bewundernswert gut um das brutalste Machtverlangen zu schleiern weiß – er setzte dort die gleiche Seelenunschuld voraus. Deshalb war er politisch so sehr zu bekämpfen (…).»[18]

Der Vorwurf der Naivität ist deutlich, aber die Bewunderung für die Integrität dieses Politikers überwiegt. Und der Historiker Sebastian Haffner sprach ihm aus dem Abstand von fünfzig Jahren gerade für die Bemühungen, mit den Alliierten direkt ins Gespräch zu kommen, politische Weitsicht zu. «Eisner hatte, im Gegensatz zu Ebert, vom ersten Tage an einen klaren Blick für die internationale Lage des besiegten Deutschland und eine klare außenpolitische Konzeption: Er sah die Gefahr des Diktatfriedens und suchte ihr zuvorzukommen durch eindrucksvolle Beweise des Bruchs mit dem Alten im Innern und durch direkte Kontakte nach außen, und zwar mit den Westmächten, besonders mit Amerika; mit Russland hatte er nichts im Sinn. Mit dieser Politik stieß Eisner später in Berlin auf taube Ohren; dort hielt man gerade außenpolitisch auf völlige Kontinuität mit dem Kai-

serreich, fand Eisners rücksichtsloses Abrücken von der Kriegspolitik von 1914 ‹nestbeschmutzend› und fiel später aus allen Wol-
ken, als die Sieger in Versailles das ‹neue› Deutsche Reich Eberts
eben als das besiegte Kaiserreich behandelten.»[19]

Eisners adliger Mörder war ein Jurastudent, der sich wenige
Monate zuvor der erst im August 1918 in München gegründeten
Thule-Gesellschaft angeschlossen hatte, die sich als nationalistische Vereinigung zur Förderung der Rassen- und Kulturrein-
heit begriff und durch ihre Ablehnung der Novemberrevolution
derart reichen und radikalen Zulauf erhielt, dass sie Anfang 1919
bereits an die eintausendfünfhundert Mitglieder zählte. Anti-
semitismus gehörte zum festen Programm. Anton Graf von Arco
auf Valley, dessen Vater als einer der erfolgreichsten Münchner
Bierbrauer eine Tochter der Bankiersfamilie Oppenheim geheira-
tet hatte, wird von Sebastian Haffner deshalb knapp als «halbjüdi-
scher Nazi» abgetan[20], doch der Thule-Gesellschaft war Rassen-
zugehörigkeit wichtiger als politische Überzeugung. Sie schloss
Arco aus, der nun umso mehr seine Zuverlässigkeit beweisen
wollte.

Am Morgen des Attentats versteckte er sich in einem Haus-
eingang in der Promenadenstraße in der Nähe des Landtags, der
sich an diesem Tag zu seiner konstituierenden Sitzung versammelte, und wartete auf Eisner; unter dem Regenmantel hielt er
eine Pistole bereit. Um kurz vor zehn schoss er damit zweimal
auf den Ministerpräsidenten und traf ihn jeweils in den Kopf, ehe
ein Leibwächter das Feuer erwiderte und den Schützen schwer
verwundete. Diese Verletzung machte den jungen Grafen in den
Augen der gegenrevolutionär gestimmten Bürger zum Märtyrer,
und dass er aus alteingesessener Münchner Familie stammte, tat
ein Übriges, um nun doch die Ressentiments gegenüber dem jüdischen Bohemien und Preußen Eisner laut werden zu lassen. Klem-

perer erinnerte sich an seinen Antrittsbesuch als Privatdozent bei dem als Honorarprofessor in München lehrenden Historiker Paul Joachimsen kurz nach dem Attentat, bei dem es wegen seiner Einschätzung, der Mord habe Chaos in Bayern hervorgerufen, zum heftigen Streit mit Joachimsens Frau kam. Sie herrschte den Gast an: «Sie wagen es, den Grafen einen Mörder zu nennen. Sie wagen es, ihm schuld an unseren grässlichen Zuständen zu geben. Aber er hat sich für uns geopfert, er hat uns aufgerüttelt, er hat uns von dem Galizier befreit, ich verehre ihn wie einen Erlöser, ich wünschte, ich dürfte ihn pflegen, ich bin nicht wert, ihm die Schuhriemen zu lösen.»[21]

Beim Mordprozess, der am 15. Januar 1920 eröffnet wurde, waren die Sympathien für Arco angesichts des Abstands zur Tat und der darauf folgenden blutigen Episode von Räterepublik und Bürgerkrieg noch gewachsen. Der junge Mann erscheine in sehr günstigem Licht, notierte Thomas Mann am 16. Januar, jenem Tag, an dem das Todesurteil über Arco verhängt wurde.[22] Gefällt hatte es ein Volksgericht, pikanterweise eine Institution, die Kurt Eisners Regierung gleich im November 1918 eingeführt hatte, um in Fällen schwerer Straftaten, wie sie vor allem von konterrevolutionärer Seite erwartet wurden, schneller – und volksnäher – Recht sprechen zu können. Ganz im Sinne der proklamierten Machtverlagerung im Freistaat wiesen die Volksgerichte eine Mehrheit an Laienrichtern auf: drei Schöffen bei lediglich zwei Berufsrichtern.

Allerdings war die etablierte Justiz damit nicht vollkommen einflusslos, denn für eine Verurteilung war nicht die einfache Mehrheit, sondern eine von vier Stimmen erforderlich; kamen die nicht zusammen, musste das Verfahren an die weiterbestehende ordentliche Gerichtsbarkeit überwiesen werden und lag dann wieder ganz in den Händen von Berufsrichtern. Nach dem Schei-

tern der Räterepublik wurde diese revolutionäre Errungenschaft
unter der aus ihrem Bamberger Exil zurückgekehrten Regierung
beibehalten. Das war trotz deren restaurativen Tendenzen nur
konsequent, weil zum einen das Konzept der Volksgerichte auch
den Vorstellungen der SPD entsprach, die nun mit dem im März
1919 zum Ministerpräsidenten gewählten Johannes Hoffmann
wieder in München regierte, und zum anderen hatte Eisner in seiner revolutionären Begeisterung nicht vorausgesehen, dass die
wachsende Attraktivität nationalistischer Ansichten dazu führen
würde, dass den traditionell konservativen bayerischen Berufsrichtern bald gleichgesinnte Laien zur Seite standen.

So sollte es eines dieser Volksgerichte sein, das im April 1924
Adolf Hitler nach dessen Putschversuch vom 9. November 1923
zwar schuldig sprach, aber nur zur Mindeststrafe von fünf Jahren
Festungshaft verurteilte. Als des Hochverrats Angeklagter hätte
Hitler eigentlich vor das Reichsgericht in Leipzig gehört, doch
die mittlerweile von der konservativen Bayerischen Volkspartei
geführte Regierung des Freistaats hatte ein eigenes Volksgericht
mit der Verhandlung betraut. So ließ sich besser verschleiern,
dass der frühere Ministerpräsident Gustav Ritter von Kahr, der
1920 Hoffmann ins Amt gefolgt war, den Putsch unterstützt hatte.
Eigens dafür hatte man eine weitere Justizreform hinausgezögert:
Nur einen Monat nach dem Urteil im Hochverratsprozess gegen
die Putschisten wurden die bayerischen Volksgerichte aufgelöst,
weil sie gegen die Weimarer Verfassung verstießen.

Hitler war nach seiner Verhaftung in derselben Zelle im Fes-
tungsgefängnis von Landsberg inhaftiert gewesen, in der vier
Jahre zuvor Graf von Arco auf seinen Prozess vor dem Volksgericht gewartet hatte. Was der nach seinem Attentat erklärt hatte,
war ganz im Sinne der späteren Überzeugungen Hitlers: «Eisner
ist Bolschewist, er ist Jude, er ist kein Deutscher, er fühlt nicht

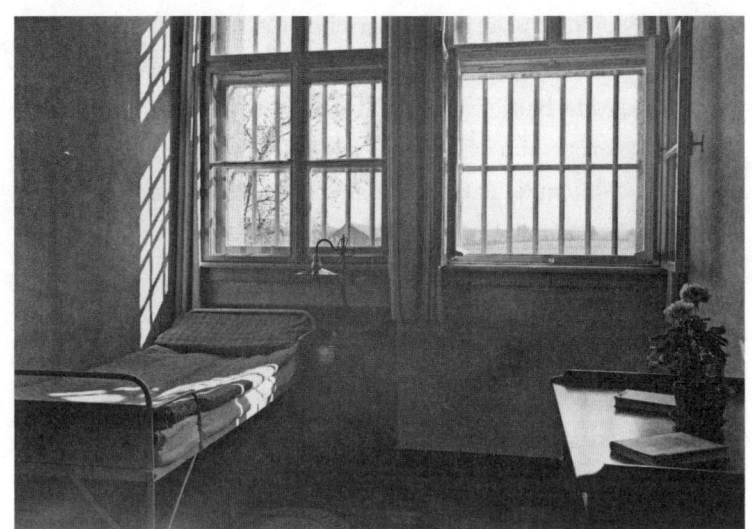

Zimmer mit Aussicht: Die Zellen der bayerischen Festung Landsberg beherbergten 1924 für ein halbes Jahr gleich zwei der prominentesten Häftlinge der Weimarer Republik. Adolf Hitler, verurteilt
wegen seines Putschversuchs vom 9. November 1923, war in diesem
Raum inhaftiert; auf demselben Gang einige Türen weiter saß Anton
Graf von Arco auf Valley ein, verurteilt zu lebenslanger Haft wegen
Mordes am bayerischen Ministerpräsidenten Kurt Eisner. Er wurde
bereits nach wenig mehr als vier Jahren begnadigt.

deutsch, untergräbt jedes vaterländische Denken, ist ein Landes-
verräter.»[23] Doch das verfing im Januar 1920 noch nicht ganz; das
Todesurteil gegen den Angeklagten erging einstimmig, wenn
auch gegen den Willen der Mehrheit in der bayerischen Gesellschaft, die nur noch den Märtyrer in Arco sehen wollte, und wohl
auch gegen die Überzeugung des Gerichts selbst, denn die bürgerlichen Ehrenrechte wurden dem Grafen durch den Urteilsspruch ausdrücklich nicht aberkannt.

«Das Gericht spielt den Brutus», schrieb Victor Klemperer am
17. Januar 1920 in den «Leipziger Neuesten Nachrichten», als er
dort zum letzten Mal als Münchner Korrespondent auftrat, pas-

send zum Schlusspunkt der bayerischen Revolution, in der er von
Beginn an eine Tragikomödie gesehen hatte – «alles ist jämmerlich, und alles ist blutig, man möchte immer weinen und lachen in
einem» –, was er nun im Prozess gegen Arco noch einmal bestätigt fand. «Glühender Patriotismus, Vorbildlichkeit für die Jugend
wird (vom Staatsanwalt!) anerkannt, wird im Urteil bestätigt, aber
es ist ein Todesurteil. Sehr schön auf der Bühne (…), aber im
Leben? Welch eine Fülle von Tragikomik auch hier, zumal wenn
man bedenkt, dass dieses ‹Volksgericht› den Patriotismus und die
Ehrenhaftigkeit dessen unterstreicht, der den Begründer des Freistaates Bayern erschossen hat.»[24]

Das Urteil wurde sofort durch öffentliche Anschläge verkündet, aber das beruhigte das von der Verhandlung elektrisierte
München nicht; im Gegenteil. Als Thomas Mann an diesem Frei-
tagnachmittag zu einem Konzertbesuch aufbrach, führte sein
Weg ihn in die Nähe des Tatorts vom 21. Februar 1919. «In der
Promenadestraße Demonstrations-Ansammlung, die die Tram-
bahnen aufhielt: Studenten, aber nicht ausschließlich. Es wurde
geschrien. Ein junges Mädchen trug eine Tafel: ‹Gebt Arco heraus!›»[25] Damit wurde aber keineswegs Lynchjustiz beschworen, die Demonstranten forderten vielmehr die Freilassung des
Verurteilten, vor allem die Studenten. In München standen sie,
anders als in Berlin, wo sich im November 1919 sogar revolutionäre Studentenräte gebildet hatten, weiterhin politisch überwiegend rechts. An einer nach dem Urteilsspruch eilig einberufenen
Versammlung im Audimax der Universität nahm auch der spätere
Historiker Max Rehm teil. Er berichtet: «Der nationalistische
Hauptredner richtete Schmähworte gegen anwesende sozialistische Studenten; sie wurden gewaltsam aus dem Saal entfernt.
In zündender Rede rief er dazu auf, die Studentenschaft möge
für ihren Kommilitonen Arco, der aus lauterer, vaterländischer

Gesinnung gehandelt und auch vor Gericht sich zu seiner Tat bekannt habe, eintreten und seine Begnadigung erwirken. Wir Studenten, mitgerissen von den Worten und in ehrlicher Achtung vor der aufrechten Haltung des Grafen, stimmten dem Vorschlag stürmisch zu.»[26] Als der Demonstrationszug für Arco das Kriegsministerium passierte, das seit der Niederschlagung der Räterepublik scharf bewacht wurde, jubelten Soldaten und Protestierende sich gegenseitig zu. Am Abend räumte das Militär die Straßen, natürlich ohne jede Gegenwehr. Und am nächsten Tag, dem 17. Januar 1920, begnadigte der bayerische Justizminister auf Beschluss des gesamten Ministerrats den Verurteilten zu lebenslanger Festungshaft.

An der studentischen Versammlung vom Vortag hatte auch Max Weber teilgenommen, und wenige Tage danach saß Max Rehm in dessen Vorlesung, die der berühmte Soziologe mit einer persönlichen Bemerkung eröffnete, in der er die gestrige Behandlung der sozialistischen Kommilitonen durch das aufgebrachte Publikum verurteilte und seine Auffassung über die Begnadigung mitteilte: «Wenn ich Minister wäre, hätte ich Graf Arco erschießen lassen.» Die ritterliche Haltung des Attentäters vor Gericht verdiene Hochachtung, aber durch dessen Begnadigung werde Kurt Eisner in den Augen der Kommunisten zum Märtyrer. «Im anderen Fall hätten Grabstein gegen Grabstein gestanden und einander aufgewogen. Jetzt werde Arco zu einer Kaffeehaus-Sehenswürdigkeit.»[27]

Das traf umso mehr zu, als der Verurteilte nach gerade einmal etwas mehr als vier Jahren auf Bewährung aus der Festungshaft entlassen und 1927 schließlich von Reichspräsident Hindenburg endgültig amnestiert wurde. Während der letzten Haftmonate hatte ein paar Zellen weiter sein Bewunderer Hitler gesessen, und nach dessen Verurteilung dauerte es keine zwei Wochen

bis zur Freilassung von Graf Arco – als wollte man noch einmal
klarstellen, dass Verbrechen aus nationalen Motiven auf Milde
rechnen durften. Arco sollte, obwohl er der Sohn einer jüdischen
Mutter war, im «Dritten Reich» denn auch keine Schwierigkeiten
bekommen; er starb kurz nach Kriegsende 1945 bei einem Unfall
mit einem amerikanischen Militärlastwagen. Noch einmal Klemperers Verdikt: «Alles ist jämmerlich, und alles ist blutig, man
möchte immer weiter weinen und lachen in einem.»

Eine blutige, aber eher böse als jämmerliche Pointe hielt auch
das Ende der beiden französischen Attentäter bereit, die jeweils
1919 vor Gericht gekommen waren und so unterschiedliche
Urteile erhalten hatten. Raoul Villain, der Mörder von Jaurès, war
nach seinem Freispruch vom 29. März nach Auxerre gefahren,
um den Unruhen in Paris zu entgehen. Doch in der Provinzstadt
gab es ebenfalls Proteste gegen das Urteil, und Villain fühlte sich
durch die Demonstranten an Leib und Leben bedroht, weshalb er
in die Hauptstadt zurückkehrte und untertauchte. Ein Jahr später
wurde er als Schmuggler festgenommen, aber nur milde bestraft.
Nach zwei Selbstmordversuchen zog er 1922 in die Freie Stadt
Danzig und 1926 ins mittlerweile litauisch besetzte Memelgebiet,
ehe er sich 1932 auf der Insel Ibiza ansiedelte. Dort geriet er in die
Wirren des spanischen Bürgerkriegs und wurde nach einem heftigen italienischen Bombardement, mit dem Francos Militärputsch
unterstützt werden sollte, am 14. September 1936 von spanischen
Anarchisten als Spion erschossen, ohne dass diese gewusst hätten,
um wen es sich bei ihrem Opfer handelte.

Émile Cottin wiederum, dessen Todesurteil zu zehn Jahren
Zuchthaus und anschließendem zwanzigjährigen Aufenthalts-
verbot in Paris umgewandelt worden war, kam schon im August
1924, kurz nach Graf Arco, aufgrund seines Gesundheitszustands
gegen die Auflage von Hausarrest frei und wurde jahrelang von

anarchistischen Gesinnungsgenossen beherbergt. Im Juli 1936 ging auch er nach Spanien, als Soldat der Internationalen Brigaden, um gegen Franco zu kämpfen. Schon am 8. Oktober, keine vier Wochen nach der Hinrichtung von Villain, starb auch Cottin. Er fiel bei Kämpfen zwischen Frankisten und Republikanern in der Provinz Saragossa.

Der internationale Blick:
Albert Einsteins Wille zum Frieden

Als Rettung für Deutschland sehe ich nur eine rasche und radikale Demokratisierung nach dem Vorbild der Westmächte.» Wer im Deutschen Reich im September 1918 einen Satz wie diesen schrieb, der gehörte weiß Gott nicht der Mehrheit an. Immer noch nicht, obwohl unter Intellektuellen im Laufe der vier Kriegsjahre das Vertrauen in die militärische und mehr noch moralische Überlegenheit des eigenen Staates gesunken war; die anfangs nahezu einheitliche Überzeugung, das Geschehen könne nur in einem großen deutschen Triumph münden, war verschwunden. Statt des «Siegfriedens» verteidigten viele nun einen Kompromissfrieden, der einen Waffenstillstand unter gegenseitigem Verzicht auf Gebietsgewinne oder Reparationen vorsah. Aber die Bereitschaft, zur Beendigung des Schlachtens an der Front und des Hungerns in der Heimat auch einen «Verlustfrieden» einzugehen, wie er sich seit der Verkündigung der Vierzehn Punkte durch Woodrow Wilson konkret abzeichnete – also einen, der von Deutschland Opfer fordern würde, territoriale, materielle und vor allem innenpolitische –, eine solche Absicht, sich dem nationalen Konsens zu verweigern, hatten weiterhin die wenigsten. Von einem unter ihnen stammt der zitierte Satz: von Albert Einstein. Er schrieb ihn am 9. September 1918.

Der damals neununddreißigjährige Schweizer lebte und forschte seit dem Frühjahr 1914 in Berlin, zunächst an der Preußischen Akademie der Wissenschaften und seit 1917 als Direktor des Kaiser-Wilhelm-Instituts für Physik, das eigens für ihn gegründet worden war. Mit dem Umzug nur ein Vierteljahr vor Ausbruch des Ersten Weltkriegs kehrte Einstein in sein Geburtsland zurück, denn er war in Ulm zur Welt gekommen, aber schon Ende 1894 als fünfzehnjähriger Münchner Gymnasiast eigenmächtig seinen Eltern nachgereist, die aus geschäftlichen Gründen nach Italien gezogen waren. Studieren sollte er dann in Zürich, und schließlich nahm er 1901 die Schweizer Staatsbürgerschaft an – auch um dem deutschen Militärdienst zu entgehen[1], denn Einstein war aus tiefster Überzeugung Pazifist. Dass er 1914 trotzdem in die Hauptstadt eines Reichs ging, in dem das Militär eine herausragende gesellschaftliche Rolle spielte, weil es von Kaiser Wilhelm II. als Symbol der nationalen Ambitionen betrachtet und entsprechend gefördert wurde, lag an den traumhaften Arbeitsbedingungen, die man dem mittlerweile weltberühmten Wissenschaftler bot – immerhin konkurrierte das Kaiser-Wilhelm-Institut mit der ETH in Zürich, wo Einstein zuletzt gelehrt hatte. Die Lehre aber wollte er loswerden und künftig möglichst nur noch forschen. Seine 1905 publizierte Spezielle Relativitätstheorie sollte zur Allgemeinen erweitert werden, und dafür standen ihm in Berlin die nötigen Mittel und Mitarbeiter sowie später, vor allem in dem reinen Forschungsinstitut, das er dort leiten sollte, auch die nötige Zeit zur Verfügung; Vorlesungen hielt er nur, wenn er es wünschte.

Und nicht zu vergessen: In Berlin lebte seine um drei Jahre ältere Cousine und Jugendfreundin Elsa Löwenthal, die er 1912 erstmals nach deren Scheidung wiedergetroffen hatte. Einstein selbst war verheiratet und Vater eines zehn- und eines dreijährigen Sohnes, und seine Familie sollte auch mit nach Berlin ziehen, doch das hinderte ihn nicht daran, von einem Neuanfang mit Elsa zu träumen. Als er sich später von seiner Frau Mileva scheiden ließ, räumte er am 23. Dezember 1918 während des Prozesses ein, dass ihn seit viereinhalb Jahren eine Liebesaffäre mit Elsa Löwenthal verband, die somit fast unmittelbar nach der Ankunft in Berlin begonnen hatte.

Als umso glücklicher empfand er sein Leben in der Reichshauptstadt, zumal Mileva Einstein angesichts der unübersehbaren Liebesbeziehung ihres Gatten zu Elsa schon am 29. Juli 1914, zwei Tage bevor Deutschland den Kriegszustand erklärte, mit den Kindern wieder in die Schweiz zurückfuhr. Entscheidend für diesen Entschluss war ein Forderungskatalog gewesen, den ihr Ehemann einige Tage zuvor aufgestellt hatte und der auf privater Ebene genauso wenig zu akzeptieren war, wie es politisch für das etwa gleichzeitig, am 23. Juli, von Österreich-Ungarn an Serbien gerichtete Ultimatum galt. Unterpunkt C des akribisch gegliederten Regelwerks lautete: «Du verpflichtest Dich ausdrücklich, im Verkehr mit mir folgende Punkte zu beachten 1. Du hast weder Zärtlichkeiten von mir zu erwarten noch mir irgendwelche Vorwürfe zu machen. 2. Du hast eine an mich gerichtete Rede sofort zu sistieren, wenn ich darum ersuche. 3. Du hast mein Schlaf- bzw. Arbeitszimmer sofort und ohne Widerrede zu verlassen, wenn ich darum ersuche.»[2] Einstein benahm sich zu Hause so selbstherrlich wie der von ihm verachtete deutsche Kaiser.

Das Kriegsgeschehen war für Einstein in den Folgejahren der willkommene Anlass, den Austausch mit Mileva auf das Nötigste zu beschränken, denn für mehr als ein Jahr verließ er Deutschland nicht mehr. Danach aber nutzte er jede Gelegenheit zum Reisen, nicht nur in die Schweiz, sondern generell ins neutrale Ausland. In Deutschland war ihm von Kriegsbeginn an alles Politische zuwider, besonders das nationale Engagement von Kollegen wie

Albert Einstein und die Cousine, in die er sich nach seiner Ankunft in Berlin 1914 verliebt hatte: Für Elsa Löwenthal trennte sich der Physiker von seiner Frau Mileva, mit der er zwei Söhne hatte; nach der Scheidung im Februar 1919 heiratete er die drei Jahre ältere Elsa.

Max Planck, Walther Nernst oder Fritz Haber – «diese Menschen sind, wie wenn sie unter dem Einfluss einer Hypnose stünden», schrieb Einstein im Mai 1919.[3] Sie waren durch ihren persönlichen Einsatz noch entscheidend daran beteiligt gewesen, dass er 1914 nach Berlin gegangen war. Habers damalige Erwartung, dass er als Direktor des Kaiser-Wilhelm-Instituts die deutsche Staatsangehörigkeit wieder annehmen werde, hatte Einstein allerdings zurückgewiesen, und diese Kompromisslosigkeit kam ihm nun im Krieg zupass: Als Schweizer war Einstein nicht durch die deutsche Militärpolitik diskreditiert. Gleichzeitig jedoch «fühlt er sich durch den Nationalismus seiner deutschen Freunde und Kollegen beschämt», wie sein Biograph Thomas de Padova schreibt. «Seine Gefühle muss er angesichts der überschießenden Kriegseuphorie verbergen.»[4]

Als besonders bitter empfand Einstein die im Oktober 1914 veröffentlichte Erklärung «An die Kulturwelt», mit der dreiundneunzig prominente deutsche Künstler und Wissenschaftler das Reich gegen den Vorwurf barbarischer Kriegsführung verteidigten, der nach der Zerstörung der belgischen Stadt Löwen weltweit erhoben worden war. Viele seiner engsten Kollegen waren unter den Signataren. Aus Enttäuschung darüber entschloss sich Einstein zum ersten politischen Protest seines Lebens und unterzeichnete seinerseits einen von dem Pazifisten Georg Friedrich Nicolai verfassten und als Gegenmanifest gedachten «Aufruf an die Europäer», in dem zur Überwindung der Feindseligkeiten und Bildung eines europäischen Staatenbundes nach Kriegsende aufgerufen wurde. Von nun an sah sich Einstein verpflichtet, seiner pazifistischen Überzeugung auch dann treu zu bleiben, wenn es ihm als Treulosigkeit oder zumindest als Undankbarkeit gegenüber seinem Gastland ausgelegt wurde. Er verweigerte sich konsequent dem deutschnationalen Überschwang. Der Brief vom 9. September 1918 steht deshalb in einer ganzen Reihe von Schreiben aus den Kriegsjahren, in denen er gerade gegenüber ausländischen Korrespondenzpartnern seine Überzeugungen offen aussprach.

In diesem Brief, in dem er mit der Hoffnung auf eine Demokratisierung des Reichs jenen Monarchen politisch preisgab, der

denselben Namen trug wie sein Institut (auch wenn das nach
dessen Großvater, Kaiser Wilhelm I., benannt war), bekräftigte
Einstein zum Schluss: «Dem heutigen Regime traut im Ausland
niemand mehr.»[5] Seine ungeachtet des Kriegs zahlreichen wissen-
schaftlichen Reisen, die sich zwar auf neutrale Staaten beschränken mussten, wo er aber auch Kollegen aus Feindstaaten traf,
sowie die im Kaiser-Wilhelm-Institut noch mögliche Lektüre
ausländischer Zeitungen erlaubten ihm dieses Urteil. Zudem
war Einstein als Schweizer ja selbst Ausländer, und dieser Status
ließ ihn unabhängiger auftreten als seine Berliner Kollegen. Er
gestattete ihm klarere Aussagen, wobei die fremde Staatsangehörigkeit dem Physiker bisweilen auch als Ausrede diente, wenn
er in politischen Fragen Zurückhaltung wahren wollte: «Es ziemt
sich für mich als einen Schweizer nicht, mich in hiesige politische
Angelegenheiten einzumischen.»[6] An diesen Grundsatz sollte er
sich in den Monaten, um die es hier geht, aber keineswegs halten. Auch die Selbstverpflichtung zur Zurückhaltung stammt
aus dem Brief vom 9. September 1918, und sie war vor allem eine
Rückzugsposition in höchst heikler Zeit, in der das baldige Ende
der Kampfhandlungen für die Öffentlichkeit noch nicht absehbar
war. Adressiert war das Schreiben an Kurt Hiller, einen Berliner
Schriftsteller, der konsequent pazifistische Ideale vertrat. Wie
Einstein war Hiller Jude von Religion und Sozialist der Überzeugung nach, aber auch er war desillusioniert angesichts der nationalen Begeisterung der sozialistischen Parteien bei Kriegsbeginn.
Deshalb propagierte Hiller im Folgenden das politische Konzept
einer «Logokratie», der Teilherrschaft einer geistigen Elite, die
nach seiner Vorstellung ein eigenes Parlament bilden sollte, das
als zweites Haus die eigentliche Volksvertretung ergänzen sollte,
sodass auch eine Gewaltenteilung nach Intellekt zustande käme.
Dieses Konzept hatte Hiller, der seit 1916 Jahrbücher unter dem

Titel «Das Ziel» herausgab, im Frühjahr 1918 publiziert: als Aufsatz unter der Überschrift «Ein deutsches Herrenhaus», der im aktuellen Jahrbuch abgedruckt war und die Parlamente rund um die Welt in ihrer bislang bestehenden Form als «Tummelplätze der Mittelmäßigkeit» schmähte.[7]

Einstein und Hiller hatten sich kurz zuvor bei Eduard Bernstein kennengelernt, einem weiteren Revisionisten (wie man Sozialisten nannte, die in der reinen Lehre, wie Marx sie formuliert hatte, einen Widerspruch zur Realität sahen und die Theorie deshalb modifizieren wollten), und Hiller hatte den Physiker am 7. September zu einer Versammlung eingeladen, die zwei Wochen später in der Wohnung des Schriftstellers stattfinden sollte. «Sie werden ausschliesslich Personen antreffen, bei denen Uebereinstimmung in der Grundgesinnung vorausgesetzt wird, deren Zuverlässigkeit über jedem Zweifel steht, und die, in einem unkalendarischen Sinne, jung sind.»[8] Einstein sagte zwar mit dem bereits zitierten Verweis auf seine Schweizer Staatsangehörigkeit ab, lobte jedoch Hillers Aufsatz «Ein deutsches Herrenhaus», den dieser ihm als Separatdruck beigelegt hatte. Indem Einstein die Notwendigkeit einer Reform des deutschen politischen Systems nach «westlichem» Vorbild betonte, machte er indes deutlich, dass Hillers Elitenkonzept ihn nicht überzeugte. Was beide durchaus auch im kalendarischen Sinne jungen Männer – Einstein war wie erwähnt neununddreißig, Hiller dreiunddreißig – einte, war die pazifistische Einstellung, die Einstein am Schluss seinen Briefes bekräftigte: «Ich habe als einer, der schon vor dem Krieg Pazifist war, ein Recht, sie jetzt zu äußern.»[9]

Und die Pazifisten hatten nun endlich wieder Grund zur Hoffnung. Fünf Tage nach Einsteins Antwort an Hiller, am 14. September 1918, bat Kaiser Karl I. von Österreich-Ungarn, engster Verbündeter des Deutschen Reichs, unter Verweis auf Wilsons

Vierzehn Punkte mit seiner Friedensnote «An alle!», die er dem
Titel gemäß auch an die deutsche Regierung schickte, die alliierten Gegner um einen Friedensschluss. Fortan war klar, dass das
Auseinanderfallen der Mittelmächte nur noch eine Frage der Zeit
war, was die Oberste Heeresleitung in Person des Generalquartiermeisters Erich Ludendorff zu ihrer Forderung vom 29. September nach sofortiger Aufnahme von Waffenstillstandsverhandlungen trieb.

Davon aber ahnte die deutsche Öffentlichkeit noch nichts.
Auch nicht Albert Einstein. Als er am 23. September 1918 an seine
in der Schweiz lebende Mutter, seine Schwester und ihren Mann
schrieb: «Ich lebe neu auf, weil mir nun mein grosser, heisser
Wunsch in Erfüllung geht. Gottes Mühlen …»[10], meinte er damit
nicht das ersehnte baldige Kriegsende, sondern die nun endlich
absehbare Scheidung von seiner Ehefrau, die diese am 13. Juli in
Zürich eingereicht hatte.

In den «Collected Papers», die Einsteins erhalten gebliebene Schriften versammeln, gibt es bis zum Waffenstillstand
vom 11. November keinen weiteren Brief, in dem er selbst zum
Kriegsgeschehen Stellung nahm – mit Ausnahme eines Schreibens ausgerechnet vom 9. November an seine Frau Mileva, in
dem er vorsorglich davor warnte, dass sein Einkommen durch
«die Folgen des Krieges» sinken könnte, was sich dann auf die zu
vereinbarenden Unterhaltszahlungen auswirken werde.[11] Einstein
hatte sich vor den Herausforderungen des Schweizer Scheidungsprozesses, dessen Abschluss er zwar ungeduldig erwartete, aber
durch seine Abwesenheit nicht direkt beeinflussen konnte, in
die Arbeit im Labor geflüchtet und unterhielt im Herbst 1918 vor
allem rege Korrespondenz mit Kollegen. Die allerdings versuchte
er durchaus politisch zu beeinflussen. So legte er zum Beispiel
einem Brief an Max Planck die am 19. Oktober 1918 beschlossene

und in mehreren Berliner Tageszeitungen abgedruckte Erklärung
des zwei Jahre zuvor zwangsweise aufgelösten, nun aber wieder-
belebten pazifistischen Bundes «Neues Vaterland» bei. Diese Vereinigung war am 16. November 1914 in Berlin als Reaktion auf die
allgemeine deutsche Kriegsbegeisterung gegründet worden. Einstein gehörte ihr seit 1915 an und besuchte regelmäßig ihre Kundgebungen.

Seine Abende verbrachte der Physiker im Sommer und Frühherbst 1918 allerdings meist in privater Gesellschaft, aber da die
Presse immer noch stark reguliert wurde, waren solche Treffen
wichtige Meinungsbörsen. Anfang Oktober etwa traf Einstein
als Gast des Berliner Schriftstellers Alexander Moszkowski (der
an der Arbeit des Physikers interessiert war und drei Jahre später unter Zuarbeit von Einstein ein populärwissenschaftliches
Buch über die Relativitätstheorie publizieren sollte) nicht nur den
amtierenden Schachweltmeister Emanuel Lasker, sondern auch
Walther Rathenau, den Aufsichtsratsvorsitzenden des Elektro-
konzerns AEG und ehemaligen Leiter der staatlichen Kriegsroh-
stoffabteilung, der immer noch das Konzept eines Siegfriedens
verfocht. «Er glitzerte mit Geist und Beredsamkeit», schrieb Einstein an seine Mutter.[12] Rathenau verschwieg seinem Gesprächs-
partner allerdings, dass er über das in seinen Augen unbegreif-
liche Ansinnen eines deutschen Friedensgesuchs informiert war
und deshalb bereits an einem Aufruf schrieb, der am 7. Oktober
in der «Vossischen Zeitung» erscheinen sollte und eine «Levée
en masse», eine Einberufung aller nur irgendwie kampffähigen
Männer, anregte, um mit einem letzten militärischen Kraftakt die
drohende deutsche Niederlage abzuwenden.

Einen Monat später waren die Politiker des Reichs nur noch
bemüht, den Zusammenbruch des ganzen Staates zu verhindern. Nach der Meuterei von Teilen der Hochseeflotte erst in
Wilhelmshaven und dann in Kiel eilten politisierte Matrosen mit
der Eisenbahn durch das ganze Land (Angehörige der kämpfenden Truppen fuhren gratis) und exportierten die Revolution.
Binnen weniger Tage erfasste sie alle deutschen Staaten. Bis zum
9. November hatten schon mehrere Fürsten abgedankt, und in
Berlin war die öffentliche Ordnung außer Kraft gesetzt. An der
Friedrich-Wilhelms-Universität setzten bewaffnete Studenten
den Rektor Reinhold Seeberg und mehrere Professoren fest, die
als stramm nationalistisch bekannt waren. Einstein wiederum,
dessen Sympathien für den Sozialismus bekannt waren, bemühte
sich gemeinsam mit seinem Physikerkollegen Max Born und dem
Psychologie lehrenden Max Wertheimer um eine Freilassung der
Geiseln. Eigentlich hätte er an diesem Tag Vorlesung halten wollen, doch im vorbereiteten Manuskript findet sich der lapidare
Eintrag: «9. XI. fiel aus wegen Revolution.»[13]

Die Führung der rebellierenden Studenten befand sich zusammen mit den anderen maßgeblichen Kräften der Revolution im
Reichstagsgebäude, weshalb sich Einstein mit der Straßenbahn,
in der es ihm sicherer schien als auf der Straße, dorthin auf-
machte. Vor dem in einem kleinen Konferenzzimmer tagenden
Studentenrat, der zusammen mit zahllosen weiteren revolutionären Räten in den letzten Tagen gebildet worden war, hielt Einstein
eine Rede, in der er sich auf die Seite des Umsturzes stellte, und
wurde dafür gefeiert. «Unter den Akademikern bin ich so eine
Art Obersozi», schrieb er zwei Tage später an seine Mutter.[14] Aber
er verteidigte gegenüber dem Studentenrat auch die akademische Freiheit als höchstes Gut der deutschen Universitäten und
verlangte deshalb die Freilassung von Seeberg und den anderen

Der berühmteste Eintrag in Albert Einsteins Notizen, der nichts mit Physik zu tun hat, stammt aus den Materialien zur Vorlesung über die Relativitätstheorie, die er im Wintersemester 1918/19 in Berlin jeweils Samstag vormittags hielt: Zum Datum des 9. November schrieb er lapidar: «fiel aus wegen Revolution».

Festgesetzten. Die Studenten entschuldigten sich damit, dass sie ihre Gefangenen bereits an die gerade neu bestellte Regierung übergeben hatten. Also gingen Einstein und seine beiden Begleiter zur nahen Reichskanzlei in der Wilhelmstraße, wo sie Friedrich Ebert antrafen, der am Vormittag die Nachfolge Max von Badens als Reichskanzler angetreten hatte. Das Große Hauptquartier in Spa hatte gerade die Grundzüge der alliierten Waffenstillstandsbedingungen, die der deutschen Delegation am Vortag in Compiègne übergeben worden waren, nach Berlin telegrafiert, und das ganze Ausmaß dessen, was seine neue Regierung zu akzeptieren haben würde, stand Ebert nun vor Augen. Das waren wichtigere Probleme als die Sorgen von Einstein und dessen Begleitern. Die Freilassung der Universitätsleitung verfügte Ebert zwar sofort, aber dass er im Gespräch mit den drei Professoren, die vor allem daran interessiert waren, an der Hochschule wieder Ruhe einkehren zu lassen, während draußen gerade der Staat umgekrempelt wurde, sonst nicht eben hilfsbereit wirkte, wie Max Born sich später erinnern sollte[15], war wenig überraschend. Einstein zeigte sich am 11. November in seinem Brief an die Mutter denn auch nachsichtig gegenüber der eilig gebildeten Reichsregierung unter SPD-Führung und dem ihr nachgefolgten Rat der Volksbeauftragten: «Die jetzige Leitung scheint ihrer Aufgabe wirklich gewachsen zu sein. Ich bin sehr glücklich über die Entwicklung der Sache. Jetzt wird es mir erst recht wohl hier.»[16] Drei Monate zuvor erst hatte er zum Unverständnis seiner Mutter einen Ruf nach Zürich abgelehnt. Diese Entscheidung schien ihm nun nachträglich auch politisch gerechtfertigt: «Die Pleite hat Wunder gethan.»

Einsteins Jugendfreund Michele Besso war skeptischer. Der Ingenieur hatte ihm am 10. November aus der Schweiz geschrieben, dass selbst dort das absehbare Kriegsende und die gesellschaftlichen Erschütterungen in Deutschland Unruhe schüfen, woraus aber derzeit noch nichts Gutes entstehe: «Vielleicht, wenn wir in drei oder vier Jahren noch leben, wird die Zeit gekommen sein, wo soziales und politisches Werden nach geistigen Kristallisationszentren suchen wird, und es wird auch für uns zu tun geben.»[17] Einstein setzte jedoch nicht auf eine höhere Vernunft der Wissenschaftler, sondern ganz auf die neue deutsche Regierung. Als der Physiker und Politiker Martin Leo Arons, der 1898 wegen seiner SPD-Mitgliedschaft als Privatdozent von der Friedrich-Wilhelms-Universität suspendiert worden war, am 12. November 1918 in einem offenen Brief den dank Einstein freigelassenen Rektor Seeberg und den Senat dazu aufrief, sich an die Spitze eines rasch zu bildenden «akademischen Nationalkongresses» zu stellen, um die seiner Ansicht nach auf eine Revolution nach russischem Vorbild zielende Ebert-Regierung von ihrem Kurs abzubringen, schrieb ihm der empörte Einstein: «Die Professoren haben in diesem Kriege zur Evidenz gezeigt, daß man *von ihnen* in politischen Dingen *nichts lernen* kann, daß es dagegen dringend not tut, daß sie *eines* lernen, nämlich MAUL HALTEN!»[18]

Er selbst allerdings hielt sich nicht an diese Maxime: Am Nachmittag des 13. November trat Einstein als Redner vor mehr als tausend Zuhörern bei einer Versammlung des Bundes «Neues Vaterland» in den Spichernsälen auf, die einberufen worden war, um sich gegen bolschewistische Tendenzen in der deutschen Revolution zu wenden und die unmittelbare Wahl einer Nationalversammlung zu fordern. Einstein sprach sich gegen jede Anwendung von Gewalt aus, forderte aber dazu auf, die nach russischem Vorbild gegründeten Arbeiter- und Soldatenräte zu unterstützen: «Wir sind diesen Behörden also in dieser kritischen Stunde unbedingten Gehorsam schuldig und müssen sie mit allen Kräften

stützen.»[19] Die wieder wachsende Spaltung der Sozialdemokratie,
die sich doch gerade erst bei der Bildung des Rats der Volksbeauftragten zusammengerauft zu haben schien, und vor allem die
Radikalisierung der USPD sah er mit Sorge: «Alle wahren Demokraten müssen darüber wachen, dass die alte Klassen-Tyrannei
von rechts nicht durch eine Klassentyrannei von links ersetzt
werde.» Den Rat der Volksbeauftragten nannte Einstein ohne
jeden pejorativen Beiklang eine «Diktatur-Behörde», deren historische Rolle darin liege, nun baldmöglichst eine gesetzgebende
Versammlung wählen zu lassen. Deshalb gebühre allein den
SPD-Führern, die sich im Gegensatz zu den drei USPD-Volks-
beauftragten schon genau dafür ausgesprochen hatten, «rück-
haltlose Anerkennung».

Gegenüber seinen ausländischen Korrespondenzpartnern
lobte Einstein dagegen uneingeschränkt den Erfolg der Revolution: Ihm scheine die «Elastizität», mit der sich die ganze deutsche Gesellschaft seit dem 9. November in das neue politische
System gefügt habe, «das überraschendste Erlebnis von all den
Überraschungen»[20], wie er einem schwedischen Kollegen am
14. November schrieb – und diese Geschmeidigkeit sah Einstein
als positiv an. Deshalb konnte er, der mit dem Bund «Neues Vaterland» gemäß dessen neuem Programm die «Verwirklichung des
Socialismus durch Demokratie» anstrebte[21], am 16. November
auch dazu aufrufen, in die neue Deutsche Demokratische Partei
einzutreten. Einstein selbst gehörte ihr allerdings nicht an, wie er
noch am selben Tag in seinem Kalender notierte und dann drei
Tage später per Gegendarstellung im «Berliner Tageblatt» auch
öffentlich machte.[22] Das war brisant, weil der Chefredakteur dieser Zeitung, Theodor Wolff, entscheidend an der Gründung der
DDP mitgewirkt hatte und in Einstein einen Verbündeten wähnte.
Doch das Dementi, das dieser verlangt hatte, war unmissver-

ständlich: «Prof. A. Einstein ist nicht Mitglied der ‹Demokratischen Partei› und erklärt, dass er noch weniger gedenke, Mitglied des ‹Demokratischen Volksbundes› zu werden, der seinen Namen unter einen Aufruf gesetzt hat.»[23]

Mit dieser Meldung schlug Einstein zwei Fliegen mit einer Klappe, denn nebenbei konnte er so auch noch Walther Rathenau blamieren, der, ohne den Physiker zu fragen, diesen in Zeitungsannoncen als Unterstützer seines neugegründeten (und mangels Zulaufs bald schon wieder aufgelösten) Demokratischen Volksbundes genannt hatte. Parteipolitisch betätigen wollte sich Einstein nicht einmal innerhalb der von ihm bewunderten SPD. Er sehnte sich vielmehr danach, seine wissenschaftliche Forschung wiederaufzunehmen. Die Vorlesung, die in der Woche zuvor noch wegen Revolution hatte ausfallen müssen, setzte er am 16. November fort, als wäre nichts geschehen.[24] Es schien ihm ja nun auch alles auf dem besten Wege. Einstein verweigerte sich nicht mehr nur dem Nationalismus, sondern jetzt auch der gesellschaftlichen Realität.

In den kommenden Wochen verdunkelte sich dann aber auch für ihn das Bild, denn die innenpolitischen Diskrepanzen in Deutschland wurden immer deutlicher. Die Revolution war nicht so einfach in geregelte Bahnen zu lenken, und für den Physiker wurde das Geschehen in Berlin zu unberechenbar. Anfang Dezember schrieb Einstein an Michele Besso in die Schweiz: «Etwas Grosses ist wirklich erreicht. Die militärische Religion ist verschwunden. Ich glaube, sie wird nicht mehr wiederkehren. Freilich steht nichts an deren Stelle. Während Süddeutschland sich mehr nach schweizerischem Muster zu entwickeln verspricht, herrscht hier das russische Beispiel bedenklich vor. Entlaufene Sklaven ohne eigentlichen Gemeinsinn und ohne Übersicht. Die Regierung,

welche ja von dem grossen Haufen abhängig ist, kämpft unver-
drossen, aber mit geringem Erfolg gegen den wirtschaftlichen
Zusammenbruch.»[25] Es ist bezeichnend, dass Einstein, der sich
immer noch mit den Unwägbarkeiten seines in Zürich laufenden
Scheidungsverfahrens und den in Schweizer Franken pünktlich
zu überweisenden Unterhaltskosten für seine Frau und die beiden
Söhne herumschlagen musste, das wahre Drama jener Tage im
ökonomischen Niedergang durch die Inflation sah, während sich
für die meisten Deutschen der innere Kampf um die Macht zwischen SPD-dominierter Reichsregierung und den Arbeiter- und
Soldatenräten sowie der äußere Kampf um die Bedingungen von
Waffenstillstand und späterem Friedensschluss als weitaus größere Belastungen darstellten.

Der Münchener Mathematiker Arnold Sommerfeld ver-
spottete Einstein dafür, «dass Sie an die neue Zeit glauben und
an ihr mitarbeiten wollen. Gott erhalte Ihnen Ihren Glauben! Ich
finde alles unsagbar elend und blödsinnig. Unsere Feinde sind
die grössten Lügner und Halunken, wir die grössten Schwach-
köpfe.»[26] Von Einstein jedoch gab es kein böses Wort gegen die
alliierten Kriegsgegner. In seiner Antwort an Sommerfeld bestätigte er gerne, «dass ich von dieser Zeit mir was erhoffe, trotz
der vielen hässlichen Dinge, die sie im Einzelnen bringt. Ich sehe
die politische und wirtschaftliche Organisation unseres Planeten
vorschreiten. Wenn England und Amerika besonnen genug sind,
um sich zu einigen, kann es Kriege von einiger Wichtigkeit überhaupt nicht mehr geben.»[27] Allerdings, so Einstein, sei die Über-
gangszeit drückend. Deshalb und weil er als Schweizer einem
neutralen Staat angehörte, wollte er nun angesichts der bald zu
erwartenden Friedensunterhandlungen als Vermittler zwischen
Deutschen und Alliierten auftreten: «Ich werde nächster Tage
über die Schweiz nach Paris reisen, um die Entente zu bitten,

die hiesige ausgehungerte Bevölkerung vor dem Hungertod zu retten», schrieb er am 6. Dezember selbstbewusst an den in den Niederlanden lehrenden österreichischen Physiker Paul Ehrenfest.[28] Die Blockade von Nahrungsmittellieferungen an das Reich war ja nach dem 11. November aufrechterhalten worden, und in Deutschland herrschte Not. Doch Einstein hatte auch Verständnis für die harte Linie der Kriegsgegner: «Nach so viel Lüge hält es schwer, der bittern Wahrheit zum Glauben zu verhelfen. Aber ich denke, mir wird man glauben, wenn ich mein Ehrenwort gebe.» Die angekündigte Vermittlungsreise nach Paris hat Einstein allerdings nie angetreten.

Dafür fuhr er kurz nach dem Jahreswechsel 1918/19 für sieben Wochen in die Schweiz, um dort einen Zyklus von Gastvorlesungen an der Universität Zürich zu halten, der ihm wegen des Scheidungsprozesses dringend benötigte Devisen – eintausendzweihundert Franken waren als Honorar vereinbart – verschaffen sollte, und um sich zwischendurch in den Bergen zu erholen. Doch seine neuen Überlegungen, sich als prominenter Fürsprecher der deutschen Sache einzusetzen, verfolgte er auch hier weiter. Er nahm über den einheimischen Mediziner Heinrich Zangger Kontakt zu einer Gruppe Deutschschweizer auf, die sich um Wilhelm Muehlon gebildet hatte, einen früheren Krupp-Direktionsassistenten, der im Krieg die Rohstofflieferungen aus dem Balkan nach Deutschland organisiert hatte, aber 1916 ins Schweizer Exil gegangen war, nachdem er die wilhelminische Kriegspolitik kritisiert hatte. Diese deutschfreundliche Gruppe suchte nach integren Persönlichkeiten, um mit den Alliierten über die dringend notwendigen Nahrungsmittellieferungen für das Reich zu verhandeln – das entsprach genau Einsteins Vorstellungen. Offizielle diplomatische Kanäle versprachen keinen Erfolg, weil die Pariser Friedenskonferenz, von der Deutschland ausgeschlossen war, bevorstand und

So kritisch Albert Einstein die deutsche Kriegsverantwortung sah, so
vehement setzte er sich im Ausland für Nahrungsmittellieferungen
für die hungernde Bevölkerung im Reich ein. Szenen wie diese waren
im Winter und auch noch im Frühling 1919, als die alliierte Blockade
weiterhin andauerte, häufig zu beobachten: Passanten zerteilen einen
Pferdekadaver, hier Ende April in München.

die monatliche Verlängerung des Waffenstillstands, die den einzigen unmittelbaren Kontakt zwischen Reichsregierung und den
Alliierten darstellte, ja auch keine Erleichterungen gebracht hatte.
Deshalb war Einstein vor seiner Abreise in die Schweiz von deutscher Seite gebeten worden, dort nach potenziellen Vermittlern
Ausschau zu halten. Er war im Januar 1919 gewissermaßen auch im
diplomatischen Dienst unterwegs.

Durch seinen Aufenthalt in der Schweiz entging Einstein den
unmittelbaren Folgen der Kämpfe während des Spartakusauf-

stands in der Reichshauptstadt. Ausgerechnet am Tag der Ermordung von Rosa Luxemburg und Karl Liebknecht schrieb Einstein
aus der Bergidylle von Graubünden nach Berlin an Max Born und
dessen Frau: «Prächtig daoben, wenn man bei strahlender Sonne
und süsser Chokolade von Berliner Ereignissen liest.»[29] Dass ihm
eine solche Formulierung als Zynismus ausgelegt werden könnte,
muss Einstein wenig später mit Eintreffen der schrecklichen
Nachrichten aus der Reichshauptstadt klargeworden sein, und so
schickte er drei Tage später ein weiteres Schreiben an die Borns,
das sich ungleich ernster liest, obwohl auch hier die Zuversicht
obsiegte: «Man kann die Gedanken kaum von dem verwandelten
und sich noch immer wandelnden Berlin loskriegen. Ich glaube,
es wird gut werden in meinem Sinne, wenn wieder Ruhe einge-
kehrt ist. Die Jungen, die all das erlebt haben, werden nicht so bald
Spiessbürger.»[30]

Als ihn am 23. Februar das Ersuchen um Unterzeichnung einer
«Erklärung in Sachen Liebknecht-Luxemburg» erreichte, mit der
linke Intellektuelle gegen die Morde protestierten, unterschrieb
er sofort. In der Woche nach Abschluss seines Scheidungsverfahrens vor dem Bezirksgericht Zürich am 14. Februar – bei dem er
die Dotierung des Nobelpreises, der ihm noch gar nicht verliehen
worden war, mit dem er aber fest rechnete (und den er 1922 auch
bekam), bis auf vierzigtausend Mark, was damals etwa einem
Viertel entsprach, an seine Frau abtrat – war Einstein dann durch
das nach der Ermordung von Ministerpräsident Eisner erschütterte Bayern nach Berlin zurückgekehrt und dort in der Tat auf
eine völlig verwandelte Stadt getroffen – verwandelt aber nicht
in seinem Sinne: «Die Politik enttäuscht mich gegenwärtig sehr»,
schrieb er am 22. März 1919, einen Monat nach seiner Rückkehr,
an Paul Ehrenfest. «Diejenigen Staaten, deren Obsiegen ich während des Krieges als das unvergleichlich geringere Übel empfun-

den hatte, erweisen sich nun als nur wenig kleineres Übel. Dazu die überaus unehrliche hiesige innere Politik. Reaktion mit allen Schandthaten in widerlicher revolutionärer Verkleidung!»[31]

In den folgenden Monaten intensivierte Einstein, desillusioniert von der aktuellen politischen Lage, seinen Einsatz für die zionistische Idee, die im Zuge der Pariser Friedenskonferenz mächtigen Auftrieb bekommen hatte – nicht, weil die Schaffung eines jüdischen Staates im bisher osmanischen und nun britisch verwalteten Palästina auf der offiziellen Tagesordnung der Konferenz gestanden hätte, sondern weil die 1897 in der Schweiz gegründete Zionistische Weltorganisation, zu der auch Einstein enge Beziehungen unterhielt, eine eigene Delegation in die französische Hauptstadt geschickt hatte, die dort bei den Vertretern der Siegermächte um Unterstützung für ihr Anliegen warb.

Geleitet wurde diese Delegation von Chaim Weizmann, der seit 1916 als Direktor des Munitionsbüros der britischen Admiralität amtierte und dem es 1917 gelungen war, den Außenminister Großbritanniens, Arthur Balfour, zu einem Brief an Baron Rothschild, einen der wichtigsten Förderer des Zionismus, zu bewegen, in dem der englische Politiker den Bemühungen, eine «jüdische Heimstätte» in Palästina zu schaffen, die Sympathien seiner Regierung zusicherte. Dieses als «Balfour-Deklaration» berühmt gewordene Schreiben sollte bei der Gewinnung weiterer Staaten für die jüdische Sache behilflich sein, und schon am 3. Januar 1919, zwei Wochen vor dem Beginn der Pariser Konferenz, hatte Weizmann eine Übereinkunft mit Prinz Faisal getroffen, dem Delegationsleiter von Hedschas, jenem neugegründeten arabischen Königreich, dessen von Faisals Vater Hussein regiertes Territorium Mekka und Medina einschloss. Dieses Abkommen sah eine Neuordnung Palästinas samt der Gründung eines jüdischen Staates vor, der Muslimen den freien Zugang zu Jerusalem als dritte heilige Stadt des Islams garantieren würde. Es trat nie in Kraft, aber es erleichterte Weizmann sein Treffen mit dem amerikanischen Präsidenten Wilson unmittelbar vor Beginn der Friedenskonferenz, an dem auch Balfour teilnahm. Wilson sagte einer jüdischen Staatsgründung seine Unterstützung zu, die er im März gegenüber dem American Jewish Congress auch noch einmal bekräftigte.

Über beide Ereignisse konnte Einstein in der Wochenzeitung «Jüdische Rundschau» lesen, die er abonniert hatte. Eine nicht mit militärischen Mitteln, sondern mittels Besiedelung und Urbarmachung ermöglichte Staatsgründung begeisterte ihn derart, dass er seinen skeptischen Bemerkungen zur politischen Lage im Brief an Ehrenfest die Bemerkung folgen ließ: «es kommt mir vor, dass unsere Stammesgenossen doch sympathischer sind (zum mindesten weniger brutal) als diese scheusslichen Europäer. Vielleicht kann es nur dadurch besser werden, dass die Chinesen allein übrig bleiben, die alle Europäer mit dem Sammelnamen ‹Räuber› bezeichnen.»[32]

In einem Brief vom 4. April 1919 an Mutter und Schwester in Luzern beschrieb Einstein die Lage in Berlin als ruhig, jedoch sei er überzeugt, «dass allmählich aber sicher der Bolsche kommt».[33] Seine Sorge vor dem Bolschewismus wuchs, je mehr Berichte über die aktuelle Lage in Russland erschienen. Sie brachten Einstein am 15. April in einem Brief an den Schweizer Strafrechtler Emil Zürcher, der im Scheidungsverfahren seine Frau vertreten hatte, zu der Einschätzung: «Das Land wird durch unzählige Potentatchen = Räuberbandenführer gebrandschatzt, welche systematisch alle Menschen, die nicht zur untersten Schicht gehören, erschießen.»[34]

Am gleichen Tag hatten die Berliner Zeitungen groß darüber

Einstein beobachtete genau das Wirken der zionistischen Delegation während der Vorbereitungen zur Pariser Friedenskonferenz. Geleitet wurde sie von dem Briten Chaim Weizmann, der sich vor allem um eine Übereinkunft mit dem arabischen Königreich Hedschas bemühte, von dessen König Hussein er sich Unterstützung bei der Ansiedelung von Juden in Palästina erhoffte. Weizmann (links) hatte schon im Juni 1918 Husseins Sohn Faisal (Mitte) getroffen, als er Arabien bereiste, um die Kriegsführung gegen das Osmanische Reich zu koordinieren. Faisal leitete dann die Delegation des Hedschas in Paris.

berichtet, dass die deutsche Regierung tags zuvor eingeladen worden war, zur Entgegennahme der Friedensbedingungen eine Delegation nach Versailles zu entsenden. Obwohl der Vertragstext noch nicht vollständig feststand, waren einige Informationen mittlerweile durchgesickert, sodass die wichtigsten Forderungen, vor allem die nach deutschen Gebietsabtretungen, bereits in der Presse kommentiert wurden. Einstein sah sich in seinen Hoffnungen auf maßvolle Bedingungen getäuscht und klagte im Brief an Zürcher: «Wenn die Entente gut orientiert und weitblickend wäre, würde sie Anstrengungen machen, Deutschland bei einigermassen gesundem Leben zu erhalten. Frankreich soll Entschädigung erhalten für das Zerstörte, aber nicht deutsches Land erobern wollen.» Das bezog sich weniger auf die Rückgabe von Elsass-Lothringen, die ja fester Bestandteil der Vierzehn Punkte war, als auf die kolportierte Absicht der Franzosen, die eigene Einflusssphäre, vielleicht gar das eigene Staatsgebiet generell bis an den Rhein auszudehnen.

Die äußere Bedrohung Deutschlands nach Ende der Kampfhandlungen, die nun auch Einstein empfand, ließ seine Bereitschaft sinken, sich in der Innenpolitik zu engagieren. Am 9. April hatte ihm Helene Stöcker, die er aus dem Bund «Neues Vaterland» kannte, einen von ihr und vier weiteren pazifistischen Gesinnungsgenossen formulierten Appell an die Reichsregierung zugeschickt, der elf Forderungen enthielt, die einer Vertiefung der Gräben im Land entgegenwirken sollten, wie etwa die Ermittlungen gegen die Mörder von Rosa Luxemburg und Karl Liebknecht zu beschleunigen. Da jedoch eine der elf Forderungen die nach Rücktritt der Regierung war, enthielt der Appell einen Widerspruch in sich, und Einstein unterzeichnete ihn denn auch nicht.

Das Frühjahr 1919 entwickelte sich zur Hoch-Zeit engagierter Proklamationen, und nicht alle wurden in Berlin verfasst. Mitte April etwa formulierten einige Marburger Professoren unter Führung des Philosophen Paul Natorp einen «Aufruf des deutschen Geistes zum Socialismus», den sie reichsweit verbreiteten, und nannten dabei bereits zweiundzwanzig «erwartete Unterzeichner»; der prominenteste war Thomas Mann, der allerdings, wie man seinem Tagebuch entnehmen kann, Natorp damals noch gar nicht kannte.[35] Einstein fehlte auf dieser Liste, doch Natorp hatte ihn von Beginn an als einen wichtigen potenziellen Unterstützer im Blick und reiste Ende April eigens nach Berlin, um seine Unterschrift zu bekommen.[36] Die Tendenz des Aufrufs überzeugte Einstein, nicht aber das konkrete Programm, das nach russisch-revolutionärem Vorbild in der «Genossenschaft» von körperlich und geistig Arbeitenden einen «unzerstückten Socialismus» zu erreichen hoffte, wobei den Intellektuellen jedoch die Vorreiterrolle zugesprochen wurde. Einstein selbst war stattdessen für die Sozialisierung der Betriebe, wie aus einem Brief hervorgeht, den er am 18. Juni 1919 an Heinrich Zangger schrieb: «Wenn das Recht einzelner, über Unternehmen und dann Erträgnisse nach Gutdünken zu verfügen, aufhört, wird sich der Arbeiter nicht mehr als der Ausgebeutete vorkommen. Wie blöde und verständnislos doch fast alle ‹Intellektuellen› diesen Dingen gegenüberstehen, (...) ist schwer zu begreifen.»[37] Er verlangte eine dementsprechende Umformulierung, dann werde er den Aufruf unterzeichnen.

Der neue Entwurf aus Marburg erreichte Einstein schon bald, und am 11. Mai signalisierte er in einem Brief an Natorp seine Billigung, wiederum aber, ohne sich endgültig auf die Unterzeichnung festzulegen: «Nun hoffe ich von Herzen, dass sich ein stattliches Häufchen Gesinnungsgenossen finden möge, die im Ernst mitgehen. Die meisten auch der Intelligentesten sind leider ausschliesslich Hüter ihrer Sonder- bezw. Standesinteressen. Ich bin sehr neugierig, von Ihnen etwas über den Erfolg der Aktion zu erfahren.»[38] Natorp machte sich noch ein weiteres Mal an die Überarbeitung und sandte am 26. Juni, zwei Tage vor Unterzeichnung des Versailler Vertrags, eine endgültige Fassung nach Berlin, aber Einsteins Unterschrift bekam er nie, obwohl er schon am 1. Mai nach seinem Besuch in der Hauptstadt triumphierend einem Freund gemeldet hatte: «Einen habe ich, wie ich glaube, dauernd gewonnen, und keinen Geringeren als A. Einstein.»[39]

Wofür dieser sich dagegen tatsächlich hatte gewinnen lassen, war eine Initiative von Romain Rolland. Den französischen Schriftsteller hatte Einstein im September 1915 kennengelernt, auf seiner ersten Auslandsreise seit Ausbruch des Weltkriegs, die ihn in die heimische Schweiz führte. Am Genfer See traf er Rolland, der wegen seiner pazifistischen Überzeugung aus Frankreich auf neutralen Boden ausgewichen war, und der Schriftsteller, der wenige Wochen später den Literaturnobelpreis zugesprochen bekommen sollte, war von Einstein so beeindruckt, dass er im Tagebuch die «einsame und glückliche absolute geistige Unabhängigkeit» seines Gesprächspartners notierte: «Kein Deutscher verfügt über diese Freiheit. Ein anderer als er hätte darunter gelitten, sich in diesem furchtbaren Jahr im Denken isoliert zu fühlen. Er nicht. Er lacht.»[40] Einstein sprach mit Rolland offen über seine Hoffnungen auf einen Sieg der Alliierten, damit der unheilvolle Einfluss der preußischen Monarchie auf Deutschland ein Ende fände. Hier artikulierte sich schon die Überzeugung, die drei Jahre später im eingangs zitierten Brief an Kurt Hiller schriftlichen Ausdruck finden sollte.

Der Austausch mit Rolland spornte Einstein nach seiner Rückkehr ins Deutsche Reich an: Im Oktober 1915 schrieb er für das «Vaterländische Gedenkbuch» des Goethebundes einen Aufsatz mit dem Titel «Meine Meinung über den Krieg», der zwar nur zensiert erscheinen konnte, aber keinen Zweifel an der Position seines Verfassers ließ; er endete mit der Bemerkung: «Wozu viele Worte, wenn ich alles in einem Satze sagen kann, und noch dazu in einem Satze, der mir als einem Juden wohl ansteht: Ehret euren Meister Jesus Christus nicht nur durch Worte und Gesänge, sondern vor allem durch eure Thaten.»[41] Prompt ermittelte die Berliner Polizei zum Jahresende 1915 gegen Einstein wegen pazifistischen Engagements, doch agitatorische Aktivitäten waren ihm nicht nachzuweisen.[42] Gleichzeitig aber verbreitete der europaweit vernetzte Rolland die Kunde von Einsteins Überzeugungen. Als dieser im Mai 1916 dann die Grundzüge zur Allgemeinen Rela-

tivitätstheorie publizierte, wurde er zum berühmtesten Physiker
seiner Zeit. Umso schwerer wog im Ausland seine pazifistische
Haltung, gerade angesichts des immer noch streng nationalistischen Auftretens der namhaften deutschen Kollegen. Als die Berliner Polizei am 29. Januar 1918 eine Liste prominenter Pazifisten
in der Stadt erstellte, stand auch Einsteins Name darauf, was ihm
bis zum Ende des Krieges Ausreisebeschränkungen einbrachte.

An die Begegnung von 1915 knüpfte Romain Rolland an, als
er Einstein im April 1919 einen von ihm und Henri Barbusse formulierten Appell übersandte, der auf Deutsch den Titel «Für die
Unabhängigkeit des Geistes» tragen sollte. Hier unterschrieb Einstein sofort – als eine von vierundzwanzig Persönlichkeiten, die
in Deutschland lebten, darunter auch Paul Natorp. Die Veröffentlichung erfolgte allerdings erst später, am 26. Juni 1919, zwei
Tage vor der Vertragszeremonie in Versailles. Das war bewusst so
gewählt, denn die insgesamt hundertzwei Erstunterzeichner aus
allen am Krieg beteiligten Staaten plädierten für eine den Hass
überwindende Friedenspolitik, konnten allerdings keinen direkten Bezug auf den Vertragstext nehmen, weil der bei der Abfas-
sung des Appells noch gar nicht fixiert gewesen war. Gerade
durch diese mangelnde Konkretion war es aber möglich gewesen,
so viele Unterstützer aus den verschiedensten Lagern zusammen-
zukommen, und deren Zahl wuchs nach der Publikation rasch
weiter; Ende 1919 hatten allein aus Deutschland 617 Personen
unterschrieben.

Eine weitere grenzüberschreitende Initiative hatte Einstein
selbst im Frühjahr angeregt: als Ausführung eines Gedankens, den
er schon im Herbst 1916 bei einem Gespräch mit dem Mathematiker Hendrik Antoon Lorentz in dessen niederländischer Heimat
entwickelt hatte. Ziel war, der alliierten Propaganda betreffs der
deutschen Kriegsgräuel in Belgien, die sich weiterhin verheerend

Das Engagement Albert Einsteins für Frieden und die Aussöhnung
der früheren Weltkriegsgegner setzte sich in der Weimarer Republik
fort. Hier ist der Physiker bei einer Berliner Antikriegsdemonstration
zwischen seinen Kollegen R. Smith aus Großbritannien und Paul Lan-
gevin aus Frankreich zu sehen.

auf das Image des Reiches auswirkte, endlich mehr entgegenzusetzen als den von Einstein wegen des selbstgerechten Tonfalls so
verabscheuten Aufruf «An die Kulturwelt». Es sollte eine Idee des
belgischen Botanikers Jean Massart aus dem März 1916 aufgegriffen werden, der die Bildung einer aus deutschen und belgischen
Privatleuten bestehenden unabhängigen Kommission gefordert
hatte, die die Geschehnisse zu Kriegsbeginn genau rekonstruie-
ren würde. 1919 fand sich dann – angesichts der Behandlung
Deutschlands durch die Alliierten, die mit dem Verhalten der
deutschen Truppen im Krieg begründet wurde – tatsächlich in

Berlin eine sechsköpfige Gruppe von Privatleuten, darunter Einstein, zusammen, die, wie er am 26. April an Lorentz schrieb, auf
Grundlage amtlicher Dokumente überprüfen sollte, was sich 1914
genau ereignet hatte. Um auch an Akten und Aufzeichnungen aus
dem Ausland zu kommen, wünschte sich Einstein die Mitwirkung
von Bürgern neutraler Staaten, und in Lorentz erhoffte er sich
einen solchen Sympathisanten.[43] Er durfte dabei auf seinen Ruf als
unabhängiger Geist in Deutschland zählen, der in den Kriegsjahren immer weiter gewachsen war.

Lorentz bemerkte am 4. Mai 1919 in seiner Antwort auf das
Angebot, in der Kommission mitzuwirken, dass der Schritt recht
spät erfolge und nun wie der Versuch wirken müsse, angesichts
der absehbar harten Friedensbedingungen die deutsche Schuld
zu relativieren; «zu einer Zeit, da Deutschland noch siegreich
war, hätte er erfolgreicher sein können». Sein Brief lässt aber
auch erkennen, dass er genau wusste, was Einsteins Reputation ausmachte: Nur sie versprach Erfolg, doch erschien es ihm
«unumgänglich nötig, dass Sie auf eine gewisse Unterstützung
der deutschen Regierung rechnen dürfen». Was wie eine Kritik
an der von Einstein gewünschten Unabhängigkeit seiner Privatkommission klingt, meinte Lorentz betreffs der von ihm angeregten Zusammenarbeit mit der Reichsregierung ganz anders: «Sie
müssen davon versichert sein, dass diese dazu mitwirken will,
volles Licht zu verbreiten, und dass man der Veröffentlichung des
Urteils der Kommission und der freien Diskussion darüber nichts
in den Weg stellen wird. Diese Gewissheit müssen Sie, wie mir
scheint, haben, bevor Sie sich in irgend einer Weise mit Belgiern
und Franzosen in Verbindung setzen, denn wenn diese von Ihrem
Vorhaben hören, und nachher erfahren sollten, dass Sie nicht völlig frei sind, sich zu äussern, so wäre offenbar mehr verloren als
gewonnen.»[44]

Nur bei einer entsprechenden Zusage der deutschen Regierung, auch unerwünschte Ergebnisse dieser Untersuchung öffentlich zu machen, erklärte sich der Niederländer zur Mitarbeit bereit; als eigentliches Mitglied der Kommission wollte Lorentz sich zwar nicht gewinnen lassen, aber er bot an, als «Zwischenperson» zu helfen, wenn es um die Beschaffung von Daten aus Ländern gehe, die unter der deutschen Kriegsführung schwer gelitten hatten – Daten, die einem Deutschen wohl nicht zugänglich gemacht würden, auch nicht einem in Deutschland lebenden Schweizer, und sei dessen Reputation noch so gut. Einsteins Ruf aber taugte immerhin als Türöffner: «Wer es auch sein möge, mit dem ich die Sache bespreche, es wird nötig sein, Ihren Namen zu nennen; dabei werde ich selbstverständlich für Ihre absolute Wahrheitsliebe und für die Rechtschaffenheit Ihrer Gesinnung einstehen.»[45] Es entbehrt nicht einer gewissen Komik, dass Lorentz das Wort «absolut» im Zusammenhang mit dem Begründer der Relativitätstheorie verwendete.

Der Brief aus den Niederlanden erreichte Einstein an dem Tag, als die deutsche Presse über die am 7. Mai ausgehändigten Friedensbedingungen berichtete (und sie nahezu einhellig ablehnend kommentierte: Das «Berliner Tageblatt» titelte in seiner Morgenausgabe vom 8. Mai «Die unannehmbaren Friedensbedingungen», und Theodor Wolff überschrieb seinen Leitartikel daneben einfach nur mit «Nein!»). Einstein wandte sich nach Erhalt der eingeschränkten Zusage von Lorentz sofort schriftlich an dessen Landsmann und Schwiegersohn Wander Johannes de Haas, einen Physiker, mit dem er selbst bis 1916 in Berlin eng zusammengearbeitet hatte. Er freue sich über Lorentz' Hilfe, so Einstein in diesem Brief vom 9. Mai, beeilte sich aber auch, dessen Einwände, dass die Initiative arg spät komme und vor allem als Argument zur Mäßigung der alliierten Forderungen angesehen werden könnte, zu entkräften, denn er musste damit rechnen, dass de Haas von seinem Schwiegervater ohnehin schon informiert worden war: «Während der Kriegsjahre wäre ein solches Unterfangen nicht nur gefährlich, sondern einfach unmöglich gewesen, da jedes Dokumenten-Material unerreichbar gewesen wäre. Jetzt soll unser Unternehmen fast ausschliesslich der (Erziehung) Klärung der *hiesigen* öffentlichen Meinung gewidmet sein.»[46] Deshalb werde man die deutsche Regierung auch noch nicht über die eigenen Absichten informieren: «Wir müssen nach beiden Seiten hin den Schein vermeiden, dass es uns um irgend welche politischen Ziele im gewöhnlichen Sinne des Wortes zu thun sei.» Sein Name, so Einstein, dürfe im Zusammenhang mit den Bemühungen der Kommission überall genannt werden, aber er warnte vor einer Erwähnung anderer berühmter deutscher Kollegen wie etwa Max Planck, die weiterhin an ihren nationalistischen Überzeugungen festhielten und mit denen er deshalb nie über Politik spreche.

Hier zeigt sich ein Charakteristikum von Einsteins politischem Engagement des Jahres 1919: Es zielte nahezu ausschließlich auf naturwissenschaftliche Kreise, denn dort glaubte der Physiker auf objektiver urteilende Menschen zu treffen als in der Politik selbst. Außerdem sah er seine Kollegen als eine durch ihren Forschungsaustausch übernationale Interessengemeinschaft. Gleichzeitig jedoch wollte er Persönlichkeiten, die ihm politisch suspekt waren, außen vor halten. Dass die Verblendung, die Einstein den deutschen Wissenschaftlern attestierte – und wie wir im Falle seines Plädoyers für die Sozialisierung der Privatwirtschaft gesehen haben, nicht nur diesen –, sein Bild vom vernünftig handelnden Geist relativierte, berücksichtigte er nicht.

Nach der bisherigen Hängepartie begrüßte Einstein die Übergabe der Friedensbedingungen an die deutsche Delegation – als
ein Ende mit Schrecken –, doch auch er missbilligte den Vertragsentwurf. Trotzdem war er am 9. Mai verwundert, als die
Reichsregierung als Reaktion auf die als untragbar bezeichne-
ten Forderungen per amtlicher Verfügung eine Nationale Trauerwoche ausrief. Während des ganzen Weltkriegs hatte es nicht
einen einzigen offiziellen Gedenktag für die Todesopfer gegeben,
nun sollte vom 10. bis zum 16. Mai jegliches Amüsement im Land
ruhen – eine Regelung, die sonst nur am Karfreitag galt. Die symbolische Bedeutung war also evident: Das deutsche Volk beklagte
den Kreuzweg, auf den es von den Alliierten geschickt werden
sollte. Konkret betrafen die Verbote während der Trauerwoche
alle Theater und Lichtspielhäuser, die nur Vorführungen ernsten Inhalts zeigen durften. Kaffeehauskonzerte waren ebenso
untersagt wie leichte Muse, Pferderennen und Glücksspiel, das
man sogar über den 16. Mai hinaus zu suspendieren gedachte. In
der Hauptstadt sollten die entsprechenden Bestimmungen nach
Auskunft der Behörden besonders streng durchgesetzt werden,
«da die Berliner Bevölkerung während der letzten Woche gezeigt
hat, dass sie den Ernst der Zeit nicht erfasst hat», wie die «Vossische Zeitung» in ihrem Abendblatt vom 9. Mai 1919 berichtete.
So wurde erstmals ein Topos virulent, der die Wahrnehmung der
Reichshauptstadt während der ganzen Weimarer Republik prägen sollte: als eine Lasterhöhle, der es an tiefempfundenem Natio-
nalgefühl fehlte.

Während der meteorologisch landesweit sonnigen Trauerwoche begann in München vor einem Standgericht das juristische
Nachspiel der Anfang Mai niedergekämpften bayerischen Räterepublik. Der KPD-Führer Eugen Leviné wurde des Hochverrats
angeklagt, was angesichts des immer noch bestehenden Kriegs-

zustands nur mit dem Todesurteil enden konnte (wie es am 3. Juni
dann auch gefällt und zwei Tage später vollstreckt wurde). Einstein gehörte zu einer Gruppe von siebzehn überwiegend pazifistischen Intellektuellen aller parteipolitischen Provenienz, die am
19. Mai durch einen telegraphisch aus Berlin nach München übermittelten Appell an das Standgericht den Prozess zu beeinflussen
versuchte, um den inneren Frieden in Deutschland zu bewahren.
Dieses Engagement des Physikers ist bemerkenswert, weil er aus
seiner Ablehnung eines bolschewistischen Revolutionsverständ-
nisses, wie Leviné es vertreten und in München auch umzusetzen
versucht hatte, bislang keinen Hehl gemacht hatte. Doch durch
den Schock des alliierten Friedensvertragsentwurfs war Einstein
diese Sorge losgeworden: «Die bolschewistische Welle scheint
durch die Friedensbedingungen mehr oder weniger neutralisiert
zu werden», schrieb er am 1. Juni an Zangger: «Man hat keine
Kraft mehr für grosse Emotionen, sondern ist mehr oder weniger
passiv.»[47]

Seit der Übergabe des Vertragstextes sah Einstein – gerade
wegen der harten Bedingungen – die Voraussetzungen für eine
Aussöhnung der Kriegsgegner ebenso geschaffen wie für eine
Aussöhnung der desillusionierten Deutschen, und deshalb durfte
der innenpolitische Konflikt in seinen Augen nicht wieder an
anderen Fronten eskalieren: «mehr denn je ist erforderlich, dass
alles vermieden wird, was die leidenschaften unseres volkes von
neuem aufpeitschen kann», schloss das Telegramm der Intellektuellen.[48] Mit dem Sieg der Reichstruppen (die zu nicht geringen
Teilen aus Freikorps, also Söldnern, bestanden) über die Räterepublik in Bayern war der letzte große revolutionäre Unruhe-
herd unter Kontrolle, nachdem in Berlin der Spartakusaufstand
und in den Folgemonaten weitere Erhebungen in den Arbeiter-
hochburgen in Sachsen und im Ruhrgebiet niedergeschlagen

worden waren. Sollten die blutigen Abrechnungen durch ein Standgericht fortgesetzt werden, würde das, so befürchteten die Absender des Telegramms vom 19. Mai, einen neuen inneren Kriegszustand hervorrufen, neben dem äußeren, der doch gerade endlich an ein Ende zu kommen schien.

Am 2. Juni fand Einstein immerhin seinen persönlichen Frieden, als er in Berlin Elsa Löwenthal heiratete – widerrechtlich, denn die nicht einmal vier Monate zuvor geschlossene Scheidungsvereinbarung mit Mileva Einstein verbot ihm eine neue Ehe für die Dauer von zwei Jahren. Solche Nonchalance erwartete er auch bei der Umsetzung des Versailler Vertrags, wie er am 4. Juni an den mittlerweile nach Frankfurt am Main gewechselten Kollegen Max Born schrieb: «Die Bedingungen sind hart, werden aber niemals realisiert werden. Sie werden mehr dazu dienen, die Augen als den Magen der ‹Feinde› zu befriedigen (...) Die Härten französischer Irrungen werden durch eine nie versagende Schlamperei gemildert, wie in meinem weiland Vaterland Österreich [Einstein hatte 1911/12 drei Semester lang in Prag gelehrt]. Endlich wird mit der Gefährlichkeit Deutschlands auch die Einigkeit der Gegner in Rauch aufgehen (...) Ich bin überzeugt, dass das in den nächsten Jahren Kommende weit weniger hart sein wird als das in den letzten Jahren Erlebte.»[49] Und zwei Wochen später war Einstein gegenüber Zangger sogar noch optimistischer: «Der Friede scheint nun ziemlich glimpflich auszufallen, wie ich immer erwartet habe. Es ist eben allzu unpraktisch und beschwerlich, die Welt in eine Strafanstalt zu verwandeln.»[50]

Es ist erstaunlich, wie verblendet Einstein war, wie sehr er sich dem Offensichtlichen verweigerte – mitten in jener Phase des Dramas von Versailles, als die Deutschen nach dem alliierten Ultimatum vom 16. Juni verzweifelt auf Zeit spielten und um Fristver-

längerungen baten, weil sie hofften, durch abermalige Gegenvorschläge die Vertragsbedingungen zu mildern und die Gegenseite
auseinanderzubringen. Was Einstein am 4. Juni konstatiert hatte,
stimmte ja: Die «Einigkeit der Gegner» war bereits in Rauch auf-
gegangen, aber sie rauften sich noch einmal zusammen, um sich
nicht gänzlich über den Vertragsabschluss zu zerstreiten. Zumal
am 2. Juni in Saint-Germain-en-Laye auch der österreichischen
Delegation der Vertragstext für einen Friedensschluss übergeben worden war, der auf dem Entwurf des Versailler Vertrags
aufbaute. Eine Abmilderung hätte also auch die Neuverhand-
lung der anderen Vorortverträge notwendig gemacht. Das, was
Einstein als «glimpflich» betrachtete, empfand die Mehrheit der
Deutschen als Katastrophe, und sie sahen zwar vielleicht nicht die
ganze Welt in eine Strafanstalt verwandelt, aber sich selbst ganz
gewiss in verurteilte Straftäter.

Am Tag der Vertragsunterzeichnung war Einstein wieder
unterwegs in die Schweiz, wo er den Sommer über blieb und
abermals gut bezahlte Vorlesungen hielt. Aus Luzern schrieb
er am 30. Juli über die Deutschen, nun wieder nachdenklicher:
«Diese Leute haben noch keine klare Vorstellung davon, dass
sie blinde Werkzeuge einer übermütig gewordenen skrupello-
sen Minderheit geworden sind. Deshalb ist ihnen die Entrüstung
über den ‹Gewaltfrieden› keine Phrase oder Heuchelei, sondern
wahrhaftiges Erleben. Aber die Wahrheit sickert doch allmählich
durch bei dem Bestreben der einzelnen Persönlichkeiten, sich –
auf Kosten der andern – reinzuwaschen. Ich bin aber nicht so
pessimistisch über die Zukunft, sondern glaube an einen allmäh-
lichen Erfolg des Völkerbundes. Mögen auch grosse Härten und
Ungerechtigkeiten im Einzelnen vorkommen, die Stetigkeit in der
Entwicklung des Verständigungsgedankens erweckt Vertrauen.
Insbesondere ist erfreulich, dass Amerika, welches nicht mit den

fatalen Traditionen Europas belastet ist, die Führung hat.»[51] Das war sein letztes überliefertes Wort aus dem Jahr 1919 zur politischen Lage in Deutschland. Nach dem Scheitern des Versailler Vertrags im amerikanischen Senat verschlug es auch Albert Einstein die Sprache.

ZWEITER TEIL

DER VERTRAG,
DER DEN FRIEDEN
BRINGEN SOLL

5. Ohne Thesen nichts gewesen: Wilsons Vierzehn Punkte

Kein Waffenstillstand und schon gar kein Versailler Vertrag ohne die Vierzehn Punkte von Woodrow Wilson. Und ohne sie auch nicht der Streit um dieses Abkommen von Beginn an. Denn die Deutschen fühlten sich betrogen, als sie von den Waffenstillstandsbedingungen der Alliierten erfuhren, und sie fühlten sich abermals betrogen, als ihnen ein halbes Jahr später in Versailles die Vertragsbestimmungen übergeben wurden – betrogen um das, was sie durch die Vierzehn Punkte garantiert glaubten, weshalb das Deutsche Reich ihnen doch in seiner Bitte um Waffenstillstand vom 3. Oktober 1918 ausdrücklich zugestimmt hatte. Und war diese Zustimmung nicht bereits ein großes Entgegenkommen gewesen? Zumindest wurde es von der deutschen Propaganda im In- und Ausland so dargestellt, auch wenn das Waffenstillstandsgesuch ein Akt der nackten Verzweiflung gewesen war, der Versuch, das Schlimmste zu verhindern. Mit dem Versailler Vertrag sollte das, was man in Deutschland für das Schlimmste hielt, nun doch noch eintreten.

Die Vierzehn Punkte waren kein Friedensangebot gewesen. Wilson hatte sie als Voraussetzung für einen Friedensschluss, also ein Friedensprogramm, aufgestellt, am 8. Januar 1918 in einer Kongressrede vor den Abgeordneten beider amerikanischer

Kammern, des Repräsentantenhauses und des Senats. Eine größere Öffentlichkeit konnte man vor der Etablierung des Rundfunks mit einer Rede nicht erreichen, die Zuhörertribünen im Kapitol von Washington waren von Zeitungsreportern aus der ganzen Welt besetzt – vor allem aus der gegen die Mittelmächte verbündeten Welt, denn deutsche Pressevertreter oder solche aus Österreich-Ungarn, Bulgarien und der Türkei durften sich seit dem Kriegseintritt der Vereinigten Staaten im Jahr zuvor nicht mehr im Land aufhalten. Wilsons Rede, in der er die Verantwortung Amerikas für einen fairen Friedensschluss betonte, konnte nicht die eines neutralen Staatsoberhauptes sein, das sich als Vermittler zwischen den kämpfenden Parteien anbot. Aus deutscher Sicht und durchaus auch aus Wilsons eigener Perspektive war sie die Rede eines Feindes. Allerdings eine, die nicht mit den eigenen Verbündeten abgesprochen war. Die Vereinigten Staaten wussten, dass sie mittlerweile die mächtigste Macht der Welt waren. Fast vier Jahre Krieg hatten die anderen alliierten Großmächte ausgelaugt; sie hatten riesige Opferzahlen zu beklagen (Frankreich letztlich mehr als 1,3 Millionen tote Soldaten, Großbritannien mehr als 700 000, seine Dominions noch einmal 200 000, Italien fast 600 000). Dagegen verloren die Vereinigten Staaten in den anderthalb Jahren ihrer Kriegsbeteiligung 114 000 Soldaten und verfügten mit knapp über hundert Millionen Einwohnern im Jahr 1918 nicht nur über die größte Bevölkerung unter den Industriestaaten, sondern auch über ein nahezu unverändertes Arbeitskräftepotenzial, um die ohnehin noch nicht so rigide wie in Europa eingeführte Kriegswirtschaft wieder in eine Friedensproduktion zu verwandeln – wenn es denn endlich Frieden gäbe.

Die Verbündeten waren zudem in den Vereinigten Staaten hochverschuldet; schon seit 1914 stammte ein wesentlicher Teil

Flugblatt ganz buchstäblich: Amerikanische Kampfflugzeuge warfen im Frühjahr 1918 Abschriften der ins Deutsche übersetzten Rede von Präsident Woodrow Wilson, in der er seine Vierzehn Punkte vorgestellt hatte, über den Schützengräben an der Westfront ab. Damit sollten die gegnerischen Soldaten zum Widerstand gegen die Fortsetzung des Krieges aufgestachelt werden.

ihres Waffen- und Materialnachschubs dorther. Seit der amerikanischen Kriegserklärung an das Deutsche Reich (und zunächst auch nur an das Deutsche Reich) vom 6. April 1917 trugen die Vereinigten Staaten zwar auch direkt zum Kampf der Entente bei, doch sie blieben ebenso deren wichtigster Lieferant, sodass die europäischen Alliierten bis zum Abschluss des Versailler Vertrags immense Verbindlichkeiten aufgehäuft hatten, die nun zurückgezahlt werden sollten; allein im Falle von Großbritannien waren es 26,5 Milliarden Dollar. Die Reparationsregelungen des Versailler Vertrags sollten zum Teil auch die Antwort auf dieses finanzielle Abhängigkeitsverhältnis sein, das die Vereinigten Staaten unter den Gegnern Deutschlands zum Primus inter Pares gemacht hatte.

Aus dieser Position heraus sprach Wilson am 8. Januar 1918. Es war der erste Jahrestag des Beschlusses von Kaiser Wilhelm II., dem uneingeschränkten U-Boot-Krieg ein zweites Mal zuzustimmen. Deutschland hatte diese Form der Kriegsführung erstmals im Februar 1915 begonnen, aber am 13. Mai 1915 nach der Versenkung des britischen Passagierdampfers «Lusitania» auch schon wieder eingeschränkt, um die Vereinigten Staaten, die zahlreiche tote Staatsbürger durch diese Torpedierung zu beklagen hatten, nicht in den Krieg zu zwingen. Angesichts der immer erfolgreicheren alliierten Seeblockade glaubte die Oberste Heeresleitung jedoch zum Jahreswechsel 1916/17 keine andere Wahl zu haben, und der zögerliche Kaiser stimmte schließlich der Erlaubnis an die U-Boot-Kommandeure zu, vom 1. Februar an wieder jedes Schiff – also auch solche aus neutralen Ländern – zu versenken, das alliiertes Staatsgebiet ansteuerte. Dieser Beschluss machte einen amerikanischen Kriegseintritt eigentlich zwingend, denn nichts anderes war für diesen Fall von Washington immer wieder angekündigt worden. Trotzdem hatte Wilson am 3. Februar 1917 erst einmal nur sämtliche diplomatischen Beziehungen zum Reich abbrechen lassen. Der endgültige Entschluss fiel dann aufgrund einer Indiskretion, man könnte auch sagen: persönlichen Dummheit. Arthur Zimmermann, als Staatssekretär des Auswärtigen Amtes verantwortlich für die deutsche Außenpolitik, hatte Mitte Januar dem neutralen Mexiko angesichts des damals sicher erwarteten Kriegseintritts der Vereinigten Staaten ein Bündnisangebot unterbreitet, das im Siegesfall amerikanische Gebietsabtretungen an den Nachbarstaat garantierte. Britische Geheimdienstler hatten das verschlüsselte Telegramm von Zimmermann abgefangen, decodiert und im Februar der amerikanischen Presse zugespielt. Die Veröffentlichung der sogenannten Zimmermann-Depesche am 1. März in der «New York Times» brachte die amerikanische Öffentlichkeit derart gegen die Beibehaltung der Neutralität auf, dass die Kriegserklärung an Deutschland nicht mehr zu vermeiden war.

Ein Jahr später schienen die Mittelmächte trotzdem militärisch so gut dazustehen wie nie zuvor. Das verdankten sie der Oktoberrevolution von 1917, nach der die nun in Russland herrschenden Bolschewiken sofort Frieden mit Deutschland und Österreich-Ungarn schließen wollten, während die zuvor amtierende russische Regierung noch dem alliierten Bündnis treu geblieben war. Die Deutschen hatten deshalb dem in der Schweiz exilierten Lenin die Durchreise nach Finnland ermöglicht, über das er Anfang April 1917 nach Petrograd gelangte. Dort veröffentlichte er als Erstes seine «Aprilthesen», die sofortigen Frieden mit Deutschland versprachen, sollte sich die von ihm angestrebte Räteherrschaft durchsetzen lassen. Und er hielt sich an diese Ankündigung: Bereits am Tag nach der Oktoberrevolution erließen die Bolschewiken ohne Abstimmung mit Russlands bisherigen Verbündeten ein Dekret über einen sofortigen Frie-

Das berühmteste Plakat der amerikanischen Geschichte stammt von dem Illustrator James Montgomery Flagg und wurde nach dem Kriegseintritt der Vereinigten Staaten 1917 zehntausendfach gedruckt, um Freiwillige für den Militärdienst zu werben. Eine Wehrpflicht gab es damals in Amerika nicht.

densschluss, zu dessen Umsetzung es allerdings der Zustimmung der Mittelmächte bedurfte. Trotzki schlug als frisch ernannter Kriegskommissar am 28. November 1917 einen allgemeinen Waffenstillstand vor, den die Entente ablehnte, die Mittelmächte aus ihrer neuen Position der Stärke heraus aber befürworteten. Am

5. Dezember gewährten sie Russland den Waffenstillstand, und am 22. Dezember versammelten sich in der von den Deutschen besetzten weißrussischen Stadt Brest-Litowsk die Unterhändler beider Seiten, um Frieden zu schließen.

Das war die Situation, in der Wilson seine Vierzehn Punkte vorstellte.[1] Sie waren vor allem als Gegenentwurf zu den gleichzeitig stattfindenden Verhandlungen von Brest-Litowsk gedacht, in denen die Mittelmächte bereits wie Sieger auftraten und keinen Zweifel daran ließen, dass die russischen Vorstellungen von einem Frieden ohne Gebietsabtretungen und Reparationen sowie unter Wahrung des Selbstbestimmungsrechts der Völker mit ihnen nicht zu verwirklichen seien. Anfang des neuen Jahres wurde eine Einigung immer unwahrscheinlicher; am 7. Januar löste Trotzki persönlich den bisherigen russischen Verhandlungsführer Adolf Joffe ab, um die bolschewistische Position mit mehr Autorität zu vertreten. Dass Wilson am Tag danach in Washington seine Rede über die amerikanischen Vorstellungen von Friedensverhandlungen hielt, war eine explizite Stärkung der russischen Position.

Der erste Punkt betraf denn auch das Prinzip von Friedensverträgen im Allgemeinen: Transparent hatten sie nach Wilsons Überzeugung zu sein, ausgehandelt unter den Augen der Öffentlichkeit statt im Geheimen, und das habe auch für alle anderen Formen von Diplomatie zu gelten. Mit diesem Punkt zog der Präsident die Konsequenz aus der für die Alliierten unangenehmen Tatsache, dass die Bolschewiken nach ihrer Machtübernahme etliche vertrauliche Vereinbarungen der Verbündeten bekannt gemacht hatten, darunter die im geheimgehaltenen Londoner Vertrag vom 26. April 1915 fixierten Zusagen Frankreichs und Großbritanniens an Italien, mit denen sie das Land auf die Seite der Alliierten gezogen hatten. Diese seitdem nie öffentlich erklärten, teilweise auch anderen Übereinkünften widersprechenden Kriegsziele waren von der deutschen Propaganda eifrig aufgegriffen worden, um die Doppelzüngigkeit der Gegner zu belegen, die seit 1914 immer wieder das Begehren des Reichs nach Grenzverschiebungen als unmoralisch kritisiert hatten. Wilson wollte Schluss machen mit solchen Geheimabkommen, wobei seine Verbündeten diese Absicht als weltfremd betrachteten, da Diplomatie bisweilen strenge Vertraulichkeit voraussetze. Die Aushandlung des Versailler Vertrags, von dessen Inhalt die Deutschen bis zur Übergabe offiziell nichts erfuhren, zeigt, dass Wilsons Transparenz-Ideal nicht zur Anwendung gekommen ist.

Dieser erste der Vierzehn Punkte war ähnlich programmatisch zu verstehen wie später die Völkerbundsakte als erster Teil des Versailler Vertrags: als grundlegende Metavereinbarung, die nichts mit dem konkret zu beendenden Krieg zu tun hatte, sondern zukünftige Kriege verhindern sollte. Das war Wilsons vorrangiges Ziel, und mit diesem vor Augen war Amerika 1917 in den Kampf eingetreten. Wie zentral die Vierzehn Punkte für den Präsidenten waren, zeigt schon deren Ausarbeitung, für die Wilson im September 1917 eine Kommission aus hundertfünfzig Experten, die sogenannte Inquiry, gebildet hatte, die in der New York Public Library tagte – hier hatte man alle benötigte Literatur zur Verfügung – und von seinem wichtigsten außenpolitischen Berater, dem Texaner Edward M. House, geleitet wurde. Die Kommission musste, damit der Präsident auf die aktuellen Ereignisse in Brest-Litowsk reagieren konnte, ihre Überlegungen schneller als geplant in ein Programm münden lassen, und deshalb blieb sie auch danach bestehen und arbeitete weiter an der Kommentierung der einzelnen Punkte, die schließlich auf vierundzwanzig erweitert werden sollten. Trotzdem sprach man konsequent nur von den Vierzehn Punkten, der Begriff war zum

Schlagwort geworden. Die wichtigsten Mitglieder der Inquiry
sollten Wilson später nach Paris begleiten, wo sie die delikate
Aufgabe hatten, ihre Formulierungen den neuen politischen und
diplomatischen Realitäten anzupassen. Damit setzten sie allerdings nur fort, was sie schon seit dem 8. Januar 1918 immer wieder
hatten tun müssen – und was sie vor allem im Oktober nach der
Annahme der Vierzehn Punkte durch die deutsche Reichsregierung noch einmal intensiviert hatten, als plötzlich die Bedenken
der eigenen Verbündeten gegen das Programm deutlich geworden waren.

   Die Punkte zwei bis fünf waren ebenfalls dazu gedacht,
grundlegende Prinzipien zwischen den Staaten zu vereinbaren.
Der zweite verlangte die uneingeschränkte Freiheit der Schifffahrt in Friedens- wie Kriegszeiten, eine zentrale Forderung
sowohl der Alliierten angesichts des deutschen U-Boot-Kriegs
als auch der Mittelmächte angesichts der britischen Blockade –
natürlich jeweils nur gegenüber dem Gegner. Die Vereinigten
Staaten als Handelsnation waren daran besonders interessiert,
und ihrem Vorteil sollte auch Punkt drei dienen, der «soweit möglich» die Beseitigung aller wirtschaftlichen Schranken und gleiche
Handelsbedingungen für sämtliche friedenschließenden Staaten
vorschrieb – also ein Freihandelsabkommen, wie es bis heute trotz
aller GATT- und TTIP-Bemühungen noch nicht geschlossen
worden ist. Punkt vier verlangte eine allgemeine Abrüstung, die
die Bewaffnung der Staaten auf jenes Maß zurückführen sollte,
das als notwendig angesehen werde, um ihre innere Sicherheit
zu garantieren. Der fünfte Punkt schließlich betraf die Etablierung einer Schlichtungskommission, die über die konkurrieren-
den kolonialen Ansprüche der Weltmächte zu entscheiden hätte,
wobei auch die Interessen der betroffenen Bevölkerungen zu
berücksichtigen seien. Hier wurde das später so wichtige Stich-

wort des Selbstbestimmungsrechts der Völker zwar noch nicht explizit genannt, aber es schwang doch bereits deutlich mit.

Dann folgten acht Punkte, die sich konkret auf die Umstände des Ersten Weltkriegs und die aus amerikanischer Sicht nach einem Friedensschluss notwendigen Folgen bezogen. Punkt sechs sprach die im Januar 1918 für die Alliierten dringlichste Frage an: Russland. Wilson verlangte darin die Räumung des von den Mittelmächten besetzten russischen Territoriums sowie Friedensverhandlungen, die das Land als vollwertigen Partner akzeptierten und nicht unter Zwang erfolgten. «Die Russland in den nächsten Monaten von seinen Schwesternationen gewährte Behandlung wird der Prüfstein für deren gute Absichten und ihr Verständnis für seine Bedürfnisse – zum Unterschied von ihren eigenen Interessen – sowie für ihre verständige und selbstlose Sympathie sein.»

Dieser Schlusssatz des sechsten Punktes formulierte eine klare Erwartung an die Mittelmächte und sollte später, nachdem die Erwartung in Brest-Litowsk enttäuscht worden war, als willkommene Rechtfertigung für diejenigen dienen, die einen harten Kurs gegenüber dem besiegten Deutschland forderten: Die Mitglieder der Inquiry stellten in einem Kommentar zu Wilsons Vierzehn Punkten im Oktober 1918 gegenüber den Verbündeten der Vereinigten Staaten und den Deutschen fest, dass der am 3. März geschlossene Vertrag von Brest-Litowsk «als völlig betrügerisch» anzusehen sei und aufgehoben werden müsse, wenn das Deutsche Reich an einem Waffenstillstand im Westen interessiert sei. Die radikale Durchsetzung der deutschen Belange beim Friedensschluss mit Russland hatte es – im Sinne dessen, was Wilson zwei Monate zuvor formuliert hatte – an Menschlichkeit fehlen lassen und die Mittelmächte in den Augen der Alliierten einmal mehr als Barbaren entlarvt.

Punkt sieben betraf Belgien. Die Deutschen waren 1914 ohne Kriegserklärung in das neutrale Land einmarschiert und hatten so den Kriegseintritt Großbritanniens provoziert, der Überfall galt als ultimativer Beweis für die Skrupellosigkeit der Politik des Reichs. «Wie die ganze Welt übereinstimmen wird», so Wilson in süffisanter Anspielung darauf, dass auch im deutschen Reichstag immer wieder erklärt worden war, man werde das an Belgien aus höherem Kriegsinteresse begangene Unrecht wiedergutmachen, «muß Belgien geräumt und wiederhergestellt werden.» In der Tat war keiner der Vierzehn Punkte so unumstritten wie dieser, aber die Inquiry erkannte in ihrem späteren Kommentar auch die Falle, die er enthielt: das Wort «wiederhergestellt». Es ließ keine Differenzierung zwischen den Zerstörungen im Lande zu – also ob einige von ihnen, beispielsweise solche, die als Reaktion auf belgische Freischärler durch die deutsche Besatzung erfolgt waren, womöglich im Sinne des Völkerrechts «rechtmäßig» erfolgt waren, wie es in Berlin behauptet wurde.

Die Kommission war in ihrem Kommentar diesbezüglich deutlich: «Die Anfangshandlung der Invasion war unrechtmäßig, daher auch alle Folgen dieser Handlung.» Allerdings sollte sich daraus später die Erwartung von Franzosen und Briten speisen, was Belgien zugestanden worden war, möge ebenso der Maßstab ihrer Ansprüche sein. Das belastete die Auseinandersetzungen um die Reparationsfragen des Versailler Vertrags.

Die amerikanischen Experten hatten das vorausgesehen und deshalb in Punkt acht, der sich Frankreich widmete, leicht abweichend formuliert: «Alles französische Gebiet sollte befreit und die besetzten Teile sollten wiederhergestellt werden.» Nicht von «müssen» wie im Falle Belgiens war die Rede, «sollen» ließ vielmehr Raum für Verhandlungen. Auch betreffs Elsass-Lothringens, das ebenfalls im achten Punkt angesprochen wurde, hieß es:

«Das Frankreich von Preußen im Jahre 1871 (...) angetane Unrecht (...) sollte wiedergutgemacht werden, damit erneut Friede im Interesse aller gemacht werde.» Damit war klar, dass Deutschland die annektierten Provinzen wohl wieder abgeben müsste, wenn es Frieden wollte. Und doch war es keine ultimative amerikanische Forderung, wie das «sollte» auch an dieser Stelle beweist.

Italien war Gegenstand des neunten Punktes, des kürzesten: «Es sollte eine Berichtigung der Grenzen Italiens nach den klar erkennbaren Linien der Nationalität durchgeführt werden.» Damit wurden die Londoner Geheimvereinbarungen der Alliierten, die Italien größere Gebietszuwächse versprochen hatten, von Wilson bewusst konterkariert. Das Selbstbestimmungsrecht der Völker war ihm der höchste Wert. Und dem entsprach auch Punkt zehn, in dem den Völkern des Habsburger-Reichs versprochen wurde, dass sie «die freieste Gelegenheit zu autonomer Entwicklung» bekommen sollten. Er machte deutlich, dass Österreich-Ungarn aufgeteilt werden würde, und Gleiches galt für das Osmanische Reich, dessen Völkern in Punkt zwölf «eine unzweifelhafte Sicherheit der Existenz und unbeeinträchtigte Gelegenheit für autonome Entwicklung» verheißen wurde – Wilson pflegte eine blumige Sprache und liebte das rhetorische Prinzip der Variatio, mit der Folge, dass die unterschiedlichen Formulierungsweisen von eigentlich identischen Aussagen viel Interpretationsspielraum ließen.

Punkt elf betraf die von den Mittelmächten besetzten Staaten Rumänien, Serbien und Montenegro. Rumänien hatte seine Kriegsgegner im Dezember 1917 um Waffenstillstand gebeten, weil es nicht länger auf russische Unterstützung hoffen durfte und die westlichen Alliierten nach dem absehbaren Ausscheiden Russlands aus dem Kampf keine Möglichkeit mehr haben würden, das Land mit Kriegsgütern zu beliefern. Der am 7. Mai

1918 geschlossene Friedensvertrag von Bukarest schrieb Rumänien Gebietsabtretungen und Rohstofflieferungen an die Mittelmächte vor; die Härte der Bedingungen und die vorherige Verhandlungsführung folgten dem Vorbild des Vertrags von Brest-Litowsk. Deshalb wurde auch dieser Friedensschluss von der Inquiry in ihrem Kommentar zu den Wilson'schen Punkten als «betrügerisch» dequalifiziert und für gegenstandslos erklärt, wenn Deutschland Frieden wolle. Serbien wurde in Punkt elf ein Zugang zur Adria in Aussicht gestellt – eine Absicht, die nur schwer mit dem Selbstbestimmungsrecht der Völker vereinbar war, denn es gab an der Mittelmeerküste keine serbischen Siedlungsgebiete. Durch die Entwicklungen im Laufe des Jahres 1918 wurde wenigstens dieses Problem ohne größere Konflikte gelöst, denn die slawischen Völker im Süden der Habsburger-Monarchie beschlossen, mit Serbien und Montenegro zusammen das neue Königreich Jugoslawien zu gründen, und so stellte sich die Frage einer eigenen Küste für Serbien nicht mehr.

Im Falle von Polen, dem der dreizehnte Punkt galt, war das ganz anders. Auch hier versprach Wilson einen Zugang zum Meer, aber der würde nur auf Kosten deutsch besiedelter Gebiete zu schaffen sein und vor allem einen Teil Deutschlands – Ostpreußen – vom Rest des Reichs abtrennen, womit ein dauerhaftes politisches Problem geschaffen wäre. Dazu kam, dass es hier nicht um die Ausdehnung eines bestehenden Staates ging, sondern um die Schaffung eines neuen, denn ein Staat Polen existierte seit fast hundertfünfundzwanzig Jahren nicht mehr. Darüber, dass er wiedererstehen sollte, waren sich paradoxerweise die Kriegsgegner einig, denn auch das Deutsche Reich hatte im Falle eines Friedensschlusses die Bildung eines polnischen Staates angekündigt. Allerdings waren die Vorstellungen darüber, innerhalb welcher Grenzen das zu erfolgen hatte, verschieden: Deutschland und

Österreich-Ungarn dachten gar nicht daran, freiwillig eigenes Territorium abzugeben, das ihnen im Zuge der sogenannten polnischen Teilungen im 18. Jahrhundert zugefallen war, und hatten als künftiges Staatsgebiet Polens stattdessen eher jene Landesteile im Sinn, die damals zu Russland gekommen waren. Russland – und somit auch die Entente – sah das natürlich genau umgekehrt. Beide Seiten proklamierten jedenfalls die Neugründung Polens als Kriegsziel, um einerseits die Unterstützung ihrer jeweiligen polnischen Minderheiten zu gewinnen und um andererseits die auf den Territorien des Gegners lebenden Polen gegen deren Regierungen aufzuwiegeln.

Als Wilson seine Vierzehn Punkte verkündete, war die Situation im Hinblick auf ein neues Polen günstiger als in den Jahren zuvor. Weil Russland aus den Reihen der Alliierten ausgeschert war, musste der amerikanische Präsident keine übermäßige Rücksicht auf die territorialen Interessen des früheren Verbündeten mehr nehmen. Sowohl die russischen als auch die deutschen und österreichischen Gebiete, in denen überwiegend Polen lebten, konnten bei der Staatsgründung eingeplant werden – und das entsprach ja auch dem Prinzip des Selbstbestimmungsrechts der Völker, das Wilson heilig war. Genau deshalb aber kam ein Meereszugang für den neuen Staat im Norden von Ostpreußen nicht in Frage, denn dort lebte zweifellos eine Mehrheit von Litauern, die nach Wilsons Verständnis natürlich ebenfalls einen eigenen Staat erhalten mussten. In Pommern und Westpreußen dagegen gab es Küstenregionen mit zumindest starkem polnischen Bevölkerungsanteil, nur lag dort kein großer Hafen, der für die Lebensfähigkeit eines Staates als unentbehrlich galt. Den gab es westlich von Ostpreußen nur in Danzig, was dann die ganze Diskussion während der Pariser Friedenskonferenz über die Zukunft dieser mehrheitlich von Deutschen bewohnten Stadt auslösen sollte:

Würde sie polnisch werden oder neutrales Gebiet mit besonderen Rechten für Polen? Das Reich jedenfalls würde sie nicht behalten können, und da die oberhalb von Danzig in die Ostsee mündende Weichsel der wichtigste schiffbare Fluss des künftigen Polens wäre, stand außerdem zur Debatte, dass beide Uferregionen entlang des Stroms polnisch werden müssten. Das hätte die Abtretung von noch mehr eindeutig deutsch besiedeltem Gebiet bedeutet. Wilson war sich dieses Problems und auch des daraus resultierenden Widerspruchs zum von ihm proklamierten Selbstbestimmungsrecht der Völker bewusst. Sein dreizehnter Punkt hob deshalb mit folgender Formulierung an: «Es sollte ein unabhängiger polnischer Staat errichtet werden, der die von unbestritten polnischer Bevölkerung bewohnten Gebiete einschließt.» Also nicht notwendig nur aus diesen Gebieten zu bestehen hatte.

Die Konflikte bei der Umsetzung dieses Punktes waren für alle Beteiligten absehbar. Aber die propagandistische Wirkung der Proklamation eines neuen Polens war einfach zu groß, als dass Wilson darauf hätte verzichten können. Die Entente hatte mehrfach entsprechende Zusicherungen abgegeben, und gerade angesichts der im Januar 1918 laufenden Verhandlungen von Brest-Litowsk zwischen den Mittelmächten und Russland mussten die Alliierten befürchten, dass ihnen der Gegner zuvorkäme und Fakten schüfe, die seinem Interesse dienten und bei einem Friedensschluss im Westen nicht mehr revidierbar sein würden, ohne die Polen zu brüskieren. Dass im März in Brest-Litowsk ein Zwangsfriedensschluss zustande kommen würde, der keinen polnischen Staat vorsah – während die Mittelmächte etwa die Ukraine und Finnland, die sich aus dem ehemaligen Zarenreich gelöst hatten, als selbständige Staaten anerkannten –, war ein Ergebnis, von dem die Entente nicht zu träumen gewagt hätte. Zwar verlor Russland durch den Vertrag die Oberhoheit über seine polnischen Territorien, aber eine konkrete Staatsbildung wurde erst einmal verschoben – zu unsicher und auch uneins waren sich Österreich-Ungarn und Deutschland darüber, wie jeweils mit ihren polnischen Bevölkerungsanteilen umzugehen wäre. So konkret wie Wilson mit seinem dreizehnten Punkt waren die Mittelmächte in dieser Frage nie geworden.

Der vierzehnte Punkt schließlich griff noch einmal weit aus: «Es muss zum Zwecke wechselseitiger Garantieleistung für politische Unabhängigkeit und territoriale Unverletzlichkeit der großen wie der kleinen Staaten unter Abschluss spezifischer Vereinbarungen eine allgemeine Gesellschaft von Nationen gebildet werden.» Das war die erste Ankündigung des Völkerbundes, einer unerhörten Neuerung, mit der Wilson all die Probleme, die die Nachkriegszeit bringen würde, auf kollektive Art lösen wollte. «League of Nations» war der englische Begriff, den Wilson später dafür verwenden sollte, und in einer Rede, die er am 27. September 1918 in New York hielt, sprach er von diesem Bund als «gemeinsamer Familie». Die Emphase der Formulierung zeigte, wie ernst es dem amerikanischen Präsidenten damit war. Dass es dann ausgerechnet die Vereinigten Staaten – in aller Augen der Familienvater – sein sollten, die dem durch den Versailler Vertrag geschaffenen Völkerbund nie beitreten würden, enthauptete die so hoffnungsvoll ins Leben gerufene Institution.

Jene New Yorker Rede, in der die Völkerfamilie beschworen wurde, war nur eine in einer ganzen Kette von Ansprachen, die Wilson im Laufe des Jahres 1918 hielt, um seine Vierzehn Punkte zu präzisieren und zu ergänzen. Als das Deutsche Reich auf deren Basis um Waffenstillstand bat, waren aus vierzehn bereits vierundzwanzig Punkte geworden, die Wilson als für beide Seiten verbindlich ansah. Am 11. Februar, kaum fünf Wochen nach der ersten Rede vor dem Kongress, trat der Präsident dort ein zweites Mal auf und erweiterte das seinerzeit verkündete Konzept um vier Punkte, die eher Ausführungsbestimmungen zu den bereits existierenden waren. Denn die Diskussion der vergangenen Wochen unter den eigenen Verbündeten hatte Wilson gezeigt, welche Risiken die teilweise vagen Formulierungen des ursprünglichen Programms bargen. Deshalb stellte er nun klar, dass all seine Ausführungen nur einem Ziel, dem Frieden, dienten (Punkt fünfzehn) und dass das Selbstbestimmungsrecht der Völker über das Interesse von Staaten zu stellen sei (Punkte sechzehn und siebzehn). Da jedoch selbst diese beiden Ideale miteinander konkurrieren konnten, gab Wilson in Punkt achtzehn dem Frieden den Vorrang: «Allen klar umschriebenen nationalen Bestrebungen soll die weitestgehende Befriedigung gewährt werden, die ihnen gewährt werden kann, ohne neue Elemente von Zwist und Gegnerschaft zu schaffen oder bereits bestehende zu verewigen, die wahrscheinlich mit der Zeit den Frieden Europas und somit der Welt stören würden.» Dass aber auch die Bestimmung des Ausmaßes von «weitestgehend» reichlich Anlass zu Zwist und Gegnerschaft bieten würde, sollte sich 1919 zeigen.

Am 4. Juli 1918, dem amerikanischen Unabhängigkeitstag, sprach Wilson an einem hochsymbolischen Ort: in Mount Vernon, dem Wohnsitz von George Washington, der, als er 1797 aus dem Präsidentenamt schied, den Amerikanern empfohlen hatte, sich jeglicher Einmischung in die europäischen Angelegenheiten zu enthalten. Mit dem Kriegseintritt von 1917 waren dieses Vermächtnis und die sich darauf berufende spätere Monroe-Doktrin verletzt worden, die Gegner des Engagements auf alliierter Seite sahen das Fundament des amerikanischen politischen Selbstverständnisses ausgehöhlt. Deshalb wählte Wilson den symbolischen Ort und den symbolischen Tag für eine weitere Rede zu den Vierzehn

Punkten. In Mount Vernon präzisierte er seine Vorstellungen von einem Völkerbund, den er nun als «Tribunal der Meinungen» definierte, dem sich alle beugen müssten.

Das war brisant: Just am Unabhängigkeitstag kündigte der Präsident die Einschränkung der Unabhängigkeit der Vereinigten Staaten an – «alle» umfasste ja auch die Amerikaner. Der innenpolitische Widerstand gegen Wilsons weltpolitisches Ideal und damit später auch gegen den Versailler Vertrag ging von diesem Tag aus. Zwei neue moralisch begründete Punkte, später als Nummer neunzehn und zwanzig bezeichnet, ergänzten seitdem das Friedensprogramm: Der neunzehnte verlangte, dass «jede willkürliche Macht», die den Weltfrieden bedrohe, zu vernichten oder zumindest so zu beschränken sei, dass sie nicht mehr gefährlich werden könne. Die Formulierung von der «arbitrary power»[2] war zwar allgemein gehalten, wurde aber als dezidiert gegen Deutschland gerichtet aufgenommen, weil Wilson damit an die alliierte Stigmatisierung des Kaiserreichs als Willkürherrschaft anknüpfte. Vor allem Frankreich sollte sich später auf diesen Punkt berufen, als es auf dem Pariser Kongress um die territorialen, militärischen und wirtschaftlichen Friedensbedingungen für Deutschland ging: Wenn das Reich als latente Gefahr für den Weltfrieden schon nicht vernichtet wurde, dann sollte es wenigstens ausreichend geschwächt werden.

Punkt zwanzig wiederum verpflichtete sämtliche Nationen dazu, so zivilisiert miteinander umzugehen, wie es die Bürger eines «modernen Staates» untereinander täten. Keine Frage, was Wilson dabei unter einem modernen Staat verstand: Das amerikanische Ideal von Bürgerrechten und -freiheiten wie auch das dortige politische Modell sollten Vorbild werden für die Weltgemeinschaft. Dass es in den Vereinigten Staaten aber auch noch staatlich sanktionierte Rassendiskriminierung gab, daran sollte

Japan die verbündete Großmacht erinnern, als es in Paris 1919 um die Formulierung der Präambel zur Völkerbundsakte ging. Doch der japanische Vorschlag, darin «das Bekenntnis zum Grundsatz der Gleichheit der Nationen und der gerechten Behandlung ihrer Bürger» aufzunehmen[3], scheiterte auch am Widerstand der Vereinigten Staaten, obwohl er ja genau dem Geist des Wilson'schen Punktes entsprach. In Amerika aber fürchtete man, dass dadurch die asiatische Einwanderung zunehmen könnte, die bislang strengeren Regularien unterworfen war als die aus Europa, im Lichte der proklamierten Gleichbehandlung jedoch hätte erleichtert werden müssen.

Die letzte Ergänzung seines Programms erfolgte durch Wilsons bereits erwähnte New Yorker Rede vom 27. September 1918. Dreizehn Tage zuvor hatte Österreich-Ungarn ohne Absprache mit dem deutschen Verbündeten einen Appell mit der Bitte um Friedensvermittlung an den amerikanischen Präsidenten gesandt. Seit Verkündigung der Vierzehn Punkte wussten die Mittelmächte, dass der einzige Weg zum Frieden über die Vereinigten Staaten würde laufen müssen. Das Habsburger-Reich als Vielvölkerstaat war allerdings durch die von Wilson formulierten Bedingungen in seiner Existenz bedroht und machte deshalb seinerseits in der Note Gegenvorschläge, die den Reichszusammenhalt sichern sollten. Amerika wies das Ersuchen von Österreich am 17. September 1918 ebenso zurück wie einen Tag später Italien, das an der Südfront dessen unmittelbarer Gegner war und von der Niederlage der Mittelmächte große Gebietszuwächse erwartete. Aber nun war Wilson und den Alliierten klar, dass ein Kriegsende zu ihren Bedingungen nur noch eine Frage der Zeit war. Schon am 26. September bat dann auch Bulgarien um einen Waffenstillstand. Mit seiner New Yorker Rede passte Wilson daraufhin das amerikanische Programm der neuen Situation an.

Dessen mittlerweile einundzwanzigster Punkt sollte vor allem die Verbündeten beschwichtigen: «Kein besonderes, abgesondertes Interesse irgendeiner einzelnen Nation oder irgendeiner Gruppe von Nationen kann zur Grundlage irgendeines Teiles des Abkommens gemacht werden, wenn es sich nicht mit dem gemeinsamen Interesse aller verträgt.» Das sollte die Bedenken gegenüber einer zu starken Position der Vereinigten Staaten bei den baldigen Verhandlungen beseitigen. Zur Sprache kam aber vor allem der künftige, hier erstmals von Wilson namentlich so genannte Völkerbund, der in Punkt zweiundzwanzig als eine Institution bestimmt wurde, die keine internen Bündnisse oder Sondervereinbarungen gelten lassen werde: gleiches Recht also für alle Mitglieder. Das sollte, so Punkt dreiundzwanzig, auch jegliche Form von Wirtschaftsboykott innerhalb des Völkerbundes ausschließen, soweit er nicht von diesem selbst als Zwangsmaßnahme zur Einhaltung der Regeln des Bundes beschlossen würde.

Und schließlich erweiterte Wilson im endgültig letzten Punkt den ersten vom 8. Januar, in dem er die Offenlegung aller künftigen Friedensverhandlungen und -vertragsschlüsse gefordert hatte. Nun legte er fest: «Alle internationalen Abkommen und Verträge jeder Art müssen in ihrem vollständigen Umfang der übrigen Welt bekanntgegeben werden.» Ein Maximum an Transparenz sollte jegliche Form von Geheimdiplomatie beenden, und das nicht nur bei Friedensschlüssen. Zur Beruhigung der skeptischen Kriegsverbündeten war hier zwar nicht mehr die Rede davon, dass auch das Zustandekommen solcher Vereinbarungen offen zu erfolgen habe, doch Punkt eins schrieb das weiterhin zumindest für Friedensverhandlungen vor. Damit lag die Latte hoch für die kommenden diplomatischen Bemühungen, den Weltkrieg zu beenden.

Der erste Waffenstillstand, der auf Grundlage der auf vierundzwanzig angewachsenen Vierzehn Punkte geschlossen wurde,
war der mit Bulgarien vom 30. September 1918. Er gewährte dem
ausgelaugten Land ebenso wenig Zugeständnisse wie dem Osmanischen Reich, das Ende Oktober einen Waffenstillstand erbat
und erhielt. Mittlerweile hatte auch Österreich-Ungarn seine
Hoffnungen, mildere Bedingungen auszuhandeln, begraben und
war auf die alliierten Vorstellungen eingeschwenkt. Der Waffenstillstand zwischen dem Habsburger-Reich und Italien trat
am 3. November in Kraft. Nur an der Westfront herrschte noch
Krieg, obwohl die Verhandlungen mit dem Deutschen Reich
schon seit einem Monat liefen. Wilson hatte deshalb bereits Mitte
Oktober Oberst House, den Vorsitzenden der Inquiry, nach Paris
entsandt und mit allen Vollmachten ausgestattet, um sich mit
den europäischen Verbündeten abzustimmen. Am 23. Oktober
schickte der amerikanische Außenminister Robert Lansing ein
Telegramm an die deutsche Regierung, in dem er mitteilte, dass
der bisherige Notenwechsel zwischen den beiden Staaten betreffs
eines Waffenstillstands den Alliierten übermittelt worden sei und
nun deren Meinung dazu erwartet werde. Den Verbündeten wiederum wurde durch die Wahl des als kompromisslos geltenden
House als amerikanischer Unterhändler demonstriert, dass Wilson nicht an Zugeständnisse dachte: Sein Programm würde beim
Friedensschluss bindend sein.

Trotzdem ließ der französische Ministerpräsident Clemenceau von Marschall Ferdinand Foch, dem alliierten Oberbefehlshaber, jenes Gegenprogramm für einen Waffenstillstand mit
Deutschland ausarbeiten, das er House am 26. Oktober übergab.
Es hätte dem Gegner wesentlich mehr Zugeständnisse abverlangt
als die Vierzehn Punkte. Und auch auf englischer Seite regte
sich Widerstand, vor allem gegen die in Punkt zwei verkündete

Freiheit der Meere. Doch alle Waffenstillstandsgesuche der feindlichen Staaten hatten sich explizit auf die Vierzehn Punkte berufen, sodass es für die Entente kaum möglich war, deren Bedingungen ohne Gesichtsverlust zu verschärfen oder einzelne Bestimmungen daraus nicht zu berücksichtigen. Dass sich der Waffenstillstand mit Deutschland verzögerte, lag nun vor allem an den Alliierten.

Am 29. Oktober trafen sich im französischen Außenministerium in Paris erstmals alle entscheidenden Beteiligten: House, Clemenceau samt seinem Außenminister Stéphen Pichon sowie der britische Ministerpräsident Lloyd George mit seinem Außenminister Arthur James Balfour. Auch der italienische Außenminister Sidney Sonnino nahm teil. Für diese mehrtägige Konsultation hatte die Inquiry ihren detaillierten Kommentar des Wilson'schen Programms vorbereitet. Es wurde Punkt für Punkt durchgegangen, und die Verbündeten formulierten dann über Nacht ihre jeweiligen Einwände, die zum Teil wiederum an Wilson nach Washington gekabelt wurden, um die Meinung des Präsidenten einzuholen. House notierte in seinem Tagebuch: «Ich bin froh, dass Einwände erhoben wurden, weil dadurch die Annahme der Vierzehn Punkte betont wird.» Und am 4. November, als die Verbündeten endlich ihre gemeinsame Zustimmung an Wilson übermittelten, schrieb House an seinen Präsidenten: «Wir haben einen diplomatischen Sieg errungen, indem wir die Alliierten zur Annahme unserer Grundsätze veranlassten.»[4]

Nur mit Punkt zwei, der freien Schifffahrt, hatte sich Großbritannien weiterhin nicht abfinden können; die endgültige Regelung sollte deshalb erst auf der bevorstehenden Friedenskonferenz erfolgen (was aber nie geschah). Somit wurde die Seeblockade gegen Deutschland weiter aufrechterhalten, obwohl das den Vierzehn Punkten widersprach, denn diese waren ja gerade

Selten so geehrt: Als der amerikanische Präsident Woodrow Wilson im Dezember 1918 in Paris eintraf, wurden die Straßen mit dem Sternenbanner beflaggt, und über seinem Einfahrtsweg in die französische Hauptstadt wurden illuminierte Segenswünsche angebracht.

als unverhandelbare Voraussetzungen für einen Frieden gedacht. Aber das an Wilson übersandte Memorandum der Verbündeten enthielt trotzdem deren ausdrückliche Erklärung der «Bereitschaft zum Friedensschlusse mit der deutschen Regierung aufgrund der Friedensbedingungen, die in der Ansprache des Präsidenten an den Kongress vom 8. Januar 1918, sowie der Grundsätze, die in seinen späteren Ansprachen niedergelegt sind».[5] Damit stand dem Waffenstillstand von alliierter Seite nichts mehr entgegen.

Am 6. November traf eine neue Note von Robert Lansing an seinen seit dem 3. Oktober amtierenden deutschen Kollegen Wilhelm Solf in Berlin ein, die das Pariser Memorandum der Alliierten vollständig wiedergab und daran anschließend die entscheidende Passage enthielt: «Der Präsident hat mich beauftragt, Sie zu ersuchen, der deutschen Regierung mitzuteilen, dass Marschall Foch von der Regierung der Vereinigten Staaten und den alliierten Regierungen ermächtigt worden ist, gehörig beglaubigte Vertreter der deutschen Regierung zu empfangen und sie von den Waffenstillstandbedingungen in Kenntnis zu setzen.»[6] Aus Berlin kam sofort Zustimmung, und noch am selben Tag wurde die deutsche Delegation auf den Weg zu Foch an die Westfront geschickt. Durch Lansings Telegramm glaubte man die Bedingungen nicht nur für den späteren Frieden, sondern auch für den Waffenstillstand bereits geklärt. Doch dieses Vertrauen auf die Verbindlichkeit der Vierzehn Punkte war ein Irrtum.

6. Wenn vier sich streiten, reut es den Fünften: Der Ablauf der Pariser Friedenskonferenz

Die Großen Vier hätten eigentlich zu fünft sein sollen, denn so viele Siegerstaaten brachte der Erste Weltkrieg hervor. Im Versailler Vertrag wurden sie als «Hauptmächte» bezeichnet: die Vereinigten Staaten von Amerika, das Britische Empire, Frankreich, Italien und Japan. Insgesamt traten am 18. Januar 1919 Delegierte aus einundzwanzig Nationen (zuzüglich der britischen Dominions und Indiens) zur Friedenskonferenz von Paris zusammen. Eröffnet wurde sie von Frankreichs Staatspräsident Raymond Poincaré mit einer Rede, die keinen Zweifel daran ließ, dass hier eine Nachkriegsordnung zu schaffen sein würde, die vor allem darin bestehen solle, Deutschland all seine seit 1871 erworbenen Vorteile wieder zu nehmen. Poincaré wies ganz buchstäblich schon zu Beginn den Weg nach Versailles: «Vor achtundvierzig Jahren, am 18. Januar 1871, wurde das Deutsche Reich von einer Invasionsarmee im Schloss von Versailles ausgerufen. Es empfing seine erste Weihe durch den Raub zweier französischer Provinzen. Es war somit befleckt schon in seinem Ursprung, und durch die Fehler seiner Gründer trug es in sich den Todeskeim. In Ungerechtigkeit geboren, hat es in Schmach geendet. Sie sind versammelt, um das Übel wiedergutzumachen, das es angerichtet hat, und um seine Wiederkehr zu verhüten.»[1]

Erleuchtung garantiert: Die Eröffnung der Pariser Friedenskonferenz am 18. Januar 1919 im Salon de l'Horloge des französischen Außenministeriums erfolgte durch Raymond Poincaré, den Präsidenten der Republik, doch die beiden meistbeachteten Reden an diesem Tag hielten sein amerikanischer Kollege Wilson (hier zu sehen am Kopf der mittleren Tafel) und sein innenpolitischer Rivale, Ministerpräsident Clemenceau (zwei Plätze links neben Wilson, mit dem Gesicht zur Kamera).

Obwohl die Konferenz monatelang währte, gab es nur noch sieben weitere Treffen aller vertretenen Staaten. Die eigentliche Aushandlung der Friedensbedingungen wurde mehr und mehr die Sache von schließlich dreiundfünfzig hochspezialisierten Ausschüssen und Kommissionen, die meist aus nur wenigen Experten bestanden. Und die Festlegung des endgültigen Vertragstextes lag in der Hand der Großen Vier, worunter seit Ende März 1919 nicht mehr die Hauptmächte abzüglich Japans, sondern deren in Paris anwesende Regierungschefs verstanden wurden. Sie hatten sich faktisch zu den Herrschern der Konferenz aufgeschwungen,

übrigens ohne jede Legitimation durch die anderen Konferenzteilnehmer.

Warum aber war Japan dabei unter den Tisch gefallen? Das
fernöstliche Kaiserreich hatte keine Soldaten nach Europa
geschickt, sondern sich seit seinem Kriegseintritt, der am
23. August 1914 erfolgt war, auf Operationen in China und im
Pazifik beschränkt. Dort gab es ansehnliche Beute zu machen,
denn das Deutsche Reich hatte nicht nur diversen Inselbesitz
in Melanesien und Mikronesien, sondern vor allem auch einen
Flottenstützpunkt im nordchinesischen Gebiet Kiautschou, das
man 1897 für neunundneunzig Jahre gepachtet hatte. Japan hatte
1895, mit der Eroberung der Inselprovinz Formosa, dem heutigen
Taiwan, erstmals China angegriffen und mit der Annexion Koreas
1910 eine ideale Basis auf dem Festland gewonnen. Sie ermöglichte Militärexpeditionen in die Mandschurei, auf die sich das
besondere territoriale Interesse Japans richtete. Kiautschou bot
sich dabei als weiterer Brückenkopf an, denn die dazugehörige
Stadt Tsingtau verfügte über den wichtigsten Hafen am West-
ufer des Gelben Meers, dessen Ostufer wiederum koreanisch
war. Kurz nach dem Kriegsbeginn in Europa erging deshalb aus
Tokio ein Ultimatum an den deutschen Gouverneur, in dem die
Übergabe von Kiautschou gefordert wurde. Obwohl er wusste,
dass er angesichts der europäischen Kämpfe keine Hilfe für die
in China stationierten dreitausendvierhundert deutschen Mari-
nesoldaten erwarten durfte, ließ der Gouverneur das Ultimatum
unbeantwortet, weshalb Japan Deutschland den Krieg erklärte –
und Österreich-Ungarn gleich mit, weil dessen Marine damals ein
Schiff in Tsingtau liegen hatte.

Vom 6. September an griffen japanische Flugzeuge Kiautschou an, zwei Monate später, am 7. November, ergab sich die
deutsche Besatzung. In der Südsee, wo auf den einzelnen deut-

schen Inselgruppen jeweils nur wenige Dutzend Kolonialsoldaten stationiert waren, übernahm Japan ebenfalls im Herbst 1914 die Kontrolle. Damit waren die eigentlichen Kampfhandlungen für das fernöstliche Kaiserreich auch schon beendet; sein Interesse an den Friedensverhandlungen von 1919 beschränkte sich auf die dauerhafte Sicherung der Kontrolle über die besetzten deutschen Kolonien und Kiautschou. Als das auf der Pariser Konferenz erreicht und in den Artikeln 119 beziehungsweise 156 bis 158 des Versailler Vertrags sehr zum Ärger Chinas festgehalten wurde, war die japanische Mission erfüllt (was dazu führte, dass China, obwohl ebenfalls alliierter Siegerstaat und an den Pariser Friedensverhandlungen beteiligt, den Vertrag letztlich nicht unterschrieb).

Aber auch schon zu Beginn der Verhandlungen hatte sich Japan im sogenannten Zehnerrat zurückgehalten, jener ersten Leitungsinstitution der Pariser Friedenskonferenz, die man gebildet hatte, um komplizierte Beratungen im großen Plenum mit ihren erwartbaren Differenzen zu vermeiden. Dem Zehnerrat sollten die Regierungschefs und Außenminister der fünf Hauptmächte angehören, und es bestand deshalb kein Zweifel daran, dass dort die eigentlichen Entscheidungen der Pariser Konferenz getroffen werden würden. Japan aber hatte weder Regierungschef noch Außenminister nach Paris entsandt; der Premierminister Hara Takashi galt als schwach, und aus diesem Grund sowie einem typisch japanischen Anciennitätsdenken heraus waren bei der Zusammenstellung der Delegation stattdessen mehrere erfahrene Exdiplomaten zum Zuge gekommen, die keine politische Verantwortung mehr trugen. Erst als diese Rentnerdelegierten es im Zehnerrat mit den politischen Schwergewichten Woodrow Wilson, Georges Clemenceau, David Lloyd George und Vittorio Emanuele Orlando samt deren Außenministern zu tun bekamen, wurde aus Tokio mit Prinz Saionji immerhin noch ein ehemaliger Premierminister hinterhergeschickt, der aber nicht vor Anfang März in Frankreich eintraf, und zu diesem Zeitpunkt konnten im Zehnerrat gerade keine Entscheidungen getroffen werden, weil drei der vier Regierungschefs sich vorübergehend nicht in Paris aufhielten. Zwei Wochen später waren sie zwar alle wieder zurück, beschlossen aber, den Zehnerrat aufzulösen, weil es aus seinem Kreis zu viele Indiskretionen gegenüber der Presse gegeben hatte. Die vier anderen Hauptmächte etablierten stattdessen eine regelmäßig zusammentretende kleinere Versammlung, in der nur die aktiven Regierungschefs Stimmrecht hatten, was Prinz Saionji ausschloss. Dessen Delegation durfte immerhin noch am zweitrangigen Fünferrat teilnehmen, in dem sich die Außenminister der Hauptmächte trafen. Einen solchen hatte Japan in Paris allerdings auch nicht anzubieten, also war die Teilnahme des Landes am Fünferrat ein Zugeständnis. Der japanische Protest gegen die Ausbootung durch die Großen Vier hielt sich folglich in Grenzen.

Man war ja in gewisser Weise ohnehin von Beginn an das fünfte Rad am Wagen gewesen, denn als am 12. Januar, noch vor Beginn der Pariser Konferenz, zum ersten Mal die wichtigsten Repräsentanten der Hauptmächte zusammentrafen, waren die Japaner nicht einmal eingeladen; erst auf britischen Wunsch wurden sie am Folgetag dazugebeten, und so war überhaupt erst der Zehnerrat entstanden. Damit waren die Teilnehmer der Friedenskonferenz schon vor deren Auftakt in zwei Klassen geteilt: Die kleineren Alliierten und die geladenen neutralen Staaten hatten abzuwarten, was die fünf Hauptmächte beschlossen; nur gelegentlich wurden Vertreter der wichtigen Kriegsteilnehmer wie Belgien oder Serbien zu den Beratungen im Zehnerrat, die regelmäßig im Büro des französischen Außenministers am Quai d'Orsay stattfanden, zugelassen – wenn Beschlüsse zu treffen waren, die mit den jeweiligen Angelegenheiten dieser Staaten zu tun hatten.

Als dann im März, nachdem man sich zwei Monate lang nicht auf eine einheitliche Linie hatte einigen können, endlich die wesentlichen Fragen anstanden, waren die Regierungschefs der Vereinigten Staaten, Großbritanniens, Frankreichs und Italiens froh, neben ihren eigenen Außenministern auch noch die Japaner loszuwerden, weil sie nun auf eine konzentriertere Zusammenarbeit hoffen konnten. Das neue wichtigste Gremium der Pariser Friedenskonferenz, der «Rat der Vier», trat im Regelfall zweimal werktäglich zusammen, am Sonntag nur in Krisenmomenten – deren es allerdings viele gab. Insgesamt sollten vom 25. März bis zur Unterzeichnung des Versailler Vertrags am 28. Juni, die als letzte Sitzung gilt, 145 Begegnungen der Großen Vier stattfinden. Diese Bezeichnung setzte sich sofort nach der Etablierung des neuen Rats auf der ganzen Welt durch. Die Regierungschefs ließen keinen Zweifel daran, dass sie fortan die Entscheidungen in Paris treffen würden. Dadurch war die Konferenz extrem personalisiert, die vier Staatsmänner wurden in der Presse von allen Seiten psychologisch ausgeleuchtet, um Prognosen über das Ergebnis der Verhandlungen wagen zu können. Eines stand dabei bald für alle Beobachter fest: Viel unterschiedlicher hätten die Großen Vier kaum sein können, und doch gab es zwischen jeweils drei von ihnen wiederum einzelne Gemeinsamkeiten, die den jeweils Vierten ausschlossen, was zu unterschiedlichen Zeitpunkten die Gespräche prägen und belasten sollte.

Da war zunächst das Alter: Der französische Ministerpräsident Clemenceau war mit siebenundsiebzig Jahren mit Abstand der Älteste; der amerikanische Präsident Wilson, der italienische Ministerpräsident Orlando und der britische Premierminister

Quartett komplett: In den Wochen zwischen der Übergabe ihrer Friedensbedingungen an die Delegierten des Deutschen Reichs und der Unterzeichnung des Versailler Vertrags trafen sich die Großen Vier trotz immer heftigerer Differenzen regelmäßig weiter, so hier am 27. Mai 1919 in Paris: David Lloyd George, Vittorio Emanuele Orlando, Georges Clemenceau und Woodrow Wilson (v. l. n. r.).

Lloyd George lagen dagegen mit zweiundsechzig, neunundfünfzig und sechsundfünfzig Jahren nahe beieinander. Lange im Amt war dagegen nur Wilson, seit 1913, während seine drei Kollegen erst im Krieg ihre jetzigen Positionen eingenommen hatten: Lloyd George im Dezember 1916, Orlando im Oktober 1917 und Clemenceau im November 1917. Alle drei verdankten ihren Aufstieg militärischen Misserfolgen, die ihren Vorgängern zum politischen

Verhängnis geworden waren. Entsprechend rigide war ihre eigene Kriegspolitik; sie profilierten sich jeweils durch eine unbeugsame Haltung gegenüber den Mittelmächten, was vor allem in Italien, während des Kriegs politisch wie militärisch labil, von großer Bedeutung gewesen war. Orlando aber traf jetzt in Paris als führender Repräsentant eines Staates, der noch keine fünf Jahrzehnte bestand und nach seiner Rolle in der Weltpolitik suchte, auf drei Regierungschefs, die auf der Grundlage eines jahrhundertealten politischen Selbstbewusstseins handelten. Wilson sah sich wiederum als Amerikaner drei Europäern gegenüber, die nicht nur in anderen kulturhistorischen Dimensionen dachten, sondern deren Völker auch viel länger gekämpft hatten als sein eigenes. Der späte Eintritt der Vereinigten Staaten in den Ersten Weltkrieg und die ungleich geringere Opferzahl unter den amerikanischen Soldaten wurden zum beliebten Argument, wenn Clemenceau, Lloyd George und Orlando Zugeständnisse aus Washington forderten. Lloyd George war unter den vieren am seltensten isoliert, doch er wiederum verließ die Konferenz am häufigsten, um sich um die heimische Politik zu kümmern.

Nach London kam man von Paris aus schnell, und mit Arthur Balfour hatte der britische Premier einen souveränen Außenminister an seiner Seite, mit dem er sich gut verstand, während Orlando sich auf der Konferenz heillos mit Sidney Sonnino zerstritt, der die Sprachdefizite seines Ministerpräsidenten für eine eigene annexionistische Politik zugunsten Italiens auszunutzen versuchte. Stéphen Pichon dagegen war ein treuer Gefolgsmann von Clemenceau, und als ähnlich devot gegenüber seinem Regierungschef sah man auch Robert Lansing an, den amerikanischen Außenminister. Doch Lansing sollte sich in Paris als durchaus eigenständig denkender Politiker erweisen – was auch einer der Gründe dafür war, dass der ehemalige Zehnerrat zugunsten des Rats der Großen Vier entmachtet wurde. Allerdings gab es in der amerikanischen Delegation neben Präsident und Außenminister noch einen dritten starken Mann, den erwähnten Edward M. House, genannt Colonel House. Er sorgte als Vertrauter und Freund dafür, dass die eigenen Leute nicht die Linie des Präsidenten in Frage stellten, denn House wusste besser als alle anderen, wie kompromisslos dieser war: «Bei jeder aufkommenden Frage», so notierte er, «erweist er sich als absolut offen und begrüßt alle Vor- und Ratschläge, die zur richtigen Lösung führen. Aber so empfänglich ist er nur während der Phase, in der er die Frage erwägt und seine Entscheidung vorbereitet. Sobald die Entscheidung getroffen ist, ist sie endgültig, und damit sind alle Vor- und Ratschläge beendet.»[2] Offener Streit herrschte also nur in der italienischen Delegation.

Lloyd George vertrat dafür das einzige Land, das ein Interesse daran haben musste, zum Status quo von vor dem Krieg zurückzukehren. Großbritannien war damals als Weltmacht unumstritten, auch wenn die Vereinigten Staaten ihm bereits an militärischer Macht und finanziellen Mitteln gleichkamen. Aber der amerikanische Riese war immer noch im Erwachen begriffen; erst seit dem Krieg mit Spanien 1898 hatte er weltpolitische Ambitionen erkennen lassen, und dem Eintritt in den Ersten Weltkrieg waren heftige innenpolitische Auseinandersetzungen zwischen Interventionisten und Isolationisten vorausgegangen. Im Zuge der Friedensverhandlungen und Woodrow Wilsons Aufenthalt in Frankreich gewannen die Isolationisten wieder an Einfluss, während der Präsident sich gleichzeitig gezwungen sah, seine Idee des Völkerbunds, die für ihn der Kern des ganzen kommenden Friedensschlusses war, noch entschiedener zu vertreten, weil die Verbündeten an ihr kein eigenes Interesse hatten. Großbritannien sah durch die vorgesehenen Regelungen von freiem Handelsverkehr und Selbstbestimmungsrecht der Völker die Grundfesten des Empires in Gefahr, Frankreich und Italien fühlten sich in ihren territorialen Ambitionen gehemmt. Clemenceau hatte kein Geheimnis aus der Hoffnung seines Landes gemacht, nicht nur Elsass-Lothringen, sondern auch das Rheinland als Siegesbeute zu erhalten; Italien hatte zwar gar keine Ansprüche ans Deutsche Reich, wollte aber in Versailles ein Präjudiz schaffen, das bei dem Friedensschluss mit Österreich die eigenen Territorialvorstellungen für Südtirol und die dalmatinische Küste begünstigen würde.

Orlando, Clemenceau und Wilson hatten somit gravierende Veränderungen gegenüber der Vorkriegsordnung im Sinn, während Lloyd George aus britischem Eigeninteresse zur Mäßigung riet. Was jedoch nicht für die finanziellen Forderungen an Deutschland galt, denn wie die anderen Alliierten hatte auch England während des Kriegs hohe Kredite bei den Vereinigten Staaten aufgenommen. Dadurch war in allen Fragen der Reparationen wiederum Wilson der Einsame unter den Großen Vier.

Drei von ihnen waren Juristen, und Orlando war der Brillanteste dieses Trios: Bereits im Alter von fünfundzwanzig Jahren hatte ihn die Universität Modena zum Professor für Verfassungsrecht berufen, während Lloyd George vor seiner politischen Karriere als Anwalt nur in niederer Stellung tätig gewesen war und Wilson sich nach dem Jurastudium entschieden hatte, lieber in Geschichte zu promovieren. Clemenceau dagegen hatte ein Medizinstudium abgebrochen und war Lehrer geworden; später hatte er sich in den vielfältigen Phasen politischer Kaltstellung als Journalist betätigt. Ihm fehlte im Gegensatz zu seinen drei Kollegen die Geduld zur akribischen Erörterung rechtlicher Aspekte. Dafür sprach er fließend Englisch, was ihn von Orlando unterschied, der sich in den Verhandlungen oft isoliert sah, weil sich die anderen drei meist konsequent dieser Sprache bedienten – es sei denn, Clemenceau wollte durch Temperamentsausbrüche auftrumpfen oder bewusst ein Zeichen der Verbundenheit mit Orlando setzen, was ihn dann ins Französische fallen ließ.

Beim rhetorischen Geschick stand Orlando ebenfalls allein, obwohl er aus Sizilien stammte und durchaus emotional werden konnte (er war der Einzige unter den Großen Vier, der so weit ging, die Konferenz einmal unter Protest zu verlassen). Wilson war der Sohn eines presbyterianischen Pfarrers aus den Südstaaten und über beide Elternteile von schottischer Abstammung, in ihm verband sich Predigergeist mit Störrischkeit. Lloyd George kam zwar in England zur Welt, war aber der Sohn einer walisischen Lehrerfamilie; sein Vater William George starb, als er erst ein Jahr alt war, weshalb die Mutter mit den insgesamt drei Kindern zu ihrem Bruder Richard Lloyd zog, dessen Nachnamen der Pflegesohn David später seinem eigenen hinzufügen sollte. Lloyd George inszenierte sich auf seiner politischen Laufbahn als Nonkonformist mit Hang zur Heftigkeit, wobei ihm die den Walisern nachgesagte Halsstarrigkeit gute Dienste leistete. Clemenceau wiederum war stolz auf seine ländliche Herkunft und galt als kompromissloser Polterer, weshalb ihm hohe Staatsämter lange verschlossen geblieben waren. Als er 1906 zum ersten Mal Minister wurde, war er bereits vierundsechzig.

Der Vorsitz im Rat der Vier war Clemenceau zwangsläufig zugefallen: Er war der Gastgeber der Friedenskonferenz, und die diplomatischen Usancen verlangten, dass er deren Leitung übernahm. Jedoch war in den Augen der ganzen Welt eigentlich Woodrow Wilson die bestimmende Figur der Verhandlungen. Nicht nur dass er dazu eigens aus Washington angereist war und damit den längsten Auslandsaufenthalt eines amtierenden Präsidenten in der amerikanischen Geschichte absolvierte (und den ersten in Europa überhaupt); seine Vierzehn Punkte und die darin vorgesehene Gründung eines Völkerbundes dienten als Leitlinien aller Gespräche. Sie waren von Wilson ja im kantischen Sinne als Bedingungen für die Möglichkeit eines Friedens formuliert worden, und alle Staaten hatten sie vor dem Abschluss des Waffenstillstands vom 11. November akzeptiert – allerdings nur das Deutsche Reich und dessen Verbündete noch einmal ausdrücklich, während die Alliierten ihre Zustimmung gleich nach Verkündigung der Vierzehn Punkte erklärt hatten, und das war mittlerweile ein gutes Jahr her und in einer Situation erfolgt, als der Sieg nicht sicher war.

Deshalb hatte Wilson, als er sich am 4. Dezember 1918 in New York zur Überfahrt nach Frankreich einschiffte, eine große Expertengruppe mit an Bord, die ihm helfen sollte, die anderen Konferenzteilnehmer von der Richtigkeit des amerikanischen Standpunkts zu überzeugen. Er setzte dabei auf ein Erfolgsrezept, das er in der ersten Dekade des 20. Jahrhunderts an der Universität von Princeton ausprobiert hatte, deren Präsident er 1902 geworden war: Wilson hatte die traditionelle Elitehochschule zu einem modernen Forschungsinstitut umgemodelt und dafür aus dem ganzen Land junge aufgeschlossene Wissenschaftler der verschiedensten Disziplinen gewonnen, die fest auf ihren Universitätspräsidenten eingeschworen waren. Genau so, teilweise sogar mit denselben Männern, besetzte er nun sein Beraterteam für Paris.

Der Präsident galt als Vertreter des «Progressive Movement», also jener politischen Kräfte in den Vereinigten Staaten, die sich gegen den Einfluss der Wirtschaft auf die Staatsführung und für eine weitere Demokratisierung des Landes aussprachen. Damit war er in seiner konservativen Demokratischen Partei ein Außenseiter, doch nachdem er 1910 Gouverneur von New Jersey geworden war – dem Bundesstaat, in dem Princeton liegt und in dem die Wähler den Elan Wilsons vorgeführt bekommen hatten –, sammelten sich landesweit Unterstützer, die endlich eine Chance sahen, den seit anderthalb Jahrzehnten regierenden Republikanern bei den Präsidentschaftswahlen von 1912 einen Progressiven entgegenzusetzen und sie so mit ihren eigenen Waffen zu schlagen. Wilson profitierte außerdem von der Entscheidung des früheren Präsidenten Theodore Roosevelt, als unabhängiger Kandidat gegen seinen republikanischen Amtsnachfolger William Howard Taft anzutreten. Die Spaltung des gegnerischen Lagers sicherte dem Demokraten in den meisten Bundesstaaten den relativ höchsten Stimmenanteil und damit die Mehrheit der Wahlmänner, obwohl auf ihn nur zweiundvierzig Prozent der abgegebenen Stimmen entfallen waren.[3] Dass der neue Präsident bereits mehrere körperliche Zusammenbrüche hinter sich hatte, war den Wählern wohlweislich verschwiegen worden. Die labile Gesundheit Wilsons sollte sich 1919 verheerend auswirken: nicht auf die Vorbereitung des Versailler Vertrags, wohl aber auf die Kampagne des Präsidenten für dessen Ratifizierung, während derer er im September einen weiteren Kollaps erlitt. Diesmal wurde die Schwäche ihres Präsidenten für alle Amerikaner sichtbar und spielte den innenpolitischen Gegnern des Vertragswerks in die Hände.

In seiner bisherigen Amtsführung hatte Wilson dagegen dynamisch gewirkt, vor allem während der Kriegsjahre, als er die Vereinigten Staaten erst geschickt aus dem Kampfgeschehen herausgehalten hatte, um sie dann, als er 1916 mit überwältigender Mehrheit wiedergewählt worden war, nur wenige Wochen nach Beginn seiner zweiten Amtszeit ebenso entschieden in die Auseinandersetzung hineinzuführen. Wilson duldete in der Folgezeit keinen Zweifel mehr an seiner Politik. Als er nach Paris aufbrach, konnte er auf einen ungebrochenen Erfolgsweg zurückblicken, doch nun würde er es nicht mit Untergebenen, sondern mit diplomatisch Gleichrangigen zu tun haben. Deshalb scharte er seine qualifizierte Mannschaft um sich, die von gleich fünf «Bevollmächtigten» geführt wurde – ein Unikum unter den Delegationen, die ansonsten formell eine strikte politische Hierarchie wahrten. Das war bei den Amerikanern de facto aber nicht anders, denn Wilson war selbst einer dieser Bevollmächtigten, und so waren die anderen vier nur Zuarbeiter. House und Lansing gehörten dazu, und die beiden weiteren waren Tasker Bliss, ein General, der seit 1917 als amerikanischer Vertreter im Obersten Kriegsrat der Alliierten in Paris saß, und Henry White, ein fast siebzigjähriger ehemaliger Diplomat, der schon mehreren Präsidenten als Berater gedient hatte und als deutschfreundlich galt. Die vier Bevollmächtigten neben dem Präsidenten waren von diesem im Wissen darum ausgesucht worden, dass er selbst in Verhandlungen wenig diplomatisch agierte; sie sollten vor allem vermitteln, während ihm selbst alle Entscheidungen überlassen blieben.

Auf der neuntägigen Überfahrt nach Europa arbeiteten sich die amerikanischen Experten umfänglich ein, während der Präsident, der von seiner Frau begleitet wurde, kaum an diesen Beratungen teilnahm. So hatte niemand außer ihm eine klare Vorstellung von den amerikanischen Zielen, die es in Paris zu erreichen galt. Wilson indessen hielt es für selbstverständlich, dass man seine Vierzehn Punkte (die ja durch die diversen Präzisierungen im Laufe des Jahres auf vierundzwanzig angewachsen waren) durchzusetzen habe. Als Wilson in der französischen Hauptstadt von seinem Amtskollegen Raymond Poincaré, Ministerpräsident Clemenceau und dessen gesamtem Kabinett mit Salutschüssen unter Beteiligung einer jubelnden Volksmenge empfangen wurde,

Die Herren neben Präsident Wilson waren die Köpfe hinter ihm: Am Tag der Unterzeichnung des Versailler Vertrags, dem 28. Juni 1919, lassen sich unmittelbar vor ihrer Abreise aus Paris die Leiter der amerikanischen Friedensdelegation noch einmal fotografieren: Oberst E. M. House, Robert Lansing, Woodrow Wilson, Henry White und General Tasker H. Bliss (v. l. n. r.).

bestärkte ihn das in der Erwartung, dass sich alles seiner Überzeugung gemäß fügen würde.

Dabei hätte er gewarnt sein müssen, dass zumindest von englischer Seite Widerspruch drohte, denn der britische Premierminister hatte sich vor dem Abschluss des Waffenstillstands vom 11. November verärgert gezeigt über Wilsons Notenwechsel mit der deutschen Regierung, der ohne Absprache mit den Alliierten erfolgt war, weil der amerikanische Präsident ja der Meinung war, man würde seine Position teilen. Lloyd George dagegen hielt die Vierzehn Punkte schon aus einem einzigen Grund für diskreditiert: weil die deutsche Seite bereit war, auf dieser Grundlage zu verhandeln.[4] Für den 2. Dezember, als sich die Konstellation der

kommenden Friedensverhandlungen abzuzeichnen begann, hatte
er seine französischen und italienischen Amtskollegen sowie
Marschall Foch als Oberkommandierenden der alliierten Streitkräfte nach London gebeten, um in einer zweitägigen Konferenz, die im Amtssitz des Premierministers in Downing Street 10
stattfand, eine europäische Gegenposition zum von ihm als idealistisch geschmähten amerikanischen Programm zu entwerfen.
Doch dabei zeichnete sich bereits ab, dass der Grundkonflikt
unter den Verbündeten nicht zwischen den USA und den europäischen Siegerstaaten bestand, sondern zwischen Großbritannien
und Frankreich. Letzteres wollte sich das Rheinland einverleiben,
worin Lloyd George eine schwere Hypothek für die Zukunft sah,
die in seinen Augen der deutschen Annexion Elsass-Lothringens
von 1871 entsprechen würde.

Allerdings wurde auf der Londoner Konferenz auch erstmals
erwogen, Deutschland nicht nur die Kosten des Waffenstillstands tragen zu lassen, sondern sämtliche alliierten Kriegskosten – sowohl Clemenceau als auch Lloyd George wollten auf diese
Weise innenpolitisch punkten. Die Geister, die sie damit riefen,
sollten sie nicht wieder loswerden, vor allem nachdem Lloyd
George nach dem Waffenstillstand die Parlamentswahlen auf den
14. Dezember vorverlegen ließ, um den Schwung des Siegesgefühls zu nutzen, bevor es in die absehbar schwierigen Verhandlungen mit den Verbündeten und Deutschland gehen würde. Der
Krieg war zwar formell noch gar nicht vorbei, aber die britische
Bevölkerung bescherte Lloyd Georges Koalitionsregierung aus
eigener Liberaler Partei und Konservativen einen Erdrutschsieg,
der ihr durch das britische Mehrheitswahlrecht fast drei Viertel
der Parlamentssitze einbrachte, obwohl nur etwa achtundvierzig
Prozent der Stimmen auf sie entfallen waren. Theresa May sollte
fast ein Jahrhundert später dieselbe Taktik wählen, als sie nach der

Brexit-Entscheidung vorgezogene Neuwahlen für den Juni 2017 ansetzte – und sie bekam dieselben Probleme wie ihr Vorgänger Lloyd George, zumal sie im Gegensatz zu ihm die Abstimmung nicht einmal gewann. Dennoch bekräftigte sie aufs Neue den angekündigten harten Kurs bei den Verhandlungen mit der EU. Lloyd George wiederum hatte im Dezember 1918 im Hochgefühl seines Wahlsieges seine Forderung nach hohen deutschen Reparationen wiederholt, und diese Last nahm er am 11. Januar 1919 mit, als er nach Paris aufbrach. Jede Mäßigung drohte ihm als Verrat am Wählerwillen ausgelegt zu werden.

Und mit dieser Schwierigkeit nicht genug: Für den britischen Premierminister galt es auch, die Verärgerung des amerikanischen Präsidenten darüber zu berücksichtigen, dass die so kurzfristig anberaumten britischen Wahlen den Beginn der Friedenskonferenz im Dezember, wie Wilson es sich vorgestellt hatte, unmöglich gemacht hatten. Faktisch schlug der amerikanische Präsident in Europa nun bis Mitte Januar seine Zeit tot. Schon seit vier Wochen weilte er in Paris, hatte die Verzögerung aber immerhin für Abstecher nach Italien und Ende Dezember auch nach London genutzt, um sich dort mit Lloyd George auszusprechen.

Allerdings würde der britische Premierminister gar nicht der alleinige Sprecher des Empires sein; er musste neben sich die Vertreter Kanadas, Südafrikas, Australiens und Neuseelands sowie von Indien dulden. Auch wenn er als Einziger der Empire-Delegation den Großen Vier angehörte, hatte er doch im Unterschied zu seinen Kollegen aus Amerika, Frankreich und Italien Rücksicht auf die Interessen anderer Beteiligter zu nehmen. Diese unterschieden sich allein schon deshalb drastisch von den seinen, weil Indien und die Dominions in den Verhandlungen über Deutschland nur dann Position bezogen, wenn es ihre weitab von Europa

gelegenen regionalen Machtstellungen förderte – was zwar selten
der Fall war, aber etwa bei den deutschen Kolonien in der Südsee Probleme schuf, auf deren Verwaltung sowohl Australien als
auch Neuseeland spekulierten. Weitaus wichtiger waren finanzielle Zugeständnisse des Deutschen Reichs, denn die würden
den Dominions unmittelbar zugutekommen. Dadurch war Lloyd
George, über die eigene innenpolitische Festlegung auf hohe
Reparationszahlungen hinaus, auch gegenüber den Untertanen
der Krone aus Übersee verpflichtet.

Und Lloyd George verstand sich zudem als Sachwalter jener
Siegerstaaten, die nicht zum Rat der Zehn gehörten, also vor
allem der kleineren europäischen Alliierten.[5] Deren Interessen
konnte er als Vertreter des Britischen Reichs, das außerhalb des
Kontinents lag, besser vertreten als Frankreich oder Italien, und
das brachte ihn wiederum näher mit Wilson zusammen, der für
seinen Völkerbund jede noch so kleine Nation benötigte. Konflikte zwischen den Vereinigten Staaten und Großbritannien
drohten weniger bei den Deutschland betreffenden Verhandlungen als bei denen über die Zukunft des Osmanischen Reichs; hier
würde London seine elementaren Interessen im Nahen Osten zu
wahren versuchen, die dem von Wilson proklamierten Selbstbestimmungsrecht der Völker widersprachen. Umso mehr setzte
Lloyd George früh auf möglichst großes Einvernehmen unter den
Beteiligten; er wollte innerhalb der Großen Vier als ausgleichen-
der Faktor wirken, und das war auch die Rolle, die die anderen
drei ihm zudachten. Lloyd George war die ständig umworbene
Partei unter den Alliierten, während die Deutschen ihr Augenmerk auf Woodrow Wilson als Garant für die Einhaltung der
Vierzehn Punkten richteten. So übersahen sie die zentrale Bedeutung des britischen Premierministers unter den Großen Vier.

Am wenigsten wichtig für alle Beteiligten und Beobachter erschien Vittorio Emanuele Orlando. Man kannte ihn in der Pariser Öffentlichkeit auch kaum, denn im Gegensatz zu seinen drei Kollegen ging der italienische Ministerpräsident abends so gut wie nie aus. Neben seinem schroffen Außenminister Sonnino wirkte er auf Außenstehende wie der zweite Mann der italienischen Delegation. Der Sizilianer, der als Politiker schon in Italien unter seinen meist aus dem Norden stammenden Kollegen – Sonnino etwa kam aus Pisa – ein Exot war, war das noch mehr unter den Großen Vier; im Grunde galt er den Kollegen als zweitrangig. Er setzte sich denn auch demonstrativ leicht abseits von den anderen drei, wenn sie – wie meist nach dem Ende des Zehnerrats – als Quartett in dem Privathaus tagten, das die französische Regierung Präsident Wilson zur Verfügung gestellt hatte. Der italienische Ministerpräsident hatte daheim nicht einmal eine arbeitsfähige parlamentarische Mehrheit hinter sich, und die Kriegsführung seines Landes war so oft am Rande des Zusammenbruchs gewesen, dass sich unter den Italienern auch nach dem Waffenstillstand kein Triumphgefühl einstellen wollte, das mit dem Siegestaumel der anderen Alliierten vergleichbar gewesen wäre.

Umso wichtiger war für Orlando seine prominente Rolle bei den Pariser Friedensverhandlungen, die allerdings darunter litt, dass die Territorialzuwächse, die Italien als Gegenleistung für seinen Kriegseintritt von Großbritannien und Frankreich am 26. April 1915 im Londoner Geheimvertrag eingeräumt worden waren, den Prinzipien der Vierzehn Punkte widersprachen.[6] So konnte in Italien ein Populist wie der Schriftsteller und Weltkriegsheld Gabriele D'Annunzio zur innenpolitischen Größe heranwachsen. Er erneuerte immer wieder öffentlich die nationalen Ansprüche auf die dalmatische Küste und das bislang ungarische

Gebiet um die Hafenstadt Fiume an der Adria, das dem neuge-gründeten Königreich Jugoslawien zugeschlagen worden war; der Dichter sprach vom «verstümmelten Sieg» seines Landes, soll-ten diese Ansprüche nicht erfüllt werden. Als das nicht geschah, besetzten im September 1919 zweitausendfünfhundert italieni-sche Freischärler Fiume im Handstreich, geführt von D'Annun-zio, der als Privatmann handelte und gegen die Interessen seiner Regierung verstieß, die zu diesem Zeitpunkt noch in Paris über die weiteren Vorortverträge mit Österreich und Ungarn ver-handelte.

Angesichts des Drucks aus der Heimat und mangels unmit-telbarer territorialer oder finanzieller Forderungen gegenüber Deutschland hatte sich Orlandos Aufmerksamkeit schon im Früh-jahr auf die Vorverhandlungen zum Friedensvertrag der Sieger-mächte mit den Habsburger-Nachfolgestaaten konzentriert, aber die wiederum interessierten zu diesem Zeitpunkt noch keinen anderen der Großen Vier besonders. Während der einmonatigen Unterbrechung der Pariser Verhandlungen – Lloyd George und Wilson waren im Februar vorübergehend in die Heimat zurück-gekehrt – reiste auch Orlando ab und gab daheim in Italien vor, dass es mit den Verhandlungen aus nationaler Sicht zum Besten stehe.[7] Doch bald nachdem Mitte März die Verhandlungen um die vordringliche deutsche Frage wiederaufgenommen worden waren, hatten Wilson und Lloyd George angesichts der eingetre-tenen Verzögerung keine Geduld mehr mit Orlandos taktischen Manövern. Der hatte am 13. April den Termin verzögern wollen, an dem man der deutschen Delegation die Friedensbedingungen zu übergeben gedachte, indem er forderte, zuvor müsse die ita-lienische Frage geklärt sein. Als ihn die anderen drei kurzerhand überstimmten und die Deutschen für Ende April einbestellten, brach Orlando mit Clemenceau und Lloyd George und hielt sich

nun kurzfristig an Wilson. Der aber sah sein ganzes Verhand-
lungskonstrukt in Gefahr, schlug Italien deshalb jeden Gebiets-
gewinn jenseits der Adria ab und erklärte den Londoner Vertrag
für endgültig obsolet. Das brachte zeitweilig sogar Orlando und
seinen Außenminister Sonnino wieder zusammen, der noch mehr
als der Ministerpräsident auf die alliierten Zusicherungen gegenüber Italien aus dem Jahr 1915 pochte, die er damals in London
selbst mit ausgehandelt hatte.

Orlando agierte seinem juristischen Gespür entsprechend
weniger konfrontativ, war aber nicht bereit, Vorleistungen zu
erbringen. Seine Hoffnung bestand darin, das Gebiet von Fiume,
wo es zumindest in der Hafenstadt eine italienische Mehrheit
unter den Bewohnern gab, zugesprochen zu bekommen, wenn
er im Gegenzug auf Dalmatien verzichtete, wo der italienisch-
stämmige Bevölkerungsanteil verschwindend gering war.[8] Doch
just an Fiume entzündete sich der heftigste Widerstand Wilsons,
der befürchtete, seine Vorstellung vom Selbstbestimmungsrecht
der Völker könne aufgeweicht werden, denn außerhalb der Stadt
waren die Slawen in der Mehrzahl. Außerdem war Fiume der einzige moderne Hafen des neuen Staates Jugoslawien – ein weiteres
Mal zeigte sich das für die Versailler Vertragsbedingungen typi-
sche Problem von leistungsfähigen Häfen für neugebildete Nationen, wie man es auch im Falle Danzigs für Polen sowie Memels
für Litauen hatte. Und da Jugoslawien ja nichts anderes war als ein
deutlich vergrößertes Serbien, unterstützten Clemenceau und
Lloyd George den amerikanischen Präsidenten in dieser Frage,
denn beide hatten große Sympathie für die Serben, galten diese
doch als erstes Opfer der Aggression der Mittelmächte.

Frankreich und Großbritannien, jene beiden Staaten, die
1915 um Italiens Kriegseintritt gebuhlt hatten, verübelten diesem
nun seinen späten Beitritt zur Entente, der zudem nur aus egois-

tischem Interesse erfolgt sei, während sie den noch später dazugestoßenen Amerikanern höchsten Idealismus bescheinigten. Für den kühlen Juristen Orlando war das ein Skandal. Als der amerikanische Präsident dann seine Ablehnung der italienischen Forderungen sogar schriftlich niederlegte und diese persönliche Erklärung am 23. April an die französischen Zeitungen gab, reisten erst Orlando und am 26. April auch Sonnino aus Paris ab – just an dem Tag, als die Stadt Fiume eigenmächtig ihren Anschluss an Italien proklamierte. Der Rest der italienischen Delegation nahm zwar weiterhin an der Friedenskonferenz teil, aber ohne die Chefs war es ihm unmöglich, Entscheidungen zu treffen. Und den Fall Fiume betrachteten die verbliebenen drei der Großen Vier als Affront.

Ausgerechnet in dieser verfahrenen Situation traf am 29. April die deutsche Delegation ein, konnte aber nicht wie angekündigt die Friedensbedingungen entgegennehmen, weil ohne die Italiener keine Einigkeit auf alliierter Seite herzustellen war. Clemenceau pokerte und verkündete, dass nun bald auch die österreichische Delegation einbestellt werde, womit er Orlando zurückzubringen hoffte, weil nun die unmittelbaren Interessen Italiens berührt wären. Das gelang tatsächlich; am 5. Mai war der Ministerpräsident in Begleitung seines Außenministers wieder in Paris, lediglich zwei Tage bevor der deutschen Delegation der Entwurf zum Versailler Vertrag übergeben wurde, sodass der Name der in den Unterlagen zuletzt vorsichtshalber ausgelassenen Hauptmacht Italien nur noch handschriftlich ergänzt werden konnte.[9] Die Prüfung des Vertragstextes durch die Deutschen sollte den Großen Vier eine Atempause verschaffen, die jedoch darauf verwandt wurde, die italienischen Bedingungen auszuhandeln – bis Orlandos Regierung am 19. Juni vom italienischen Parlament gestürzt wurde und er endgültig aus Paris abreisen konnte. Neun Tage später unterschrieb in Versailles Sonnino für Italien –

Aus dem Hôtel des Réservoirs ins Grand Hôtel Trianon Palace: Die deutsche Delegation, angeführt von Reichsaußenminister Graf Brockdorff-Rantzau, betritt am 7. Mai 1919 den Ballsaal des Luxushotels im Schlosspark von Versailles, um den Friedensvertragsentwurf entgegenzunehmen. Nur der Höhepunkt, die Unterzeichnung des Vertrags, sollte im Schloss selbst stattfinden.

ein kleiner Triumph für Orlando, der nun die Verantwortung für die enttäuschten italienischen Erwartungen auf den Rivalen abschieben konnte. Fiume sollte zwar im November 1920 nach Danziger Vorbild zum Freistaat erklärt werden, aber D'Annunzio musste mit Waffengewalt zum Rückzug seiner Truppe gezwungen werden. 1924 ließ der mittlerweile an die Macht gelangte Benito Mussolini Fiume abermals besetzen, 1945 ging die Stadt wieder verloren. Orlando erlebte das noch mit; er war der einzige der Großen Vier, der auch das Ende des Zweiten Weltkriegs sah.

Der nach außen hin unumstrittenste Mann unter den Großen Vier war Georges Clemenceau. Doch das täuschte, denn tatsächlich befand sich der Ministerpräsident im Dauerclinch mit dem eigentlichen Staatschef seines Landes, Präsident Raymond Poincaré. Diese Konstellation hatten seine Kollegen nicht: Wilson war als Regierungschef auch Staatsoberhaupt, und die Könige von Großbritannien und Italien mischten sich aus konstitutionellen Gründen nicht in die praktischen Regierungsgeschäfte ein. Poincaré hingegen war selbst vor dem Krieg ein Jahr lang französischer Ministerpräsident für die rechtsliberale Alliance Démocratique gewesen und hatte damit die jahrelange Vorherrschaft der von Clemenceau geführten Radikalen Partei beendet. Die beiden galten als Intimfeinde, und daran änderte sich sogar unter den Bedingungen der Union sacrée nichts – zumal Poincaré in den Jahren danach noch mehrmals Ministerpräsident werden sollte, während Clemenceau sich um diesen Posten betrogen glaubte.

«Sagen Sie Ihrem Poincaré, ich hätte ihm nichts zu sagen.» So unversöhnlich sprach der mittlerweile fünfundachtzigjährige Rivale noch im Juli 1927 zu seinem ehemaligen Sekretär Jean Martet.[10] Clemenceau, den man in Frankreich «den Tiger» nannte, seit er in seiner Eigenschaft als Wortführer der französischen Linken im Jahr 1885 das Kabinett des ursprünglich von ihr mitgetragenen Ministerpräsidenten Jules Ferry gestürzt hatte, weil der die Kolonialpolitik Frankreichs mit Bismarck abgesprochen hatte, zeigte auch als Greis immer noch seine Krallen, und wenn es eine Konstante in seiner wechselhaften politischen Karriere gab, dann war es die Verachtung für Poincaré. Ein einziges Mal, im Dezember 1917, als der Präsident der Republik dem Oberbefehlshaber der französischen Armee, Philippe Pétain, den Marschallstab verlieh, umarmten sich Poincaré und sein Ministerpräsident. Es war eine inszenierte Freundschaftsgeste für die Öffentlichkeit, die sich nie wiederholen sollte, nicht einmal nach dem Sieg über Deutschland.[11] Den rechnete sich Clemenceau ohnehin alleine zu, und die überwältigende Mehrheit der Franzosen folgte ihm darin.

Dabei war es der bereits seit 1913 amtierende Staatspräsident Poincaré gewesen, der Clemenceau am 15. November 1917 gebeten hatte, jenen Posten zu übernehmen, den dieser lange zuvor schon einmal innegehabt hatte – und das für damalige französische Verhältnisse sensationell lange: von 1906 bis 1909 – und auf dem Clemenceau nun, während seiner zweiten Amtszeit, zur Legende werden sollte: als der französische Ministerpräsident, der den Ersten Weltkrieg gewann. Es war allerdings nicht so, dass Poincaré diese Ernennung leichtgefallen wäre. Clemenceau hatte in der von ihm geleiteten Zeitung «L'Homme enchaîné» (Der gefesselte Mensch) seit 1914 konsequent gegen den Präsidenten Stimmung gemacht. Noch an dem Tag, als er von Poincaré in die politische Verantwortung genommen wurde, schrieb Clemenceau an einem Leitartikel, in dem er den Staatspräsidenten für dessen angebliche Entscheidungsschwäche angriff. Dieser Text erschien jedoch nicht mehr: Nachdem Clemenceau Poincarés Angebot angenommen hatte, ließ er in der nächsten Ausgabe des «Homme enchaîné» den Durchhalteappell eines Parlamentsmitglieds seiner

Partei veröffentlichen. Das war ein Zeichen an die Leser, dass es für Clemenceau selbst nun Wichtigeres zu tun gab: Sein ganzer Ehrgeiz richtete sich darauf, den Durchhaltewillen der Nation zu organisieren. Nach sechs Kabinetten, die seit Kriegsausbruch verzweifelt versucht hatten, der militärischen Herausforderung gerecht zu werden, regierte nun eines, an dessen Spitze jemand stand, der im ganzen Land als unbeugsam und kampfeslustig galt, «der Tiger» eben. Der bekanntermaßen den Präsidenten hasste. Wenn der ihn trotzdem berief, musste die Lage verzweifelt sein.

Diese öffentliche Einschätzung erleichterte Clemenceaus Amtsführung als Regierungschef: Er galt als letzte Hoffnung. In der Deputiertenkammer wurde der neue Ministerpräsident am 20. November 1917 mit 418 gegen 65 Stimmen bestätigt, wobei alle Gegenstimmen von sozialistischen Abgeordneten stammten, also eigentlich von der eigenen linken Klientel. Diese Abweichler stimmten der Union sacrée zwar weiterhin zu, wollten aber angesichts der auch in Frankreich um sich greifenden pazifistischen Proteste explizit betont sehen, dass man gegen Deutschland einen reinen Verteidigungskrieg ausfechte. Clemenceau hatte in der Regierungserklärung seines Kabinetts aber just diesen Begriff kurzerhand wieder gestrichen und durch das einfache Wort «Krieg» ersetzt. Er habe, so der Ministerpräsident, «die Regierung übernommen, um den Krieg mit verdoppelten Anstrengungen und der denkbar besten Ausnutzung aller Kräfte zu führen». Eine seiner Ankündigungen stieß auf besondere Empfindlichkeit der Linken: «Alle Affären, die mit dem Kriege zu tun haben, kommen vor ein Kriegsgericht. Frontkämpfer und Kriegsgerichte haben dasselbe Ziel (…). Die Gerechtigkeit muß ihren Lauf nehmen, das Land muß merken, daß es verteidigt wird.»[12] Das war ein anderer Verteidigungskrieg, als ihn die Linkssozialisten proklamiert sehen wollten: Es ging nicht gegen einen äußeren Feind, sondern gegen einen inneren. Der innere Frieden war aufgekündigt, sollte sich jemand gegen die Kriegsführung stellen. Clemenceau kündigte am 20. November 1917 ein Äquivalent dessen an, was ein Vierteljahrhundert später «totaler Krieg» heißen sollte.

Ein Jahr danach konnte der Ministerpräsident am 11. November 1918 vor der französischen Deputiertenkammer die Bedingungen des gerade beschlossenen Waffenstillstands verkünden. Es war in Wahrheit eine Siegesnachricht und der Höhepunkt seiner politischen Laufbahn. Als er anschließend ins Kriegsministerium ging, wo er 1917 sein Büro eingerichtet hatte, stürmte eine begeisterte Menge trotz Bewachung in den Innenhof und brachte Clemenceau so lange Ovationen dar, bis er sich am Fenster zeigte. Ihm allein schrieb man den Sieg zu, und diesen Nimbus nahm er als Kredit mit in die anstehenden Pariser Verhandlungen über den Friedensschluss mit Deutschland, die er persönlich leiten würde. Niemand sprach in Frankreich mehr von Poincaré, dem eigentlichen Inhaber des höchsten Staatsamts.

Hätte Clemenceau ein Volkstribun werden wollen, so wäre das seine Stunde gewesen. Doch der Mitbegründer der Dritten Republik spekulierte auf die reguläre Nachfolge Poincarés als Präsident, wenn dessen siebenjährige Amtszeit 1920 enden würde. Der Versailler Vertrag würde genau eine Woche vor der Wahl des Präsidenten durch die Nationalversammlung am 10. Januar 1920 in Kraft treten, und von der damit verbundenen Euphorie gedachte Clemenceau sich ins Amt tragen zu lassen, aber es geschah das Gegenteil: Die zermürbenden Verhandlungen auf der Pariser Friedenskonferenz und in den Wochen von Versailles waren niemandem verborgen geblieben, und in Frankreich fühlten sich große Teile der Bevölkerung durch den Vertrag um die Früchte des Sieges betrogen. Da es Clemenceau gewesen war, der den Vorsitz innegehabt und die Bestimmungen maßgeblich aus-

Seine größte Stunde erlebte Georges Clemenceau am 11. November 1918, als er in der französischen Nationalversammlung den Waffenstillstand mit Deutschland verkündete – und damit den Sieg seines Landes im Weltkrieg.

gehandelt hatte, traf ihn der Undank des Vaterlandes; er verlor die Abstimmung um die Präsidentschaft gegen Paul Deschanel, dessen Alliance républicaine démocratique (Poincarés Partei!) mit Clemenceaus Parti radical erst vor einem Monat ein Bündnis eingegangen war, was Deschanel aber nicht an der Kandidatur gehindert hatte. Clemenceau war über diese Niederlage so verbittert, dass er sich als Ministerpräsident zurückzog – und diese Verbitterung wuchs weiter, als Deschanel sich nach nur einem Monat im Élysée-Palast als dement erwies und deshalb im September 1920 demissionieren musste: ausgerechnet zugunsten des Ministerpräsidenten Alexandre Millerand, der Clemenceau ins Amt gefolgt war. Dieser sah darin eine historische Ungerechtigkeit.

Dabei war mit dem Versailler Vertrag eine Forderung erfüllt worden, die der junge Clemenceau bereits im März 1871 als gewählter Abgeordneter der gerade einmal sechs Monate alten Dritten Republik aufgestellt hatte. Gemeinsam mit sechsunddreißig weiteren Deputierten hatte er den Friedensschluss mit dem Deutschen Reich, der im Februar 1871 in Versailles ausgehandelt worden war und nun in Frankfurt unterzeichnet werden sollte, abgelehnt, doch damit war die Gruppe im Parlament unterlegen. In einem offenen Brief an die Vertreter der an Deutschland abzutretenden Departements im Elsass und in Lothringen schrieb sie deshalb: «Wir haben erklärt und erklären von neuem, die Nationalversammlung und das französische Volk haben kein Recht, einen einzigen Ihrer Mandanten zum Untertanen Preußens zu machen. Wie Sie halten wir von vornherein für null und nichtig jeden Schritt oder Vertrag, Abstimmung oder Plebiszit, durch die irgendein Teil vom Elsass oder von Lothringen abgetreten würde. Was auch kommen mag, die Bürger beider Länder bleiben unsere Landsleute und unsere Brüder, und die Republik verspricht ihnen ewige Vergeltung.»[13] Der Versailler Vertrag von 1919 kassierte schließlich die Beschlüsse des Versailler Vorvertrags von 1871, und Clemenceau betrachtete seine welthistorische Rolle als erfüllt. Er hatte fast ein halbes Jahrhundert darauf warten müssen.

Geboren wurde Clemenceau 1841 in der Vendée, jener Region, die durch ihren Widerstand gegen die von der Revolutionsregierung ausgerufene allgemeine Wehrpflicht im Jahr 1793 und die darauf folgenden Massaker traurige Berühmtheit erlangt hatte – dass ausgerechnet aus dieser Gegend Frankreichs erbittertster Krieger des Ersten Weltkriegs stammen sollte, ist eine Ironie der Geschichte. Clemenceaus erstes politisches Amt brachte ihm die am 4. September 1870 nach der Niederlage Napoleons III. bei Sedan ausgerufene Dritte Republik ein: das des provisorischen Bürgermeisters im XVIII. Arrondissement von Paris, dem Stadtbezirk Montmartre. Ein fast dreijähriger Aufenthalt in den Vereinigten Staaten hatte Clemenceau die Demokratie schätzen gelehrt, weshalb er 1868 unwillig und als Gegner des Kaiserreichs heimgekommen war. «Und Amerika? (…) Wenn ich kann, werde ich in einem Jahr oder zwei dahin zurückkehren», schrieb er kurz nach seiner Ankunft in Frankreich.[14] Clemenceaus Sympathie für Amerika und die Amerikaner sowie sein perfektes Englisch sollten während der Aushandlung des Versailler Vertrags von Bedeutung sein.

Sein politischer Aufstieg verlief zunächst relativ langsam, weil er als Radikaler galt, was nach der blutigen Niederschlagung der Pariser Kommune ein Makel war. Am 20. März 1871, zwei Tage nach Ausrufung der Kommune, gehörte Clemenceau zu den Initiatoren eines Pariser Stadtrates, der sich gegen die Regierung von Adolphe Thiers und deren Folgsamkeit gegenüber Deutschland stellte. Rechtzeitig vor dem Sturz der Aufständischen zog er sich jedoch am 10. Mai in die heimische Vendée zurück. Seine politische Basis hatte Clemenceau weiterhin in Paris-Montmartre, wo er 1876 mit achtzig Prozent der Stimmen in die Deputiertenkammer gewählt wurde. Dort übernahm er die Führung der radikalen Linken und wandte sich vor allem gegen die französische Kolonialpolitik – weniger aus humanitären Gründen als aus Verärgerung darüber, dass damit vom Ziel, Elsass-Lothringen zurückzugewinnen, abgelenkt werde: Die weltpolitische Rolle Frankreichs kaschiere, dass man in Europa Bismarck in die Hände spiele.[15]

Deshalb nahmen es die Wähler Clemenceau besonders übel, als er 1892 in einen Finanzskandal, die sogenannte Panama-Affäre, verwickelt war, der ihn im nächsten Jahr seinen Abgeordnetensitz kostete. Er arbeitete danach als Journalist und schlug sich im zweiten großen politischen Skandal des Fin de Siècle auf die Seite des unschuldig als deutscher Spion verurteilten Hauptmanns Alfred Dreyfus. Im Zuge des Kampfes um dessen Rehabilitierung schrieb Clemenceau siebenhundert Artikel, gründete 1901 eine neue radikalsozialistische Partei, den Parti radical, und wurde für sie 1902 nach fast einem Jahrzehnt parlamentarischer Abstinenz in den Senat gewählt. Im März 1906 trat er als Innenminister erstmals in eine Regierung ein, musste sich aber bald mit einer Welle von Bergarbeiterstreiks befassen, gegen die er das Militär einsetzte. Das bedeutete zwar den Bruch seiner Partei mit den anderen sozialistischen Gruppierungen, brachte ihm selbst aber im Herbst, als sein Vorgänger Ferdinand Sarrien erkrankte, den ersehnten Posten des Ministerpräsidenten ein. Sarrien empfahl Clemenceau als kompromisslosestes Mitglied seiner Regierung für das Amt. Mit fünfundsechzig Jahren hatte «der Tiger» endlich die Spitze der Macht erreicht.

Dass er sein Amt ausgerechnet wegen eines Abkommens wieder verlor, das er mit dem Deutschen Reich 1909 zur Beilegung der Konflikte in Marokko geschlossen hatte, sollte später seine Haltung zum Krieg prägen. Clemenceau büßte die Mehrheit in der Deputiertenkammer ein, weil man ihm vorwarf, nur deshalb einen – für Frankreich durchaus vorteilhaften – Kompromiss eingegangen zu sein, weil das Land nicht für einen Krieg gerüstet gewesen sei. Als Senator und Chefredakteur des neugegründeten «Journal de Var» und später der Tageszeitung «L'Homme libre» (Der freie Mensch) blieb er weiterhin eine wichtige politische Größe, sah sich aber als «L'Homme enchaîné» – so der neue Name seiner Zeitung, die er wegen der 1914 erlassenen Pressezensur umbenannte –, als gefesselter Mensch, als französischer Prometheus. Entfesselt wurde dieser unfreiwillig Gebundene erst durch seine Wiederberufung zum Ministerpräsidenten am 16. November 1917.

Clemenceau hatte danach sofort die amerikanische Karte gespielt: An Woodrow Wilson schrieb er am 21. Dezember 1917 (natürlich auf Englisch, was für einen französischen Politiker höchst ungewöhnlich war): «Wir sehen in dem großen Land, das Sie zu seinem Häuptling bestimmt hat, ein Brüdervolk im besten Sinne des Wortes, mit dem wir gemäß unserer festen Hoffnung Hand in Hand das höchste Werk der Zivilisation verfolgen wollen (...).»[16] Wilsons Vierzehn Punkte bestätigten Frankreich wenig später in seinem Anspruch auf Elsass-Lothringen, sodass Clemenceau sie sich sofort zu eigen machte. Wie hätte er auch ahnen können, dass der amerikanische Präsident sein Programm derart ernst nehmen würde, dass er es sogar zugunsten des Deutschen Reichs auslegen sollte, wie es auf der Pariser Friedenskonferenz mehrfach geschah? Das war für den französischen Ministerpräsidenten aufgrund seiner Erfahrungen mit den Deutschen seit 1870 undenkbar, und durch die Entwicklung nach der Unterzeichnung des Versailler Vertrags fühlte er sich in seiner Skepsis bestätigt.

Die Hellsichtigkeit des Deutschenfressers Clemenceau belegt ein Satz aus einem Brief an Jean Martet aus dem Jahr 1922. Darin stellte der ehemalige Ministerpräsident mit skeptischem Blick auf seine Nachfolger und den ungebrochenen Volkszorn im Deutschen Reich über die Bestimmungen des Versailler Vertrags verbittert fest: «Wir gehen einer so vollständigen Katastrophe ent-

THE SOURCE.

Der Pakt war furchtbar noch, aus dem das kroch: Die in Saint Louis erscheinende amerikanische Tageszeitung «Post-Dispatch» veröffentlichte am 18. Oktober 1930 diese Karikatur, die das Ergebnis der Reichstagswahlen vom 14. September 1930, bei denen die NSDAP mehr als achtzehn Prozent erreichte, auf die Folgen des Versailler Vertrags zurückführte.

gegen, daß es mir unmöglich ist, einen Ausweg zu finden. Das Schlimmste ist, daß die Hampelmänner, die uns in diese Lage gebracht haben, nur teilweise verantwortlich sind. Man mußte doch wissen, woran man mit ihnen war. Aber die Nation hat alles gebilligt. Jetzt stöhnt sie nur. Die Niederlage Deutschlands war vernichtend. Sehen Sie, wie es sich abgefunden hat. Bei uns sehe ich nur Ehrgeiz niedrigsten Grades bei einem betäubenden Zusammenbruch.»[17]

1928, ein Jahr vor seinem Tod, prognostizierte Clemenceau gegenüber Martet den Einmarsch der Deutschen in Frankreich im

Laufe des nächsten Jahrzehnts. Das war noch vor dem Aufstieg Hitlers, und wohl niemand sonst hätte sich in Frankreich träumen lassen, dass es tatsächlich so rasch zu einer Revanche kommen würde. Aber «der Schweiger», wie Martet Clemenceau genannt hat, litt im Nachhinein darunter, den Deutschen 1919 in Paris und Versailles wider eigene Überzeugung Zugeständnisse gemacht zu haben, die dem Reich eine gewisse Schonung bescherten. Die Niederlage im Kampf war in der Tat vernichtend gewesen; die Niederlage im Krieg, der durch den Versailler Vertrag beendet wurde, war hingegen nicht vernichtend für Deutschland, obwohl sie in den Augen der Welt so wirkte. Der Wiederaufstieg des Landes erfolgte genauso schnell wie der Frankreichs hundert Jahre zuvor nach dem Wiener Kongress. Nur sollte er weitaus gravierendere Folgen haben.

7. Das erste Dilemma: Der Völkerbund

Die Bestimmungen des Versailler Vertrags beginnen mit einem Kapitel, das historisch vollkommen neu war: der Völkerbundsakte. Sie ist der erste Teil des Vertragswerks von Versailles, noch vor allen konkreten Regelungen zwischen Siegern und Besiegten. Und sie sollte weitgehend wortgleich auch die vier weiteren Friedensverträge einleiten, die noch mit Österreich, Ungarn, Bulgarien und der Türkei abzuschließen waren. Nicht nur die Beendigung dieses Krieges war der Zweck der fünf Pariser Vorortverträge, sondern vor allem die Schaffung einer höchsten staatlichen Instanz, die sich der Beendigung aller Kriege für alle Zeiten verpflichtet sehen sollte. Die Präambel der Völkerbundsakte zog ihre Schlüsse aus dem Geschehen der vorangegangenen Jahre. Sie lautet im typischen Sprachstil solcher Dokumente: «In der Erwägung, daß es zur Förderung der Zusammenarbeit der Nationen und zur Gewährleistung von Frieden und Sicherheit zwischen ihnen darauf ankommt, gewisse Verpflichtungen einzugehen, nicht zum Kriege zu schreiten, in aller Öffentlichkeit auf Gerechtigkeit und Ehre beruhende Beziehungen zwischen den Völkern zu pflegen, die von nun an als Recht für das tatsächliche Verhalten der Regierungen anerkannten Vorschriften des Völkerrechts genau zu beobachten, die Gerechtigkeit herrschen zu lassen und alle vertragsmäßigen Verpflichtungen in den gegenseitigen Beziehungen der organisierten Völker gewissenhaft zu beobachten, nehmen die hohen vertragschließenden Teile die folgende Akte an, die den Völkerbund stiftet.»[1]

Hier aber ergab sich bereits die erste Diskrepanz zwischen dem diplomatischen Text, dessen scheinbare Präzision zahlreiche Unbestimmtheiten enthielt, und der Vertragsrealität. So lässt die isolierte Lektüre dieses Passus erwarten, dass es die am Vertrag beteiligten Parteien waren, die den Völkerbund bilden sollten. Das wären jene achtundzwanzig Länder gewesen, die im Vertragstext explizit genannt werden: die Vereinigten Staaten, das Britische Reich, Frankreich, Italien, Japan, Belgien, Bolivien, Brasilien, China, Ecuador, Griechenland, Guatemala, Haiti, Hedschas, Honduras, Jugoslawien, Kuba, Liberia, Nicaragua, Panama, Peru, Polen, Portugal, Rumänien, Siam, die Tschechoslowakei, Uruguay und natürlich Deutschland – wobei das Britische Empire neben Großbritannien auch Australien, Indien, Kanada, Neuseeland und Südafrika mit einschloss, deren Regierungschefs eigenständig unterzeichneten. Unter diesen also insgesamt dreiunddreißig Vertragsparteien waren zweiunddreißig Siegerstaaten und ein Besiegter. Doch dieser Besiegte, Deutschland (nicht das Deutsche Reich, wie der offizielle Name immer noch lautete, aber im Französischen und Englischen, also den beiden Sprachen, in denen der Vertragstext abgefasst wurde, war «Allemagne» beziehungsweise «Germany» üblich, und so wählte auch die spätere offizielle deutsche Übersetzung das simple Äquivalent), war vom Völkerbund dezidiert ausgeschlossen. Die Anlage zur Völkerbundsakte listet die «ursprünglichen Mitglieder» auf, «die den Friedensvertrag unterzeichnet haben»: Es sind die zweiunddreißig Siegerstaaten, Deutschland fehlt. Auch unter den weiteren dreizehn Staaten, die laut Anlage «zum Beitritt eingeladen sind», findet sich das Reich nicht, stattdessen werden Argentinien, Chile, Dänemark, El Salvador, Kolumbien, die Niederlande, Norwegen, Paraguay, Persien, Schweden, die Schweiz, Spanien und Venezuela genannt – alles Staaten, die bereits erklärt hatten, dem Völkerbund beizutreten, obwohl sie, da im Krieg neutral geblieben, nicht an der Aushandlung des Versailler Vertrags beteiligt waren. Kein Wort aber zum Deutschen Reich und seinen Verbündeten.

Allerdings verkündet Artikel 1 der Völkerbundsakte: «Alle sich selbst verwaltenden Staaten, Dominions oder Kolonien, die nicht in der Anlage aufgeführt sind, können Mitglieder des Bundes werden, wenn ihrer Zulassung durch Zweidrittel der Bundesversammlung zugestimmt wird, vorausgesetzt, daß sie tatsächlich Gewähr für ihre Absicht geben, ernsthaft ihre internationalen Verpflichtungen einzuhalten, und die Bundessatzung hinsichtlich ihrer Streitkräfte und ihrer Rüstungen zu Lande, zu See und in der Luft annehmen.»² Das setzte einem Beitritt Deutschlands oder der anderen Kriegsverlierer die Hürde entgegen, mehr als die Hälfte ihrer bisherigen Feindstaaten als Fürsprecher zu gewinnen, denn selbst bei insgesamt fünfundvierzig erhofften Mitgliedern machten die neutralen Staaten nicht einmal ein Drittel aus. Gleichzeitig war die verlangte Gewähr für die Einhaltung internationaler Verpflichtungen eine zusätzliche Garantie für die abgeschlossenen Friedensverträge.

Vor allem aber war die von der Bundessatzung vorgeschriebene Rüstungskontrolle äußerst geschickt formuliert. Artikel 8 beginnt: «Die Mitglieder des Bundes erkennen an, daß die Aufrechterhaltung des Friedens es nötig macht, die nationale Rüstung auf das Mindestmaß herabzusetzen, das mit der nationalen Sicherheit und der Durchführung der durch ein gemeinsames Handeln auferlegten internationalen Verpflichtungen vereinbar ist.» Das war denkbar unverbindlich und ganz im Sinne Frankreichs, das den Versailler Vertrag (und damit auch die Völkerbundsakte) vor allem als Mittel begriff, ein Wiedererstarken Deutschlands zu verhindern. Artikel 8 garantierte den Franzosen gegenüber dem Nachbarn ein militärisches Übergewicht, denn die konkret zu bewilligende Rüstungsstärke eines Völkerbundmitglieds wurde vom Rat vorgeschlagen, jener Institution des Völkerbundes, die die dauerhafte Vormachtstellung der darin vertretenen Hauptsiegermächte gewährleisten sollte, also der Vereinigten Staaten, Frankreichs, des Britischen Reichs, Italiens und Japans. Sie bildeten zusammen die «alliierten und assoziierten Hauptmächte», wie es im Versailler Vertrag heißt, während die anderen zweiundzwanzig unterzeichnenden Siegerstaaten lediglich als «alliierte und assoziierte Mächte» firmierten und gemeinsam mit den weiteren Völkerbundmitgliedern nur vier Vertreter in den Rat entsenden sollten. Dort hatten die fünf Hauptmächte folglich die Mehrheit, wobei hier wie auch in der Bundesversammlung aller Mitglieder ohnehin Einstimmigkeit vorgeschrieben war, soweit die Völkerbundsakte nicht ausdrücklich etwas anderes bestimmte (wie etwa bei der mit Zweidrittelzustimmung möglichen Neuaufnahme von Mitgliedern).

Der Rat also hatte die Rüstungsvorgaben zu erarbeiten, die vom jeweiligen Land zwar akzeptiert werden mussten, doch was bei Nichteinverständnis zu geschehen hätte, regelte die Völkerbundsakte nicht explizit. Dadurch blieb ein juristischer Freiraum, der vor allem durch die einflussreichsten Mitgliedstaaten, also die fünf Hauptmächte, flexibel hätte ausgestaltet werden können. Weil die Vereinigten Staaten den Versailler Vertrag und damit auch die Völkerbundsakte nicht ratifizierten, hat das ganze Konstrukt jedoch nie so funktioniert, wie es gedacht war – im Guten wie im Schlechten.

Die Ablehnung des Vertrags durch den amerikanischen Senat

hatte ihren Anlass vor allem in der Völkerbundsakte. Zugleich war diese aber auch der Grund dafür, dass sich die Alliierten überhaupt auf Friedensbedingungen mit Deutschland hatten verständigen können, denn vor allem Frankreich gingen die auf der Pariser Konferenz ausgehandelten Maßnahmen zur Beschränkung eines deutschen militärischen Wiederaufstiegs nicht weit genug. Die französischen Ängste wurden von Woodrow Wilson, der unter den Großen Vier als Spiritus Rector des Vertragswerks die Rolle des Mäßigenden innehatte, zu zerstreuen versucht, indem künftig durch den Völkerbund eine weltweite Militärmacht geschaffen würde, die jeden Angriff auf eines der Mitglieder aussichtslos machte.

Als der Präsident nach seiner Rückkehr aus Paris daheim um die Zustimmung zur Ratifizierung des Versailler Vertrags warb und dafür quer durchs Land reiste, um auf Massenversammlungen seine Überzeugung zu bekunden, sagte er am 25. September 1919 in Pueblo, Colorado, bei einem seiner letzten Auftritte: «An den Beginn dieses großen Vertrages ist die Übereinkunft des Völkerbundes gestellt. Sie wird auch am Beginn des österreichischen und des ungarischen und des bulgarischen Vertrages und des Vertrages mit der Türkei stehen. Jeder wird die Übereinkunft des Völkerbundes enthalten, denn keiner kann ohne die Übereinkunft des Völkerbundes bearbeitet werden. Solange wir nicht die vereinten Kräfte der großen Regierungen der Welt hinter diesen Absprachen vereinen können, werden sie zusammenfallen wie ein Kartenhaus. Es gibt nur eine Macht, mit der die Befreiung der Menschheit durchgesetzt werden kann, und das ist die Macht der Menschheit.»[3]

Diese Macht sollte durch die Vereinbarungen der Völkerbundsakte konkretisiert und verbindlich gemacht werden. Und zwar zweifelsfrei. Deshalb hob Artikel 11 des Versailler Vertrags,

Kampf in der Heimat nach der gewonnenen Schlacht in Übersee: Woodrow Wilson hatte für die Vereinigten Staaten den Versailler Vertrag unterschrieben, doch der Kongress musste ihn noch ratifizieren. Darüber entbrannte ein innenpolitischer Streit, den der Präsident durch eine Serie von Reden im ganzen Land für sich zu entscheiden suchte. Hier fährt Wilson am 17. September 1919 in San Francisco ein. Acht Tage später brach er in Pueblo, Colorado, auf seiner Reise zusammen; am 2. Oktober erlitt er dann im Weißen Haus einen Schlaganfall, von dem er sich nie mehr erholte.

der die Beistandspflicht aller Mitglieder für jedes einzelne festlegte, eigens zur Beruhigung der Franzosen mit einer Bekräftigung an, die in einem Vertragswerk höchst ungewöhnlich ist: «Es wird hierdurch ausdrücklich erklärt ...». Das war ein diplomatischer Pleonasmus, denn jede Vertragsbedingung erklärt ja etwas ausdrücklich, aber es sollte eben betont werden, dass gerade an dieser Bestimmung nicht zu rütteln sein würde. «Es wird hierdurch ausdrücklich erklärt, dass jeder Krieg oder jede Kriegsdrohung, möge dadurch eins der Bundesmitglieder unmittelbar bedroht werden oder nicht, den ganzen Bund angeht und dass dieser alle Maßregeln zur wirksamen Entfaltung des Völkerfriedens treffen muss. In diesem Fall hat der Generalsekretär unverzüglich auf Antrag eines jeden der Bundesmitglieder den Rat zu berufen.» Und der Rat wiederum wurde durch Artikel 16 verpflichtet, «den verschiedenen beteiligten Staaten vorzuschlagen, mit welchen Land-, See- oder Luftstreitkräften die Mitglieder des Bundes (...) zu der bewaffneten Macht beizutragen haben, die zur Wahrung der Bundespflichten bestimmt ist». Ausreden durfte es nicht geben, wie Artikel 20 bestimmte: «Die Bundesmitglieder erkennen (...) an, dass die gegenwärtige Akte alle gegenseitigen Verpflichtungen oder Verständigungen aufhebt, die mit den in ihr enthaltenen Bestimmungen unvereinbar sind; sie verpflichten sich feierlich, in Zukunft keine solchen Verträge mehr zu schließen. Hat ein Mitglied vor seinem Eintritt in den Bund Verpflichtungen übernommen, die mit den Bestimmungen der Akte unvereinbar sind, so muss es sofort das Erforderliche veranlassen, um sich von diesen Verpflichtungen zu befreien.»

Die unbedingte Beistandsverpflichtung für den Fall, dass ein Mitglied von Krieg auch nur bedroht war, rief in den Vereinigten Staaten den größten Widerstand hervor. Nicht die Sorge um ein Wiedererstarken oder umgekehrt einen Ruin Deutschlands befeuerte die Debatten in der amerikanischen Öffentlichkeit und im Kongress, sondern der absehbare Bruch mit dem als unumstößlich betrachteten Prinzip der Amerikaner, sich nicht in die europäischen Angelegenheiten einzumischen. Kein Geringerer als George Washington, der als militärischer Oberbefehlshaber im Unabhängigkeitskrieg und erster Präsident des jungen Staates schon zu Lebzeiten als Vater der Nation galt, hatte in seinem «politischen Testament», der bereits erwähnten Abschiedsbotschaft von 1796 zum bevorstehenden Ende seiner Präsidentschaft, den künftigen amerikanischen Politikern strikte Neutralität in internationalen Angelegenheiten empfohlen, um die Entwicklung der Vereinigten Staaten als Handelsnation nicht durch politische Parteinahmen zu gefährden.

Washingtons Nachfolger James Monroe, von 1817 bis 1825 fünfter Präsident der Vereinigten Staaten, hatte diese Überzeugung im Jahr 1823 durch eine Rede präzisiert, die zwei separate Interessensphären proklamierte: Europa und den amerikanischen Kontinent. Er versicherte, dass sich sein Land in Europa nicht engagieren werde, verlangte aber im Gegenzug von den europäischen Mächten das Gleiche – und zwar in Bezug auf den gesamten amerikanischen Kontinent. Hintergrund waren die von den Vereinigten Staaten unterstützten Unabhängigkeitsbestrebungen der südamerikanischen Länder gegen die spanischen Kolonialherren. Die Rede wurde als «Monroe-Doktrin» der Grundpfeiler der amerikanischen Außenpolitik bis zum Kriegseintritt von 1917. Schon dieser war im Land höchst umstritten. Umso heftiger entbrannte dann der innenpolitische Kampf um die Ratifikation des Versailler Vertrags, würde er Amerika doch auf Dauer eine Interventionspflicht aufbürden.

Zumal der Konflikt zwischen Völkerbundsverpflichtung und Monroe-Doktrin noch weiterging: Letztere hätte gegen den Geist der Völkerbundsakte verstoßen, weil sie eine Vereinbarung über Nichteinmischung in bestimmten Gebieten darstellte, die gemäß Artikel 20 der Völkerbundsakte aufzukündigen gewesen wäre. Das jedoch erschien den meisten Amerikanern als Verrat an den heiligsten Prinzipien ihres Landes, und vor allem im Senat regte sich heftiger Widerstand. Schon als Präsident Wilson während der Pariser Friedenskonferenz kurzzeitig nach Amerika zurückgekehrt war, hatte er die Gefahr erkannt, die seinem im Entstehen befindlichen Vertragswerk aus dem eigenen Land drohte. Des-

halb bestanden die Vereinigten Staaten darauf, dass die Völkerbundsakte einen eigenen Artikel enthalten müsse, der die Verein-
barkeit mit der Monroe-Doktrin erklärte. Doch dagegen sperrten
sich die anderen Konferenzteilnehmer, denn Sonderrechte wollten sie in einer Institution, die explizit als Bündnis unter Gleichen
geschlossen werden sollte (auch wenn einige, wie gesehen, gleicher waren als die anderen), nicht dulden.

In den lateinamerikanischen Ländern wurde das Bestreben der Vereinigten Staaten mit großer Skepsis gesehen, denn
dadurch bliebe deren Status als Hegemonialmacht erhalten,
obwohl der Völkerbund doch gerade diese Zustände beseitigen
sollte. Am größten aber war das Misstrauen in Frankreich, das für
den Fall eines künftigen Konflikts mit Deutschland fürchtete, der
mächtigste Völkerbundspartner würde seinen Pflichten mit Verweis auf die Monroe-Doktrin nicht nachkommen. Wilson versuchte diese Sorge mit dem Hinweis darauf zu zerstreuen, dass
die Vereinigten Staaten ja auch 1917 an Frankreichs Seite in den
Krieg eingetreten seien, als es noch gar keine Verpflichtung dazu
gab. Die in der Völkerbundsakte niedergeschriebenen Beistands-
pflichten sollten durch die Zusatzerklärung überhaupt nicht eingeschränkt werden, so Wilson, es gehe lediglich darum, dass die
Monroe-Doktrin nicht widerrufen werden müsste. Es war ein
ähnliches rhetorisches Spiel wie bei den Kriegsschuldklauseln
der Artikel 231 und 232 des Versailler Vertrags: Zunächst wird
etwas Unumstößliches festgestellt, um im Folgeartikel die Konsequenzen daraus einzuschränken. So entstand dann Artikel 21 der
Völkerbundsakte: «Internationale Vereinbarungen, wie Schieds-
gerichtsverträge und Verständigungen über bestimmte Gebiete,
wie die Monroe-Doktrin, die der Aufrechterhaltung des Friedens
dienen, werden nicht als unvereinbar mit den Bestimmungen der
gegenwärtigen Akte angesehen.»

Ob sich die Vereinigten Staaten im Krisenfall ihren Völkerbundspflichten mit Verweis auf die Monroe-Doktrin verweigert hätten, kann niemand wissen, weil der Senat am 19. November 1919 gegen die Ratifikation des Versailler Vertrags stimmte. Wilson war hilflos, denn es waren zum Großteil die Senatoren der eigenen demokratischen Partei, die sein Vertrags- und Lebenswerk zu Fall brachten. Der Präsident hatte nach einem Zusammenbruch, den er infolge der Anstrengungen seiner Kundgebungstournee am 25. September erlitten hatte – nach der oben zitierten Rede in Pueblo, in der er noch einmal die Unentbehrlichkeit des Völkerbundes beschwor –, und nach einem Schlaganfall eine Woche später, der ihn halbseitig lähmte, keine Möglichkeit mehr, in der Schlussphase der politischen Auseinandersetzung seine Persönlichkeit in die Waagschale zu werfen. Das Zugeständnis, das er erreicht hatte, die explizite Nennung der Monroe-Doktrin als weiterhin gültige Vereinbarung, reichte nicht, um die Bedenken der Isolationisten in der amerikanischen Öffentlichkeit und Politik zu überwinden. Der Senat zeigte zwar Angst vor der eigenen Courage und räumte Wilson eine zweite Chance für Nachbesserungen des Vertragstextes ein, doch der immer noch geschwächte Präsident weigerte sich, denn das hätte auch eine Wiederaufnahme der Verhandlungen mit den anderen Vertragsparteien bedeutet – nachdem ja alle am 28. Juni in Versailles bereits unterzeichnet hatten. So wurde am 19. März 1920 im amerikanischen Senat ein zweites Mal über denselben Text abgestimmt, und auch wenn die Mehrheit diesmal knapper war, wurde die Ablehnung endgültig bestätigt.

Damit war der Versailler Vertrag nicht gegenstandslos geworden, denn er blieb für alle weiteren Vertragspartner gültig. Aber der frisch begründete Völkerbund stand ohne jenes Mitglied da, das ihn überhaupt erst angeregt hatte – und ohne die

OVERWEIGHTED.

PRESIDENT WILSON. "HERE'S YOUR OLIVE BRANCH. NOW GET BUSY."
DOVE OF PEACE. "OF COURSE I WANT TO PLEASE EVERYBODY; BUT ISN'T THIS A BIT THICK?"

Große Erwartungen: «Hier ist dein Olivenzweig. An die Arbeit!» Diese Aufforderung legte der Karikaturist des britischen Satiremagazins «Punch» dem amerikanischen Präsidenten Wilson am 26. März 1919 in den Mund. Auf der Pariser Friedenskonferenz setzte Wilson seine Vorstellung eines Völkerbunds als Allheilmittel gegen künftige Kriege durch. Vor allem in Großbritannien war man skeptisch.

größte Militärmacht der Welt. Wilsons Plan, ein derart kraftvolles Bündnis zu schmieden, dass niemand dagegen würde Krieg führen können, war gescheitert. Besonders entsetzt darüber war selbstverständlich Frankreich, das sich von den Vereinigten Staaten betrogen fühlte, weil es mit Aussicht auf die Macht des Völkerbundes Zugeständnisse gegenüber Deutschland gemacht hatte. Umso fester pochte das Land fortan auf die strikte Einhaltung der Bedingungen des Versailler Vertrags durch das Deutsche Reich. Die daraus resultierende Verschärfung des diplomatischen Konflikts nicht nur zwischen Frankreich und Deutschland, sondern auch zwischen Frankreich und den meisten seiner früheren Kriegsverbündeten sollte 1923 in der zweijährigen Ruhrbesetzung durch französische und belgische Truppen gipfeln. Als auf der Konferenz von Locarno im Oktober 1925 dieses Problem gelöst wurde, konnte auch der Weg frei gemacht werden für den Beitritt Deutschlands zum Völkerbund, der dann 1926 erfolgte, als mit dem Außenminister Gustav Stresemann ein Politiker im Amt war, dem die früheren Kriegsgegner Vertrauen schenkten.

Dass das Reich aber zunächst außen vor bleiben musste, hatte dem ganzen Versailler Vertrag von Beginn an eine Diskriminierung eingeschrieben. Es war ein Geburtsfehler des Völkerbundes gewesen, der indes noch korrigiert werden konnte. Dass aber jener Staat, der den Völkerbund in die Welt gebracht hatte, sich ihm verweigerte, davon erholte sich das Bündnis nicht mehr. Die in Genf angesiedelte Institution degenerierte zur Repräsentationsbühne, «auf der Radschas aus Indien, Scheiks aus Arabien, Mandarine aus dem Fernen Osten, viele in Nationalkostümen, mit den nüchterner gekleideten Vertretern der westlichen Welt sich trafen», wie der boshafte deutsche Beobachter Fritz M. Cahén im Rückblick mit spürbar eurozentrischer Arroganz feststellte: «Eine Versammlung mit einem Resonanzboden, der ebenso enorm wie

Doch noch angekommen: Deutschland stand der Beitritt zum Völkerbund zunächst nicht offen. Es dauerte bis zum 8. September 1926, ehe
das Reich aufgenommen wurde. Das war vor allem das Verdienst des
Außenministers Gustav Stresemann, hier bei seiner ersten Rede vor
dem Plenum im Genfer Völkerbundpalast.

die Macht der Körperschaft, der er diente, minimal war, soweit
es sich um die Konflikte der Großmächte handelte. Es gab Konferenzen und Sitzungen über alles, über das Erdöl und über die
Reparationen, über Tacna Arica und den Gran Chaco, über die
Senussis und die Wahabiten; es gab keine Gegend des Erdballs
und keine Angelegenheit, die den Enthusiasten der Galavorstel-
lungen nicht Gelegenheit zu einer Konferenz gegeben hätte.»[4]
Dass der Völkerbund in jenen Fragen scheitern würde, bei denen
es wirklich auf ihn angekommen wäre, Fragen von Krieg und
Frieden für die ganze Welt, von einem neuen Weltkrieg, sollte in
den dreißiger Jahren deutlich werden, als er den deutschen und
italienischen Aggressionen keinen wirksamen Widerstand entgegensetzen konnte.

8. Das zweite Dilemma: Die Gebietsabtretungen

In der deutschen öffentlichen Wahrnehmung des Versailler Vertrags sollten vor allem zwei Aspekte eine Rolle spielen: die Kriegsschuldzuweisung und der Verlust von mehr als siebzigtausend Quadratkilometern Land, einem Achtel des bisherigen Reichsgebiets. Es ging dabei nicht nur um territoriale Verkleinerung, denn die ökonomischen Einbußen waren teilweise noch größer: Die zur Abtretung vorgesehenen Gebiete umfassten «80 Prozent [der deutschen] Eisenerz-, 63 Prozent seiner Zinkerz- und 26 Prozent seiner Steinkohlenlager; 19 Prozent seiner Stahl- und Eisenproduktion, 40 Prozent seiner Hochöfen, insgesamt 15 Prozent seiner industriellen Produktionsanlagen von 1914; dazu 15 Prozent seiner landwirtschaftlichen Nutzfläche, 17 Prozent seiner Getreideernte und 12 Prozent seines Viehbestandes».[1]

In den Jahren nach 1919 zogen in die deutschen Klassenzimmer Landkarten ein, die auf einen Blick das sichtbar machten, wofür im Versailler Vertrag ein rundes Fünftel des Textes benötigt wurde: diese Gebietsabtretungen. Im zweiten Teil des Vertrags war Deutschland überhaupt erstmals Thema, denn die vorangegangenen sechsundzwanzig Artikel bildeten die Völkerbundsakte. Dann aber ging es gleich zur Sache: Teil II trägt die Oberbezeichnung «Deutsche Grenzen» und umfasst lediglich vier

Artikel, darunter einen rein dokumenttechnischen mit der Nummer 29, der sich selbst im Zweifelsfall für irrelevant erklärte: «Die beschriebenen Grenzen sind in rot auf einer Karte im Maßstabe 1:1 000 000 eingezeichnet, welche dem gegenwärtigen Vertrag unter Nr. 1 beigefügt ist. Im Falle von Unterschieden zwischen dem Vertragstext und der Karteneinzeichnung ist der Text maßgebend.» Dieser Text steht in den vorangegangenen Artikeln 27 und 28, die eine akribische Beschreibung der Grenzverläufe bieten, wobei Letzterer allein Ostpreußen gewidmet ist, das fortan vom restlichen Reich getrennt sein würde. Der Text beschreibt die Grenzlinien von Landmarke zu Landmarke, ganz sachlich und neutral, chirurgisch exakt. Dabei waren über die Frage der Gebietsabtretungen die heftigsten Streitigkeiten zwischen den Alliierten entstanden. Die erzielten Kompromisse fanden dann im dritten Vertragsteil ihren Ausdruck, der mehr als zehnmal so umfangreich geriet wie der zweite. «Politische Bestimmungen für Europa» hieß Teil III, und hier ist alles das, was zuvor abstrakt-kartographisch war, plötzlich konkret.

Die heftigste Auseinandersetzung während der Pariser Verhandlungen hatte es um die Bestimmungen zum Saargebiet (es firmiert im Vertrag als «Saarbecken») gegeben, obwohl es zuvor niemals eine eigenständige Einheit dargestellt hatte. Es bestand aus preußischen und bayerischen Besitzungen, aber als bedeutende Montanregion weckte es die Begehrlichkeiten des durch die Rückgewinnung von Elsass-Lothringen nun wieder unmittelbar benachbarten Frankreichs, das das Saargebiet am liebsten annektiert hätte. Das Äquivalent im Osten war Oberschlesien: auch dies ein begehrtes Bergbaugebiet und deshalb in seinem künftigen Status besonders umstritten. Zunächst wollten die Alliierten es komplett dem neugeschaffenen Polen zuschlagen. In beiden Fällen sahen die Vereinigten Staaten und Großbritannien jedoch den Geist der Wilson'schen Vierzehn Punkte verletzt, weil im Saargebiet fast ausschließlich und in Oberschlesien zumindest in bestimmten Regionen ganz überwiegend Deutsche lebten. Die Übernahme dieser Gebiete durch andere Nationen hätte gegen einen jener Grundsätze verstoßen, die Wilson seinem ursprünglichen Friedensprogramm hinzugefügt hatte: «daß jede durch den Krieg aufgeworfene territoriale Regelung im Interesse und zugunsten der beteiligten Bevölkerungen getroffen werden muß und nicht als Teil eines bloßen Ausgleiches oder eines Kompromisses der Ansprüche rivalisierender Staaten». Und am 4. Juli 1918 hatte der amerikanische Präsident in seiner Rede in Mount Vernon diesbezüglich noch einmal präzisiert, dass die Regelung aller entsprechenden Fragen, die ein Friedensschluss aufwerfe, «auf der Grundlage der freien Annahme dieser Regelung seitens des dadurch unmittelbar betroffenen Volkes und nicht auf der Grundlage des materiellen Interesses oder Vorteiles irgendeiner anderen Nation oder irgendeines anderen Volkes» erfolgen müsse.[2] Deshalb wurden im Saargebiet und in Oberschlesien Volksabstimmungen vorgeschrieben, im letzteren Fall bezeichnenderweise ganz in Wilsons Sinne möglichst bald, im Saargebiet, wo die unmittelbaren Interessen der Hauptmacht Frankreich betroffen waren, dagegen erst fünfzehn Jahre nach Inkrafttreten des Versailler Vertrags.

In der Zwischenzeit wurde das Saarbecken zum Mandatsgebiet des Völkerbundes, obwohl es völkerrechtlich weiterhin zum Deutschen Reich gehörte. Dessen direktem politischen Einfluss war es jedoch entzogen, weil Deutschland ja noch nicht Mitglied des Völkerbundes war. Der Vertrag schrieb vor, dass die Kommission, die das Saargebiet zu verwalten hatte, aus einem Franzosen, einem nicht französischen, also deutschen Einheimischen und drei weiteren Kommissaren, die weder aus Frankreich noch aus Deutschland stammen durften, bestehen sollte. Da der Völkerbundrat die Zusammensetzung der Kommission und ihren Vorsitz bestimmte, war garantiert, dass Frankreich an der Saar die entscheidende Stimme haben würde, denn es war als alliierte Hauptmacht festes Mitglied des Rats, und dort galt ja prinzipiell das Einstimmigkeitsgebot, solange nichts anderes in der Völkerbundsakte geregelt war. Und die sagte nichts zum Saargebiet.

Nach der fünfzehnjährigen Frist sollten dessen Bewohner aufgerufen sein, darüber zu entscheiden, ob sie weiter in einem Mandatsgebiet des Völkerbundes leben, Frankreich zugeschlagen oder ins Deutsche Reich zurückkehren wollten. Natürlich hoffte Frankreich, diese Abstimmung durch eine möglichst weitgehende ökonomische Anbindung der Region beeinflussen zu können. So wurde beispielsweise im Versailler Vertrag garantiert, dass französisches Geld neben deutschem in Umlauf kommen und nicht zurückgewiesen werden durfte (was sich während der Inflationszeit als Vorteil für die Saarländer erwies); außerdem wurde das Saargebiet dem französischen Zollsystem unterworfen. Zugleich aber war die Region als Kohle- und Stahllieferant so wichtig für Frankreich, dass es die ihm zugestandenen wirtschaftlichen Sonderrechte auch konsequent ausnutzte, was seiner Beliebtheit dort nicht förderlich war. Die Kohlegruben wurden in Artikel 45 des Versailler Vertrags, in dem das Saargebiet erstmals im Text Erwähnung fand (die Mandatsregelung erfolgte erst in Artikel 49), Frankreich übereignet – in Anrechnung auf die Reparationen. Dass die betroffenen Grubeneigentümer vom Deutschen Reich für diese Enteignung entschädigt wurden, änderte nichts daran, dass die Völkerbundsverwaltung von den Gebietsansässigen als französische Besatzung erlebt wurde. Und da im Saargebiet nahezu ausschließlich Deutsche lebten, war absehbar, wie die Volksabstimmung nach fünfzehn Jahren ausgehen würde. Um

Im Würgegriff Frankreichs: Die drohende Abtretung des Saargebiets wurde zum Gegenstand massiver deutscher Propaganda gegen den Versailler Vertrag. Indem sie einen schwarzen französischen Soldaten zeigte, stellte diese Darstellung aus dem Jahr 1919 auf die rassistische Aussage ab, dass die Alliierten mit ihren Vertragsbedingungen den Boden der gemeinsamen Kultur verließen.

sich wenigstens die Chance zu erhalten, einzelne Teile, speziell die direkt an der Grenze gelegenen, für sich zu gewinnen oder zumindest nicht mehr an Deutschland fallen zu lassen, ließ Frankreich im Versailler Vertrag festschreiben, dass nach Gemeinden und Bezirken abgestimmt werden sollte. Mit der Frage, was praktisch zu geschehen hätte, wenn dabei von den Wählern unterschiedlich entschieden worden wäre, hielt sich der Vertrag nicht auf. Sie sollte auch irrelevant sein, weil 1935 eine überwältigende Mehrheit in allen Wahlbezirken für die Wiedereingliederung ins Deutsche Reich stimmte.

Da die Abstimmungsmodalitäten nach Gemeinden und Bezirken nun aber aus französischem Interesse einmal festgelegt waren, konnte man im Falle Oberschlesiens schlecht eine andere Regelung treffen. Artikel 88 des Vertrags schrieb dort ebenfalls ein Referendum vor, auch wenn die polnische Regierung, die bis zum Inkrafttreten des Versailler Vertrags rechtlich eine ohne Land war, im zukünftigen Staatsgebiet jedoch schon herrschte, gegen eine Volksabstimmung plädiert hatte, weil klar war, dass nur der östliche Landesteil für Polen, der westliche entsprechend der Bevölkerungsmehrheit aber für Deutschland votieren würde. Bei Gesamtabstimmung war ein Ergebnis zugunsten des Deutschen Reichs zu erwarten, eine nach Bezirken machte dagegen die Teilung des umstrittenen Gebiets sicher. Letzteres geschah dann auch nach dem Referendum von 1921, demgemäß das Deutsche Reich den weitaus größeren Teil Oberschlesiens behalten konnte. Den Polen hatte man jedoch nicht dieselben Vergünstigungen wie den Franzosen gewährt: Der Abstimmungszeitpunkt in Oberschlesien kam schnell, und das Gebiet wurde zwar wie das Saarbecken unter internationale Verwaltung gestellt, aber nicht als Mandat des Völkerbundes, sondern einer Kommission, der Vertreter der vier westlichen Hauptmächte angehörten. Kein Pole war vertreten; hier wahrte man also die Neutralität, die in der Saargebietsverwaltung so offensichtlich zugunsten Frankreichs verletzt wurde.

Die unterschiedliche Berücksichtigung von Haupt- und «normalen» Siegermächten im Versailler Vertrag wird am Beispiel der Volksabstimmungen überdeutlich. Im Falle von Schleswig, wo gar keine Siegermacht des Krieges betroffen war, hieß es in Artikel 109 dann so lapidar und entschieden, wie es das Wilson'sche Programm eigentlich bei allen Gebietsabtretungsfragen erfordert hätte: «Die Grenze zwischen Deutschland und Dänemark wird gemäß den Wünschen der Bevölkerung festgesetzt.» Das betraf eine heikle Frage, denn Dänemark war im Krieg neutral geblieben. Allerdings hatten Wilsons Vierzehn Punkte dort die Hoffnung geweckt, nach Kriegsende unter Verweis auf das Selbstbestimmungsrecht der Dänen auf deutschem Staatsgebiet die eigenen Gebietsverluste, die man 1864 erlitten hatte, korrigieren zu können. Bereits Anfang Oktober 1918, nach Bekanntwerden des deutschen Friedensgesuchs auf der Grundlage von Wilsons Programm, hatte der dänisch gesinnte Politiker und Journalist Hans Peter Hanssen aus Nordschleswig an seinen Freund Aage Friis, einen dänischen Historiker mit dem Spezialgebiet deutsch-dänische Beziehungen, einen Brief nach Kopenhagen geschrieben, in dem er seine freudige Erwartung einer bald anstehenden Grenzrevision in eine verschlüsselte Formulierung kleidete, die von einem seit langem gesuchten antiquarischen Buch sprach: «Das in Frage kommende Werk ist jetzt bald erhältlich.»[3] Noch war ja Krieg, und man musste bei Post ins Ausland die Briefzensur fürchten.

In der Kommission, die Schleswig bis zum Wahltag zu verwalten hatte, saß neben drei Vertretern der Hauptmächte jeweils ein Mitglied aus den neutralen Staaten Norwegen und Schweden. Und es ging schnell: Schon 1920 konnten die Wähler an die Urnen.

Karikatur auf niedrigstem Niveau: Ein Plakat aus dem Jahr 1921 macht vor der Volksabstimmung am 20. März in Oberschlesien noch einmal Stimmung für die deutsche Sache. Germania ist zu einem pausbäckigen Rotkäppchen verniedlicht, in dessen Korb die schlesischen Industrieanlagen liegen, während der böse Wolf den polnischen Adler aufgemalt hat.

Allerdings wurde auch hier das Abstimmungsverfahren so manipuliert, dass es möglichst günstig für Dänemark ausfallen würde. Über Nordschleswig, in dem es eine eindeutige dänische Mehrheit gab, wurde in einer Gesamtgebietsabstimmung entschieden, über den südlichen Landesteil, in dem überwiegend Deutsche wohnten, dagegen nach Gemeinden, wodurch Dänemark einzelne Teile erhielt. Allerdings muss man berücksichtigen, dass Nordschleswig in internationaler Betrachtung unrechtmäßig Teil

des Deutschen Reiches geworden war, weil Bismarck 1866 eine
Volksabstimmung über dessen nationale Zugehörigkeit binnen
fünf Jahren garantiert hatte, die nach dem Sieg über Frankreich
1870/71 jedoch nie durchgeführt worden war. So gesehen, holte
das Referendum von 1920 in Nordschleswig nur nach, was schon
ein halbes Jahrhundert früher hätte stattfinden müssen, und für
Südschleswig kamen dann die gleichen Prinzipien zur Anwendung wie auch in den sonstigen umstrittenen Gebieten.

Gar keine Volksabstimmungen sah der Versailler Vertrag in jenen
Abtretungsgebieten vor, bei denen es ohnehin als selbstverständlich angesehen wurde, dass das Deutsche Reich sie verlieren
würde. Selbstverständlich deshalb, weil sie von Wilson bereits in
den Vierzehn Punkten als Voraussetzungen für einen Friedensschluss genannt worden waren, denen die deutsche Regierung ja
am 3. Oktober in ihrem Ersuchen um Waffenstillstand ausdrücklich zugestimmt hatte – wo immer es von Vorteil für die alliierten
Einzelmächte war, beriefen sie sich gern auf Wilsons Programm,
obwohl sie es bei der Aushandlung des Vertrages oft genug miss-
achtet hatten. Konkret hieß es in den Vierzehn Punkten, dass
Frankreich Elsass-Lothringen bekommen solle, Italien die mehrheitlich italienischen Gebiete Südtirols und Istriens sowie Serbien
einen nicht näher bestimmten Zugang zum Meer; außerdem wurden die Aufteilung der Habsburger-Monarchie nach den Prinzipien der nationalen Selbstbestimmung und die Neubegründung
Polens genannt. Letztere machte Gebietsabtretungen von Österreich-Ungarn, Russland und dem Deutschen Reich erforderlich,
und dafür hatte Wilson explizit die «von unbestritten polnischer
Bevölkerung bewohnten Gebiete» genannt. Aber er hatte dem
künftigen polnischen Staat auch den bereits erwähnten «freien
und sicheren Zugang zum Meere» garantiert, der nur in Pom-

mern und Westpreußen geschaffen werden konnte, wodurch
jedoch das deutsche Staatsterritorium geteilt würde: durch den
sogenannten polnischen Korridor. Die Alternative dazu wäre
nach amerikanischer Vorstellung die Schaffung einer Freien Stadt
Danzig gewesen, die zwar nicht an Polen gegrenzt hätte, aber für
den neuen Staat durch eine Internationalisierung der Weichsel als
Hafen nutzbar gewesen wäre. Das aber war mit Frankreich nicht
zu machen, das vor allem auf die bevölkerungsmäßige Schwächung Deutschlands Wert legte und deswegen auch hier auf die
Abtretung der Provinz pochte. Der Versailler Vertrag trennte
somit Ostpreußen durch den polnischen Korridor vom Rest des
Reiches ab, schlug Danzig aber als mehrheitlich deutsch bewohnte
Stadt nicht Polen zu, sondern machte es tatsächlich zur Freien
Stadt und schrieb für die unmittelbar angrenzenden Gebiete Ost-
preußens, die Polen auch für sich gefordert hatte, Volksabstimmungen nach bewährtem Muster vor, die dann alle zugunsten
Deutschlands ausgehen sollten.

Über Elsass-Lothringen wurde bei den Pariser Friedensverhandlungen gar nicht erst diskutiert. Dass diese Territorien wieder französisch werden sollten, war das einzige Kriegsziel, über
das sich die Alliierten völlig einig waren. Artikel 51 des Versailler
Vertrags bestätigte in gestelzten Worten und mit auf französischen Wunsch explizitem Hinweis auf den achtundvierzig Jahre
zuvor geschlossenen anderen Vertrag von Versailles noch einmal, was schon das Waffenstillstandsabkommen faktisch geregelt hatte, als es die sofortige Räumung Elsass-Lothringens (als
einziger Reichsteil) durch die deutsche Armee vorschrieb: «Die
in Gemäßheit des zu Versailles am 26. Februar 1871 unterzeichneten Vorfriedens und des Frankfurter Vertrags vom 10. Mai 1871 an
Deutschland abgetretenen Gebiete sind von dem Tage des Waffenstillstands, vom 11. November 1918, an wieder unter die fran-

zösische Staatshoheit getreten.» Bereits am 17. November, nicht einmal eine Woche nach Inkrafttreten des Waffenstillstands, war auf der Place de la Concorde in Paris eine Feier anlässlich der Wiedergewinnung Elsass-Lothringens ausgerichtet worden, in Gegenwart des Präsidenten Poincaré, des Ministerpräsidenten Clemenceau und des Marschalls Joseph Joffre, der mittlerweile kein Kommando mehr innehatte und somit als einziger hoher Militär abkömmlich war – seine aktiven Kollegen waren mit dem Einmarsch in die wiedergewonnenen Provinzen und der Besetzung der anderen linksrheinischen deutschen Gebiete beschäftigt. Philippe Pétain, dem Oberbefehlshaber des Heeres, wurde die Marschallwürde zuerkannt, und er hatte die Ehre, nach dem Einzug seiner Truppen in die lothringische Hauptstadt Metz beim Dankgottesdienst in der dortigen Kathedrale Frankreich zu repräsentieren. Kein Politiker bestritt dem Offizier bei dieser höchst symbolischen Feier seinen Vorrang[4]; Clemenceau sollte erst am 7. Dezember, dann allerdings gleich für eine dreitägige Triumphfahrt durch das wiedergewonnene Gebiet (Metz, Straßburg und Colmar waren die Stationen), nach Elsass-Lothringen aufbrechen. Auf die offizielle Bestätigung der Rückgabe im künftigen Friedensvertrag mochte in Frankreich niemand warten.

Trotzdem gab es dann noch viel zu regeln. Ungewöhnlich und ohne Parallele im sonstigen Vertragstext von Versailles war das Nationalitätenwahlrecht für die von der Gebietsabtretung betroffene Bevölkerung. Überall sonst konnten die Bewohner binnen zwei Jahren für die deutsche Staatsangehörigkeit optieren, mussten dann aber die verlorenen Gebiete verlassen und ins Restreich übersiedeln. In Elsass-Lothringen dagegen gab es kein Wahlrecht für die Bürger, aber es gab eines für den französischen Staat. Denn nur diejenigen Menschen in Elsass-Lothringen, die vor Kriegsbeginn 1870 in den damals noch französischen Provinzen gelebt hatten, oder ihre Nachkommen wurden gemäß Artikel 53 des Versailler Vertrags Franzosen. Die anderen Bewohner konnten das nur mit der Zustimmung Frankreichs werden. Wem Paris die Staatsbürgerschaft verweigerte, der blieb Deutscher und musste das Land somit verlassen, sofern er keine Aufenthaltserlaubnis erhielt. Damit wollte Frankreich sicherstellen, die seit dem deutschen Einmarsch von 1870 und der darauf folgenden Annexion von 1871 zugezogenen Deutschen und deren Nachkommen nach Belieben wieder aus Elsass-Lothringen entfernen zu können. Binnen eines Jahres nach Inkrafttreten des Versailler Vertrags mussten die Bewohner von Elsass-Lothringen die französische Staatsbürgerschaft beantragt haben, und den gemäß Artikel 53 deutsch Gebliebenen war das nur in drei Fällen gestattet: wenn sie entweder französische Vorfahren hatten und vor Kriegsbeginn 1870 in einer der beiden Provinzen gelebt sowie mindestens einen schon länger dort wohnenden Ahnen hatten; wenn sie später dort geboren waren und im Weltkrieg für die Alliierten gekämpft hatten; oder wenn sie mit einer Person verheiratet waren, die nun französischer Staatsbürger wurde. Allen anderen blieb nur der normale, also weitaus umständlichere Weg einer Einbürgerung, und Deutsche, die erst während des Weltkriegs nach Elsass-Lothringen gezogen waren, von denen man also vermutete, sie seien dort nur angesiedelt worden, um den deutschen Bevölkerungsanteil zu erhöhen, waren explizit davon ausgeschlossen. Deutsches Eigentum in Elsass-Lothringen ging an Frankreich über, die Enteigneten waren vom Reich zu entschädigen.

Zwei Sonderfälle gab es unter den von Deutschland abgetretenen Gebieten. Zunächst das «Memelgebiet», die rechts der Memel gelegenen, also nördlichsten Teile Ostpreußens, einschließlich der oberen Hälfte der Kurischen Nehrung, jener Halbinsel, die

Neue Heimat, neue Sprache: Mit der Rückgewinnung Elsass-Lothringens verband Frankreich eine massive Unterdrückung nicht nur der deutschen, sondern auch der elsässischen Sprache. In den Schulen, hier ein Klassenzimmer im Jahr 1920, wurde fortan ausschließlich Französisch gesprochen. Auf der Tafel ist zu lesen: «La France est notre. Vive la France!» (Frankreich ist unser. Es lebe Frankreich!)

das Kurische Haff zum Meer abgrenzte und auf dem Landweg nur von Ostpreußen aus erreichbar war. Begründet wurde die Loslösung dieses Landstrichs vom Deutschen Reich mit der dortigen litauischen Bevölkerungsmehrheit, wichtiger aber war der Zugang zur Memel, über die das von den Bolschewiken bedrohte Hinterland versorgt werden konnte. Mit der im abgetrennten Gebiet gelegenen Stadt Memel hatte das zur dortigen Kontrollmacht bestimmte Frankreich auch Zugriff auf einen wichtigen Ostseehafen, der wiederum dem neugegründeten Staat Litauen fehlte, der zwar einen winzigen Küstenabschnitt besaß, aber keine Hafenstadt. Diese Lösung war von Beginn an inkonsequent und hatte denn auch nicht lange Bestand. Das kleine Territorium wurde von einem französischen Kommissar verwaltet, eine Volksabstimmung gab es nicht, allerdings eine «Befragung» der Bevölkerung, die Frankreich, ohne dazu vertraglich verpflichtet zu sein, durchführen ließ und die angeblich den Wunsch nach Bildung eines Freistaates artikulierte. Aber am 10. Januar 1923, dem Tag der Ruhrgebietsbesetzung, marschierten litauische Truppen ein und annektierten das Memelgebiet, was der Völkerbund anderthalb Monate später de facto akzeptierte, als er Litauen aufnahm.

Fünf Jahre lang hatte die neue baltische Republik auf diese diplomatische Anerkennung warten müssen, denn schon im Frühjahr 1918 war von einem litauischen Rat, der angesichts der von den Bolschewiken angestrebten Beendigung des Krieges einberufen worden war, die Neugründung des im 16. Jahrhundert untergegangenen Staates als Königreich ausgerufen worden. Dem Deutschen Reich war das recht, denn die an Ostpreußen angrenzenden Gebiete sollten Russland ohnehin genommen werden, wodurch ein Cordon unabhängiger Staaten entstanden wäre, der die beiden Großmächte getrennt hätte. Litauen wäre eine dieser Neugründungen gewesen, die als deutsche Satellitenstaaten geplant waren, weshalb die litauische Krone damals auch einem deutschen Grafen, Wilhelm von Urach, angetragen wurde. Der Waffenstillstand im Westen, der den Frieden von Brest-Litowsk revidierte, machte diese Pläne zunichte, doch das litauische Unabhängigkeitsbestreben passte auch den Alliierten ins Konzept, die russische Revolution aus Zentraleuropa fernzuhalten. Vor allem die zahlreichen Exillitauer in den Vereinigten Staaten unterstützten das Anliegen ihrer Herkunftsregion.

In den Wirren nach dem November 1918, als auf alliiertes Geheiß deutsche Einheiten an der Ostfront das Vordringen der Roten Armee verhindern sollten, die zur Unterstützung der revolutionären Bewegung im Reich in Marsch gesetzt wurde, war Litauen ein Hauptkampfplatz. Da die dortige Nationalbewegung große Teile des künftigen Polens für sich beanspruchte, blieb die erhoffte diplomatische Anerkennung durch die Alliierten zunächst aus; bemerkenswerterweise sollte es dann das bolschewistische Russland sein, das nach der Vertreibung seiner Truppen von litauischem Territorium als erster Staat das nun zur Republik erklärte Land anerkannte. Jetzt richtete sich das Begehren Litauens auf das Memelgebiet, in dem zahlreiche Bürger litauischer Abstammung lebten, und da es nicht mehr zum Deutschen Reich zählte, war auch kein großer Widerstand gegen eine Annexion zu erwarten. Dass die kleine französische Schutztruppe von der litauischen Militäraktion am 10. Januar 1923 überrascht worden wäre, ist nicht anzunehmen; mutmaßlich wird Paris die Regierung in Kaunas sogar dazu ermuntert haben, denn Proteste gab es nicht. Angesichts der Ruhrgebietsbesetzung fand die Aktion ohnehin kaum internationale Beachtung. Nur die Deutschen vergaßen sie nicht. Schon fünf Monate bevor Hitler 1939 den Befehl zum Angriff auf Polen gab, hatte er Litauen auf diplomatischem Wege dazu gezwungen, das Memelland wieder ans Reich abzutreten. Das war die erste deutsche Revision der territorialen Bestimmungen des Versailler Vertrags.

Der andere Sonderfall waren die Kreise von Eupen und Malmédy südwestlich von Aachen. Das Verlangen Belgiens nach diesem Gebietszuwachs war erst während der Pariser Verhandlungen entstanden; zuvor hatte man lediglich einen gerade einmal 3,4 Quadratkilometer umfassenden Streifen des Grenzgebiets für sich beansprucht, das sogenannte Neutral-Moresnet, das seit

1816 von den Niederlanden (respektive nach 1830 von dem dann
unabhängig gewordenen Belgien) und Preußen gemeinsam verwaltet worden war, weil man sich auf dem Wiener Kongress nicht
darüber hatte einigen können, wem es denn gehören sollte. Der
Grund dafür lag in den reichen Vorkommen an Galmei (seltene
Zinkerze), die hier abgebaut wurden. 1914 hatten deutsche Truppen das bislang neutrale Gebiet besetzt, und nun verlangte Brüssel
es endgültig für sich und bekam es auch ohne Volksabstimmung
zugesprochen.

In Eupen und Malmédy dagegen sollte ein Referendum über
die Abtretung entscheiden, doch die entsprechende Formulierung von Artikel 34 im Versailler Vertrag war höchst ungewöhnlich: Nicht von «Abstimmung» war da die Rede, sondern
davon, dass die belgischen Behörden Listen auslegen würden.
Die Bewohner hatten zwar «das Recht, schriftlich ihren Wunsch
auszusprechen, daß diese Gebiete ganz oder teilweise unter deutscher Staatshoheit bleiben», aber das konnten sie dann 1920 nicht
in geheimer Wahl tun, sondern nur durch Eintrag in ebenjene
offen ausliegenden Listen. Damit wurde nach Meinung der deutschen Seite öffentlicher Druck ausgeübt und nur eine Volksbe-
fragung durchgeführt, deren Rechtmäßigkeit sie in Frage stellte.
Belgien scherte sich nicht darum; fünf Jahre nach der erwartungs-
gemäßen Zustimmung der Bewohner von Eupen und Malmédy
wurde das bis dahin kommissarisch aus Brüssel verwaltete Gebiet
offiziell in den Staat aufgenommen, als letztes der vom Versailler
Vertrag zur Abtretung vorgesehenen Territorien, wenn man vom
Saarbecken absieht, dessen endgültiger Status ja erst 1935 geregelt
werden sollte.

9. Das dritte Dilemma:
Österreichs Beitritt zum Deutschen Reich

Der dritte Teil des Versailler Vertrags widmete sich den «Politischen Bestimmungen für Europa». In vierzehn Abschnitten wurden alle Fragen geregelt, die sich aus den territorialen Veränderungen ergaben, die Deutschland vorgeschrieben wurden: Grenzziehungen, Volksabstimmungen, Verwaltungsorganisation, Übergangsbestimmungen. Gegen den Uhrzeigersinn ging es einmal rund ums Reich: Belgien, Luxemburg, linkes Rheinufer, Saarbecken, Elsass-Lothringen, Österreich, Tschechoslowakei, Polen, Ostpreußen, Memelgebiet, Freie Stadt Danzig, Schleswig, Helgoland. Nur der letzte Abschnitt tanzte geographisch aus der Reihe: Er widmete sich «Russland und den russischen Staaten», womit das Gebiet des früheren Zarenreichs gemeint war, das sich durch die Revolution und den Frieden von Brest-Litowsk vielfach aufgespalten hatte: ins nun bolschewistische Russland, in die drei baltischen Republiken Litauen, Lettland (damals noch Livland) und Estland, in Finnland, die Ukraine, Weißrussland und Georgien. Keines dieser Länder war in Paris vertreten. Mit den Bolschewiken wollten die Alliierten nicht an einem Tisch sitzen, und diese wiederum lehnten die ganze Friedenskonferenz als imperialistische Veranstaltung ab.

Die anderen Nachfolgestaaten des Zarenreichs hatten dagegen den Makel, von deutschen Gnaden zu sein, weil ihre Existenz aus den Vertragsbedingungen von Brest-Litowsk folgte. Nicht alle hatten sich bereits für unabhängig erklärt, und diejenigen, die es getan hatten, warteten jetzt auf Anerkennung durch die internationale Gemeinschaft, die sich in Paris versammelt hatte. Da die neuen Länder durch einen Gewaltfrieden ins Leben gerufen worden waren, der gerade korrigiert werden sollte, sahen sie sich in ihrer staatlichen Eigenständigkeit erst einmal wieder in Frage gestellt; sie fanden sich im Versailler Vertrag auch nicht unter jenen Staaten, die dem Völkerbund beitreten würden oder dazu aufgefordert werden sollten. Es war einfach noch zu früh für die Siegermächte, sich hier festzulegen. Deshalb hielten sie sich in Artikel 117 des Versailler Vertrags alle Eventualitäten offen: «Deutschland verpflichtet sich, die volle Rechtskraft aller Verträge oder Abmachungen anzuerkennen, welche die alliierten und assoziierten Mächte mit den Staaten abschließen werden, die sich auf dem Gesamtgebiet des früheren russischen Reiches, wie es am 1. August 1914 bestand, oder in einem Teile desselben gebildet haben oder bilden werden, und die Grenzen dieser Staaten, so wie sie darin festgesetzt werden, anzuerkennen.»

Zuvor hatte Artikel 116 die Vertragsbestimmungen von Brest-Litowsk und alle anderen deutschen Abkommen mit «Regierungen oder politischen Gruppen, die sich auf dem Gebiet des früheren russischen Reiches gebildet hatten», wieder einkassiert. So hatte der Versailler Vertrag betreffs der an den deutschen Osten angrenzenden Territorien diplomatische Tabula rasa gemacht, ohne sich bezüglich deren staatlicher Identität irgendwie festzulegen. Es war ja auch keine angenehme Situation, es dort mit Nationalbewegungen zu tun zu haben, die man gemäß den Bestimmungen der Vierzehn Punkte eigentlich in ihrer Selbständigkeit zu fördern hätte, womit aber das deutsche Spiel fortgeführt worden wäre, das seit Ende 1917 zum Ziel gehabt hatte, Satellitenstaaten auf ehedem russischem Boden zu gründen, die dem Deutschen Reich treu ergeben sein sollten. Darauf, so fürchtete man auf Seiten der Siegerstaaten, waren einige dieser Nationalbewegungen immer noch eingeschworen. Also wurde ihnen gegenüber das Prinzip der nationalen Selbstbestimmung erst einmal nicht angewendet.

Das galt verschärft für Österreich, dem der kürzeste Abschnitt des dritten Vertragsteils gewidmet war, obwohl darin eine der brisantesten Fragen des ganzen Dokuments behandelt wurde. Genau deshalb war er so knapp gehalten: Es sollte kein Interpretationsspielraum entstehen. Dieser sechste Abschnitt von Teil III bestand aus einem einzigen Artikel, Nummer 80: «Deutschland anerkennt die Unabhängigkeit Österreichs und wird sie streng in den durch den gegenwärtigen Vertrag festgesetzten Grenzen als unabänderlich betrachten, es sei denn mit Zustimmung des Rates des Völkerbundes.» Damit sollte verhindert werden, dass jener hier als «Österreich» bezeichnete Teil der früheren Habsburger-Monarchie, in dem eine überwiegend deutsche Bevölkerung lebte, sich dem Reich anschließen würde, womit all dessen Verluste an Fläche und Bevölkerungszahl, die doch nach französischer Vorstellung dazu dienen sollten, dem feindlichen Nachbarn künftig die Kriegsführung unmöglich zu machen, wenn schon nicht kompensiert, dann zumindest relativiert wären. Während des Kriegs war in Deutschland die Idee eines eng zusammengeschlossenen Mitteleuropas entwickelt worden, die damals selbstverständlich noch mit dem gesamten Habsburger-Reich rechnete. Aber auch dessen relativ kümmerlicher Rest, der sich zunächst als «Deutschösterreich» bezeichnete, stellte aus französischer Perspektive eine Gefahr dar, wenn er sich Deutschland angeschlossen hätte, denn damit wäre das Mitteleuropakonzept zumindest in einem ersten Ansatz neu belebt worden. Es ging Frankreich aber gerade um eine möglichst weitgehende Isolierung des Deutschen Reichs durch angrenzende Staaten, die nicht mit diesem paktieren würden. Also galt es auch im Falle Österreichs, das zu verhindern, und deshalb wurde ein weiteres Mal der Wilson'sche Grundsatz der nationalen Selbstbestimmung außer Kraft gesetzt: Wie auch immer die Österreicher über die Frage eines Beitritts zum Deutschen Reich entschieden hatten, es spielte keine Rolle, denn diesem wurde nun durch den Versailler Vertrag verboten, sie aufzunehmen.

Tatsächlich hatte sich Österreich schon zwei Monate vor Beginn der Pariser Friedenskonferenz, am 12. November 1918, als Republik ein Gesetz gegeben, in dem Grundlagen und Ziele des neuen Staates klar definiert wurden. Er gab sich auch einen eindeutigen Namen, denn Artikel 1 legte fest: «Deutschösterreich ist eine demokratische Republik.» Artikel 2 bot dann aus alliierter Sicht den wahren Sprengstoff: «Deutschösterreich ist Bestandteil der Deutschen Republik.» Der Historiker Ferdinand Czernin hat angesichts dieser Regelung den ironischen Satz geprägt: «Somit gewährten die Vertreter der jungen Republik ihrem Produkt eine Lebensspanne, die nur von der Lesung des ersten bis zur Lesung des zweiten Artikels ihrer ‹Unabhängigkeitserklärung› währte.»[1] Die im Gesetzestext vom 12. November genannte deutsche Republik war erst drei Tage vorher ausgerufen worden, und sie wollte die föderale, also auf Bundesstaaten beruhende Gliederung des Kaiserreichs beibehalten, solange diese Länder ihrerseits Republiken waren. Also war der Beitritt der neuen Republik Deutschösterreich möglich, zumal deren Territorium ja bis 1866 Teil des Deutschen Bundes und ohnehin historisch ein Kerngebiet des Heiligen Römischen Reichs Deutscher Nation gewesen war. Noch während der Pariser Friedenskonferenz, als die Alliierten bereits deutlich gemacht hatten, dass sie einen Zusammenschluss von

Deutschland und Österreich nicht dulden würden, bestätigte die nunmehr gewählte österreichische Konstituierende Nationalversammlung gleich zu Beginn ihrer Arbeit im März 1919 das Gesetz vom 12. November 1918. Zuvor, am 21. Februar, hatte schon die deutsche Nationalversammlung dem österreichischen Wunsch zugestimmt, Bestandteil des Reichs zu werden. Artikel 61 Absatz 2 der am 31. Juli 1919 beschlossenen Weimarer Reichsverfassung zählte denn auch noch Deutschösterreich als Mitglied im Reichsrat auf, obwohl Deutschland ja fünf Wochen zuvor den Versailler Vertrag unterzeichnet hatte, der den Beitritt ohne Zustimmung des Völkerbundes ausschloss. Aber noch war der Friedensschluss nicht vom deutschen Parlament bestätigt, also wagte man in Weimar noch einmal eine Provokation, ehe die Reichsregierung mit der Ratifizierung des Vertrags den Verfassungsartikel im September 1919 wieder für ungültig erklären musste.[2]

Die deutsche und die österreichische Öffentlichkeit sahen zu Recht das von Wilson proklamierte Völkerrecht mit Füßen getreten. Und ähnlich wurde Artikel 80 des Versailler Vertrags in den Vereinigten Staaten gesehen. Die Inquiry hatte in ihren Erläuterungen zum neunten der Vierzehn Punkte, der sich den Fragen der italienischen Gebietszuwächse widmete, einen verräterischen Satz untergebracht: «Es sollte in diesem Zusammenhang vermerkt werden, dass Italien und Deutschland zu Nachbarn werden, wenn sich Deutsch-Österreich dem Deutschen Reich anschließt.»[3] Das war die einzige Erwähnung des für Wilsons Grundsätze so heiklen Problems in den amerikanischen Grundsatzüberlegungen, und auch wenn sie als Warnung formuliert ist, zeigt sie doch, dass der Zusammenschluss beider Länder für die Vereinigten Staaten durchaus vorstellbar war. Damit standen sie allerdings unter den Hauptmächten allein, denn nicht nur war für Italien die Vorstellung ein Albtraum, seine Territorialgewinne in Südtirol (die auch

Nationale Spiegelbilder: Auf einer Propagandapostkarte des Österreichisch-Deutschen Volksbunds wird noch 1929 an den Beschluss der österreichischen Nationalversammlung vom 12. November 1918 erinnert, sich dem Deutschen Reich anzuschließen. Bekannte österreichische Sehenswürdigkeiten werden dazu deutschen Äquivalenten gegenübergestellt, etwa der Stefans- dem Kölner Dom oder das Wiener Beethovenhaus Goethes Gartenhaus in Weimar.

eine gegen deren Willen vereinnahmte große deutsche Volksgruppe im Land entstehen lassen würde) gegen das riesige Deutsche Reich verteidigen zu müssen statt gegen die vergleichsweise winzige österreichische Republik. Vor allem Frankreich sah in einer solchen Vergrößerung Deutschlands seine Bemühungen unterlaufen, den Nachbarn zu schwächen, und Großbritannien hatte für diese Position Verständnis.

Als schwierig erwies sich zusätzlich, dass Deutschösterreich einen Vertretungsanspruch für die starke deutsche Minderheit in der neugegründeten Tschechoslowakei erhob, also für jene

Volksgruppe, die später als Sudetendeutsche bekannt werden sollten. Die Friedenskonferenz löste dieses konkrete Problem pragmatisch durch ein für sie ungewöhnlich striktes Festhalten an den jahrhundertealten Grenzziehungen, womit ganz Böhmen zur Tschechoslowakei kam – und folglich auch alle seine Bewohner. Im Falle der deutschen Bevölkerung des früheren Habsburger-Reichs ging es um insgesamt zehn Millionen Menschen – die größte nationale Gruppe, der im Versailler Vertrag das Recht auf Selbstbestimmung verweigert wurde. Und um nur ja keinen Zweifel daran aufkommen zu lassen, schrieb die Friedenskonferenz Deutschösterreich vor, dass es seine im November 1918 gewählte Staatsbezeichnung zu ändern habe: in Republik Österreich. Sicher ist sicher. Nicht einmal dem Namen nach sollte dieses Land deutsch sein.

Keine zwanzig Jahre später wurde es das dann doch: Vier Wochen nach dem Einmarsch der Wehrmacht am 12. März 1938 votierte eine überwältigende Mehrheit der Österreicher für den Beitritt zum Deutschen Reich, den man ihnen 1919 versagt hatte. Auch ohne die massive nationalsozialistische Propaganda und die Zwangsmaßnahmen gegen Gegner des «Anschlusses» vor der Volksabstimmung wäre die Zustimmung wohl erfolgt. Mit den Bestimmungen von Artikel 80 war diese Einverleibung Österreichs natürlich unvereinbar, aber Hitler hatte ein Jahr zuvor, am 30. Januar 1937, dem vierten Jahrestag seiner «Machtergreifung», in einer Reichstagsrede die deutsche Unterschrift unter den Versailler Vertrag «feierlich zurückgezogen».[4] Die Mitgliedschaft im Völkerbund, der laut Artikel 80 allein das Recht gehabt hätte, einen Zusammenschluss Deutschlands und Österreichs zu erlauben, hatte das nationalsozialistische Deutschland schon im Oktober 1933 aufgekündigt und nach der vorgeschriebenen zweijährigen Frist 1935 dann verlassen.

10. Das vierte Dilemma:
Schwierige Kleinigkeiten wie Kaffee, Bilder, Schädel

In der Textmasse des Versailler Vertrags sind einige Punkte zu finden, die man aus heutiger Sicht für skurril halten könnte, vor allem angesichts dessen, was sonst alles *nicht* geregelt wurde. Auf die Nennung einer konkreten Summe der deutschen Reparationen zum Beispiel verzichtete das Abkommen, aber die Erträge eines mehr als anderthalb Jahre zurückliegenden Kaffeegeschäfts machten einen eigenen Artikel des Vertrags aus. «Deutschland verpflichtet sich der brasilianischen Regierung gegenüber, alle bei dem Bankhaus Bleichröder in Berlin hinterlegten Summen, die aus dem Verkauf von Kaffee herrühren, der als Eigentum des Staates São Paulo in den Häfen von Hamburg, Bremen, Antwerpen und Triest lagerte, zuzüglich der oben ausgemachten Zinsen und Zinseszinsen vom Tag der Hinterlegung an zurückzuzahlen. Da Deutschland sich der rechtzeitigen Überweisung der fraglichen Summen an den Staat São Paulo widersetzt hat, übernimmt es die Verpflichtung der Rückzahlung zum Marktkurse am Tage der Hinterlegung.»[1]

Hintergrund war, dass Brasilien als letzter alliierter Staat überhaupt Deutschland den Krieg erklärt hatte: am 26. Oktober 1917. Damit war es aber einer von lediglich drei lateinamerikanischen Staaten, die sich der am 6. April 1917 erfolgten Kriegserklärung der Vereinigten Staaten als Hegemonialmacht des Kontinents angeschlossen hatten – Panama und Kuba, die beide unter unmittelbarem Einfluss der USA standen, waren sofort, am 7. April 1917, an die Seite der Entente getreten. Neun weitere lateinamerikanische Länder hatten zwischen April und Oktober die diplomatischen Beziehungen zum Deutschen Reich abgebrochen, und immerhin sieben blieben neutral, darunter Argentinien, Chile und Mexiko, die ihre Rohstofflieferungen an Deutschland nicht gefährden wollten. Auch Brasilien hatte im bisherigen Verlauf des Krieges kräftig nach Deutschland und Österreich-Ungarn exportiert, doch alle brasilianischen Güter, die am 26. Oktober 1917 in den Häfen der Mittelmächte lagerten, wurden als Kriegsbeute beschlagnahmt. Für noch nicht ausgeführte Zahlungen, die seitens der Mittelmächte zuvor zentral über das stark in Brasilien engagierte Bankhaus Bleichröder abgewickelt worden waren, galt das Gleiche, und das ist der Hintergrund für Artikel 263 des Versailler Vertrags. Dem amerikanischen Bemühen, die Verbündeten auf den Text des Abkommens einzuschwören, hatte Brasilien so lange widerstanden, bis die explizite Forderung seines damals vom Kaffeeanbau geprägten Teilstaats São Paulo nach Begleichung der Lieferschulden Aufnahme fand.

Diese Regelung gehörte zum neunten Teil des Versailler Vertrags, den «Finanziellen Bestimmungen», wie er überschrieben war, der sich mit der Durchführung der Zahlungen befasste, die aus dem Friedensschluss resultierten, also mit den Besatzungskosten, die durch alliierte Truppenpräsenz in Deutschland entstanden waren oder noch entstehen würden, und natürlich mit der in ihrer Höhe noch nicht festgelegten Wiedergutmachung. Die Regelung, die blockierten brasilianischen Guthaben auszuzahlen, war die einzige dieser Art, obwohl natürlich noch viel mehr feindliches Kapital oder Wirtschaftsgut vom Deutschen Reich beschlagnahmt worden war. Doch diese Fälle waren pauschal im achten Teil des Vertrags behandelt worden, der die eigentlichen Wiedergutmachungsbestimmungen enthielt. Dessen erste Anlage regelte den von Deutschland zu ersetzenden Schadensumfang nach Kategorien, und eine davon betraf «Schäden an allem Eigentum, gleichviel, wo es gelegen ist, das einer der alliierten Mächte oder ihren Angehörigen gehört und das durch die Handlungen Deutschlands oder seiner Verbündeten zu Lande, auf der See oder in der Luft fortgenommen, beschlagnahmt, beschädigt oder zerstört worden ist».[2] Darin war zweifellos auch die brasilianische Kaffeeforderung inbegriffen, die also in die Summe der Wiedergutmachungen eingehen würde.

Brasilien jedoch sah offenbar die anstehenden Verteilungskämpfe voraus und bestand deshalb auf den isolierten Artikel 263 im neunten Teil, einem in gewisser Weise rein technischen Abschnitt des Versailler Vertrags. Der vorangegangene achte dagegen, in dem die brasilianische Forderung auch – und vertragstechnisch logischer – separat hätte geregelt werden können, war durch den ihn einleitenden Kriegsschuldartikel moralisch schwer belastet. Die allermeisten dort genannten Wiedergutmachungsbestimmungen betrafen die Folgen militärischer Kriegshandlungen, also den Verlust von Menschenleben und gesundheitliche Einbußen sowie Zerstörungen im Kampfgebiet. Wenn man dann bedenkt, dass die eben erwähnte Anlage zum achten Teil des Versailler Vertrags davon spricht, dass von Deutschland «Ersatz verlangt werden kann» (also nicht zwangsläufig geleistet werden muss), wird klar, was Brasilien fürchtete: Die Begleichung einer alten Lieferschuld würde in der Summe der anderen, für die Opfer viel gravierenderen Schäden in dem Moment unter den Tisch fallen oder zumindest nachrangig behandelt werden, in dem Deutschland nicht in voller Höhe zahlungsfähig wäre. Eine Einzelbestimmung machte es dagegen dem Schuldner nahezu unmöglich, an der eingegangenen Verpflichtung vorbeizukommen.

Deshalb enthielt auch der achte Teil des Versailler Vertrags Sondervereinbarungen, die ganz konkrete materielle Verluste betrafen. Doch in diesem Abschnitt hätte die brasilianische Forderung denkbar unpassend gewirkt, da sie rein monetär war, während die Artikel 245 bis 247 drei Fragen von Wiedergutmachung regelten, die nicht in Geld zu beziffern waren, weil sie hochsymbolischen Charakter besaßen. Der letzte widmete sich einem Fall, der Ende August 1914 international für Empörung gesorgt hatte: der Zerstörung von Teilen der besetzten belgischen Stadt Löwen, die erfolgte, als deutsche Truppen angebliche Freischärler bekämpften. Dabei kamen in vier Tagen 248 Zivilisten ums Leben, und in der ersten Nacht wurde die Universitätsbibliothek von Löwen niedergebrannt, weil man Studenten als treibende Widerstandskräfte ausgemacht zu haben glaubte. Mehr als dreihunderttausend Bücher der Schriftensammlung, die bis zur Gründung der Hochschule im Jahr 1425 zurückreichte, fielen den Flammen zum Opfer, darunter auch achthundert Inkunabeln und ein Dutzend Handschriften wie etwa die Gründungsurkunde der Universität. Diese Zerstörung galt der alliierten Propaganda als endgültiger Beweis für den deutschen Zivilisationsbruch und wurde bis Kriegsende immer wieder beschworen, wenn es darum ging, die Barbarei der Gegenseite anzuprangern.

Nun sollte der Verlust kompensiert werden. Allerdings kann man vernichtete Einzelstücke wie Handschriften nicht nachkaufen, und bei Inkunabeln ist es zumindest schwierig. Deshalb verpflichtete Artikel 247 das Deutsche Reich zu adäquatem Ersatz: Es hatte binnen drei Monaten nach einer entsprechenden Aufforderung durch die Wiedergutmachungskommission «Handschriften, Inkunabeln, gedruckte Bücher, Karten und Sammlungsgegen-

Der Inbegriff deutscher Barbarei im Ersten Weltkrieg war die Zerstörung der Universitätsbibliothek von Löwen am 25. August 1914. Der
Wiederaufbau wurde nach einem symbolträchtigen Besuch von Präsident Wilson vor allem durch amerikanische Spenden finanziert, aber
für die Neuausstattung hatte gemäß dem Versailler Vertrag Deutschland Handschriften und Inkunabeln zur Verfügung zu stellen.

stände in gleicher Zahl und in gleichem Werte zu liefern».[3] Aber
wer bemisst zum Beispiel den Wert einer Gründungsurkunde, bei
der ideelle Aspekte noch eine weitaus größere Rolle spielen als
die schiere Seltenheit eines solchen Dokuments? Das Gebäude
der Universität von Löwen wurde bis 1928 wiederaufgebaut, doch
die Kosten dafür trugen weitgehend amerikanische Spender, weshalb die Inschrift «Furore Teutonico diruta dono Americano res-
tituta» auf der Fassade angebracht werden sollte – durch deutsche
Gewalt zerstört, durch amerikanische Großzügigkeit wiederhergestellt. Die Universität ließ diesen Spruch dem Widerstand des
Architekten zum Trotz aber nicht ausführen, weil sie durch die
explizite Schuldzuweisung eine Beeinträchtigung des akademischen Austauschs mit Deutschland befürchtete. Ende der zwanziger Jahre galt der Versailler Vertrag mit seinem Kriegsschuld-

artikel den meisten Deutschen als Inbegriff der Ungerechtigkeit, und auf diese Empfindlichkeit wollte die Universität Rücksicht nehmen, obwohl nur benannt worden wäre, was auch die deutsche Seite schon während des Krieges eingeräumt hatte. Ein belgischer Patriot war so erbost über den Verzicht auf die Inschrift, dass er in das wiederaufgebaute Bibliotheksgebäude eindrang und mit einem Vorschlaghammer die eigentlich dafür vorgesehene Balustrade zertrümmerte.

Artikel 247 schrieb außerdem die Rückgabe mehrerer belgischer Kunstwerke binnen sechs Monaten vor. Zwei Flügeltafeln des «Genter Altars» der Brüder van Eyck waren von der deutschen Besatzungsbehörde 1917 aus der Kathedrale St. Bavo nach Berlin überführt worden, wo sich in der Königlichen Gemäldegalerie bereits sechs weitere Tafeln dieses Kunstwerks befanden, die der preußische König Friedrich Wilhelm III. im Jahr 1821 gekauft hatte. Da der Versailler Vertrag nun regelte, dass «die Flügel des Bildes, die sich früher in der Kirche von Saint-Bavon in Gent befanden und derzeit im Museum in Berlin sind»[4], zurückzugeben seien, waren damit auch die vor hundert Jahren regulär erworbenen Teile erfasst.

Die Verblüffung in Deutschland war groß, aber die Alliierten begründeten diese Bestimmung mit den unersetzlichen Kulturverlusten, die Belgien durch die Zerstörung von Gebäuden und Kunstwerken erlitten habe. Die Berliner Gemäldegalerie hatte die Tafeln also zähneknirschend herauszugeben, und so wurde der Genter Altar überhaupt erst wieder komplettiert. Außerdem waren laut Artikel 247 die bereits 1914 nach den Kämpfen in Löwen nach Berlin und München verschleppten Flügel des «Löwener Altars» von Dirk Bouts aus der dortigen Kirche St. Pieter zurückzugeben. Da es sich dabei eindeutig um Raubgut handelte, gab es an diesem Punkt keine Diskussionen, während die

deutschen Proteste bezüglich der Van-Eyck-Tafeln bis in die dreißiger Jahre hinein regelmäßig erneuert wurden. Zurück nach Berlin kehrten die Kunstwerke nicht mehr.

Die vertraglich vorgeschriebene Rückgabe von Raubkunst
machte übrigens Schule. Als das Deutsche Reich im Mai 1921 endlich auch mit China Frieden schloss, das als alliierte Macht aus
Verärgerung über die Begünstigung Japans den Versailler Vertrag
nicht unterschrieben hatte, handelten die Chinesen die Restitu-
tion von sechs astronomischen Geräten der Qing-Dynastie aus,
die deutsche Truppen nach dem Boxeraufstand 1901 aus Peking
nach Berlin verschleppt hatten.

Artikel 245 des Versailler Vertrags heilte eine ähnliche alte
Wunde der Franzosen. Er verpflichtete das Deutsche Reich zur
Rückgabe aller Trophäen, Archive, Andenken oder Kunstwerke,
die während des Ersten Weltkriegs in Frankreich erbeutet worden waren, aber noch wichtiger war, dass dieser Artikel auch die
Kriegsbeute von 1870/71 umfasste – «insbesondere die französischen Fahnen», die damals als Trophäen nach Berlin geführt worden waren. Da den Franzosen daran offenbar besonders gelegen
war, wurden diese Fahnen am 23. Juni 1919, dem Tag der Zustimmung der deutschen Nationalversammlung zum Versailler Vertrag, von Freikorpssoldaten in der Hauptstadt aus dem Zeughaus
geholt und verbrannt, um sie nicht ausliefern zu müssen.[5] Konsequent umgesetzt wurde Artikel 245 aber ohnehin nicht, sonst
hätte man auch die vergoldeten Kanonenrohre, die die 1873 vollendete Berliner Siegessäule schmückten, zurückgeben müssen,
denn ein Teil davon waren ebenfalls Trophäen, die in Frankreich
erbeutet worden waren. Neben den Fahnen wird in Artikel 245
nur noch ein weiterer Posten konkret genannt: Dokumente, die
von deutschen Behörden 1870 im Schloss des ehemaligen französischen Senatspräsidenten Eugène Rouher beschlagnahmt wor-

den waren. Rouher war der engste politische Vertraute von Kaiser Napoleon III., weshalb seine Aufzeichnungen seinerzeit von besonderem Interesse waren.

Die ungewöhnlichste Rückgabeforderung aber stellte Artikel 246 dar. Beim ersten darin genannten Objekt handelte es sich wie schon im Falle der gekauften Flügel des Genter Altars gar nicht um Kriegsbeute: «Innerhalb von sechs Monaten nach dem Inkrafttreten des vorliegenden Vertrages muß Deutschland Seiner Majestät dem Könige des Hedschas den Original-Koran zurückerstatten, der dem Kalifen Osman gehört hatte und von den türkischen Behörden aus Medina entfernt wurde, um ihn dem früheren deutschen Kaiser Wilhelm II. zu überreichen.»[6]

Das Königreich Hedschas existierte erst seit 1916, als sich auf britisches Betreiben die Bewohner der Arabischen Halbinsel gegen die mit Deutschland verbündete Zentralregierung des Osmanischen Reiches erhoben hatten. In dem neuen Staat an der Küste des Roten Meeres lagen mit Mekka und Medina die beiden heiligsten Stätten des Islams, durch deren Verlust der türkische Sultan Mehmed V. wesentlich an Autorität eingebüßt hatte. Der bisherige Großscherif von Mekka und Emir des Hedschas, Hussein Ibn Ali aus der Familie der Haschemiten, die ihre Abstammung bis zum Urgroßvater des Propheten, also ins frühe sechste Jahrhundert, zurückführte und Mekka seit dem 10. Jahrhundert beherrscht hatte, proklamierte sich im Oktober 1916 zum König der Araber. Der in diesem Titel enthaltene Anspruch wurde in Frankreich nicht begrüßt, weil man Unruhen in den eigenen nordafrikanischen Besitzungen befürchtete, deren Einwohner sich qua Religion als Araber verstanden. Ebenso kritisch waren die Briten, weil sie Bündnisse mit anderen Fürsten der Arabischen Halbinsel eingegangen waren, vor allem mit den Sauds, der Herrscherfamilie des arabischen Fürstentums Nadschd, die sich früher als die Haschemiten gegen die Zentralregierung in Istanbul erhoben hatten. Deshalb erkannten die beiden europäischen Großmächte nicht ein Königreich Arabien an, wie es Hussein gewünscht hatte, sondern nur eines mit dem traditionellen Namen Hedschas.

Umso mehr war dessen König an zusätzlicher spiritueller Legitimation interessiert, und der Koran von Osman, des von 644 bis 656 regierenden dritten Kalifen, war ein geeignetes Objekt, um Husseins Herrschaftsanspruch zu festigen – zumal es Osman gewesen war, der die seitdem gültige Version des Korans hatte erstellen lassen. Ein Exemplar aus seinem unmittelbaren Besitz hatte den Charakter des ersten Heiligen Buchs der Muslime, wobei der persönliche Koran des dritten Kalifen nach dessen Ermordung über Andalusien und Marokko nach Samarkand gekommen war, ehe er auf Befehl des russischen Zaren 1869 nach Sankt Petersburg gebracht wurde. Die Bolschewiken gaben das Buch dann in die neugegründete usbekische Sowjetrepublik zurück, weshalb es seit 1924 in Taschkent aufbewahrt wird. Doch Osman hatte der Überlieferung nach außerdem Abschriften für die fünf wichtigsten Städte seines Herrschaftsgebiets anfertigen lassen, von denen allerdings nur diejenige in Medina erhalten geblieben war. Sie war im Jahr 1915 nach Istanbul gebracht worden und von Sultan Mehmed V. zwei Jahre später an seinen Kriegsverbündeten Kaiser Wilhelm II. verschenkt worden, als dieser 1917 auf Staatsbesuch nach Istanbul kam. So gelangte der fragliche Koran nach Berlin. Und von dort verlangte ihn der König des Hedschas nun zurück. Glück brachte ihm das Heilige Buch nicht: 1924 eroberten die Truppen der Sauds seine Hauptstadt Mekka, zwangen Hussein zur Abdankung und verleibten seinen Staat ihrem eigenen Reich ein, das 1932 den Namen Saudi-Arabien erhalten sollte.

Außerdem schrieb Artikel 246 des Versailler Vertrags vor, dass «der Schädel des Sultans Makaua, der aus Deutsch-Ostafrika weggenommen und nach Deutschland gebracht worden ist»[7], an die britische Regierung zu übergeben sei. Der Hehe-Häuptling Makaua hatte 1891 eine Rebellion seines Stammes gegen die deutsche Kolonialherrschaft im heutigen Tansania angeführt, die erst drei Jahre später niedergeschlagen werden konnte. Danach organisierte Makaua einen Guerillakampf. Als er schließlich von deutschen Soldaten eingekesselt zu werden drohte, erschoss er sich am 18. Juli 1898.[8] Da die Kolonialverwaltung ein Kopfgeld von fünftausend Rupien auf Makaua ausgesetzt hatte, ließ ein deutscher Feldwebel seine Leiche enthaupten, um den Tod des Gesuchten zu beweisen und die Prämie zu kassieren. Später wurde der Schädel angeblich nach Deutschland überführt, doch zu seinem damaligen Bestimmungsort gab es 1919 keinen Hinweis. Die Briten vermuteten ihn in Berlin. Indem sie Makauas Überreste zurückforderten, wollten sie als neue Mandatsherren der früheren deutschen Kolonie, die nun als Tanganjika firmierte, den Stamm der Hehe für sich einnehmen. Da aber in Deutschland niemand wusste, wo sich das begehrte Objekt befand, wurde es auch nicht zurückgegeben. Erst 1953, als der damalige britische Gouverneur von Tanganjika, in dessen Verwaltungsgebiet gerade der Mau-Mau-Aufstand tobte, eine neue Suche anregte, wurde ein Schädel im Bremer Übersee-Museum als der von Makaua identifiziert. Auch wenn heute begründete Zweifel an dessen Authentizität bestehen, da die im Übersee-Museum aufbewahrten Schädel, wie man mittlerweile weiß, fast komplett von einem Bremer Friedhof stammten, waren alle Beteiligten zufrieden. Der Gouverneur händigte den Schädel Makauas Nachkommen aus. Es war die letzte erfüllte Bestimmung des Versailler Vertrags.

11. Das größte Dilemma:
Die Kriegsschuldthese

Der berühmte «Kriegsschuldartikel» war der in der deutschen Öffentlichkeit am wenigsten akzeptierte Punkt des Versailler Vertrags. Nie zuvor in der Geschichte der Diplomatie hatte es in einem Friedensvertrag einen ähnlichen Passus gegeben. Artikel 231 war kurz und unmissverständlich: «Die alliierten und assoziierten Regierungen erklären und Deutschland erkennt an, dass Deutschland und seine Verbündeten als Urheber aller Verluste und aller Schäden verantwortlich sind, welche die alliierten und assoziierten Regierungen und ihre Angehörigen infolge des ihnen durch den Angriff Deutschlands und seiner Verbündeten aufgezwungenen Krieges erlitten haben.»[1] Doch schon der Beginn des Satzes zeigt: Hier sollte keine unumstößliche Wahrheit ausgesprochen werden, andernfalls hätte der Text noch einfacher anheben können: «Deutschland und seine Verbündeten sind verantwortlich ...» Die Formulierung, dass diese Verantwortlichkeit von den alliierten Kriegsgegnern festgestellt und vom Deutschen Reich akzeptiert werde, trug der Situation Rechnung, dass es ungeachtet des Waffenstillstands vom 11. November 1918 faktisch Sieger und Besiegte gab, und Erstere schrieben nun Letzteren ohne weiteres Verhandeln die Bedingungen für den Frieden vor – daher das sofort nach Übergabe des Vertragstextes am 7. Mai

in Deutschland aufgekommene Schlagwort des «Diktatfriedens». Aber der Text von Artikel 231 war das Resultat durchaus
umfangreicher Auseinandersetzungen, allerdings nur unter den
Beteiligten der Pariser Friedenskonferenz. Und die glaubten, mit
dem gewählten Wortlaut gegenüber Deutschland gerade nicht so
scharf aufzutreten, als wenn sie einfach die Kriegsschuld als Fak-
tum dekretiert hätten. Sie wollten vielmehr die Genese der Ver-
antwortungszuweisung zumindest andeuten.

Die war allerdings unendlich viel komplexer, als es die
knappe Rede von der «Erklärung» der alliierten und assoziierten
Regierungen sichtbar macht. Es ist kein Zufall, dass die Kriegsschuldklausel aus Artikel 231 erst ungefähr in der Mitte des riesigen Gesamtvertragstextes steht. Vorweggenommen wurde
diese Bestimmung jedoch schon in der Präambel. Dort heißt es,
dass die «hohen vertragschließenden Parteien» übereingekom-
men seien, den vorliegenden Vertrag abzuschließen, um jenen
Krieg zu beenden, «der in der Kriegserklärung Österreich-Ungarns an Serbien vom 28. Juli 1914 und in den Kriegerklärungen
Deutschlands an Russland vom 1. August 1914 und an Frankreich
vom 3. August 1914 sowie in dem Einmarsch in Belgien seinen
Ursprung hat».[2] Das ist eine uneingeschränkte Verantwortungs-
zuweisung, die mit anderen, und zwar konkreteren Worten und
dadurch auch mit objektiverem Anspruch bereits ausdrückt, was
Artikel 231 dann noch einmal ohne Nennung der konkreten Ereignisse formuliert.

Dessen Wortlaut war entstanden aus dem Bemühen, einen
Kompromiss zwischen den Siegermächten über die Reparatio-
nenregelung herbeizuführen. Die moralische Frage spielte für
sie dabei gar keine Rolle. Umso mehr aber empörte Artikel 231
in Deutschland, weil die Formulierung vom «aufgezwungenen
Krieg» weitaus drastischer wirkte als die gleich zum Auftakt des

Versailler Vertrags ganz kühl gehaltene Feststellung, die sich doch inhaltlich in nichts davon unterschied. Wie so vieles rund um den Friedensschluss war auch dieses Problem eines der Worte: Artikel 231 wählte eines zu viel – unabhängig davon, dass er insgesamt nach der Präambel eigentlich überflüssig war. Doch für die um die Früchte des abzuschließenden Vertrags ringenden Siegermächte war der Artikel notwendig: um den Frieden untereinander zu wahren.

Das gravierendste Problem der Verhandlungen über die Bedingungen, die Deutschland beim Friedensschluss aufzuerlegen waren, bestand in der Frage der Kriegskosten. Sie war elementar vor allem für Frankreich und Großbritannien, die sich in den vergangenen fünf Jahren massiv verschuldet hatten, um die Kriegsführung finanzieren zu können: Großbritannien in erster Linie in den Vereinigten Staaten, Frankreich darüber hinaus auch beim Britischen Empire, das anfangs über größere Kapitalreserven verfügt hatte als der kontinentale Verbündete. Die Begleichung dieser Schulden sollte nun dem Kriegsgegner auferlegt werden, doch das konnte nur über Zahlungen ermöglicht werden, die nicht direkt an die amerikanischen Gläubiger gingen, zumal von Deutschland auch noch immense Kosten zu ersetzen waren, die die Franzosen und Engländer bereits bezahlt hatten. Den Deutschen sollte also eine Pauschalforderung präsentiert werden, die sich an dem konkreten Aufwand der Kriegsführung und den angerichteten Zerstörungen orientierte.

Die Vereinigten Staaten waren daran weniger interessiert, denn sie hatten durch kürzere Kriegsbeteiligung ungleich weniger Lasten zu schultern gehabt, und ihre finanziellen Forderungen richteten sich an ihre Verbündeten, nicht an Deutschland. Sie hatten zwar Verständnis für das Bemühen der Alliierten, sich dieser Schulden auf Kosten des Kriegsgegners zu entledigen, aber sie

Alle Räder rollen für die Niederlage: Zu den Reparationsleistungen, die der Versailler Vertrag vorsah, zählten auch Landwirtschaftsmaschinen, die in Deutschland für Frankreich hergestellt werden mussten und dann mit Güterzügen wie diesen über die Grenze gebracht wurden.

zweifelten daran, dass Deutschlands wirtschaftliche Leistungsfähigkeit dafür ausreichen würde. Deshalb wirkten die Amerikaner bei den Verhandlungen der Großen Vier mildernd auf die Verbündeten ein und verlangten vor allem, dass eine konkrete Schadenssumme in den Versailler Vertrag aufgenommen werde, damit es eine Obergrenze für die deutschen Verpflichtungen gäbe.

Lloyd George aber hatte als britischer Regierungschef für den 14. Dezember 1918, also nur einen Monat nach Inkrafttreten des Waffenstillstands, im Rausch des Siegesgefühls Parlamentswahlen anberaumt und den Wählern versprochen, dass die Deutschen für alles würden zahlen müssen, was seinem Land an Kriegskosten entstanden war. Dem französischen Ministerpräsidenten Clemenceau standen zwar erst im November 1919 Parlamentswahlen bevor, doch das minderte seine Verhandlungsbereitschaft während der Pariser Konferenz umso mehr: In Frankreich als dem Land, das wie kein anderes im Krieg zerstört worden war, war man zu keinen Kompromissen gegenüber den Deutschen bereit, und Clemenceau sah überdies in einer Forderung, die Deutschlands Zahlungsfähigkeit überstieg, die Möglichkeit, das als Pfand für die Erfüllung des Versailler Vertrags besetzte Rheinland länger unter französischer Kontrolle zu behalten, als es im Vertragstext vorgesehen war. Deshalb strebten die Regierungschefs von Frankreich und Großbritannien bei den Verhandlungen über das Ausmaß der Wiedergutmachungszahlungen keine realistische Gesamtsumme an, sondern eine «politische» – wenn auch aus unterschiedlichen Gründen.

Als die Pariser Verhandlungen über diesen Teil des Versailler Vertrags anstanden, war Präsident Wilson kurzfristig in sein Land zurückgekehrt, was die Entscheidungsfindung verzögerte, denn die amerikanische Delegation musste nun telegraphische Absprachen mit ihm treffen. Die vorab wichtigste Frage galt der Bestimmung dessen, was überhaupt «Wiedergutmachung» bedeuten sollte. Im Sinne der Vierzehn Punkte war sie vor allem als «Wiederherstellung» der vom Krieg verwüsteten französischen und belgischen Territorien zu verstehen. Außerdem hatte das Waffenstillstandsabkommen dem Deutschen Reich Reparationszahlungen für angerichtete Schäden vorgeschrieben, doch damit waren allein die Eigentumsverluste an Volksvermögen gemeint, im Falle Englands also die Versenkung von Schiffen oder die Beschlagnahmung von Gütern oder Guthaben durch die Deutschen. Traditionell wurden die eigentlichen Kriegskosten, also der Unterhalt und die Ausrüstung der Soldaten sowie die Versorgung von Verwundeten und Hinterbliebenen, nicht direkt dem Kriegsverlierer aufgebürdet – der hatte ja gegebenenfalls durch Gebietsverlust Kompensation zu leisten. Doch angesichts des nie dagewesenen Aufwands der Kriegsführung und der gewaltigen Opferzahl wollten Großbritannien und Frankreich auch die Kosten des Weltkriegs unter die Wiedergutmachung fassen.

Nach amerikanischer Schätzung[3] hätten die Briten dadurch statt 19 nun 40 Prozent der deutschen Reparationszahlungen erhalten, während Frankreich statt 43 Prozent nur noch 24 bekommen hätte – allerdings auf der Basis einer ungleich höheren Gesamtsumme. Um wie viel sie höher wäre als im Falle einer reinen Wiederherstellung der Kriegsverwüstungen zeigt das Beispiel Belgiens in der amerikanischen Kalkulation: Das schwer zerstörte Land hätte ohne Einbeziehung der Kriegskosten seiner Verbündeten 24 Prozent der Reparationen erhalten, andernfalls nur 1,7 Prozent. Die Vereinigten Staaten, die im ersten Falle fast gar nichts bekommen hätten, weil ihr Territorium unversehrt geblieben war, hätten im zweiten Falle Anspruch auf ein Viertel der deutschen Wiedergutmachungszahlungen erheben können, weil sie seit April 1917 Hunderttausende Soldaten über den Atlantik an die Westfront transportiert und die Ausrüstung der alliierten Truppen beinahe im Alleingang modernisiert hatten.

Aber Wilson war bereit, auf diese große Summe zu verzichten, um einen vernünftigen Vertragsabschluss mit dem Deutschen Reich zu ermöglichen – auf Grundlage einer klar bestimmten Reparationssumme. Mit Belgien hatte der amerikanische Präsident dabei einen Verbündeten, denn wäre dem Land nur noch jener winzige Anteil von 1,7 Prozent zugefallen, hätte das aller Wahrscheinlichkeit nach eine drastische Verminderung der deutschen Sofortzahlungen ausgerechnet für jenes Land bedeutet, dem nach allgemeiner Ansicht die größte Ungerechtigkeit widerfahren war. Es war ja absehbar, dass dem Reich nach dem Friedensschluss jährliche Raten auferlegt würden, die sich nach der deutschen Leistungsfähigkeit zu richten hätten: Wenn insgesamt mehr zu zahlen wäre, bedeutete das keine höheren Jahresraten, sondern längere Zahlungsverpflichtungen. Von diesen Jahresraten hätte Belgien entweder 24 oder nur 1,7 Prozent erhalten. Und das Verhältnis von etwa vierzehn zu eins, um das Belgiens Anteil im zweiten Falle gemindert würde, könnte wohl auch nicht durch eine Erhöhung der deutschen Gesamtzahlungen aufgefangen werden, denn die hätten dann auch wirklich vierzehn Mal so hoch ausfallen müssen wie bei einer reinen Wiedergutmachung der Schäden. Und für diese hatten britische Experten schon eine Summe von 120 Milliarden Dollar errechnet. Wilsons Finanzfachleute schätzten die deutsche Leistungsfähigkeit jedoch nicht einmal auf ein Drittel dieses Betrags – und das verteilt auf dreißig Jahre.[4] Belgien hätte bei einer Berücksichtigung sämtlicher Kriegskosten der Siegerstaaten deshalb mutmaßlich niemals nennenswerte Summen erhalten; die Rückzahlung der Zerstörungen hätte sich über Jahrhunderte erstreckt.

Lloyd George lenkte daraufhin ein, bat aber am 6. März 1919 Edward M. House als Wilsons Stellvertreter bei den Verhandlungen, zunächst auch einer hohen Gesamtsumme zuzustimmen, die Deutschland nur teilweise würde bezahlen können und die deshalb später wieder reduziert werden müsse. Dadurch hätte er pro forma sein Versprechen gegenüber den britischen Wählern halten können. Der Vorschlag traf auch auf Clemenceaus Sympathie, der allerdings keinesfalls an spätere Zugeständnisse dachte, sondern hoffte, auf diese Weise ein Druckmittel in die Hand zu bekommen, das den gefürchteten Nachbarn langfristig kleinhalten würde. Ein von den vier Hauptmächten einberufener Geheimausschuss zur Festlegung einer endgültigen Summe sah

jedoch nur Reparationen in Höhe von dreißig Milliarden Dollar
vor, wenn man Deutschlands Wirtschaft nicht ruinieren wolle.
Und dieser Betrag, so die Einschätzung des Ausschusses, hätte
die durch die Vierzehn Punkte legitimierten Forderungen sogar
schon überstiegen. Großbritannien und Frankreich waren entsetzt; die Briten erwarteten wenigstens fünfzig Milliarden Dollar,
die Franzosen noch deutlich mehr. Aber solche Summen waren
durch eine klassische Wiedergutmachungsregelung eben nicht zu
begründen. Der Bericht des Ausschusses wurde, um Zwietracht
zu vermeiden, von den Großen Vier gar nicht erst diskutiert,
obwohl sie ihn eigens erbeten hatten.

Es gab für die Moderaten unter den Delegierten noch ein
weiteres Problem: Italien unterstützte die beiden europäischen
Verbündeten unter den Großen Vier, obwohl das Land vom Friedensvertrag mit Deutschland nicht viel zu erwarten hatte, aber je
härter hier die Bedingungen ausfallen würden, desto besser wäre
das für die noch auszuhandelnden Friedensschlüsse mit Österreich und Ungarn, den italienischen Kriegsgegnern an der Südfront. So sahen sich die Vereinigten Staaten einer geschlossenen
Opposition bei den Pariser Verhandlungen gegenüber.

Den Ausweg aus dem absehbaren Stillstand erarbeitete John
Foster Dulles, ein gerade einunddreißigjähriger amerikanischer
Anwalt, der während des Kriegs im staatlichen Planungsbüro tätig
gewesen war und sich danach von seinem Onkel, dem Außenminister Robert Lansing, einen Posten in der Delegation der Vereinigten Staaten bei der Friedenskonferenz erbeten hatte. Um die
Zustimmung der mit Amerika Verbündeten zu erlangen, formulierte er jene beiden Artikel 231 und 232, die als «Kriegsschuldklauseln» bezeichnet werden. Im ersten davon wurde Deutschland zur Übernahme der Verantwortung für «alle Verluste und

Erzwungene Abrüstung: Die im Versailler Vertrag vorgeschriebene Höchststärke des deutschen Militärs beschränkte sich nicht auf Soldaten; die Kontrollkommissionen der Alliierten überprüften auch die Vernichtung allen Heeresgutes, das den Bedarf dieser reduzierten Truppenzahl überstieg. Hier werden nicht mehr benötigte Stahlhelme durch ein mit der Spitzhacke geschlagenes Loch unbrauchbar gemacht.

Schäden», die der Krieg den Alliierten zugefügt hatte, verpflichtet. Somit bestand Anspruch auch auf die Einforderung sämtlicher Kriegskosten. Aber Artikel 232 milderte diesen Anspruch wieder ab. Darin heißt es gleich zum Auftakt: «Die alliierten und assoziierten Regierungen erkennen an, dass die Hilfsmittel Deutschlands nicht ausreichen, um die vollständige Wiedergutmachung aller dieser Verluste und aller dieser Schäden sicherzustellen, indem sie der ständigen Verminderung dieser Hilfsmittel

Rechnung tragen, die sich aus den anderen Bestimmungen dieses Vertrages ergibt.» Das Resultat daraus lautete: «Die alliierten und assoziierten Regierungen verlangen indessen und Deutschland übernimmt die Verpflichtung, dass alle Schäden wiedergutgemacht werden, die der Zivilbevölkerung der alliierten und assoziierten Regierungen und ihrem Eigentum während der Zeit, da diese Macht sich im Kriegszustand mit Deutschland befand, durch den erwähnten Angriff zu Lande, zur See und aus der Luft zugefügt sind.»[5]

Das wäre auf die Wiedergutmachung nach traditionellem Muster hinausgelaufen, aber so billig kamen die Deutschen denn doch nicht davon, weil Artikel 232 ebenso die Übernahme von Kosten vorschrieb, die in einer Anlage zum achten Teil des Versailler Vertrags aufgelistet wurden, und die umfassten sämtliche Pensionen und sonstige Unterstützungszahlungen für Verwundete und Hinterbliebene. Einzig Schäden an «Anlagen oder Materialien von Heer und Marine»[6] waren explizit nicht zwangsläufig zu ersetzen. Das bedeutete zwar eine große Erleichterung, aber da die Höhe der übrigen Reparationen unübersehbar war (auch durch die nicht prognostizierbare Dauer der Unterstützungszahlungen, die ja jeweils bis zum Tode der Empfänger laufen mussten), wurde im Versailler Vertrag entgegen der amerikanischen Überzeugung darauf verzichtet, eine konkrete Gesamtsumme zu nennen.

Dulles hatte es gut gemeint: «Man ist sich darüber einig, dass die Kapazität der deutschen Regierung zur Bezahlung von Reparationen begrenzt ist, und daher verzichten die im Krieg mit Deutschland stehenden Regierungen auf das Recht, auf allen nicht ausdrücklich hier festgesetzten Reparationen zu bestehen.»[7] Aber er übersah, wie sehr er die Deutschen mit der ihnen zugewiesenen Kriegsschuld erzürnte, die für ihn nicht mehr als ein rhetorischer Kniff war, um den Verbündeten den schon im nächsten Artikel folgenden Teilverzicht auf ihre Reparationen schmackhaft zu machen. Sie wurden ins moralische Recht gesetzt, um dann umso großzügiger zu wirken, wenn sie ihr juristisches Recht nicht ausübten. Aber in Deutschland wog die moralische Demütigung schwerer als ein etwaiger Staatsruin. Scheidemanns berühmter Satz – «Welche Hand müsste nicht verdorren, die sich und uns in diese Fesseln legt?» – drückte in seinem biblischen Pathos das vollständige Unverständnis dafür aus, nun nicht nur die finanziellen Konsequenzen des Kriegs tragen zu müssen, sondern auch noch als Kriegsverbrecher gebrandmarkt zu werden.

Denn das war die Konsequenz aus der Dramaturgie des Versailler Vertrags. Weil die Kriegsschuldklauseln in den Augen der Siegermächte nur finanziellen Zwecken dienten und deshalb Teil VIII zugeordnet waren, folgten sie unmittelbar auf die in Teil VII geregelten Strafbestimmungen. In diesem mit lediglich vier Artikeln[8] kürzesten der insgesamt fünfzehn Vertragsteile wurde die deutsche Regierung zur Auslieferung aller Personen verpflichtet, die vor alliierten Militärgerichten wegen «gegen Gesetze und Gebräuche des Krieges verstoßenden Handlungen» angeklagt würden (Artikel 228). Das war eine Neuerung, denn bislang unterlagen Individuen, die sich in ihrem Heimatland aufhielten, auch nur der Jurisdiktion des eigenen Staates. Internationale Gerichtshöfe existierten noch nicht – wobei der Versailler Vertrag den ersten Schritt dazu unternahm, denn in Artikel 14, der zur Völkerbundsakte gehört, wurde die Einrichtung einer solchen Institution durch den Völkerbundsrat angekündigt. Dieser Gerichtshof sollte zuständig sein für «alle Streitfälle internationalen Charakters, die ihm von den Parteien unterbreitet werden».[9] Doch die in Artikel 228 angesprochenen Anklagen entsprachen einem klassischen Verständnis von Siegerjustiz und wurden dementsprechend von deutscher Seite als ungerecht empfunden. Artikel 230 verpflichtete das Reich außerdem zur Rechtsbeihilfe durch die Bereitstellung aller Dokumente und Auskünfte, die von den Militärgerichten der früheren Kriegsgegner angefordert würden.

Den Auftakt des siebten Teils jedoch bildet Artikel 227, und der galt einer Einzelperson. Hier wurde gar nicht erst danach gefragt, ob diese gegen «Gesetze und Gebräuche des Krieges» verstoßen hatte. Der ehemalige deutsche Kaiser Wilhelm II. wurde laut Artikel 227 mit Vertragsabschluss unter öffentliche Anklage gestellt, «wegen schwerster Verletzung der internationalen Moral und der Heiligkeit der Verträge». Konkrete Verstöße des Monarchen benannte der Text ebenso wenig wie die Grundsätze von Moral und Verträgen, die er verletzt haben sollte. Angekündigt wurde die Bildung eines besonderen Gerichtshofs, dem vier Richter angehören sollten, die von den fünf Hauptmächten ernannt würden. Dieser Artikel führte zu heftigen deutschen Protesten. Der frühere Reichskanzler Theobald von Bethmann Hollweg bot sich selbst am Tag vor der Vertragsunterzeichnung in Versailles den Alliierten als Angeklagter anstelle Wilhelms II. an, weil er bis zu seiner Demission im Juli 1917 der für die Ausführung der kaiserlichen Beschlüsse politisch Verantwortliche gewesen sei. Die vagen Begründungen von Artikel 227 wurden von den Deutschen als Vorverurteilung des abgedankten Kaisers betrachtet, und eine Preisgabe des früheren Staatsoberhauptes betrachteten sie als ehrlos.

Da Wilhelm aber am 10. November 1918 aus dem belgischen Spa in die nahen Niederlande geflüchtet war, wo er noch am gleichen Tag Asyl erhielt, brauchte die Reichsregierung gar nicht über eine Auslieferung des Hohenzollern nachzudenken; die im Krieg neutral gebliebenen Niederlande verweigerten sie den

Alliierten im Januar 1920, als der Versailler Vertrag, an dem das Land nicht beteiligt war, in Kraft trat, und später lehnten sie noch mehrfach trotz intensivem diplomatischen Druck die Auslieferung des ehemaligen Kaisers ab. Aber die pauschale Verurteilung Wilhelms II., die Artikel 227 aus deutscher Perspektive darstellte, wurde im Reich als Anmaßung und Willkür empfunden, und diese Stimmung übertrug sich auf die anschließende Kriegsschuldklausel: erst Individualschuld und Amoralität des Kaisers, dann Alleinverantwortung und Amoralität des Reichs. Das schien Methode zu haben, und die unmittelbare Nachbarschaft beider Erklärungen machte diese in der öffentlichen Wahrnehmung in Deutschland zu einem Gesamtkomplex der Demütigungen, die seine Klimax in Artikel 231 fand.

Der nationale Blick:
Theodor Wolffs Unwille zum Frieden

Aller Widerstand gegen die Unterzeichnung des Versailler Vertrags war vergeblich. Den vehementesten hatte das «Berliner Tageblatt» geleistet. Das kam unerwartet, galt die 1871 gegründete Zeitung aus dem jüdischen Verlagshaus Mosse doch als verlässliche Unterstützerin der Demokratisierung des Deutschen Reichs und dann der ersten Weimarer Regierungskoalition. Als eine der drei großen überregionalen liberalen Tageszeitungen Deutschlands – die anderen beiden, wesentlich auflageschwächeren, waren die «Frankfurter Zeitung» und die ebenfalls in der Hauptstadt verlegte «Vossische Zeitung» – prägte sie die Meinung des gebildeten Bürgertums. Ihr bereits seit 1906 amtierender Chefredakteur Theodor Wolff war als Bewunderer Frankreichs bekannt – und bisweilen auch verhasst. Zuvor hatte er für zwölf Jahre als Korrespondent seines Blattes in Paris gearbeitet. Obwohl glühender Patriot, war Wolff von 1914 bis 1918 konsequent für einen Verständigungsfrieden eingetreten, denn den Glauben an die deutsche Kriegsführung hatte er schon im Herbst 1914 eingebüßt. Doch sosehr er vor dem Waffenstillstand einen Siegfrieden zugunsten Deutschlands abgelehnt hatte, so wenig akzeptierte er danach einen zugunsten der Alliierten. Am 11. November 1918 stellte Wolff in seinem Leitartikel zum Abkommen von Com-

piègne unmissverständlich fest: «Die Entente hat dem deutschen
Volke unerhört grausame Waffenstillstandsbedingungen diktiert
(…). In solchen Bedingungen können wir nicht Vorläufer späterer
Versöhnung und auch nicht notwendige militärische Maßnahmen
erkennen, sondern nur den Beweis einer beispiellosen Unmenschlichkeit.»[1] Der Chefredakteur sah alle deutschen Vorleistungen,
zu denen er besonders die Abdankung des Kaisers und die Parlamentarisierung des Reichs zählte, als verraten an. Sein späteres
Urteil über den Versailler Vertrag fiel denn auch genauso eindeutig aus: ein «Tendenzurteil, das einem Geknebelten alle Schuld
zudiktiert hat».[2]

Während des Kriegs hatte Wolff zwar früh erkannt, dass
Deutschland nicht in der Lage sein würde, einen militärischen Sieg
zu erringen, aber einen entscheidenden Durchbruch der Alliierten erwartete auch er lange nicht. Als jedoch mit der vermehrten
Präsenz der amerikanischen Truppen und Panzer seit Jahresbe-
ginn 1918 die Lage der deutschen Soldaten immer prekärer wurde,
die so verheißungsvoll begonnene Frühjahrsoffensive im Juli 1918
gestoppt werden musste und die Gegenseite in den zwei Monaten
danach die Frontlinie immer weiter zu ihrem Vorteil verschieben
konnte, ahnte Wolff bereits, dass sich seine Erwartung eines Ver-
ständigungsfriedens unter gleichberechtigten Parteien, den er
jahrelang im «Berliner Tageblatt» propagiert hatte, nicht erfüllen
lassen würde.

Es ist faszinierend und zugleich traurig, wie verzweifelt sich
Wolff in den letzten Wochen der Kampfhandlungen darum
bemühte, seine Forderungen der neuen, überaus kritischen Situation anzupassen. Nunmehr war seine Meinung schwankend,
einerseits verlangte er einen sofortigen Demokratisierungsschub
im Reich, während er andererseits fand, dass die bisherigen
Wortführer einer unversöhnlichen Kriegsführung die Regie-

rungsverantwortung übernehmen sollten, damit diejenigen die
Suppe auszulöffeln hätten, die sie Deutschland eingebrockt hatten. Am 9. November 1918 aber stellte er sich eindeutig auf die
Seite der neuen Reichsregierung unter Ebert. Noch hoffte er wie
diese auf die Einlösung des Versprechens, das in Wilsons Vierzehn Punkten lag. Es ist die besondere Tragik Wolffs und seiner
Mitstreiter, dass der Moment ihres größten politischen Einflusses
und Gestaltungswillens mit den unnachgiebigen Forderungen der
verbitterten, nun endlich siegreichen Kriegsgegner zusammenfiel und dass ihre politischen Ideale zwar denen der Feindstaaten
entsprachen – nach dem Ausscheiden Russlands aus der Entente
kämpften nur noch Demokratien gegen Deutschland –, aber von
diesen keine Rücksicht auf die labile junge deutsche Republik
genommen wurde.

Man kann Wolff keinesfalls den Vorwurf machen, in der Zeit
des Notenwechsels zwischen Washington und Berlin im Vorfeld
des Waffenstillstands radikale Ideen publizistisch unterstützt zu
haben. Im Gegenteil: Noch am 4. November 1918 erwähnte er in
seinem privaten Tagebuch die empörten Zuschriften von «Tageblatt»-Lesern, die sich bei ihm beschwerten, dass er den Rücktritt des Kaisers nicht deutlich genug gefordert habe.[3] Tatsächlich
vertrat Wolff da noch die Idee einer konstitutionellen Monarchie
nach britischem Vorbild. Auch wenn er klar sah, dass Wilhelm II.
nicht zu halten sein würde (was er uneingeschränkt begrüßte),
propagierte er doch in privaten Gesprächen eine Thronfolge,
die Prinz Wilhelm Friedrich als Enkel des Kaisers die Krone eingebracht hätte. Im Gegensatz zu seinem Vater, dem bisherigen
Kronprinzen, war der erst zwölfjährige Wilhelm Friedrich in der
öffentlichen Wahrnehmung unvorbelastet, und dass er noch nicht
volljährig war, ließ darauf hoffen, dass das neue Staatsoberhaupt
unter den Einfluss demokratisch legitimierter Kräfte käme.

Theodor Wolff inszenierte sich vor dem Ersten Weltkrieg als französisch inspirierter Schöngeist; seine Zeit als Pariser Korrespondent des «Berliner Tageblatts» hatte ihn geprägt. Die Friedensbedingungen des Versailler Vertrags enttäuschten seine Bewunderung für Frankreich und verbitterten ihn. Fortan zeigten Porträtaufnahmen den Chefredakteur und prominentesten deutschen Journalisten als bärbeißigen Mann.

Als aber klarwurde, dass die Alliierten das Ende der Hohenzollern-Dynastie als Voraussetzung für einen Waffenstillstand ansahen, rückte Wolff von seiner Idee ab. Er wollte das Töten endlich beendet sehen und verweigerte darum seinem Freund Walther Rathenau den Abdruck eines Artikels, in dem die-

ser angesichts der amerikanischen Forderungen eine Levée en
masse in Deutschland verlangte, die die letzten Reserven des
Reichs mobilisieren sollte. Mit der Aussicht, dass der Krieg sich
weiter hinziehen würde, sollten die Gegner dazu bewogen werden, ihre Bedingungen abzumildern. Später, im Mai 1919, würde
Wolff selbst angesichts der Friedensbedingungen die Idee eines
verzweifelten letzten Widerstands vertreten, doch im Oktober
1918 setzte er angesichts der bröckelnden Front und der wachsen-
den Unzufriedenheit im Inland auf einen schleunigen Waffenstillstand.

In seinem Artikel «Der Erfolg der Revolution», der am
10. November erschien, verklärte Wolff die Berliner Ereignisse
des Vortags zur «größten aller Revolutionen (...), weil niemals
eine so fest gebaute, mit so soliden Mauern umgebene Bastille
so in einem Anlauf genommen worden ist».[4] Der Chefredakteur
wusste natürlich genau, dass dieser rhetorische Überschwang
nicht der Wahrheit entsprach: Seit einer Woche hatte sich das alte
Militärregiment unfähig gezeigt, der revolutionären Bewegung in
Deutschland Herr zu werden, obwohl diese keine Gewaltexzesse
hervorgebracht hatte. Letzteres nötigte Wolff Respekt ab. Er
beschloss seinen Leitartikel vom 10. November so: «Immer wieder
muß man daran erinnern, daß Macauley die englische Revolution
gerade deshalb als Muster aller Umwälzungen hinstellt, weil sie
die Existenz jedes einzelnen mit menschlichem Respekt behandelt, die alten Symbole entfernt, aber nicht zerschlagen hat. Jedem
Volke, das sich zu wahrer Freiheit erhebt, muß dieses Musterbild
vor Augen stehen. Symbole des alten Geistes sind bei uns anein-
andergereiht, wie die Marmorstatuen in der Siegesallee. Ein reifes,
verständiges Volk schafft sie, ohne etwas zu zerbrechen, fort.»

Genau genommen proklamierte Wolff also Evolution statt
Revolution; der politischen Ausrichtung seines Blattes gemäß war

er ein Vertreter der Mitte. Dennoch gehörte seine Sympathie im November 1918 zunächst den Sozialdemokraten und der USPD, weil sie sich auf parlamentarischer Ebene am entschiedensten für den Regimewechsel einsetzten. Die Revolution hatte für Wolff jedoch geordnet zu laufen. Deshalb erinnerte er sich später gerne an die Höflichkeit jenes Revolutionärs, der ihn in der Nacht zum 11. November daheim anrief und ihm mitteilte: «Hier ist Adolf Hoffmann, ich bin in Ihrer Setzerei und wollte Ihnen mitteilen, dass ich mit meinen Genossen Ihre ‹Berliner Volkszeitung› übernommen habe, die morgen früh als unser Organ der Unabhängigen und des Arbeiter- und Soldatenrates erscheint.»[5] Wolff schätzte auch, dass nicht das «Tageblatt» in Beschlag genommen worden war, sondern die ebenfalls bei Mosse verlegte, aber an Kleinbürgertum und Arbeiterschaft gerichtete «Volkszeitung»: So blieb jeder doch da, wohin er gehörte. Später, während der Spartakusunruhen, sollte das ganze Verlagshaus von den Aufständischen besetzt werden, wodurch sämtliche Mosse-Zeitungen vom 5. bis zum 11. Januar 1919 ausfielen. Das war für Wolff dann der letzte Anstoß, den Gruppierungen links von der SPD das Vertrauen aufzukündigen.

Mit der Betonung der Parallelen zwischen dem deutschen Novemberumsturz und der englischen Glorious Revolution von 1688 erhob er aber auch einmal mehr den Anspruch, dass Deutschland nun in den Kreis politisch zivilisierter Nationen eingetreten und dementsprechend zu behandeln sei. Das war eine groteske Fehleinschätzung der Bereitschaft der Kriegsgegner, die Ereignisse der vergangenen viereinhalb Jahre einfach zu vergessen, aber mehr noch des deutschen Blicks auf diese Vergangenheit. Ein Jahr später war Wolff aus Schaden klug geworden und schrieb in einem Rückblick auf den November 1918: «Nie und nirgends hatten die geistigen Führer ein Volk so wenig zum freien Selbst-

Wolff war ein Unterstützer der Novemberrevolution, doch als während des Spartakusaufstands im Januar 1919 das Berliner Zeitungsviertel besetzt wurde, nahm er vehement Partei gegen die Revolutionäre. Seine eigene Redaktion hatte ihren Sitz im Haus des Mosse-Verlags in der Jerusalemstraße; vor dessen Eingängen errichteten die Besetzer Barrikaden aus Papierrollen, wie dieses Foto zeigt.

bestimmungsrecht, zum Verständnis republikanischer Staatsform erzogen, nie und nirgends trat eine Nation so unvorbereitet, so noch ganz verstrickt in den alten Fäden, an diese große Aufgabe heran.»[6]

Immerhin hatte er selbst das Seinige versucht, um die neue politische Epoche einzuleiten: Aus seiner Rolle in der liberalen Opposition des Kaiserreichs und als Chefredakteur einer der angesehensten Zeitungen Deutschlands erwuchs Wolffs Beteiligung an der Gründung der DDP. Am 16. November 1918 erschien im «Berliner Tageblatt» ein Gründungsaufruf, dessen Autorschaft bis heute offiziell ungeklärt ist, der aber mit an Sicherheit grenzender Wahrscheinlichkeit aus Wolffs Feder stammte, der die künftige Partei in derselben Ausgabe mit einem weiteren Artikel begrüßte. Sein Engagement wurde von einigen bisherigen liberalen Weggefährten als Putsch aus der Mitte angesehen. Friedrich Naumann, die zentrale Persönlichkeit der Fortschrittlichen Volkspartei, beklagte sich im November 1918 in einem Brief an den bayerischen Liberalen Georg Hohmann über die jüngsten Entwicklungen in Berlin: «Bei uns sind die Vorgänge, die zur Herstellung der ‹Deutschen Demokratischen Partei› geführt haben, zum Teil sehr unerfreulich gewesen. Es handelt sich um eine Art Staatsstreich, der vom ‹Berliner Tageblatt› ausgeht. Man hat uns bolschewisiert.»[7] Ironischerweise wurde Hohmann einen Monat später Vorsitzender der bayerischen DDP, und auch Naumann trat der jungen Partei schließlich bei.

Wolff war in der Anfangszeit der DDP ihr wichtigster Wortführer in der Öffentlichkeit, doch er sollte kein politisches Amt übernehmen und schon bald mit einer nationalistischen Wende seiner Partei konfrontiert sein, zu der er sich nur schwer positionieren konnte, weil er ja selbst von den Alliierten Gerechtigkeit für Deutschland einforderte und dafür auf allgemeinen Widerstand im Reich gegen die Waffenstillstands- und die späteren Friedensbedingungen setzte. Dazu musste er sich mit den Nationalisten arrangieren, die in ihm aber ein Feindbild sahen. Durch seine unbeirrbare Kritik an der deutschen Kriegsführung hatte Wolff sich gerade auch unter liberalen Patrioten Gegner geschaffen, die wie schon Naumann seine neue Rolle und die des «Berliner Tageblatts» angriffen.

Gegen Wolff wetterten vor allem jene Politiker der alten Nationalliberalen Partei, die sich im Gegensatz zu deren linkem Flügel und zu den Mitgliedern der Fortschrittlichen Volkspartei nicht der DDP anschlossen, sondern der ebenfalls neugegründeten Deutschen Volkspartei. Sie fanden in der «Vossischen

Zeitung» ein bereitwilliges Forum. Die Auseinandersetzung zwischen den beiden überragenden Persönlichkeiten der führenden Berliner Blätter und damit auch der Tagespresse der Weimarer Republik, zwischen Theodor Wolff und dem Chefredakteur der «Vossischen Zeitung» Georg Bernhard, nahm zeitweise erbitterte Züge an. Bernhards Zeitung hatte noch am 15. November 1918 für eine Vereinigung von Nationalliberalen und Fortschrittlichen, also für eine gesamtliberale Sammlungsbewegung plädiert, was dann am Folgetag durch den Aufruf des «Berliner Tageblatts» zur Gründung der DDP gegenstandslos wurde. Obwohl Bernhard sich sofort der Gründung anschloss, griff die «Vossische Zeitung» am 23. November in einem anonymen Artikel die neue DDP scharf an und unterstellte ganz im Sinne Naumanns eine «Diktatur des Berliner Tageblatts und Herrn T. W.».[8]

Dieselbe Verschwörungstheorie verbreitete gleichzeitig Gustav Stresemann, der die DVP mitbegründete und Theodor Wolff mit Hinweisen auf dessen Rolle im Krieg zu diskreditieren suchte: «(...) der Zusammenbruch der Heimat (hat) auch den Zusammenbruch der Front herbeigeführt, die sich so tapfer hielt. An dieser Zersetzung hat niemand so eifrig mitgewirkt wie das Berliner Tageblatt.»[9] Wolff wehrte sich gegen solche Vorhaltungen nach Kräften und warf Bernhard – bevorzugt zu den Quartalsenden, wenn in Deutschland traditionell die Zeitungsabonnements verlängert wurden – dessen Verfehlungen aus der Kriegszeit vor, die er mit Zitaten aus Bernhards damaligen Artikeln belegte. Der so Angegriffene konterte wiederum in harschem Ton und verwies auf die «Gemeingefährlichkeit und die Kriegsschuld des Berliner Tageblatts», die «Selbstbeweihräucherung» Theodor Wolffs und «die Gesinnungslosigkeit, die in artistischer Freude an schönen Einfällen Artikel für den Tag so zusammenschreibt, wie sie jeweils die Konjunktur im Leserpublikum erfordert». Bernhard unterstellte dem «Berliner Tageblatt» offen, «dem deutschen Volke sein Vaterland und den Glauben an deutsche Kraft und deutsche Ehrlichkeit zu verekeln»[10], und lieferte damit sowohl der antisemitischen Hetze gegen Wolff und dessen Zeitung – der Chefredakteur war ebenso Jude wie der Eigentümer (und wie Bernhard selbst) – als auch jenen DDP-Mitgliedern willkommenes Material, denen die führende Rolle der linksliberalen «Tageblatt-Gruppe» in der Partei suspekt war. Rheinische Großindustrielle wie Paul Reusch, der Vorstandsvorsitzende der Gutehoffnungshütte, oder Carl Duisberg, der Direktor der Bayer-Farbenwerke, lehnten die Zusammenarbeit mit einer Partei, in der das «Berliner Tageblatt» Einfluss besaß, generell ab. Für den Düsseldorfer DDP-Vorsitzenden Nikolaus Eich stand deshalb schon im Dezember 1918 fest, «daß Personen wie Alfred Weber und Theodor Wolff nicht geeignet sind, an führender Stelle zu bleiben».[11] Und genau so geschah es: Wolff und Weber, ebenfalls Gründungsmitglied der DDP, wurden im Laufe des Winters aus ihren prominenten Positionen in der Partei verdrängt.

Dennoch sollte Wolff noch einmal eine wichtige Rolle für die DDP spielen. Es war seine ablehnende Kommentierung der späteren Friedensbedingungen, die entscheidend dafür verantwortlich war, dass die Abgeordneten der Partei im Juni 1919 geschlossen gegen die Unterzeichnung des Versailler Vertrags stimmten. Wolffs Faszination für Frankreich war in Abscheu angesichts dessen revanchistischer Politik umgeschlagen, gegen die er während des ersten Halbjahrs 1919 im «Berliner Tageblatt» regelrechte Kampagnen führte; der bekannte Publizist Maximilian Harden hatte kurz nach der Übergabe der alliierten Friedensbedingungen gegenüber einem französischen Korrespondenten sogar vom «haine farouche de Theodor Wolff contre la France» gesprochen – vom wilden Hass Wolffs gegenüber Frankreich.[12]

Das war Unsinn, denn der Zorn Wolffs richtete sich nicht
gegen Frankreich als Ganzes, sondern gegen die französischen
Politiker, namentlich gegen Clemenceau, den er persönlich gut
kannte. Als Wolff 1894 seine Arbeit als Korrespondent des «Berliner Tageblatts» in Paris aufgenommen hatte, wurde Frankreich
gerade von der Affäre um Alfred Dreyfus erschüttert, und Clemenceau gehörte damals zu den wichtigsten Kritikern von dessen
Verurteilung. In seiner 1924 erschienenen Studie «Das Vorspiel»,
die sich als Verteidigungsschrift der deutschen Sache gegen den
Vorwurf der alleinigen Kriegsschuld verstand, kommt Wolff
gleich zu Beginn auf Clemenceau als Vorsitzenden der Pariser
Friedenskonferenz und dessen früheres Engagement zu sprechen: «Wer die Artikel wieder liest, die Georges Clemenceau in
den Tagen einer berühmten Affäre geschrieben hat, findet zwischen vielen anderen ausgezeichneten Bemerkungen die Worte:
‹Man ersetzt jetzt die Beweisführung durch das Zeugnis irgendeines Menschen, der behauptet, daß der Angeklagte schuldig sei.
Und daraufhin ins Bagno, Verräter, und wer noch sagt, die Verurteilung sei hinfällig, ist gekauft.› Das logische Denken, die aus
mittelalterlicher Finsternis emporgestiegene Vernunft, der Geist
freier Kritik lehnten sich damals gegen ein Urteil auf, das ohne
Wahrung der vorgezeichneten Rechtsformen, ohne aufklären-
des Verfahren in verborgenen Hinterzimmern fabriziert worden
war. Genau dreißig Jahre später [hier irrte Wolff, es waren nur
fünfundzwanzig] aber wurde, wiederum in Paris, von Richtern,
die ein erkennbares Interesse an einer Verurteilung hatten, ohne
die primitivsten Rechtsgarantien ein ganzes Volk für schuldig
erklärt.»[13]

Wolffs Enttäuschung gerade über die Rolle Clemenceaus war
groß, hatte er doch selbst in seiner Pariser Korrespondentenzeit
aus Begeisterung für den Politiker und Publizisten dessen Thea-

terstück «Le Voile du Bonheur» (Der Schleier des Glücks) ins
Deutsche übersetzt.[14] Kurz bevor Wolff im Jahr 1906 zurück nach
Berlin ging, um dort den Posten des Chefredakteurs anzutreten,
schrieb er sein letztes großes Porträt eines französischen Prominenten: Es galt Clemenceau, der gerade mit vierundsechzig Jahren
erstmals Minister geworden war und den er bewunderte. Gleich
zu Beginn kam Wolff auf dessen Charakterzüge zu sprechen, die
sich 1918/19 auf für Deutschland verheerende Weise auswirken
sollten. «Clemenceau besitzt eine Reihe von Eigenschaften, die
urfranzösisch sind: den blendenden Witz, die schneidende Ironie, den verblüffenden Elan, die künstlerische und gesellschaftliche Verfeinerung, das kalte Feuer und die rastlose, sprudelnde
Lebendigkeit. Es wäre falsch, wenn man behaupten würde, die
Franzosen wären wie er. Es ist richtig, wenn man sagt, daß nur ein
Franzose so sein kann.»[15]

Gerade an diesen Mann als Typus richtete Theodor Wolff vor
dem Krieg große politische Erwartungen: «Sein Chauvinismus ist
mit den Jahren etwas milder und ruhiger geworden, aber es unter-
liegt keinem Zweifel, daß er das heutige Deutschland nicht gerade
liebt. Er liebt es nicht, weil er noch zu denen gehört, die 1870 von
den Pariser Wällen den Ansturm der deutschen Divisionen gesehen, und er liebt es auch nicht, weil ein alter, in demokratischen
und liberalen Anschauungen erzogener Republikaner für das
kulturwidrige Treiben preußischer Minister und für die byzanti-
nische Schweifwedelei mancher ‹Untertanen› naturgemäß einen
tiefen Widerwillen empfinden muß. Die Sympathien der politisch
selbständigen Völker können uns durch keine Bankettreden und
durch keine künstlichen Mittel für die Dauer gewonnen werden.
An dem Tage, an dem das deutsche Bürgertum erwachen, an dem
Tage, an dem es an die Stelle eines Scheinkonstitutionalismus ein
wirklich modernes Verfassungsrecht setzen wird, an dem Tage –

aber nicht früher – werden die demokratischen Völker Westeuropas und Amerikas sich uns wahrhaft verwandt fühlen.»[16] In diesem Satz von 1906 steckte die ganze politische Hoffnung Theodor
Wolffs, und dieser Satz von 1906 lässt seine ganze Verzweiflung
dreizehn Jahre später angesichts des Versailler Vertrags verständlich werden.

Es ist eine der bitteren Ironien der Geschichte, dass Wolff als
Jude und überzeugter Demokrat später vor den Nationalsozialisten erfolglos Zuflucht im Süden Frankreichs suchen sollte. Dort
wurde er im Mai 1943 von italienischen Soldaten verhaftet und
nach Deutschland ausgeliefert, wo man ihn als Fünfundsiebzig-
jährigen in verschiedene Gefängnisse und Konzentrationslager
steckte, ehe er wenige Monate später in einem jüdischen Krankenhaus starb. Den Aufstieg der Nationalsozialisten, die seine
Bücher verbrennen lassen und ihn selbst umbringen sollten, hatte
er stets als Folge des Versailler Vertrags angesehen. Das heißt
aber nicht, dass Wolff sich je auf die Seite der deutschen Nationalisten geschlagen hätte. Er galt trotz seiner nunmehr kritischen
Haltung gegenüber Frankreich dort während der zwanziger Jahre
als «un de nos envoyés les plus sûrs», einer der zuverlässigsten
Gewährsleute.[17] Mehrfach wurde Wolff in vertraulichem Auftrag
der Reichsregierung nach Paris gesandt, wo er immer noch über
ebenso gute Kontakte verfügte wie in Berlin.

   Seine jeweils montags erscheinenden Leitartikel, die als
«Lundis» berühmt wurden – auch diese Wortwahl zeigt Wolffs
Frankophilie –, waren im Reich zur nationalen Institution geworden und fanden auch im Ausland als Artikulation des liberalen
Deutschlands erhebliche Beachtung. Sie formulierten über Jahrzehnte hinweg nicht nur die Ansichten Wolffs, sondern auch
die seiner Weggefährten aus den Reihen der Linksliberalen, der

kulturellen Welt oder seiner Freunde im Ausland. Sowie nicht selten auch die seiner innenpolitischen Gegner, denn selbst im Krieg,
als das «Berliner Tageblatt» durch seine kritische Haltung noch
weniger Sympathien der Reichsführung genoss als zuvor, hatten die Reichskanzler Theobald von Bethmann Hollweg, Georg
Michaelis und Georg Freiherr von Hertling den Chefredakteur
regelmäßig zu inoffiziellen Besprechungen geladen, obwohl
Wolff in seinen Kommentaren keinen der drei Staatsmänner
pfleglich behandelte. Während der kurzen Kanzlerschaft Max
von Badens waren die Beziehungen zur Regierung dann besonders eng. Wolff hatte den neuen Reichskanzler am 6. Oktober
1918 mit einem Leitartikel außer der Reihe – es war Sonntag –
begrüßt und dessen Antrittsrede vom Vortag, in der das deutsche Waffenstillstandsgesuch öffentlich gemacht worden war, in
den höchsten Tönen gelobt: «In der Rede des Prinzen Max waltet nicht eine zum Abschnallen eingerichtete Ethik, sondern eine
Weltanschauung, die sich nicht mit dem Wollen und Wesen der
Machtpolitik vertragen kann.»

Wolff schloss seinen begeisterten Kommentar mit einem
pathetischen Satz: «Warum haben wir uns nicht früher kennengelernt!»[18], und gleich am Folgetag nutzte er seinen regulären Lundi,
um ganz im Sinne Max von Badens dem amerikanischen Präsidenten ins Gewissen zu reden, indem er eine lange imaginäre Rede
an Wilson richtete, die mit der Forderung anhob: «Alles, was du
erstrebst, alles, was du in deinem menschenfreundlichen Sinn von
der Zukunft erhoffst, kann nur verwirklicht werden, wenn du
jetzt die Hand zum Frieden, zu einem Versöhnungsfrieden reichst.
Versäumst du diesen Augenblick, willst du den scheußlichen
Krieg bis zur völligen Niederlage der einen oder der anderen
Partei fortsetzen lassen, und soll der Sieger dann dem Besiegten
den Frieden diktieren, so werden vielleicht die äußeren Mauern

deines Völkerbundes aufgerichtet werden, aber hinter ihnen wird, stärker als je zuvor, der alte Geist lebendig sein.»[19] In dieser skeptischen Prognose sah Wolff sich im Frühjahr 1919 bestätigt.

Aus seinen Erfahrungen als Publizist im Ersten Weltkrieg hatte Wolff ein Ideal der Völkerverständigung und sein eigenes journalistisches Ethos abgeleitet. Nach der Erklärung des Kriegszustands am 31. Juli 1914 (der noch nicht die Kriegserklärung gewesen war) durch Kaiser Wilhelm II. wurde das Deutsche Reich unter Belagerungszustand gesetzt. Paragraph 5 des entsprechenden Gesetzes erlaubte die «Suspension» des Rechts auf freie Meinungsäußerung. Das war die juristische Grundlage für die Zensur deutscher Zeitungen, die fortan in der Hand der Militärbefehlshaber in den jeweiligen Regionen lag. Bereits zwei Wochen später beklagte sich Wolff in seinem Tagebuch bitter darüber: «Die Militärzensur wird immer unmöglicher. *Nichts* darf gebracht werden; von fünfzig Nachrichten und Ausschnitten aus fremdländischen Zeitungen, die man verlangt, kommen 45 mit dem Stempel: ‹Veröffentlichung nicht gestattet› zurück.»[20] Den ganzen Krieg über forderte er ein Ende der Unterdrückung durch die Zensur: «Das Vergnügen, seine Klagen in der Zeitung zu lesen, ist das einzige, was dem Publikum noch bleibt.»[21]

Das, was Theodor Wolff und andere kriegskritische Journalisten unter den Bedingungen der Zensur veranstalten mussten, nannte er selbst einen «Tanz zwischen Dornspitzen». Die meisten deutschen Zeitungen erlagen aber ohnehin der Kriegsbegeisterung und schrieben ganz im Sinne der Militärführung – manchmal sogar aus deren Sicht zu euphorisch oder chauvinistisch. Dass der Gegner von der Presse zuvor für unfähig und unebenbürtig erklärt worden war, musste die Bedeutung des deutschen Triumphs relativieren und den Enthusiasmus der Öffentlichkeit

8493

Das Schwert des Damokles.

Eine Redaktionsstube unter dem Kriegszustand.

Einen «Tanz zwischen Dornspitzen» hatte Theodor Wolff die Tätigkeit als Journalist unter den Bedingungen der Kriegszensur genannt. Die ehedem linksradikale Satirezeitschrift «Der wahre Jacob» charakterisierte die eigene Arbeit in ihrer Ausgabe vom 16. Oktober 1914, also schon unter Kontrolle des Militärs, noch drastischer: als Zeichnen unter dem nur an einem Rosshaar aufgehängten Damoklesschwert, dem altbekannten Inbegriff drohender Gefahr.

mindern. Aber auch die erwartungsfrohe Stimmung der Bevölkerung bot den Verantwortlichen in Regierung und Militär Anlass zur Sorge. Gegenüber Wolff beklagte der Leiter der Presseabteilung des Auswärtigen Amtes, Otto Hamann, im September 1915 die weitverbreitete Siegesgewissheit, die ein ernsthaftes Friedensangebot von deutscher Seite gar nicht erlauben werde. Es gelte, die Bevölkerung zur Vernunft zu bringen, woraufhin Wolff alle Verantwortung der Zensur zuschob, die ja eine Diskussion der Kriegsziele verbiete, sodass nicht mäßigend auf das Publikum eingewirkt werden könne.[22] Das indirekte Ersuchen Hamannns um eine engere Zusammenarbeit zwischen Militär und «Berliner Tageblatt» hatte der Chefredakteur damit abschlägig beschieden. Er vermisste bei der Zensur jegliches psychologische Verständnis für das Meinungsbild der Bevölkerung.

Zum Erscheinen einer Sammlung seiner Lundis aus der Kriegszeit, die Wolff noch 1917 zusammengestellt hatte, schrieb er: «Eine Gemeinschaft von Menschen, die nicht nur durch Zwang geleitet werden soll, muss sich selbst bezwingen, ein Volk, dem man Rechte gibt, muss die Rechtsidee rein und unwandelbar vor Augen haben, und es darf nicht die Gesellschaft der schmeichlerischen Weihrauchschwinger suchen, wenn es die Luft der freien Höhen atmen will. Zur Selbstbestimmung gehört die Selbstkritik.»[23] Diese Verpflichtung sah Wolff mit dem Umsturz vom November 1918 endlich eingelöst.

Als umso bitterer empfand er deshalb, dass diese durch die damalige Selbstbezwingung geleistete Selbstbefreiung die Alliierten kaltließ. In gewisser Weise hatte Wolff jedoch mit seiner Erwartung unfreiwillig an der nun reüssierenden Dolchstoßlegende mitgestrickt: Er sprach den deutschen Demokraten das Hauptverdienst am Umsturz zu, obwohl er wusste, dass es das Militär gewesen war, das Ende September faktisch kapitu-

liert und jenes Waffenstillstandsgesuch gefordert hatte, das dann
wiederum die Revolution auslösen sollte. Somit entließ auch er
damals die Oberste Heeresleitung aus der Verantwortung, weil er
sich wie Max von Baden günstigere Bedingungen erhoffte, wenn
Zivilisten die Verhandlungen führten.

In diesem Punkt hatten sich Anfang November die Interessen
von fortschrittlicher Regierung und militärischer Zensur getroffen: Schon vier Wochen zuvor, am 9. Oktober, war der deutschen
Presse untersagt worden zu diskutieren, wer für das Ersuchen um
Waffenstillstand verantwortlich gewesen sein könnte, und zwei
Wochen später durfte nicht mehr erwähnt werden, dass es die
Oberste Heeresleitung gewesen war, die Ende September die Initiative dazu ergriffen hatte.[24] Wolff sah die darin liegende Gefahr
genau. Am 10. Oktober schrieb er trotz (oder wohl besser gesagt:
gerade wegen) des am Tag zuvor ergangenen Verbots: «Wir wollen nicht, daß dreiste Lügenpriester hinter [sic!] dem Volke sagen
können: all das verdankt ihr der Demokratie! Wir wollen nicht,
daß ein Oberlehrer seinen Schülern vorreden könne, die Demokratie habe das deutsche Volk um den Sieg gebracht. Wir wollen
nicht, daß Geschichtsschreibern, wie wir sie in dieser Zeit kennen
gelernt haben, die Möglichkeit zu neuen Entstellungen der Wahrheit bleibt. Niemand darf täuschend behaupten können, die erste
deutsche Volksregierung habe im Oktober 1918 anders gehandelt,
als es durch die Lage der Dinge nach dem Urteil der Berufensten
geboten oder nützlich gewesen sei.»[25]

Bevor sie überhaupt formuliert worden war, hatte Theodor
Wolff die Dolchstoßlegende schon identifiziert. Und nicht einmal drei Wochen später hatte er auch deren genauen Wortlaut
vorausgeahnt, als er auf die deutsche «Kriegsmacherpresse» zu
sprechen kam, die nun ihre Verantwortung für die Niederlage
abzuschieben suche: «Sie sagen den Truppen (...), daß man ihnen

verräterisch in den Rücken gefallen sei.»[26] Trotzdem beschwor
Wolff in seinen Artikeln der folgenden Wochen aus taktischen
Gründen die alleinige Verantwortung der Demokratie für das
Kriegsende. Dass diese gutgemeinte Entstellung der Wahrheit
dann von den Alliierten nicht honoriert wurde, trug zu seinem
Zorn auf sie bei.

Am Ende des Jahres schwenkte er wieder um, denn die Dolchstoßlegende war nun in der Welt und begann, ihre vergiftende
Wirkung in der deutschen Öffentlichkeit zu entfalten. Wolff
schrieb entschieden gegen sie an: «Noch heute täuscht man die
Dummen mit der Behauptung, Flaumacher, Demokraten und
‹Defaitisten› hätten im Laufe der Kriegsjahre den Widerstands-
geist geschwächt. Nein, sie allein haben sich bemüht, Vernunft
in den Wahnsinn zu bringen, Entschlüsse, die zu Katastrophen
führen mußten, zu verhindern und, durch Warnung vor den
schmeichlerischen Siegestenören, das Volk auf schwere Tage
vorzubereiten, und niemals wäre der seelische Zusammenbruch
eingetreten, wenn ihre Methode ausschlaggebend gewesen wäre,
statt der organisierten Verlogenheit. Und ebenso wie die Urheber der Niederlage über das Gesamtbild der Stimmung, in der
eine bolschewistisch eingefädelte Revolte zur Revolution werden konnte, hinwegzutäuschen suchen, wollen sie die falsche
Meinung verbreiten, die am 9. November geborene Republik
sei an all unserem heutigen Elend schuld.»[27] Der Regimewechsel
vom 9. November 1918 und die anhaltenden Unruhen in Berlin
fesselten den ganzen November über Wolffs Aufmerksamkeit;
weder in seinen Tagebuchnotizen noch in seinen Artikeln ging
er groß auf die außenpolitische Lage ein. So hart die Waffenstillstandsbedingungen auch waren – vor allem die Fortführung
der Blockade Deutschlands empörte Wolff –, so setzte er doch
noch auf den eigentlichen Friedensschluss als zweite Chance.

Dafür aber brauchte es eine klare Haltung. Als Brockdorff-Rantzau, damals noch deutscher Gesandter im neutralen Dänemark,
am 18. Dezember 1918 nach Berlin kam, wo man ihm die Leitung
des Auswärtigen Amtes antrug, traf er sich auch mit dem Chefredakteur, der ihn beschwor, «man dürfe nicht ein Atom mehr
zugestehen, als in den 14 Punkten Wilsons enthalten sei, müsse
jeden Millimeter Bodens verteidigen und, wenn der Frieden uner-
träglich werde, abbrechen und die Unterzeichnung ablehnen».[28]
Hier umriss Wolff die Marschroute, die Brockdorff-Rantzau ein
halbes Jahr später tatsächlich beschreiten sollte. Und Wolff hatte
dafür gesorgt, dass sie auch zur Leitlinie der DDP wurde.

Die nächsten Monate aber waren weiterhin durch innenpolitische Ereignisse geprägt: Der Spartakusaufstand, die Wahlen
zur Nationalversammlung, die März-Unruhen in Berlin und die
Münchener Räterepublik waren nur die spektakulärsten. Im ganzen Reich gärte es, die linken Umsturzversuche in Sachsen und im
Ruhrgebiet machten die Freikorps für die Weimarer Regierung
scheinbar unentbehrlich, und wegen der Blockade der Alliierten
hungerten große Teile der Bevölkerung, ehe im April 1919 endlich
die im Waffenstillstandsabkommen angekündigte Lebensmittelversorgung durch die Entente anlief. Zuvor hatte sich Deutschland
entgegen der Vereinbarung geweigert, die Kontrolle über seine
Handelsflotte abzugeben und diese in einen von Großbritannien
verwalteten «Weltschiffsraumpool» einzubringen. Mit dessen
Schiffen sollten die benötigten Güter transportiert werden, ohne
den sonstigen Handelsverkehr zur See – das hieß vor allem: den
britischen – zu beeinträchtigen. Als die Deutschen schließlich
doch nachgaben, war es der amerikanische Politiker Herbert
Hoover, der dafür sorgte, dass in den nächsten vier Monaten
1,26 Millionen Tonnen Lebensmittel ins Reich gelangten.[29]

Gegenüber den existenziellen Bedrohungen durch Revolten

und Hunger schienen die Mitte Januar begonnenen Verhandlungen der Pariser Friedenskonferenz in den Augen der deutschen
Publizistik zunächst weniger bedeutend, zumal sie sich viel länger
hinzogen als anfangs vermutet, auch sickerte von den konkreten Gesprächen unter den Alliierten viel weniger durch, als man
angesichts der mehr als tausend Teilnehmer erwarten durfte. Erst
als Deutschland am 18. April aufgefordert wurde, eine Delegation
nach Versailles zu entsenden, richtete sich die Aufmerksamkeit
der Presse wieder stärker auf die bevorstehenden Friedensbedingungen, und doch hatte niemand im Reich sich vorstellen wollen,
dass sie so hart ausfielen, wie dann am 8. Mai bekannt wurde, als
erste Teile des Vertragsentwurfs an die Öffentlichkeit kamen.

Das galt auch für Theodor Wolff, obwohl er schon Ende
November notiert hatte, dass er einen «Diktatfrieden» mit sehr
schwere Bestimmungen befürchte.[30] Vor allem der Wahlkampf
zur Nationalversammlung hatte ihn abgelenkt, und obwohl
die Abstimmung vom 19. Januar 1919 seiner DDP sensationelle
18,5 Prozent bescherte, waren auch die nächsten Wochen durch
publizistische und politische Bemühungen geprägt, einen Rechts-
ruck der Partei zu verhindern, der sich schon im Dezember angedeutet hatte, als man das ursprünglich linksliberale Profil zugunsten eines nationaleren Kurses aufgegeben hatte, um sich im
Wahlkampf nicht von der gleichfalls neugegründeten Deutschen
Volkspartei unter Stresemann, die auch auf das liberale Bürgertum zielte, Stimmen abspenstig machen zu lassen. Da diese Taktik
erfolgreich war – die DVP erhielt gerade einmal 4,4 Prozent –,
wurde der nationalistische Flügel der DDP gestärkt. Wolff und
Alfred Weber als ehedem treibende Kräfte der Partei wurden im
Frühjahr 1919 weiter ins Abseits gedrängt, und Wolffs massiver
Widerstand gegen die Versailler Vertragsbedingungen war ungeachtet seiner tiefen Enttäuschung über die Uneinsichtigkeit der

Alliierten dann auch ein Versuch, die Meinungshoheit in der ihm entglittenen DDP zurückzugewinnen.

Sein schon in der Überschrift des Leitartikels vom 8. Mai 1919 lautstark verkündetes «Nein!» zur Unterzeichnung brachte die Partei und ihren Mitbegründer für die nächsten zwei Monate noch einmal auf eine gemeinsame Linie: «Dieser Entwurf ist ein Dokument der ältesten, von allen Völkerbundsideen weltenweit entfernten, von keinem neuen Geiste auch nur leise berührten, Gewalt an die Stelle des Rechtes setzenden Unterjochungspolitik. Ob es möglich sein wird, ihn in Verhandlungen abzuändern, wird man sehen. Nichts darf unversucht bleiben, um mit kaltblütigen Einwendungen und praktischen Gegenvorschlägen diesen Vertrag umzugestalten, der in seiner jetzigen Form gerade den wirklichen Freunden des Völkerfriedens unannehmbar erscheint. Der ganze Vertrag soll aus zehntausend Worten bestehen. Bleibt er so oder ähnlich, wie er heute aussieht, dann kann man nur ein einziges Wort sprechen: Nein!»[31]

Obwohl sofort nach Bekanntgabe der Friedensbedingungen im ganzen Reich Protestdemonstrationen begannen, war Wolff enttäuscht. Als ihn der ehemalige deutsche Botschafter in den Vereinigten Staaten, Johann Heinrich von Bernstorff, einer seiner wichtigsten politischen Informanten während der Kriegszeit und nunmehr DDP-Abgeordneter in der Nationalversammlung, am 17. Mai besuchte, bestätigte er Wolff in seinem Widerstand gegen eine Unterzeichnung. Die gerade einsetzenden schriftlichen Bemühungen der deutschen Delegation in Versailles innerhalb der von den Alliierten gesetzten Zweiwochenfrist seien illusionär, «er glaube nicht, daß die Entente jetzt schon wesentliche Konzessionen machen werde. Erst wenn wir die Unterschrift abgelehnt haben würden, würde man, nach 8 Tagen oder nach 4 Wochen, mit Vermittlungsvorschlägen kommen. Er findet, trotz der vielen

Eine Kundgebung gegen den Gewaltfrieden im März 1919. Phot. Gr.

Lange bevor die alliierten Friedensbedingungen konkret bekannt
wurden, sickerte aus den Kreisen der Pariser Friedenskonferenz
durch, was darin gefordert würde. Theodor Wolffs «Berliner Tageblatt» informierte durch die guten Kontakte seines Chefredakteurs
besonders zuverlässig. Schon im März 1919 demonstrierten daraufhin
Tausende in Berlin gegen den drohenden «Gewaltfrieden».

Protestkundgebungen, das Bürgertum ziemlich schlaff – worin er
recht hat.»[32]

Wolff verschrieb sich deshalb ganz der starren Position Brockdorff-Rantzaus, die er selbst im Dezember angeregt hatte, und
wurde vom Auswärtigen Amt für dessen Propaganda eingespannt.
Auf Wunsch des Amtes empfing Wolff ausländische Pressekor-
respondenten, die der deutschen Sache zugeneigt waren, um sie
in dieser Ansicht zu bestärken, und genoss seinerseits das Privileg
bevorzugter Information durch die Regierung. Am 27. Mai, zwei

Tage vor der Übergabe der detaillierten deutschen Antwort an die
Alliierten, wurde er zusammen mit weiteren verlässlichen Journalisten aus dem ganzen Reich und einigen Abgeordneten der
Nationalversammlung ins Wirtschaftsministerium geladen, um
dort von den drei DDP-Kabinettsmitgliedern, dem Innenminister
Hugo Preuß, dem Finanzminister Bernhard Dernburg und dem
Reichsschatzminister Georg Gothein, vorab über den Inhalt der
deutschen Gegenvorschläge informiert zu werden. «100 Milliarden – die Ziffer soll Eindruck auf die Ententevölker machen und
Verhandlungen über das Uebrige, wo die Kluft zwischen Forderung und Angebot groß ist, erleichtern. (…) Preuß führt aus, daß
der ganze Erfolg der Gegenvorschläge davon abhängen werde, ob
die Presse der Mehrheitsparteien jetzt wenigstens, nach all' den
Seitensprüngen gewisser Blätter (er spielt mit einigen Worten
auf die für die Unterzeichnung eintretende ‹Vossische› an) einig
sein werde. Die Entente müsse sehen, daß sie für ihren Vertrag
die Unterschrift *dieser* Regierung nicht haben könne, und es liege
ihr daran, mit dieser Regierung den Frieden abzuschließen.» Was
die drei Minister der kleinen Versammlung nicht gesagt hatten,
das hörte Wolff danach von Dernburg, mit dem er das Haus verließ: «Wenn die Entente das Ruhrgebiet besetze, hätten wir nur
für 14 Tage Kohlen. In Oberschlesien werde der Generalstreik
ausbrechen.»

Scheidemanns Regierung wusste, dass Deutschland keine
Aussichten hätte, eine Wiederaufnahme der Kampfhandlungen
zu überstehen. Trotzdem empfahl Wolff seinen Gesprächspartnern an diesem Tag, «Vorkehrungen für den Fall des feindlichen
Einmarsches, der Blockade etc. zu treffen und das bekannt zu
geben, um damit sowohl Eindruck auf die Entente zu machen, wie
das deutsche Publikum vorzubereiten. Z.B. empfehle sich die Einsetzung von Arbeiterkommissaren zur Verteilung der gehamster-

ten Lebensmittel etc. Man müsse den Widerstand, wenn man sich
zu ihm entschlösse, populärer machen.»[33]

In der zermürbenden Wartefrist vom 29. Mai 1919, als die
deutschen Gegenvorschläge zum Vertragsentwurf in Versailles
übergeben worden waren, bis zur Antwort darauf am 16. Juni
blieb auch für Wolff nur Spekulation über die Kompromissbereit-
schaft der Alliierten. Am 3. Juni notierte er in seinem Tagebuch:
«Aus Versailles sehr pessimistische Nachrichten: Clemenceau sei
unnachgiebig. Wilson habe gar keine Zugeständnisse machen
wollen, alles sei nicht wahr, die deutsche Delegation werde vor
ein Ultimatum gestellt werden und dann abreisen. Wir werden
sehen.»[34] Genauso wie hier kolportiert sollte es schließlich kommen. In Regierungskreisen war man Anfang Juni noch weitgehend einig in der Ablehnung des Vertrags. Als Wolff bei einem
Abendessen im Berliner Innenministerium auf Reichspräsident
Ebert und Ministerpräsident Scheidemann traf, hörte er von
Ebert eine Einschätzung, die ganz seiner eigenen entsprach: «Man
kann die Sache hin und her drehen, man kann Stunden lang darüber reden und sie läßt sich gewiß verschieden betrachten – es
giebt das Für und das Wider. Aber ich bleibe dabei: als anständige Menschen können wir einen solchen Frieden einfach nicht
unterschreiben. Wenn wir eine anständige Politik machen wollen, müssen wir Nein sagen, falls man uns nicht doch noch andere
Bedingungen giebt, was ja kaum zu erwarten ist.» Und nach dem
Reichspräsidenten bestätigte auch Scheidemann gegenüber Wolff
diesen Standpunkt: «Ich habe erklärt, daß ich nicht unterschreiben werde, und ich werde selbstverständlich dabei bleiben. Mögen
doch die Unabhängigen unterschreiben, wenn sie wollen!»[35]

Die USPD war im Juni 1919 einerseits die bekannte, andererseits die unbekannte innenpolitische Größe. Sie hatte sich als
einzige Partei klar für einen Friedensschluss auch zu den alliier-

ten Bedingungen ausgesprochen, doch was man nicht wusste, war, wie ihre Anhänger, die sich vor allem in den Gewerkschaften fanden, auf einen ablehnenden Parlamentsbeschluss und somit das Scheitern des Vertrags reagieren würden. Die Reichsregierung fürchtete die Ausrufung eines Generalstreiks, der den wie auch immer gearteten deutschen Widerstand gegen den dann drohenden Einmarsch alliierter Heere geschwächt hätte. Reichswehrminister Noske hatte für seine Truppen schon Nahrungsmitteldepots anlegen lassen, um für einen Ausfall der regulären Versorgung gewappnet zu sein. Am 6. Juni fand dann tatsächlich ein eintägiger Generalstreik in Berlin statt, allerdings nicht, um die Annahme der Friedensbedingungen zu erzwingen, sondern aus Empörung über die am Vortag erfolgte Hinrichtung des kommunistischen Führers der Münchener Räterepublik, Eugen Leviné. Dennoch wurde der Ausstand als Kraftprobe der politischen Linken empfunden. In Berliner Regierungskreisen lief das Gerücht um, dass die USPD einen Putsch unternehmen wolle, wenn der Versailler Vertrag nicht unterzeichnet würde.

Auch deshalb bröckelte die anfangs geschlossene Front der Ablehnung in der Koalitionsregierung, die nach Scheidemanns Berliner Rede vom 12. Mai noch so unerschütterlich schien. Vor allem unter den Abgeordneten der Zentrumspartei leistete Matthias Erzberger heftige Überzeugungsarbeit. Er war ein exponierter Befürworter des Vertrags und dementsprechend ein bevorzugtes Ziel der Kritik Theodor Wolffs, die in einem Leitartikel vom 10. Juni 1919 gipfelte, in dem er dem Vorsitzenden der deutschen Waffenstillstandskommission unterstellte, er installiere parallel zum Auswärtigen Amt eine diplomatische Nebenstelle, die den Alliierten vorgaukele, die Zustimmung des Reichs zum Versailler Vertrag sei sicher, wodurch für jene jeder Handlungsdruck entfalle. Damit übernahm Wolff einmal mehr die Sicht-

Am 5. Juni 1919, als Eugen Leviné in München als führender Kopf der gestürzten Räteregierung hingerichtet wurde, streikten in Berlin die Verkehrsarbeiter, um gegen das Todesurteil zu protestieren. Passagiere wurden in offenen Anhängern statt in Omnibussen transportiert. Am Tag danach weitete sich die Aktion zum Generalstreik aus. Theodor Wolff sah darin wie viele Beobachter eine Machtprobe der USPD.

weise des Außenministers, der erst am Vortag Erzbergers Pressereferenten Otto Driesen nach Berlin zurückgeschickt hatte, der mit dem Auftrag nach Versailles gekommen war, seinem Chef über den Fortgang der Verhandlungen zu berichten. Darin sah Brockdorff-Rantzau eine Anmaßung Erzbergers (als Kabinettskollege ohne Ressort) und eine Verletzung seiner eigenen Kompetenzen, zu denen die Information der gesamten Regierung über den Stand der Versailler Verhandlungen gehörte. Der bedauernswerte Driesen wurde gleich nach seiner Rückkehr von Erzberger auf neue Mission ausgeschickt: diesmal in die Redaktion des «Berliner Tageblatts», um sich über den Leitartikel vom 10. Juni zu beklagen und eine Gegendarstellung zu verlangen. Wolff fertigte ihn ironisch ab: «Ich ersuche Dr. Driesen, Erzberger zu sagen, wir kennten einander ja seit vielen Jahren und wenn er mir eine Erklärung schicken wolle, daß er einen Vertrag, den Brockdorff-Rantzau zu unterzeichnen ablehne, auch nicht unterzeichnen werde, so würde ich sie gern veröffentlichen.»[36]

Nachdem am 16. Juni in Versailles die Antwort der Alliierten an die deutsche Delegation übergeben worden war und Brockdorff-Rantzau die Reise nach Weimar angetreten hatte, wo nun die Abstimmung über die Unterzeichnung anstand, war auch Theodor Wolff aus Berlin dorthin aufgebrochen: einerseits als Berichterstatter, andererseits als Einpeitscher der DDP-Fraktion, deren ablehnender Haltung er nicht mehr sicher war. Schon nach dem Mittagessen in Weimar wurde er von Brockdorff-Rantzau aufgesucht, der sich, wie Wolff festhielt, kämpferisch gab: «Ja, ich sei zu pessimistisch, er hoffe, daß er die Nationalversammlung ‹herumkriegen› werde, und dem Kabinett habe er schon wieder das Rückgrat gestärkt, dort hätten in der ersten Sitzung seine Ausführungen ‹etwas gewirkt›.»[37] Doch schon am Folgetag hörte Wolff aus anderer Quelle, dass es mittlerweile eine klare Mehrheit im Parlament für die Unterzeichnung gebe und sogar Reichspräsident Ebert schwanke. In der Nacht auf den 20. Juni demissionierte dann das Kabinett Scheidemann, und als es am 22. Juni zur ersten Abstimmung in der Nationalversammlung über die Unterzeichnung kam, nahmen weder der zurückgetretene Ministerpräsident noch Brockdorff-Rantzau an der Sitzung teil, weil sie ihrer ablehnenden Meinung treu bleiben, aber nicht überstimmt werden wollten.

In seinem Leitartikel vom 23. Juni pries Theodor Wolff diese undemokratische Haltung der prominenten Verweigerer und schloss mit dem Satz: «Das Urteil der Geschichte kann nicht zweifelhaft sein.»[38] Am Tag der Unterzeichnung des Versailler

Vertrags betitelte er seinen Leitartikel mit «Heute», doch er warf bereits den Blick voraus: «Wenn das deutsche Volk sein inneres Gleichgewicht wieder findet, wird es sich aus dem Elend emporraffen. (...) Darüber können noch Jahre vergehen? Mag sein, aber Jahre zählen wenig in der Geschichte, und der immer neues Leben weckende Zeitwind hat fester gefügte Türme umgeworfen als diesen von kleinen Weltbaumeistern erkünstelten, heute schon brüchigen und unhaltbaren Vertrag.»[39]

Dass es noch schlimmer kommen würde, das konnte und mochte Theodor Wolff sich nicht vorstellen. Er glaubte an die Kraft der Vernunft. Sein diesbezüglicher Optimismus war leider ebenso vergeblich wie sein Widerstand.

DRITTER TEIL

DER SCHLUSSAKT –
VERGELTUNG IN VERSAILLES

12. Demütigung als Prinzip:
Die deutsche Delegation in Versailles

Am 29. April 1919 traf die deutsche Friedensdelegation im Hôtel des Réservoirs in Versailles ein. Das Haus in der direkt an Schloss und Park gelegenen Rue des Réservoirs stammte aus dem Jahr 1751 und wurde für Madame de Pompadour, die berühmte Mätresse von Ludwig XV., errichtet. 1875 war es in ein Luxushotel umgewandelt worden, in dem unter anderen die Schriftsteller Émile Zola und Marcel Proust residierten. Ein Durchgang gewährte unmittelbaren Zutritt zu den Gartenanlagen des Schlosses, und es war diese Lage, die das Gebäude als ideale Unterkunft für die deutsche Delegation erscheinen ließ: Zu allen drei Zeremonien, die es an jeweils wechselnden Orten des riesigen Palast-Ensembles bis zum Friedensschluss geben sollte – die Übergabe des Vertragsentwurfs, die Aushändigung des endgütigen Textes und die Unterzeichnung selbst –, konnte man die Deutschen mit dem Auto durch den Park fahren, ohne dass sie die Straßen der Stadt benutzen mussten. Das Hotel selbst wurde mit Bretterverschlägen und Stacheldraht umgeben, weil man fürchtete, dass sich der französische Volkszorn gegenüber der Delegation entladen könnte.

In Paris wäre diese Gefahr noch größer gewesen, doch nicht die Schutzbedürftigkeit der Deutschen hatte ihnen Versailles als

Quartier beschert, sondern der Wille der Franzosen, die Schmach des ersten Versailler Friedens, der ihnen 1871 von den Deutschen aufgezwungen worden war, zu tilgen. Mochte die Friedenskonferenz auch die gesamte Zeit in Paris getagt haben, für das Finale war von Beginn an das Schloss von Versailles als Kulisse vorgesehen. Und um auch ja keinen Zweifel mehr an diesem Beschluss aufkommen zu lassen, brachte man die Deutschen schon einmal hierher, während die alliierten Delegationen weiterhin in der Hauptstadt selbst wohnten.

Die deutsche Abordnung war gewaltig: Außenminister Ulrich von Brockdorff-Rantzau führte sie an, und er brachte in drei Sonderzügen einhundertsechzig ihm zuarbeitende Personen und ganze Aktenbestände mit, um den erwartbaren Schuldzuweisungen durch die Alliierten etwas entgegensetzen zu können. Unter den Mitgliedern seiner Delegation waren Fachleute für sämtliche politischen und wirtschaftlichen Fragen, aber auch Kirchenvertreter und ein deutscher Aktivist der zionistischen Bewegung, denn man wollte alle Kontakte zu den alliierten Abordnungen nutzen, die möglich erschienen. Doch wenn Thomas Mann am 3. Mai in seinem Tagebuch notierte, «die Verhandlungen zwischen der Entente und den deutschen Delegierten in Versailles über die Friedensbedingungen haben begonnen», so irrte er.[1] Sieben Tage lang mussten die Deutschen auf die Überreichung des Vertragstextes warten, mit der sie eigentlich schon unmittelbar nach ihrer Ankunft gerechnet hatten.

In den Wochen zuvor hatte die Pariser Friedenskonferenz kurz vor dem Scheitern gestanden, weil die italienischen Spitzenpolitiker zwischenzeitlich abgereist waren. Nicht einmal die alliierten Delegationen wussten, wie lange es noch bis zur endgültigen Formulierung der Friedensbedingungen dauern würde. Just in dieser Zwischenzeit tobte in München der Kampf zwischen

Sie sehen gut aus, sind tadellos gekleidet, doch das Glück war ihnen
nicht hold: die Spitze der deutschen Friedensdelegation in Versailles
nach der Ankunft vor ihrem Domizil. Der Oberbürgermeister der
Stadt Hannover, Robert Leinert, der Bankier Carl Melchior, der Zen-
trumsabgeordnete Johannes Giesberts, Außenminister Ulrich Graf
von Brockdorff-Rantzau, Justizminister Otto Landsberg und der
Pazifist und DDP-Politiker Walther Schücking (v. l. n. r.).

den Truppen der Räterepublik gegen die des Reichs, und er hätte
in den Augen von Brockdorff-Rantzau in keinem geeigneteren
Moment kommen können, denn er unterstrich die labile Lage in
Deutschland, die bei einem «Gewaltfrieden», wie er in den letzten Wochen in den einheimischen Zeitungen immer wieder prognostiziert worden war, ja nur noch heikler werden müsste. Doch
die Übergabe des Vertragstextes ließ länger auf sich warten als
die Niederschlagung der Räterepublik, sodass der von den Deutschen erwünschte Effekt nicht eintrat.

In der Nacht zum 7. Mai, einem Mittwoch, wurde auf Weisung der Großen Vier das Dokument gedruckt und im Morgengrauen zunächst nur den Verbündeten in Paris zugestellt, damit sie die Bestimmungen noch vor den Deutschen studieren konnten. «Ich las sie sofort», erinnerte sich der spätere amerikanische Präsident Herbert Hoover, der damals von Wilson mit der Koordination der Lebensmittelversorgung in Europa betraut war. «Wohl hatte ich viele der Ideen, auf die man sich in den Komitees geeinigt hatte, gekannt, jedoch hatte ich den Vertrag als Ganzes noch nicht betrachtet. Ich war zutiefst beunruhigt. Der politische und wirtschaftliche Teil waren von Hass und Rachsucht durchsetzt.»[2] Hoover hielt es nach der frühmorgendlichen Lektüre in seiner Pariser Unterkunft nicht mehr aus und lief auf die noch menschenleeren Straßen hinaus. Dort traf er zwei weitere prominente Teilnehmer der Friedenskonferenz, den britischen Wirtschaftsexperten John Maynard Keynes und den südafrikanischen Delegationschef Jan Christiaan Smuts, der als General in Ostafrika gegen die Deutschen gekämpft hatte: «Wenn es jemals eine telepathische Wirkung gegeben hat, so war dieses Zusammentreffen ein Beispiel dafür», schrieb Hoover. «Wir waren uns darüber einig, dass es furchtbar sei und wir alles nur Denkbare tun müssten, um unsere Landsleute auf die Gefahren eines solchen Friedensschlusses aufmerksam zu machen.»[3]

Die deutsche Delegation wurde am Vormittag des 7. Mai informiert, dass sie sich um 15 Uhr desselben Tages im Festsaal des Hotels Trianon Palace im Versailler Schlosspark einzufinden habe. Brockdorff-Rantzau nahm fünf Delegierte, fünf Sekretäre und zwei Redeentwürfe mit, einen langen und einen kurzen, mit denen er auf die erwartete Ansprache Clemenceaus reagieren wollte. Ohne genaue Kenntnis der Vertragsbedingungen hatte der deutsche Außenminister bislang nur allgemeine Erörterungen anstellen können, aber klar war, dass er in seiner Antwort einen umfassenden Schuldvorwurf der Alliierten gegen das Reich zurückweisen würde.

Auch Clemenceau hielt sich in seiner Rede, die er direkt an die deutsche Delegation richtete, als diese um 15.02 Uhr in den überfüllten Saal geführt wurde, gar nicht erst mit den Inhalten des Vertragsentwurfs auf, aber die Verantwortung der Deutschen für den Krieg kam deutlich zur Sprache: «Es ist hier weder der Ort noch die Stunde für überflüssige Worte. Sie haben vor sich die Versammlung der Bevollmächtigten der kleinen und großen Mächte, die sich vereinigt haben, um den fürchterlichsten Krieg auszufechten, der ihnen aufgezwungen worden ist. Die Stunde der Abrechnung ist da. Sie haben uns um Frieden gebeten. Wir sind geneigt, ihn Ihnen zu gewähren. Wir übergeben Ihnen das Buch des Friedens. Jede Muße zu seiner Prüfung wird Ihnen gegeben werden. Ich rechne darauf, dass Sie diese Prüfung in dem Geiste der Höflichkeit vornehmen werden, welche zwischen den Kulturnationen vorherrschen muss; der zweite Versailler Friede ist zu teuer von uns erkauft worden, als dass wir es auf uns nehmen könnten, die Folgen dieses Krieges allein zu tragen. Um auch die andere Seite meines Gedankens zu Ihrer Kenntnis zu bringen, muss ich notwendigerweise darauf hinweisen, dass dieser zweite Versailler Friede, der den Gegenstand unserer Verhandlungen bilden wird, von den hier vertretenen Völkern zu teuer erkauft worden ist, als dass wir nicht einmütig entschlossen sein sollten, sämtliche uns zu Gebote stehenden Mittel anzuwenden, um jede uns geschuldete berechtigte Genugtuung zu erlangen.»[4]

Somit war klar, dass die Deutschen bei den eigentlich anstehenden Verhandlungen keine Aussicht auf Modifikationen des Vertragstextes haben würden. Auch die Rede von der «Muße zu

Die Probe fürs große Spektakel im Spiegelsaal fand in einem Grand-
hotel statt: Am 7. Mai 1919 übergaben die Alliierten im Ballsaal des
Trianon Palace in Versailles ihre Friedensbedingungen an die deutsche Delegation.

seiner Prüfung» war eine Farce, denn Clemenceau setzte die Frist
für «schriftliche Bemerkungen» der Deutschen auf vierzehn Tage
fest – «Verhandlungen» im klassischen Sinne, als unmittelbare
Aussprache der Parteien, waren nicht vorgesehen. Zudem hatten
die deutschen Einwendungen auf Französisch und Englisch zu
erfolgen. Das machte die Zeit noch knapper. Nach seiner nicht
einmal dreiminütigen Ansprache, die nach den einzelnen Sätzen
jeweils noch ins Englische übersetzt worden war, ließ Clemenceau
den in gelbes Leder eingebundenen Vertragsentwurf übergeben.
Weitere zweihundert Kopien lagen für die deutsche Delegation
parat.

Obwohl Clemenceau nicht lange gesprochen hatte, wählte Brockdorff-Rantzau die ausführlichere seiner vorbereiteten Antworten, und dass er im Gegensatz zu seinem Vorredner während dieser Worte sitzen blieb, wurde von einigen alliierten Teilnehmern und den meisten Beobachtern der Zeremonie als Affront betrachtet, der just den zuvor als Ausweis von Kulturnationen beschworenen Geist der Höflichkeit vermissen ließ. Der Außenminister sprach schon auf Deutsch dreimal so lange wie Clemenceau; auch das wertete man als Dreistigkeit. Und da er durch seine Dolmetscher alles sowohl ins Französische als auch Englische übersetzen ließ, nahm die Antwort noch mehr Zeit in Anspruch. Seine Rede begann pathetisch: «Wir sind tief durchdrungen von der erhabenen Aufgabe, die uns mit Ihnen zusammengeführt hat: der Welt rasch einen dauernden Frieden zu geben. Wir täuschen uns nicht über den Umfang unserer Niederlage, den Grad unserer Ohnmacht. Wir wissen, dass die Gewalt der deutschen Waffen gebrochen ist. Wir kennen die Wucht des Hasses, der uns hier entgegentritt, und wir haben die leidenschaftliche Forderung gehört, dass die Sieger uns zugleich als Überwundene zahlen lassen und als Schuldige bestrafen sollen.»[5] Brockdorff-Rantzau wies darauf hin, dass zwischen dem deutschen Ersuchen vom 4. Oktober 1918, dem Waffenstillstand und nun den Friedensbedingungen unangemessen viel Zeit verstrichen sei, und er klagte noch einmal die Berücksichtigung von Wilsons Vierzehn Punkten als Grundlage aller Verhandlungen ein.

Es war eine Vorführung von beiden Seiten, und das in zweierlei Wortsinn: einerseits ein theatralisches Drama und andererseits eine versuchte Demütigung des jeweiligen Gegners, auf deutscher Seite allerdings aus der unvergleichlich schwächeren Position heraus. Hier wurde schon einiges erprobt, was am 28. Juni im Spiegelsaal des Schlosses von Versailles Wiederholung finden sollte: in der Mitte des Raums das große Rechteck aus Tischen für die wichtigsten Delegierten mit Clemenceau im Zentrum, flankiert von Wilson und Lloyd George, vor allem aber das an eine Gerichtsverhandlung erinnernde Hereinführen der deutschen Delegation erst unmittelbar vor Beginn der Veranstaltung. Einer der begleitenden deutschen Sekretäre, Walter Siemons, hatte den Spektakelcharakter dieser Inszenierung erfasst, als er die Mienen der bereits Anwesenden betrachtete: «Die Franzosen zeigten entweder übertriebenen Haß oder betonten, möglicherweise aber nur gespielten Edelmut, die Engländer hochmütige Indifferenz. Ein Japaner zeigte eine intensive, ich würde fast sagen, wissenschaftliche Neugier.»[6]

Nach der Veranstaltung, die trotz Brockdorff-Rantzaus langer Erwiderung kaum mehr als eine halbe Stunde gedauert hatte, fuhren die alliierten Delegierten sofort wieder nach Paris zurück, während sich die Deutschen im Hôtel des Réservoirs an die Lektüre des Vertragstextes machten. Erst nach dessen genauem Studium wurde die einheimische Presse über den Inhalt informiert; deutsche Korrespondenten in Paris gab es offiziell zwar noch nicht wieder, doch Brockdorff-Rantzau hatte auch zwanzig Berichterstatter aus Deutschland mit nach Versailles gebracht. Trotzdem brauchte es bis zum Wochenende, ehe sich ein publizistischer Sturm der Empörung im Deutschen Reich erhob: «Die Überschriften der Erörterungen zum Frieden lauten ‹Das Ungeheuerliche› oder ähnlich», stellte Thomas Mann fest, der in München nach dem Chaos der Vorwoche wieder die Freuden täglicher Zeitungslektüre genoss. «Die Einzelheiten, gerade die mehr ins Détail gehenden, von einer sadistischen Infamie, einer durchdachten Absicht beseelt, Deutschland auf immer zu entehren, es selbst jeder Ruhmes-*Erinnerung* zu berauben, – die das Blut vergiftet: was eben ihr Zweck ist. Ersonnen in den schlafarmen Grei-

Dieses Propagandaplakat aus dem Mai 1919 macht die Angst vor dem Abstieg des Reichs infolge der unterbreiteten Friedensbedingungen deutlich: Die Verluste an Land, Menschen, Rohstoffen und Nahrungsmitteln führen in den Abgrund. Kolonien und Handelsschiffe sollen vollständig beschlagnahmt werden.

sennächten eines gefährlichen alten Mannsbildes, zur Verschönerung seines Lebensabends.»

Das zielte auf den französischen Ministerpräsidenten, dessen Auftritt in Deutschland als neuerliche Kriegserklärung gewertet wurde und den Thomas Mann bereits wenige Sätze zuvor als «den schauderhaften Greis Clemenceau» charakterisiert hatte, «der übrigens Schlitzaugen hat und möglicherweise ein Blutsrecht darauf hat, dem Untergang der abendländischen Kultur Vorschub zu leisten».[7] Unter dem Schock der Bestätigung dessen, was man zwar gefürchtet, aber doch für undenkbar gehalten hatte, verloren einige Deutsche in ihren Äußerungen jegliches Maß. Philipp Scheidemanns Worte von der Hand, die verdorren sollte, wenn sie diesen Vertrag unterzeichnete, waren ein erschreckendes Beispiel dafür. Solche rhetorische Aufrüstung verhärtete nur die Haltung der Alliierten.

Deren nach der verspäteten Übergabe plötzlich angestrebter straffer Zeitplan sollte sich allerdings als undurchführbar erweisen. Die deutsche Delegation blieb nicht nur zwei, sondern siebeneinhalb weitere Wochen in Versailles, bis zum Tag der Vertragsunterzeichnung. Auch diese letzte Schlacht des Krieges ging für Deutschland verloren, am Ende musste kapituliert werden. Und sie war noch einmal eine Materialschlacht: Brockdorff-Rantzau spielte seine mitgebrachten personellen und archivalischen Mittel voll aus: «Die Delegation formulierte ausführliche Kommentare zu jedem einzelnen Artikel, um die Prinzipien und Bestimmungen zu revidieren. Frankreich lehnte die deutschen Forderungen kompromisslos ab. Die Vereinigten Staaten wollten die Diskussion nicht wiedereröffnen; allein Großbritannien war bereit zu verhandeln. Aber abgesehen von der Problematik Oberschlesiens, dessen Zugehörigkeit einer Volksabstimmung unterworfen wurde, und der Möglichkeit, Deutschland in den Völkerbund aufzunehmen, blieb der Vertrag unverändert.»[8]

Dennoch machten sich einhundertsechzig Männer im Hôtel des Réservoirs an ihre sinnlose Arbeit. Am 9. Mai traf Brockdorff-Rantzaus erste offizielle Note bei Clemenceau ein: «Herr Präsident! Die deutsche Friedensdelegation hat die erste Durchsicht der überreichten Friedensbedingungen vollendet. Sie hat erkennen müssen, daß in entscheidenden Punkten die vereinbarte Basis des Rechtsfriedens verlassen ist; sie war nicht darauf vorbereitet, daß die ausdrücklich dem deutschen Volke und der ganzen Menschheit gegebene Zusage auf diese Weise illusorisch gemacht wird. Der Vertragsentwurf enthält Forderungen, die für kein Volk erträglich sind. Vieles ist außerdem nach Ansicht unserer Sachverständigen unerfüllbar. Die deutsche Friedensdelegation wird den Nachweis im einzelnen erbringen und den Alliierten und Assoziierten Regierungen ihre Bemerkungen und ihr Material fortlaufend zugehen lassen.»[9]

Damit war bereits angedeutet, dass die Deutschen mehr Zeit einfordern würden, und man kann auch nicht behaupten, dass die Alliierten nun noch selbst aufs Tempo drückten, wie Clemenceau es in seiner Ansprache vom 7. Mai ursprünglich angekündigt hatte, als er sagte: «Es versteht sich von selbst, dass, wenn die Bevollmächtigten des Deutschen Reichs uns eine schriftliche Antwort, nehmen wir einmal an, binnen einer zwei-, drei-, vier- oder fünftägigen Frist zukommen lassen, wir den Ablauf der vierzehntägigen Frist nicht abwarten werden, um unsererseits eine Antwort zu erteilen. Die Diskussion wird, um Zeit zu gewinnen, sobald wie möglich in den von mir angegebenen Formen einsetzen.»[10] Davon war keine Rede mehr, als sich herausstellte, dass die deutsche Delegation keineswegs in einer einzigen Stellungnahme zu antworten gedachte, sondern mit wiederholten Einlassungen.

Auf seine erste Note bekam Brockdorff-Rantzau gar keine Antwort von Clemenceau, und bei der zweiten, mit der er am 13. Mai – die gesetzte Frist war fast schon halb verstrichen – die deutsche Alleinschuld am Kriegsausbruch bestritt und um Überlassung jener Unterlagen gebeten hatte, mit denen dieser Vorwurf begründet werde, ließ der Vorsitzende der Friedenskonferenz sich eine Woche Zeit. Erst am 20. Mai – am nächsten Tag lief die Frist ab – antwortete Clemenceau, dass im Notenverkehr der amerikanischen mit der deutschen Regierung vor dem Waffenstillstand die Wiedergutmachungsverpflichtung des Reichs mit dem «Angriff Deutschlands zu Lande, zu Wasser und in der Luft» begründet worden sei. Damals hätten die Deutschen gegen diese Formulierung nicht protestiert und somit ihre Verantwortlichkeit anerkannt. «Heute ist es zu spät für den Versuch, sie zu leugnen.»

Was die Bitte um Aushändigung des alliierten Beweismaterials in dieser Sache betraf, antwortete Clemenceau ganz formell kompromisslos: «Sie verlangen endlich Mitteilung des Berichtes der Kommission zur Prüfung der Verantwortlichkeiten; in Erwiderung darauf haben wir die Ehre zu erklären, dass die Alliierten und Assoziierten Mächte die Berichte der von der Friedenskonferenz eingesetzten Kommissionen als Urkunden innerer Natur betrachten, welche Ihnen nicht übermittelt werden können.»[11] Damit war klar, dass hier keine Verhandlung geführt wurde, sondern ein Prozess, in dem der Angeklagte plädieren, nicht aber das Beweismaterial einsehen durfte. Immerhin erwähnte Clemenceau nicht das unmittelbar bevorstehende Ablaufen der von ihm selbst gesetzten Frist für deutsche Einreden. Und so antwortete wiederum Brockdorff-Rantzau am 24. Mai mit detaillierten Ausführungen und ließ seine Experten weiterarbeiten, bis schließlich am 29. Mai eine Gesamtdarstellung der deutschen Änderungsvorschläge verfasst war, die auf siebzehn Einzelnoten zu inkriminierten Artikeln des Vertragsentwurfs basierte, die in den letzten zwanzig Tagen aus dem Hôtel des Réservoirs an Clemenceau geschickt worden waren.

Begleitet wurde diese deutsche Gesamterörterung, die immerhin fast ein Drittel des Umfangs des kritisierten Vertragstextes erreichte, von einer Mantelnote, die das Ganze knapp zusammenfasste. Solche Dokumente dienen der Erläuterung diplomatischer Schriftwechsel und sind somit nicht eigentliche Verhandlungsgrundlage, aber sie setzen den Ton. Die Alliierten empfanden die deutsche Antwort vor allem aufgrund dieser Mantelnote als unangemessen selbstbewusst, wodurch der negative Eindruck, den Brockdorff-Rantzaus Verhalten beim ersten Zusammentreffen in Versailles erweckt hatte, noch einmal verstärkt wurde. Denn neben den konkreten Änderungswünschen, die unter anderem Volksabstimmungen in sämtlichen zur Abtretung vorgesehenen Gebieten, Minderung der verlangten Reparationen und Deutschlands baldigen Beitritt zum Völkerbund vorsahen und statt dem streng schriftlichen Verfahren fortan mündliche Verhandlungen über die Gegenvorschläge verlangten, wurde auch eine grundsätzliche Stellungnahme zur in Artikel 231 angesprochenen Frage der Schuld am Ausbruch des Weltkriegs abgegeben.

Die deutsche Seite lehnte die alleinige Übernahme der Verantwortung – die ihr bislang niemand aufbürden wollte; der Vertrag sprach diesbezüglich ja ausdrücklich von «Deutschland und seinen Verbündeten» – rigoros ab. Das empörte ganz besonders in Frankreich, wo man auf Durchsetzung aller Bestimmungen drängte. Die Franzosen, allen voran Marschall Foch, hofften noch auf die Ablösung aller linksrheinischen Gebiete aus dem Reichsverbund – ob als eigenständige politische Einheiten oder annektiertes Territorium, war erst einmal unerheblich –, und dabei konnte ein Scheitern des Vertragswerks hilfreich sein. Deswegen waren sie in der Frage der Kriegsschuld kompromisslos. Doch in den Delegationen der Vereinigten Staaten und des Empire war die Stimmung deutschfreundlicher; allerdings hatten beide Nationen auch weitaus weniger zu verlieren als Frankreich: Territoriale Forderungen gegenüber Deutschland stellten Briten und Amerikaner nicht, und das Hauptziel der englischen Kriegsführung, die Ausschaltung der Kontinentalmacht im internationalen Handelsverkehr, war durch die im Waffenstillstandsabkommen geregelte Auslieferung der deutschen Handelsflotte bereits erreicht.

Um sich auf eine Antwort an die Deutschen zu verständigen, benötigten die Alliierten achtzehn Tage, in denen die Ausschüsse und Kommissionen noch einmal auf Hochtouren arbeiteten. Die Briten plädierten für Mäßigung gegenüber dem Feind, und die Amerikaner pflichteten dieser Ansicht generell bei, drängten aber auch auf Eile, denn wie Norman Davis, der Finanzexperte ihrer Delegation, gegenüber Präsident Wilson betonte: «Wir müssen so bald wie möglich einen Frieden haben. Wenn sich Europa nicht einigt, wird die Situation fürchterlich sein. Die vom Senat bewilligten Mittel sind praktisch erschöpft. In ungefähr einem Monat werden wir überhaupt kein Geld mehr haben.»[12]

Diese Lage machte es so gut wie unmöglich, selbst die als vernünftig angesehenen deutschen Gegenvorschläge zu berücksichtigen, es fehlte schlicht an Zeit, um die Franzosen zum Nachgeben zu bewegen. Dabei wollte das Reich immerhin die im Vertragsentwurf erwähnte maximale Größe des Heeres von lediglich hunderttausend Mann anerkennen (wenn auch nicht die lange Dienstzeit, mit der verhindert werden sollte, dass unter Beibehaltung dieser Höchstzahl ständig neue Jahrgänge von Rekruten militärisch ausgebildet würden) und sich auf eine Reparationszahlung von bis zu hundert Milliarden Goldmark verpflichten – eine unerhörte Summe.

Doch die alliierten Delegationen empfanden den Widerstand der Deutschen in der Frage der Kriegsschuld, die die Schadensersatzforderungen überhaupt erst legitimierte, als verstockt. Als am 16. Juni 1919 die Antwort der Alliierten erfolgte, wurde darum diesmal auch von ihnen eine Mantelnote aufgesetzt, die von Lloyd Georges Privatsekretär Philip Kerr verfasst worden war und neben einer allgemeinen Zurückweisung der Änderungswünsche auch eine Formulierung enthielt, die sich vom vorgesehenen Vertragstext signifikant unterschied. Um die Beibehaltung von Artikel 231 zu rechtfertigen, hieß es nun über die Ereignisse vom Sommer 1914: «Die Regierenden Deutschlands haben damals beabsichtigt, ihre Vorherrschaft mit Gewalt zu begründen. Sobald ihre Vorbereitungen vollendet waren, haben sie einen in Abhängigkeit gehaltenen Bundesgenossen dazu ermuntert, Serbien innerhalb von achtundvierzig Stunden den Krieg zu erklären (...) Um diesen allgemeinen Krieg doppelt sicher zu machen, haben sie sich jedem Versuch der Versöhnung und Beratung entzogen, bis es zu spät war.»[13]

Damit war nun auch offiziell die Alleinschuldthese in der Welt, die in den Folgejahren die politische Atmosphäre im Reich vergiften und das deutsche Pariagefühl befeuern sollte. Die Verbündeten, namentlich Österreich-Ungarn, im Vertragsentwurf noch als mitverantwortlich bezeichnet, waren nunmehr ebenfalls Opfer der deutschen Machenschaften. Und es kam noch drastischer in besagter Mantelnote: «Indessen beschränkt sich die Verantwortlichkeit Deutschlands nicht auf die Tatsache, den Krieg gewollt und entfesselt zu haben. Deutschland ist in gleicher Weise für die rohe und unmenschliche Art, auf die er geführt wurde, verantwortlich.»[14] Das wurde durch konkrete Beispiele belegt, darunter der deutsche U-Boot-Krieg, der erstmalige Einsatz von Giftgas und natürlich die Exzesse bei der Besetzung Belgiens. Auf die schriftliche Erinnerung an die deutschen Untaten folgte unmittelbar eine symbolische: Demonstrativ fuhr der amerikanische Präsident am 19. Juni von Paris in die belgische Stadt Löwen und besichtigte dort die Ruine der im August 1914 ausgebrannten Universitätsbibliothek. Es war der einzige Ausflug, den sich Wilson in der Schlussphase seines Europa-Aufenthalts erlaubte.

Zu diesem Zeitpunkt lief das Ultimatum zur Unterzeichnung des Versailler Vertrags bereits. Es war am Spätnachmittag des 16. Juni gemeinsam mit dem nunmehr endgültigen Vertrags-

Der vierte von Wilsons Vierzehn Punkten verlangte eine allgemeine Abrüstung. Damit waren nicht nur die Aufwendungen für Heeresgut gemeint, sondern auch die Ächtung bestimmter Waffen wie das im Ersten Weltkrieg eingesetzte Kampfgas. Deutsche Truppen hatten es als Erste benutzt, die alliierte Propaganda stellte seine Effekte für Fotos nach, wie hier durch amerikanische Soldaten 1918.

text und der von Kerr formulierten Mantelnote bei einer formlosen Zeremonie überreicht worden. Diese fand statt in einem kleinen, aber prächtigen Pavillon im Garten von Versailles, den Ludwig XV. für Madame de Pompadour zwischen großem und kleinem Trianon-Schloss hatte errichten lassen und der die offizielle Bezeichnung «Pavillon français» trägt. Dort triumphierte in der Tat letztmals die französische Seite in vollem Umfang, denn es hatte bis auf die Volksabstimmung in Oberschlesien keine wesentlichen Änderungen des Vertragstextes gegeben. Da Brockdorff-Rantzau keinen Zweifel daran gelassen hatte, dass er nicht zu unterschreiben gedenke, wenn man Deutschland als Kriegsschuldigen brandmarke, war klar, dass es nun an der Reichsregierung lag, den eigenen Außenminister und die Nationalversammlung vom Gegenteil zu überzeugen. Dafür würde sie eine Frist von lediglich fünf Tagen haben – die dann wenig später auf deutsche Bitte immerhin um zwei weitere Tage verlängert wurde. Anschließend, so verkündete das Ultimatum, würden die getroffenen Waffenstillstandsvereinbarungen hinfällig und die Kampfhandlungen durch die Alliierten wieder aufgenommen. Bis zum 23. Juni musste der Versailler Vertrag also nicht nur gegen die deutsche Bevölkerung, sondern erklärtermaßen auch gegen die meisten Parlamentarier politisch durchgesetzt werden.

Der wichtigste Befürworter einer Unterzeichnung war Matthias Erzberger, der immer noch Reichsminister ohne Geschäftsbereich und Leiter der deutschen Waffenstillstandskommission war. Aus dieser Tätigkeit kannte er die Entschlossenheit der Franzosen, allen voran Fochs, und er wusste auch, wie es um die Stärke der alliierten Truppen stand. Im Laufe des Jahres 1918 hatten die Vereinigten Staaten fast 1,9 Millionen Soldaten an die europäische Front gebracht, und diese frischen Einheiten waren nach dem Waffenstillstand in Frankreich geblieben, denn der Krieg war ja noch nicht aus. Das deutsche Kriegsheer hingegen hatte im November 1918 den Großteil seiner Bewaffnung abgeben müssen und war mittlerweile demobilisiert. Widerstand im Falle eines alliierten Einmarschs war also bestenfalls auf Partisanenart zu erwarten, und es bestand die Gefahr, dass die Alliierten, nachdem sie das Reich besetzt hätten, seinen weiterexistierenden Einzelstaaten separate Friedensschlüsse anböten. Ob diese Freistaaten, die ja gerade erst deklariert worden und ihrer Bevölkerung als neuem Souverän besonders verpflichtet waren, die Einheit des Deutschen Reichs über ihre eigenen Interessen stellen würden, war zweifelhaft.

Der wichtigste Gegner einer Unterzeichnung war Brockdorff-Rantzau, und sofort nach der Dokumentenübergabe im
Pavillon français machte er sich auf den Weg nach Weimar, wo
er am Vormittag des 18. Juni eintraf. Die ersten anderthalb Tage
des Ultimatums waren also schon vergangen, ehe die Dokumente
bei der Reichsregierung eintrafen, aber Brockdorff-Rantzau
wollte es sich nicht nehmen lassen, persönlich im Kabinett gegen
jedes Zugeständnis Stimmung zu machen. Dazu hatte er sich auf
der Fahrt der Unterstützung seiner fünf Mitbevollmächtigten
versichert und eine gemeinsame Denkschrift aufgesetzt, die die
Ablehnung des Versailler Vertragswerks empfahl, ohne jedoch
eine Alternative aufzuzeigen. Unter dem Eindruck der alliierten
Kriegsschuldthese nahm die Empörung in Deutschland zunächst
weiter zu, obwohl ja nur der Vertrag samt dessen unverändertem
Artikel 231 zu unterzeichnen wäre, nicht aber die verschärfte Formulierung der Mantelnote, die nicht mehr war als diplomatisches
Beiwerk ohne jede Bindungskraft.

Aber als am Abend des 18. Juni eine erste kabinettsinterne
Abstimmung erfolgte, war man schon bei einem annähernden Patt
angelangt: Acht Minister votierten für die Ablehnung, sechs für
die Unterzeichnung, und Erzberger sollte in seinen Erinnerungen
behaupten, dass es sogar sieben zu sieben ausgegangen sei. Da
unter dem Zeitdruck des Ultimatums keine Protokolle von den
Weimarer Kabinettssitzungen dieser Woche angefertigt wurden[15],
kann nicht mehr überprüft werden, ob er recht hatte. Es spricht
jedoch einiges dafür, dass spätestens am Folgetag in der Reichsregierung keine Mehrheit mehr gegen die Unterschrift bestand,
denn mangels einer eindeutigen Entscheidung reichte Ministerpräsident Scheidemann gemeinsam mit seinem gesamten Kabinett
in der Nacht auf den 20. Juni bei Reichspräsident Ebert den Rücktritt ein. Das war die erste der zahllosen Demissionen in der Wei-

marer Republik, und Deutschland stand nach Ablauf der Hälfte des alliierten Ultimatums ohne funktionsfähige Regierung da.

Es dauerte jedoch bloß bis zum 21. Juni, ehe eine neue Koalition in der Nationalversammlung gebildet war, die nur noch aus Sozialdemokraten und Zentrum bestand, weil die DDP-Fraktion sich kategorisch gegen die Unterzeichnung aussprach. Aber auch diese Zweierkoalition verfügte über eine parlamentarische Mehrheit, zumal die USPD als einzige in der Nationalversammlung vertretene Partei angekündigt hatte, auf jeden Fall für die Annahme des Vertrags zu stimmen. Als neuen Reichsministerpräsidenten bestimmte Ebert seinen SPD-Genossen Gustav Bauer, den vorherigen Arbeitsminister, der bislang zu den Gegnern der Unterzeichnung gehört hatte. Nun strebte Bauer eine Kompromisslösung an, die darin bestehen sollte, lediglich eine bedingte Unterschrift zu leisten, nämlich die in Deutschland besonders umstrittenen Artikel 227 bis 231 von der Zustimmung auszunehmen. Dass die Nationalversammlung diesem Vorschlag am Nachmittag des 22. Juni tatsächlich folgte, beweist eine erstaunliche Naivität. Die Alliierten lehnten das Ansinnen noch am gleichen Tag ab und waren zu keiner Fristverlängerung mehr bereit.

Am letzten Tag des Ultimatums stand die deutsche Politik somit vor einem Scherbenhaufen. Wieder war die Nationalversammlung für 15 Uhr einberufen worden, doch vorher bemühte sich Ebert, die Lage zu klären. Er bot den Gegnern der Unterzeichnung die Regierungsübernahme an – was diese angesichts der aussichtslosen militärischen Lage, die sie dann zu verantworten gehabt hätten, ablehnten. Stattdessen gaben die drei Fraktionen von DDP, DVP und DNVP vor der nachmittäglichen Sitzung eine Ehrenerklärung ab – sie würden Parlamentariern, die der Unterzeichnung zustimmten, nicht die vaterländische Gesinnung absprechen. Ministerpräsident Bauer, der mit dem frisch zum

Aus alt mach neu: Nach dem Rücktritt des Reichskabinetts unter Ministerpräsident Scheidemann, der die Unterzeichnung des Versailler Vertrags ablehnte, übernahm der bisherige Reichsarbeitsminister Gustav Bauer (SPD) die Verantwortung und stellte am 21. Juni seine Regierungsmannschaft vor. Der neue Ministerpräsident ist hier als Einziger stehend zu sehen, ganz links sitzt Reichswehrminister Gustav Noske.

Finanzminister ernannten Erzberger einen entschiedenen Befürworter der Vertragsunterzeichnung in seinem Kabinett hatte, rief nun zur bedingungslosen Unterschrift auf. Auf eine Aussprache wurde verzichtet, weil die Zeit drängte, und um 15.30 Uhr stimmte die Nationalversammlung mit noch größerer Mehrheit als am Vortag für die uneingeschränkte Vertragsannahme.

Um 16.40 Uhr, nicht einmal zwei Stunden vor dem Ende des Ultimatums, konnte der in Versailles zurückgebliebene Gene-

ralsekretär der deutschen Delegation, Edgar Haniel von Haim-
hausen, der Pariser Friedenskonferenz die Annahme des Vertrags durch das Reich verkünden: «Der übermächtigen Gewalt
weichend, und ohne damit ihre Auffassung über die unerhörte
Ungerechtigkeit der Friedensbedingungen aufzugeben, erklärt
deshalb die Regierung der Deutschen Republik, daß sie bereit ist,
die von den Alliierten und Assoziierten Regierungen auferlegten
Friedensbedingungen anzunehmen und zu unterzeichnen.»[16] Dieser nur noch symbolische Protest interessierte niemanden auf der
Gegenseite.

Um nicht noch mehr Zeit zu verlieren, wurde die Unterzeichnungszeremonie auf den folgenden Samstag terminiert, den
28. Juni 1919. Und es erfolgte ein letztes alliiertes Ultimatum: Bis
zum 26. Juni hatten die Deutschen die Namen ihrer Unterschriftsbevollmächtigten zu nennen. Bauer als Regierungschef überließ
diese Aufgabe nur zu gerne dem ebenfalls sozialdemokratischen
Außenminister Hermann Müller, und um die gemeinsame Verantwortlichkeit zu symbolisieren, wurde gemeinsam mit Müller ein
Vertreter der Zentrumspartei entsandt: der Reichsverkehrsminister Johannes Bell. Ihren Gang nach Versailles traten sie am Abend
des 26. Juni von Berlin aus an.

13. Das letzte Dilemma des Versailler Vertrags: Die Unterzeichnung

Die Weltgeschichte ist das Weltgericht. Für die Urteilsverkündung vom 28. Juni 1919 benötigte es nur zwei Minuten und ein paar kurze Sätze, ansonsten wurde offiziell gar nicht gesprochen. Aber geplaudert, gejubelt und geschimpft, denn die Vertragsunterzeichnung im Spiegelsaal von Versailles glich einem großen Defilee. Es war ein gesellschaftliches Ereignis, und rund ums Schloss standen Zehntausende Zaungäste. Der 28. Juni 1919 wurde nach einem bewölkten Vormittag ein strahlend schöner Samstag. Aus Paris kamen die Schaulustigen in Sonderzügen bis zum lediglich fünf Fußminuten vom Schlossvorplatz entfernten Bahnhof herbeigefahren. Die Delegationen der Teilnehmerstaaten der Pariser Friedenskonferenz dagegen erreichten Versailles mit Automobilen, die unter dem Beifall der Passanten über die Champs-Élysées und durch den Triumphbogen aus der Hauptstadt geleitet wurden und dann in Versailles über die direkt aufs Schloss zulaufende Prachtstraße, die Avenue de Paris, unmittelbar in den Ehrenhof fuhren, wo die Abgesandten von einer Ehrengarde empfangen und von den Zuschauern ein weiteres Mal bejubelt wurden. Ungestört waren die Delegierten nur im letzten Teil des Hofes, dem sogenannten Marmorhof direkt vor den Eingängen ins Corps Logis. In die beiden vorderen Teile, den Minister- und den Königshof, waren dagegen ungeachtet einer Polizeiabsperrung zahlreiche Menschen gelangt. Überhaupt herrschte rund um das Schloss Volksfeststimmung, und angesichts der allgemeinen Begeisterung achtete man nicht auf die vorgesehenen Sicherheitsmaßnahmen; längst waren die Fenster an der Außenseite der gesamten Palastanlage umlagert; nur der Parterre d'Eau, die große Terrasse direkt unterhalb des im ersten Stock gelegenen Spiegelsaals, wo im Anschluss an die Unterzeichnung den Teilnehmern ein besonderes Spektakel der dortigen Fontänen geboten werden sollte, wurde noch konsequent freigehalten.

Geöffnet wurde der Schauplatz der Vertragsunterzeichnung für die rund tausend geladenen Gäste um 13 Uhr, dem Pariser Korrespondenten der amerikanischen Nachrichtenagentur Associated Press verdanken wir einen minutiösen Bericht des Nachmittags.[1] Als erster prominenter Vertreter der Hauptsiegermächte betrat der amerikanische Außenminister Robert Lansing um 13.45 Uhr den Saal, und als letzter Delegierter der Friedenskonferenz traf um 14.50 Uhr sein Präsident Woodrow Wilson ein: So umrahmte der Auftritt der amerikanischen Delegation den Einmarsch der Verbündeten; es war Wilsons großer Tag. Mit dem Versailler Vertrag glaubte er sein politisches Lebenswerk am Ziel. Aber die Hauptrolle hatte er jemand anderem zu überlassen.

Während der Zeremonie sollte nämlich nur eine einzige Person zu Wort kommen: der französische Ministerpräsident Clemenceau, der als Vorsitzender der Friedenskonferenz die Veranstaltung leitete. Er war fünfzig Minuten vor dem geplanten Beginn um 15 Uhr im Saal eingetroffen und hatte die Zeit dazu genutzt, die auf seinen Wunsch hin anwesenden französischen Soldaten, aber auch die reich vertretene Pariser Prominenz zu begrüßen. Und natürlich die erschienenen Vertreter der anderen

Siegerstaaten, die über fast sechs Monate hinweg unentwegt miteinander verhandelt hatten.

Nachdem die massiven deutschen Proteste, die umfangreichen Änderungsvorschläge und verzweifelten Moralappelle im Vorfeld nicht gefruchtet hatten, versuchte die Delegation des Reichs, in letzter Sekunde zumindest noch ein kleines protokollarisches Zugeständnis zu erreichen. Der organisatorische Ablauf der Versailler Zeremonie sah vor, dass die beiden deutschen Unterschriftsbevollmächtigten, Außenminister Hermann Müller und Verkehrsminister Johannes Bell, erst kurz vor Eröffnung der Sitzung durch Clemenceau den Saal betreten sollten und das auch noch durch eine andere Tür als zuvor die Vertreter der Siegermächte. Schon die Anfahrt aus dem nahen Hôtel des Réservoirs, wo die Deutschen untergebracht waren, war nicht wie die der alliierten Delegierten über den Ehrenhof erfolgt, sondern über den Hof des deutschen Domizils, der einen Nebeneingang zum Schlosspark besaß. Müller und Bell wurden mit einem Auto die lange Rampe längs des Ostflügels hinaufgefahren und bei der Ankunft am Kopfbau zu einer Seitenpforte geführt – angeblich um die beiden Minister vor Anfeindungen des Publikums zu schützen, was Unsinn war, weil auch auf der Rampe die Zuschauer dicht gedrängt standen. Tatsächlich wurde auf diese Weise deutlich gemacht, dass hier kein Vertrag unter Gleichen abgeschlossen werden würde. Außerdem sollten Müller und Bell sowohl beim Eintreffen als auch bei der Abfahrt keine militärischen Ehren entboten werden. Dagegen protestierte die deutsche Abordnung und drohte ihr Fernbleiben an. Immerhin wurde den beiden Entsandten daraufhin zugestanden, das Schloss unter militärischen Ehrbezeugungen verlassen zu dürfen – aber eben erst nach der durch ihre Signaturen dokumentierten Anerkennung der alliierten Friedensbedingungen. Nur durch das offizielle Schuldeingeständnis würde also die Ehre des deutschen Gegners so weit wiederhergestellt sein, dass die Alliierten sie erwidern könnten. Der Erste Weltkrieg wurde nach dem Waffenstillstand bis zum letzten Augenblick mit symbolischen Mitteln fortgeführt.

Das Friedensdokument, von dem es nur ein einziges Exemplar gab, dessen Verbleib in Frankreich bereits festgelegt worden war, wurde um 14.10 Uhr von einem Mitarbeiter des französischen Außenministeriums in einem Lederkasten hereingetragen und auf einem Schreibtisch deponiert. Dieser stand genau in der Mitte des Saals vor den Plätzen der Vertreter der fünf Hauptsiegermächte, in deren Zentrum Clemenceau sitzen würde, zu seinen Seiten Wilson und Lloyd George. Links und rechts wurde der mit einem gelben Tuch bedeckte Unterzeichnungstisch flankiert von zwei kleineren Tischen, auf denen zum einen das Protokoll der Veranstaltung, die ja formell eine Sitzung der Pariser Friedenskonferenz war, auslag, damit alle Staatsvertreter es unterschrieben (nur in diesem Dokument, nicht im Vertrag selbst, waren auch die seit der Übergabe der Friedensbedingungen geänderten Bestimmungen festgehalten), zum anderen eine separate Vereinbarung über das künftige Besatzungsstatut im Rheinland, die nur die deutschen, amerikanischen, englischen, französischen und belgischen Delegierten zu unterzeichnen hatten, deren Länder davon betroffen waren. Durch dieses Arrangement des Mobiliars konnten also bis zu drei Staatsvertreter gleichzeitig ihre Unterschriften leisten; die ursprüngliche Absicht, den Versailler Vertrag jedem Signatar der Siegermächte einzeln vorzulegen, war angesichts des Überformats der Urkunde wieder fallengelassen worden. So traten alle Bevollmächtigten nacheinander an den zentralen Schreibtisch, um anschließend an den beiden Nachbartischen die zusätzlich notwendigen Unterschriften zu leisten. Mehrere Sekretäre standen bereit, um einen korrekten Ablauf zu gewährleisten.

Marmor- und Königshof vor dem Kopfbau des Versailler Schlosses
waren abgesperrt, um die Delegationen vorfahren zu lassen. Die
Schaulustigen warteten auf dem Ministerhof weiter vorne (außerhalb
des Bildes). Die deutsche Delegation wurde aus ihrem Domizil im
Hôtel des Réservoirs rückwärtig durch den Park an die Außenseite
des rechts zu sehenden Gebäudeflügels herangefahren.

Die Kopfseite der hufeisenförmig aufgestellten Tafel, an der
sämtliche unterzeichnende Parteien saßen, war fünfundzwanzig
Meter lang. Wer dort Platz nehmen durfte, hatte die Spiegel der
östlichen Längswand im Rücken und genoss den Ausblick durch
die nach Nordwesten ausgerichtete Fensterfront auf den sonnigen Park – genau von der Stelle aus, wo vor fast einem halben
Jahrhundert der deutsche Kaiser gekrönt worden war, unterhalb
des zentralen Deckengemäldes, das den aus eigener Machtvoll-
kommenheit regierenden jungen König Ludwig XIV. über der
Aufschrift «Le Roi gouverne par lui même» zeigt. Dieses Motiv
ist allerdings für Besucher des Saals nur von der Gartenseite aus
zu sehen; wer wie Wilhelm I. oder nun die Führer der Hauptsiegermächte direkt darunter seinen Platz vor den Spiegeln hatte,
der sah beim Blick nach oben die zweite Hälfte des von Charles
Le Brun gemalten Herzstücks des Bildprogramms im Saal. Sie

ist betitelt als «Fastes des puissances voisines de la France» – die Pracht der Nachbarmächte Frankreichs. Im Mittelpunkt dieser Allegorie stehen drei Frauen, die diese Staaten symbolisieren: die Niederlande, Spanien und, hervorgehoben aus dem Trio, die Germania für das Heilige Römische Reich.

Bei seiner Krönung zum Kaiser hatte Wilhelm I. also die alte deutsche Reichsglorie vor Augen, wie jetzt auch die Sieger über Deutschland. Dem einen musste Le Bruns Gemälde als Verheißung erschienen sein, den anderen diente es nun als Mahnung, dass der bedeutendste Rivale Frankreichs Deutschland war. Die Revision des Ereignisses vom 18. Januar 1871 sollte auf jeder Ebene sichtbar sein: Einige betagte französische Veteranen des Krieges von 1870/71 nahmen in ihren damaligen Uniformen die Plätze ein, wo seinerzeit preußische Soldaten Aufstellung genommen hatten. Die Sitze für das Gros der Delegationen befanden sich links und rechts von denen der Hauptsiegermächte entlang der Flügelseiten der Tafel; so umschlossen die Delegierten den zentralen Raum für den Unterzeichnungstisch.

Ein Teilnehmerland der Friedenskonferenz aber fehlte, seine reservierten Plätze blieben leer. Die chinesische Delegation verweigerte ihre Unterschrift, weil die Regelungen des Versailler Vertrags hinsichtlich der deutschen Auslandsbesitzungen nicht die erhoffte Rückgabe des 1897 zwangsweise an Deutschland verpachteten Gebiets von Kiautschou vorschrieben. Dessen künftige Verwaltung war stattdessen der Hauptsiegermacht Japan zugesprochen worden, deren Truppen Kiautschou im Herbst 1914 erobert hatten und seitdem unter ihrer Kontrolle hielten – in Geheimabkommen während des Kriegs hatten Großbritannien und Frankreich garantiert, dass sich nach dem Ende der Feindseligkeiten an diesem Zustand nichts ändern würde, und daran hielten sie sich während der Pariser Verhandlungen, obwohl die Vereinigten Staaten ihr Missfallen darüber deutlich aussprachen.

Japan galt für China als Erzfeind, seit das Nachbarreich 1895 die chinesische Insel Formosa, das heutige Taiwan, besetzt hatte. Die weitere Stärkung Japans durch den Brückenkopf Kiautschou auf dem chinesischen Festland verschob das Machtgleichgewicht im Fernen Osten noch einmal zugunsten des imperialistischen Inselreichs, was in China im Frühjahr 1919 zu heftigen politischen Protesten von Studenten geführt hatte, die als «4.-Mai-Bewegung» in die Geschichte eingehen sollten. Angesichts dieser angespannten innenpolitischen Lage war eine chinesische Unterschrift in Versailles undenkbar. Außerdem verstieß die Kiautschou-Regelung eklatant gegen Woodrow Wilsons Prinzip der nationalen Selbstbestimmung. Weil die Vereinigten Staaten den Vertrag später nicht ratifizieren sollten, waren sie an dessen entsprechende Bestimmung dann auch nicht mehr gebunden und konnten Japan 1922 dazu bewegen, Kiautschou doch wieder aufzugeben. Das stellte auch Deutschland zufrieden, denn inzwischen hatte es mit China im Mai 1921 einen separaten Frieden abgeschlossen, in dem sich das Reich verpflichtete, die Bemühungen Pekings um die Rückgewinnung Kiautschous zu unterstützen. Das stellte nur eine von vielen diplomatischen Initiativen auf deutscher Seite dar, die im Laufe der zwanziger Jahre mit dem Ziel unternommen wurden, Einzelbestimmungen des Versailler Vertrags zu revidieren, um irgendwann das ganze Konstrukt kollabieren zu lassen. 1922 erzielte man dank amerikanischer Unterstützung einen ersten Teilerfolg – wenn auch weit abseits von Europa.

Aber das war Zukunftsmusik, heute hatte Deutschland sein Urteil zu empfangen, das nach dem Willen der Alliierten irreversibel sein sollte. Die beiden Reichsminister hatten den Versailler Vertrag als Erste zu unterschreiben, denn den Siegerstaaten sollte nicht das Risiko zugemutet werden, eine Unterschrift zu leisten, die bei einer etwaigen deutschen Verweigerung in letzter Sekunde doch noch gegenstandslos werden könnte. Nach den Erfahrungen vom 7. Mai sollte Deutschlands Bevollmächtigten diesmal jede Möglichkeit genommen werden, die Alliierten zu brüskieren. Darum war kein anderer Redner vorgesehen als Clemenceau. Hätte man neben dem Vorsitzenden der Friedenskonferenz noch weitere Teilnehmer sprechen lassen, wäre man auch verpflichtet gewesen, den Deutschen als nunmehrigen Vertragspartnern das Wort zu erteilen.

Das Publikum im Saal nahm auf Stühlen Platz, die jeweils hinter den beiden seitlichen Flügeln der den Delegierten vorbehaltenen Hufeisentafel aufgestellt worden waren und den Raum bis an dessen äußerste Ränder füllten. Doch da man von dort angesichts der Ausmaße des mehr als siebzig Meter langen Saals kaum etwas davon sehen konnte, was sich in der Mitte abspielte (zudem ja die Unterschriften sitzend geleistet würden), waren die Stehplätze in den Fenster- beziehungsweise Spiegelnischen der beiden Längsseiten begehrt und umkämpft, besonders bei den Pressevertretern, denen eigentlich ein eigener Sitzbereich zugewiesen worden war, von dem aus man jedoch, wie der Korrespondent der Associated Press berichtete, nicht einmal mit Ferngläsern etwas erkennen konnte. Deutsche Journalisten – zwanzig waren akkreditiert – wurden erst kurz vor 15 Uhr eingelassen und mussten sich dann mit den hintersten Plätzen im Pressebereich begnügen.

Die Unruhe im Saal war immens, gerade weil der Blick für die meisten Gäste derart unbefriedigend war. Vom Eintreffen der prominenten Staatschefs bekamen sie kaum etwas mit, und besonders Wilsons später Einzug verpuffte in seiner Wirkung, weil das diplomatische Protokoll erforderte, dass sich jeweils alle

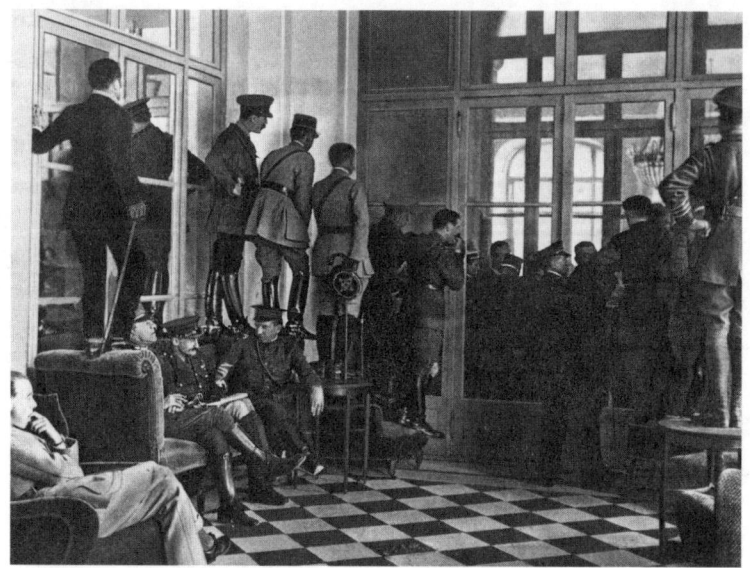

Der Spiegelsaal im Schloss war voll, als am 28. Juni 1919 der Versailler Vertrag unterzeichnet wurde, also erkletterte die in den Vorräumen gebliebene Entourage der Delegationen das Mobiliar, um durch die Glastüren und über die Köpfe der davor stehenden Betrachter hinweg einen Blick auf die Zeremonie erhaschen zu können.

Delegierten zur Begrüßung eines neu eintreffenden Kollegen erhoben, wodurch für die übrigen Gäste noch weniger zu sehen war. An der Tafel herrschte ein ständiges Aufstehen und Wiederhinsetzen, von dem am Schluss keine besondere Bedeutung mehr ausging. Es gab deshalb nur vereinzelten Applaus der unmittelbar neben dem Eingang Sitzenden, als Wilson eintrat.

Um 15 Uhr, als die Zeremonie hätte beginnen sollen, regte sich besonders großer Unmut in den hinteren Reihen im Spiegelsaal, weil die am Hufeisentisch platzierten Delegierten sich nicht alle wieder gesetzt hatten und so weiterhin die Sicht blockierten. Die Stimmung der Versammlung glich kurzfristig eher der bei einer Bühnenaufführung als bei einem feierlichen Ereignis, und ehe nicht wieder eine dem Anlass angemessene Ruhe einkehrte, mochte sich Clemenceau nicht dazu durchringen, die Veranstaltung zu eröffnen. Zumal der Eintritt der deutschen Delegation ja erst unmittelbar vor Beginn der Zeremonie vorgesehen war, und gerade dabei wünschte sich Clemenceau würdige Stille, damit die zuvor unter den Alliierten verabredete Geste, sich entgegen den diplomatischen Gepflogenheiten dann nicht zu erheben, auch zur Geltung kommen würde. Das war die Retourkutsche für Brockdorff-Rantzaus Affront bei der Übergabe der Friedensbedingungen am 7. Mai. «Faites entrer les Allemands» (Lassen Sie die Deutschen eintreten), wies der französische Ministerpräsident schließlich um 15.07 Uhr den Protokollchef an. Müller und Bell durften immerhin am Hufeisentisch Platz nehmen: zwischen der brasilianischen Delegation und einigen rangniederen Japanern, weil sie hier dem ihnen vorbehaltenen Eingang am nächsten saßen, durch den sie am Schluss dann auch rasch wieder hinausgeführt werden sollten.

Es gab kein offiziell bekanntgegebenes Programm für die Unterzeichnungszeremonie, deshalb war die Verblüffung im Saal groß, als Clemenceau sich um 15.10 Uhr, also mit mittlerweile zehnminütiger Verspätung, erhob und eine Ansprache hielt, die sich auf fünf Sätze beschränkte: «Die Sitzung ist eröffnet. Die alliierten und assoziierten Mächte auf der einen und das Deutsche Reich auf der anderen Seite haben sich auf die Friedensbedingungen geeinigt. Der Text ist vervollständigt und niedergelegt worden, und der Präsident der Konferenz hat schriftlich bestätigt, dass der Text, der nun unterschrieben werden wird, identisch ist mit dem, der in zweihundert Kopien an die deutsche Delegation ausgehändigt worden ist. Die Unterschriften werden jetzt vorgenommen, und sie stellen die feierliche Verpflichtung dar, die durch diesen Friedensvertrag festgelegten Bestimmun-

gen zuverlässig und wortgetreu auszuführen. Ich fordere nun
die Delegierten des Deutschen Reichs auf, den Vertrag zu unterzeichnen.»[2] Als Müller und Bell aufstanden und in die Mitte traten,
um ihre Unterschrift zu leisten, war es 15.12 Uhr. Sie unterschrieben auf der letzten der für die Signaturen vorgesehenen freien
Doppelseiten, denn auch wenn sie als Erste aufgerufen wurden,
sollten die deutschen Namenszüge doch hinter denen der Siegerstaaten stehen. Anschließend wurde wieder ganz nach vorne
geblättert, und es folgten nacheinander die einzelnen alliierten
Vertreter, erst die Hauptsiegermächte in alphabetischer Reihenfolge – Amerika, Britisches Reich, Frankreich, Italien, Japan –,
dann die weiteren Verbündeten; insgesamt unterschrieben
67 Delegierte den Versailler Vertrag. Das dauerte bis 15.49 Uhr,
und es fiel kein einziges offizielles Wort mehr, ehe Clemenceau
noch einmal aufstand und lapidar verkündete: «Die Sitzung ist
geschlossen.» Das war der sechste und letzte Satz im Rahmen der
Zeremonie.

Jedoch hatte während ihrer nicht einmal vierzigminütigen
Dauer keinesfalls das eigentlich erwünschte andächtige Schweigen geherrscht. Vielmehr war gerade wegen der Monotonie des
Reigens der auf- und abtretenden Staatsvertreter immer wieder
neue Unruhe im Saal entstanden; für die meisten Anwesenden im
Saal wirkte es, als passierte gar nichts. Und für die übrigen war
mit den Unterschriften der deutschen Delegierten und denen
der Hauptsiegermächte der interessante Teil vorbei, also setzten
nun leise Unterhaltungen ein, die sich schließlich zu einem solchen Grundgemurmel summierten, dass Clemenceaus Schlusssatz darin unterging. Den meisten Anwesenden war zunächst gar
nicht bewusst, dass die Veranstaltung so rasch ihr Ende erreicht
hatte. Zudem waren die alliierten Delegierten gebeten worden,
zunächst noch auf ihren Plätzen zu verbleiben, damit die deut-

Der Beginn der Vertragsunterzeichnungszeremonie: Georges Clemenceau als Vorsitzender der Pariser Friedenskonferenz hat sich vor der Spiegelfront erhoben, um seine kurze Eröffnungsansprache zu halten. Links neben ihm sitzen Woodrow Wilson und Sidney Sonnino, der nach Orlandos Rücktritt die italienische Delegation leitete, rechts von Clemenceau hat David Lloyd George Platz genommen.

schen Bevollmächtigten wieder aus dem Saal geleitet werden konnten – immer noch, ohne dass sich jemand für sie erhoben hätte.

Der Großteil des Publikums außerhalb des Schlosses bemerkte das Ende der Unterzeichnungszeremonie erst, als die Fenster des Spiegelsaals im ersten Stock geöffnet wurden, um endlich wieder frische Luft in den dicht besetzten und schon seit Stunden geschlossenen Raum zu lassen. Nun drängte es die Teilnehmer hinunter in den Park, doch draußen trafen sie auf eine

Gegenbewegung, denn ungeachtet der anfänglichen Absper-
rung des Parterre d'Eau hatten sich längst auch hier Schaulustige
versammelt, und die benachbarten Terrassen der Gartenanlage
waren ohnehin überfüllt. Als sich die drei Türen im Erdgeschoss
öffneten, waren die Zuschauer nicht mehr zu halten, zumal es
Clemenceau und Wilson waren, die als Erste aus dem Schloss
traten, um im Freien zu rauchen und sich das nun beginnende
Spektakel der Fontänen anzusehen. Binnen Sekunden waren sie
von den heranstürzenden begeisterten Franzosen umringt. Der
amerikanische Präsident wurde von der Menge in die Nähe eines
der beiden großen Bassins auf dem Parterre d'Eau abgedrängt
und konnte erst im letzten Moment von einem der zwei hühnen-
haften Leibwächter, die ihn während seines ganzen Aufenthalts
in Frankreich beschützten, davor bewahrt werden, ins Becken
zu stürzen.[3] Aus dem geplanten Betrachten der Wasserspiele
wurde nichts, die Staatschefs wahrten zwar Contenance, doch
ihre Begleiter bemühten sich eilig, sie um den Kopfbau herum zu
den im Ehrenhof wartenden Automobilen zu bringen. Durch das
Gebäude hindurch konnten sie nicht mehr gehen, weil ihnen von
innen die anderen Gäste der Zeremonie entgegenkamen. Erst, als
zwei der Wagen aus dem Ehrenhof ihrerseits an die Parkseite des
westlichen Seitenflügels fuhren und dort rücksichtslos auf die von
überall her zusammenströmende Menschenmenge zusteuerten,
um Clemenceau und Wilson schon auf dem Weg zu erreichen,
gelang es diesen, sich in die Sicherheit der Fahrzeuge zu flüchten,
die dann sofort davonbrausten. Woodrow Wilson verließ Paris
noch am selben Abend und kam nie wieder zurück nach Europa.

Währenddessen waren die beiden vorab aus dem Saal geführten deutschen Delegierten auf der anderen Seite der Schlossanlage ebenfalls auf der Suche nach dem Auto, das sie ins Hôtel
des Réservoirs bringen sollte. Als Müller und Bell das Schloss

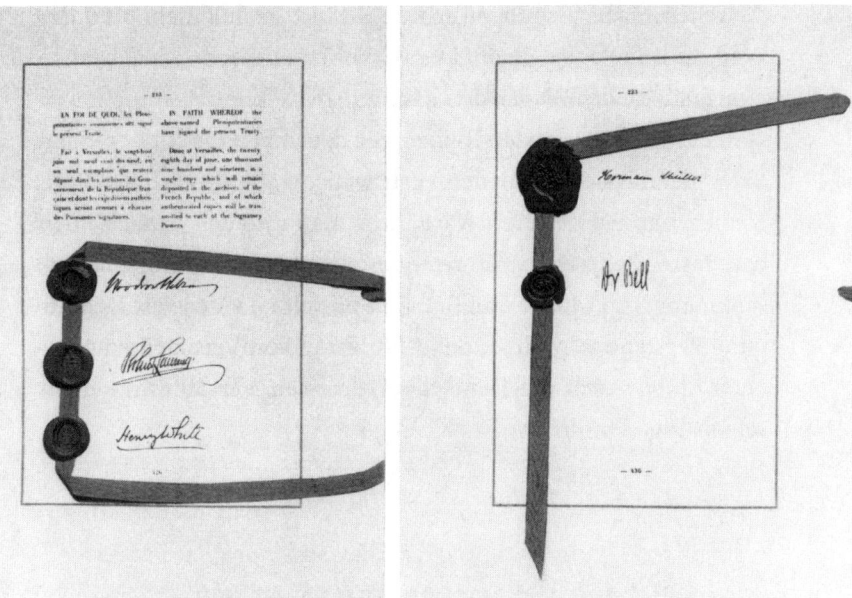

Es waren die beiden deutschen Unterzeichnungsbevollmächtigten Hermann Müller und Johannes Bell, die als Erste den Versailler Vertrag unterschrieben (auf dem rechts abgebildeten Blatt), doch ihre Signaturen durften nicht an erster Stelle im Vertragsdokument stehen. Diese Ehre wurde dem amerikanischen Präsidenten Wilson als dem Mann gewährt, der das Vertragskonstrukt angeregt hatte. Auf seine Unterschrift folgen die Signaturen des amerikanischen Außenministers Robert Lansing und des Diplomaten Henry White.

aus einem Nebenausgang der ehemaligen Königinnengemächer verließen, wurden sie von den dort Wartenden erkannt – man wusste ja seit der Anfahrt, dass die Deutschen auf diesem Weg auch wieder in ihr Domizil zurückkehren würden. Obwohl es keine dezidierten Beschimpfungen gab, erinnerte sich ein französischer Offizier an die Angst der beiden Deutschen angesichts der feindseligen Stimmung: «Ich werde niemals den Blick vergessen, den vor allem Herr Müller in diesem Augenblick auf die Menge warf – wie der eines gehetzten Tieres.»[4] Aus den zugesagten militärischen Ehrbezeugungen wurde deshalb nichts mehr, und der Weg zum Quartier glich einem Spießrutenparcours, aber auch hier schützte der Wagen den Rückzug der Akteure. Am späteren Nachmittag war aus den Reihen der deutschen Delegation dann zu vernehmen, dass man den Vertrag niemals unterzeichnet hätte, wenn zu ahnen gewesen wäre, dass man sie auch danach noch wie Parias behandeln würde – besonders die vorzeitige Verabschiedung von Müller und Bell im Spiegelsaal wurde als Demütigung verstanden, weil sie der Abführung von Verurteilten geglichen hatte. Auch die Deutschen verließen Versailles noch am selben Tag.

Stillleben des Sieges:
Monets Geschenk an Frankreich

Es sollte ein Geschenk sein, der Größe des Triumphs angemessen und deshalb selbst von nie dagewesenem Ausmaß. Am
12. November 1918, dem Tag nach Inkrafttreten des Waffenstillstands, schrieb Claude Monet an den französischen Ministerpräsidenten Georges Clemenceau: «Lieber großer Freund, ich
stehe am Vorabend der Vollendung von zwei großen dekorativen
Fresken, die ich mit dem Datum des Sieges signieren möchte; ich
möchte sie durch Ihre Vermittlung dem Staat anbieten. Es ist nur
wenig, aber für mich die einzige Möglichkeit, am Siege teilzu-
nehmen.»[1] Das Wort «victoire» (Sieg) begann Monet abweichend
von der französischen Rechtschreibung groß, um die Bedeutung
des Ereignisses zu betonen, so pathetisch war er gestimmt.[2] Der
Maler stand damals zwei Tage vor seinem achtundsiebzigsten
Geburtstag und war somit noch ein Jahr älter als sein langjähri-
ger Freund Clemenceau, doch dessen Beispiel hatte ihm bewiesen,
dass Kampfbereitschaft und Siegeswille keine Frage des Alters
waren: Dank des «Tigers» war der Krieg gewonnen worden, so
sah es nicht nur Monet, so sah es ganz Frankreich.

Am 11. November 1918 war es denn auch Clemenceaus Privileg gewesen, das ersehnte Ende zu verkünden: Der Ministerpräsident war vor die Abgeordnetenkammer der Republik getre-

ten, um dort offiziell die Bedingungen des an diesem Morgen in Compiègne unterzeichneten Waffenstillstands mitzuteilen. Jeder konnte ihnen anmerken, dass sie sein Werk waren, vor allem die darin bereits festgelegte Rückgabe von Elsass-Lothringen an Frankreich, die dem diplomatischen Komment gemäß – es handelte sich staatsrechtlich ja nicht um besetztes Gebiet, sondern um einen durch den Frankfurter Frieden von 1871 anerkannten festen Bestandteil des Deutschen Reichs – erst durch einen Friedensvertrag hätte geregelt werden müssen, aber nun bereits mit Artikel II des Waffenstillstandsabkommens erzwungen wurde. In allen späteren vertraglichen und gesetzlichen Vereinbarungen betreffs Elsass-Lothringens wurde der Stichtag auf den 11. November 1918 datiert. Die Republik war im Siegestaumel, obwohl offiziell noch Krieg herrschte. Aber die Waffen schwiegen, und die Politiker feierten und ließen sich feiern. Clemenceau nutzte eine Woche später seinen ersten freien Tag, um Monet zu besuchen und sich die beiden Bilder anzusehen, die der Maler dem Staat schenken wollte. Und nicht nur die.

Clemenceau wusste nur zu gut, dass sie lediglich ein Teil von etwas Grandiosem waren, das da in Monets Atelier entstand. Vier Jahre zuvor, kurz bevor der Krieg ausgebrochen war, hatte der Künstler dieses neue Werk begonnen: einen Gemäldezyklus großformatiger Seerosenbilder von jeweils zwei Metern Höhe, deren kleinstes aber bereits sechs Meter breit werden sollte, das größte dagegen siebzehn. Noch nie hatte der Maler in solchen Ausmaßen gearbeitet; und insgesamt würden schließlich acht Bilder entstehen, die sich auf einundneunzig Meter Länge addierten und aus zusammen zweiundzwanzig Leinwänden bestanden, weil für die größeren Formate jeweils mehrere Teile notwendig waren. Das war für einen damals schon betagten Maler eine Herausforderung, wie sie die Kunstgeschichte noch nicht gesehen hatte.

Von einer Glorie aus Glyzinien umgeben: Georges Clemenceau im Juni 1921 zu Besuch bei seinem Freund, dem Maler Claude Monet in Giverny. Rechts neben Monet steht seine Enkelin Lily Butler. Clemenceau war seit anderthalb Jahren ohne politisches Amt und setzte seinen ganzen Ehrgeiz daran, Monets Gemäldezyklus der «Nymphéas» für den französischen Staat zu erwerben – als künstlerisches Siegesdenkmal.

Und es war Clemenceau gewesen, der Monet von Beginn an
darin bestärkt hatte, weshalb der Maler die persönlichen Schick-
sale der beiden Freunde und seit dem kurz darauf begonnenen
Krieg auch das Schicksal seines Heimatlandes mit dem Fort-
schreiten dieses Zyklus verknüpfte. Der war sein Kampf, und der
gestaltete sich genauso mühsam wie der Krieg, denn Monet war
nicht nur alt, sondern auch krank. Im Juli 1912 hatte man bei ihm
Grauen Star diagnostiziert, eine niederschmetternde Nachricht
für den Künstler, der sich damit um alles gebracht sah, was sein
Leben ausmachte. Clemenceau versuchte damals, ihn zu beruhigen: Er werde das Augenlicht nicht verlieren, sondern schlimms-
tenfalls alles wie durch einen Nebel sehen[3] – ein halbwegs subtiler
Trost für den großen Impressionisten, dessen Bilder oft genau
mit diesem Effekt spielten. Im vertrauten Ton alter Freunde wies
Clemenceau Monet zudem zurecht, er möge es mit dem Klagen
nicht übertreiben, es sei schließlich weitaus weniger angenehm,
sich etwa mit der Prostata herumzuschlagen (eine entsprechende
Operation hatte der Politiker gerade hinter sich gebracht).

Mit der Wahl der Riesenformate für die Seerosenserie
reagierte Monet auf das befürchtete Nachlassen seiner Seh-
kraft, doch auch die französische Bezeichnung dieser Blumen,
«nymphéas», war wichtig, denn die beiden alten Herren amüsier-
ten sich über deren Verwandtschaft mit dem Wort «nymphes»
(Nymphen): Darin sahen sie eine zumindest verbale Kompensation für ihnen immer mehr entgehende Liebesfreuden. Das Motiv
selbst war aber gar nicht neu, denn Seerosen hatte Monet schon
seit 1895 gemalt, und seit 1902, als das Ende seines Zyklus von
London-Ansichten absehbar war, wurden sie Gegenstand einer
weiteren thematischen Serie.

Im Jahr zuvor hatte der Maler in seinem Garten in Giverny,
von Paris fünfundsiebzig Kilometer die Seine abwärts, den klei-

nen Fluss Epte umleiten lassen, um mit dessen Wasser einen Teich zu speisen, in dem er Seerosen züchtete. Im wegen der dichten Uferbepflanzung ständig wechselnden und brechenden Sonnenlicht verschwammen die Grenzen zwischen Wasser und Blüten, und Monet sah in diesem Verschwinden jeder Kontur und dem Ineinanderfließen der Farben und Formen ein Motiv, das seiner Wahrnehmungsweise besonders entsprach. Dabei blieb jedoch immer der analytische Sinn des Malers erhalten, an den sich Clemenceau nach dem Tod des Freundes erinnern sollte: «Da steht er, Sie sehn ihn, steht vor dem Licht; er nimmt dies Licht – er bricht es, er löst es auf. Einmal habe ich zu ihm gesagt: ‹Monet, wir Idioten denken vor einer Wiese, einem Himmel, das ist eine Wiese, das ist ein Himmel … Sie nicht. Die Worte *Wiese*, *Himmel* haben für Sie keinen Sinn. Und das muss bei Ihnen eine Wut, eine Besessenheit sein, denn, wohin Ihr Blick fällt, fragen Sie sich nicht, Was ist das da? und auch nicht: Was für eine Farbe ist das?, sondern: Woraus sind diese Flecken zusammengesetzt? Ihr Gehirn muss ganz davon benommen sein.› Er antwortete mir: ‹Sie können sich nicht denken, in wie hohem Grade das, was Sie sagen, zutrifft. Ich stand einmal am Bett einer Toten, einer Frau, die ich – na also, sehr geliebt hatte … und noch sehr liebte. Ich betrachtete ihre Schläfe. Ich sagte mir: Da ist eine Art Violett … Was für Blau ist darin enthalten? Und Rot? Und Gelb?›»[4]

In dieser Erinnerung Clemenceaus liegt ein Schlüssel für das Verständnis auch des überformatigen Seerosenzyklus, denn Violett ist die dominierende Farbe darin – nicht als einzelne, sondern durch das koloristische Zusammenspiel der verschiedenen Bilder, die einen Tagesablauf über dem Teich von Giverny zum Thema haben. Violett aber war für Monet seit 1879, als seine erste Ehefrau Camille gestorben war (worauf er im Gespräch mit Clemenceau angespielt hatte), eben die Totenfarbe. An ihrem Ster-

bebett hatte er denn auch ein Ölporträt der Toten gemalt, eine
Studie in Violett, an der sich eindrucksvoll jene beim Betrachten der geliebten Toten beobachtete Zerlegung in andere Farben
zeigt, die Monet Clemenceau beschrieb. Dieses Phänomen war
für ihn ein Äquivalent zum Zerfallsprozess des Körpers, dem er
auf diese Weise ästhetischen Trost abgewann, und so verhielt es
sich auch mit seiner Arbeit an den Seerosen in der Gartenwelt von
Giverny während des Ersten Weltkriegs. Clemenceau verstand
das instinktiv, was sich daran erwies, dass er von den Betrachtern
dieser Bilder einen Ehrerweis forderte, wie man ihn Helden, aber
auch Toten gegenüber erbringt: «Vor den Seerosen Hut ab!»[5] Und
er lobte Monets Malduktus in Kategorien des Stellungskriegs als
«den grabenden Pinsel ... Eine richtige Schlacht ist da drinnen!»[6]
Die «Nymphéas» waren für den Staatsmann und für den Künstler
nicht nur Arbeit im, sondern auch am Krieg: Abbild von Kampf,
Sieg und Trauer zugleich.

Monet malte die acht Seerosenbilder nicht im Freien, er ließ
sich eigens für die Arbeit daran von 1914 bis 1916 ein neues Ate-
liergebäude in Giverny errichten, das groß genug war, um diese
Bilder überhaupt ausführen zu können. Von Beginn an war ihm
klar, dass dieser Zyklus im Gegensatz zu allen anderen der Vergangenheit zusammenbleiben sollte; er behielt deshalb nicht nur
die großformatigen Seerosengemälde, sondern mit einer einzigen Ausnahme ebenso die kleineren Bilder mit diesem Motiv,
die er von 1914 an malte. In den Jahren zuvor hatte er allerdings
schon rund zweihundert Gemälde mit diesem Motiv produziert
und damals in die ganze Welt verkauft. Nun wurde Monet vor-
sichtig und zeigte neue Seerosengemälde zunächst gar nicht; erst
1924 sollte er eine Ausstellung in New York gestatten, natürlich
nur mit den kleinformatigen Bildern, die er dem eigentlichen
«Nymphéas»-Zyklus nicht zurechnete. Auch darin wurde er

von Clemenceau bestärkt, der schon 1895 in einem Artikel über Monets Kathedralenbilder beklagt hatte, dass diese durch Verkauf in alle Winde zerstreut worden waren, womit die Ursprungsidee – die malerische Dokumentation der wechselnden Tageslichteinwirkungen auf einen einzigen Gegenstand – nicht mehr nachvollziehbar sei.

Da Clemenceau 1918 längst wusste, dass es Monet diesmal um einen Werkblock ging, der geschlossen bewahrt werden sollte, verstand er sofort, was der Brief bedeutete, in dem sein Freund ihm am 12. November die Schenkung von zwei Bildern daraus ankündigte: Frankreich winkte der Besitz eines Prestigeprojekts, wie es die Kunstgeschichte kaum jemals zuvor gekannt hatte – der Maler André Masson sollte für das Ensemble später die Bezeichnung «Sixtinische Kapelle des Impressionismus» prägen.[7] Allerdings war Clemenceau auch klar, dass sich der Staat nun darum würde bemühen müssen, Monet als Gegenleistung für die weiteren Gemälde des Zyklus noch etwas mehr zu bieten als «nur» den Sieg im Weltkrieg: eine Örtlichkeit, die der Bedeutung des Werks angemessen sein würde.

Das erforderte Fingerspitzengefühl und sollte gut vorbereitet werden, damit keine Gefahr eines Scheiterns bestand. Deshalb erfuhr die Bevölkerung zunächst nichts von dem geplanten Geschenk; erst am 14. Oktober 1920, fast zwei Jahre nach Monets Ankündigung, wurde die Information über die Pariser Presse lanciert, und sofort setzte eine breite Berichterstattung ein, die sich mit dem Zyklus, den allerdings damals keiner außerhalb von Monets engstem Umfeld kannte, und seiner künftigen Präsentation beschäftigte. Dabei wurde immer wieder die zentrale Rolle Clemenceaus betont, manche glaubten sogar, Monets Idee, dem Land die Kunstwerke zu übereignen, gehe auf eine Anregung des Politikers zurück.[8] Doch niemand konnte ihn selbst dazu befra-

Claude Monet während des Ersten Weltkriegs in seinem Atelier vor
einer der kombinierten Leinwände mit den großen Seerosengemäl-
den, die er später dem französischen Staat zum Teil schenkte, zum
Teil verkaufte. Für die Präsentation des Zyklus wurde eigens die
Orangerie in den Pariser Tuilerien umgebaut, wo die Bilder heute
noch zu sehen sind.

gen, denn er war nach seinem Rücktritt als Ministerpräsident im
Januar 1920 im Zorn aus der Politik geschieden und hatte sich im
September, kurz vor der Bekanntgabe von Monets Schenkungs-
absicht, auf eine halbjährige Asienreise begeben. Die Nachfolger Clemenceaus standen aber in den Augen der französischen
Öffentlichkeit in dessen Schatten, und so rechnete man allgemein
mit einem raschen Abschluss der Verhandlungen zwischen Monet
und dem Staat über die künftige Präsentation der «Nymphéas»,
weil sich die Regierung nicht würde erlauben können, eine Initia-

tive des politischen Volkshelden zögerlich zu behandeln. Das war allerdings ein Irrtum.

Zunächst bestand der Plan, für die «Nymphéas» ein eigenes Gebäude im Garten des Musée Rodin errichten zu lassen, und immerhin hatte sich der Staat mit Monet schon auf einen Architekten und die Form des Baus – eine Rotunde – geeinigt.[9] Doch als Clemenceau im März 1921 aus Asien zurückkehrte, bemerkte er, dass sein Freund nicht wirklich zufrieden mit diesem Vorhaben war, und begab sich deshalb selbst auf die Suche nach einem geeigneteren Ort für den Seerosenzyklus. Am 31. März sah er sich die beiden an der zentralen Place de la Concorde gelegenen Gebäude des Jeu de Paume und der Orangerie an und berichtete noch am selben Tag in einem Brief an Monet, dass ihm die Orangerie besser gefallen habe, diese aber auch größere Umbauten erfordern werde, weshalb sich der Maler in Geduld fassen solle.[10] Das war prophetisch, denn Monet sollte sterben, bevor dort der Ausstellungsort für seine Nymphéas fertiggestellt wurde. Und zuvor hatte er mehr als einmal erwogen, sein Geschenk wegen der Verzögerungen wieder rückgängig zu machen.

Doch er fühlte sich Clemenceau verpflichtet und vertraute ihm vollständig. Beide waren sich in ihren jeweils letzten Lebensjahren zu engsten Freunden geworden. Nachdem Monet gestorben war, widmete sich Clemenceau noch einmal ausgiebig dessen Werk, zumal die Schwiegertochter des Künstlers ihm aus dem Nachlass die Briefe zurückgab, die er an Monet geschrieben hatte. Resultat war 1928 ein hundertfünfundzwanzig Seiten starker Aufsatz, der schon im Titel deutlich machte, wie wichtig für Clemenceau das von ihm vermittelte Geschenk an Frankreich war: «Claude Monet, les nymphéas». Es war das letzte von Clemenceaus vielen Büchern und die umfangreichste Beschäftigung aus seiner Feder mit dem Künstler, nachdem mehr als dreißig Jahre zuvor, 1895, der Zeitungsartikel «Révolutions de cathédrale» erschienen war und 1922 ein kleiner Text, dessen Titel übersetzt «Philosophische Gedanken des Allerhöchsten über das Allerniedrigste oder Die wunderbare Geschichte eines Blinden, der sich nicht die Augen öffnen lassen wollte» lautete und den Clemenceau Monet widmete, nachdem er ihn überredet hatte, sich an den Augen operieren zu lassen. Der erste Eingriff erfolgte im Januar 1923, und es wurden noch weitere erforderlich, doch dann konnte Monet tatsächlich wieder besser sehen. Auch das rechnete er Clemenceau hoch an.

Die beiden kannten sich bereits seit 1890, und im Laufe ihrer sechsunddreißigjährigen Freundschaft schrieben sich Monet und Clemenceau Hunderte von Briefen und trafen sich immer wieder in Giverny zu gemeinsamen Spaziergängen durch den Garten des Künstlers. Der Legende nach sollen sie sich über den Schriftsteller Émile Zola kennengelernt haben, doch tatsächlich war es ein Redaktionskollege von Clemenceau bei dessen Zeitung «La Justice» gewesen, der Kunstkritiker Gustave Geoffroy, der die beiden Männer einander vorstellte. Geoffroy sollte später der dritte Spiritus Rector für den großen «Nymphéas»-Zyklus werden, denn als Direktor der staatlichen Gobelinwerkstatt hatte er 1913 die Idee gehabt, einige der damals schon existierenden Seerosenbilder als Vorlagen für Wandteppiche zu verwenden.[11] Dafür waren ursprünglich auch die großformatigen Gemälde gedacht gewesen, aber das scheiterte daran, dass sie dann der Republik versprochen wurden – ihre Reproduktion hätte die Einmaligkeit des Geschenks relativiert.

Clemenceau fühlte sich Monet zutiefst verbunden, politisch und charakterlich. Im Ersten Weltkrieg hatte der Künstler zu jenen privilegierten Abonnenten von Clemenceaus Zeitung «L'homme enchaîné» gehört, denen bisweilen zensierte Artikel

heimlich zusammen mit dem Blatt zugestellt wurden.[12] Über die
Persönlichkeit Monets sagte der Freund: «Monet hat das Leben
hingenommen wie einen Kampf ... wir kamen uns nie in den Weg,
brauchten uns nie zu bekämpfen. Niemals gab es zwischen uns
irgendeine Eifersucht oder Nebenbuhlerschaft. Und dann, er hat
genau die Malerei gemacht, die ich hätte machen wollen, wenn ich
Maler gewesen wäre – eine eigensinnige, hartnäckige Malerei.»[13]
Mit dieser wechselseitigen Hartnäckigkeit trieben sie mit- und
bisweilen auch gegeneinander das Seerosenprojekt voran, in dem
Clemenceau nach dem Abbruch seiner politischen Karriere sein
letztes Vermächtnis an Frankreich sah.

Wie eng auch für Monet selbst die Verbindung Clemenceaus
mit den «Nymphéas» war, zeigt sich daran, dass er dem Freund
später ein Selbstporträt schenkte, das 1917 an jenem Tag entstanden
war, als sich der Maler trotz heftigen Selbstzweifeln zur Weiter-
arbeit an dem Zyklus entschlossen hatte.[14] Auch damals hatte Clemenceau ihm zugeredet. Von 1921 an musste Clemenceau jedoch
nicht nur Monet bei der Stange halten, sondern auch den Staat. So
teilte er etwa im Herbst 1921 dem für die schönen Künste zuständigen staatlichen Generaldirektor Paul Léon, den er selbst 1919 ins
Amt gebracht hatte, mit, dass Monet womöglich noch mehr als die
ursprünglich angekündigten Bilder schenken wolle[15], und suggerierte Léon damit, dass er sich intensiver für den Abschluss eines
Schenkungsvertrags einsetzen solle. Gleichzeitig bearbeitete er in
derselben Absicht Monet, denn der Maler veränderte seine Seerosengemälde immer wieder aufs Neue und hatte verkündet, dass er
sich vor seinem Tod nicht mehr von ihnen zu trennen beabsichtige.
Im März 1922 aber beklagte er sich bei Clemenceau, dass er vom
Staat ständig hingehalten werde: «Ich verpflichte mich, und er tut
es nicht, und bei der Art, wie die Sache weitergeht, muss ich fürchten, wir kommen zu nichts. Das Kultusministerium ist mit Arbeit

überhäuft, hat keinen Heller und sucht nur Zeit zu gewinnen.»[16] Monet erwartete eine aufwendige Renovierung der Orangerie inklusive der Verlegung eines neuen Fußbodens, der zu seinen Bildern passte, und die Einrichtung von zwei ovalen Sälen, womit die ursprüngliche Idee der Rotunde wieder zu Ehren kam.

Clemenceau wusste, wie er seinen Freund beschwichtigen konnte. Als Monet sich über die Hinhaltetaktik der Republik beschwerte, schrieb ihm Clemenceau: «Lieber Freund, als ich Ihre Nachricht erhielt, sagte ich mir: ‹Aha, beim Hinsetzen muss er sich einen Nagel in den Hintern getrieben haben.› Und Ihr Brief hat mir dann bewiesen, dass ungefähr das auch tatsächlich passiert ist. Nur etwas Mut in homöopathischer Dosis, eine Zigarette und mit dem Pinsel in der Hand auf ins große Atelier des Ruhms.» Und ans Ende dieses ebenso ironischen wie aufmunternden Schreibens setzte Clemenceau das Postskriptum: «Achten Sie auf die Nägel in den Stühlen, bevor Sie sich setzen.»[17] Mit Humor konnte er Monet immer wieder aus dessen düsteren Stimmungen befreien.

Kurz danach, am 12. April 1922, immerhin bereits dreieinhalb Jahre nach der ersten Ankündigung, wurde dann der Vertrag über die Schenkung der «Nymphéas» unterzeichnet, danach begann endlich der Umbau der Orangerie. Nun war die Zahl von acht Einzelbildern ebenso endgültig festgelegt wie ihre spätere Präsentation in zwei ovalen Sälen. Bis zu deren Eröffnung wachte Clemenceau eifersüchtig darüber, dass weiterhin nirgendwo in Paris andere große Seerosenbilder von Monet ausgestellt wurden, was ein schwer durchzusetzender Anspruch war. Eines der vor 1914 gemalten Werke war nach Japan gegangen und sollte Anfang 1924 für eine Pariser Benefizausstellung zugunsten der Opfer des großen Kanto-Erdbebens entliehen werden, was Clemenceau aber zu verhindern wusste.[18] Ging es um sein Repräsentationsbedürfnis, zählte Wohltätigkeit nicht.

Doch es schien ihm immer zweifelhafter, ob er jemals erleben würde, dass die Nation das von ihm vermittelte Geschenk auch wirklich erhielt. Denn solange die Orangerie nicht fertig wurde, weigerte sich Monet weiterhin standhaft, seine Bilder abzugeben, zumal sie ihm immer noch verbesserungsbedürftig erschienen. Und als die Umbauarbeiten endlich abgeschlossen waren, hatte der Künstler durch die Augenoperationen sein Sehvermögen so weit wiedergewonnen, dass er die acht Bilder prompt noch einmal ganz neu angehen wollte. Anfang 1925 hatte er deshalb den gesamten Deal in Frage gestellt, was Clemenceau allerdings mit einem diesmal zornigen Brief beantwortete: «Mein unglücklicher Freund. So alt, so verärgert er auch sei, hat ein Mann, Künstler oder nicht, kein Recht, sein Ehrenwort zu brechen – zumal nicht, wenn es Frankreich ist, dem er sein Wort gegeben hat.»[19] Aus Verärgerung stellte Clemenceau seine regelmäßigen sonntäglichen Besuche bei Monet kurzfristig ein, was den mittlerweile vierundachtzigjährigen Maler dermaßen erschütterte, dass er seinen Entschluss wieder umwarf und alles beim Alten beließ. Allerdings blieben die Bilder auch weiterhin in seinem Atelier. Monet starb am 5. Dezember 1926, ohne die beiden Säle in der Orangerie mit seinem Seerosenzyklus jemals gesehen zu haben.

Diese konnten dann sehr schnell, am 17. Mai 1927, feierlich eröffnet werden, denn nun übergaben die Erben die versprochenen Bilder in dem Zustand, wie Monet sie hinterlassen hatte. Die Installation an den Wänden begann sofort, denn die Räumlichkeiten waren ja längst fertig; man hatte die Säle nach der langen Wartezeit auf die Gemälde nur noch einmal ausfegen müssen.[20] Prominentester Gast der Eröffnung war natürlich Georges Clemenceau selbst, den man offiziell als jenen Mann feierte, unter dessen Aufsicht schließlich alles eingerichtet worden sei.[21]

Achteinhalb Jahre nach dem Ende der Kämpfe an der Front

hatte er nun auch den letzten Kampf im Land gewonnen. Mit den «Nymphéas» wurde der Siegeslorbeer für die Republik enthüllt, der Blumenschmuck zum Gedenken an die fürs Vaterland Gefallenen. Clemenceau sonnte sich noch einmal im Glanz des Triumphs von 1918. Doch es war auch für ihn zu spät, denn der Zeitgeschmack des Publikums war mittlerweile über Monet hinweggegangen: Dessen Kunst war nicht mehr Mode; der Impressionismus galt als tot, in Paris reüssierten Expressionisten und Surrealisten, deren Bilder viel mehr den chaotischen Zeitläuften und der allgemein empfundenen gesellschaftlichen Unruhe entsprachen. So wurde das große Geschenk Monets nicht gewürdigt, was wiederum Clemenceaus letzte Lebensphase verdüsterte: Er sah in Paris nur noch Undankbarkeit am Werk.

Er freute sich deshalb, wenn sich Besucher aus der Provinz von den Seerosen in der Orangerie begeistern ließen[22], und die Publikation seines Monet-Buchs von 1928 war ein verzweifelter Versuch, dem Künstler Gerechtigkeit und den «Nymphéas» Beachtung zu verschaffen. Pikanterweise waren es dann ausgerechnet die Deutschen, dank denen Clemenceau zuletzt doch noch einmal die Bedeutung Monets bestätigt sah: Der große Widersacher Deutschlands, im Krieg und bei der Aushandlung des Versailler Vertrags, wurde im Januar 1928 eingeladen, eine Monet-Ausstellung in Berlin zu eröffnen. Er sagte ab, aber das war der einzige dokumentierte Moment, in dem Clemenceau sich jener Nation, die er während seiner ganzen politischen Karriere so leidenschaftlich bekämpft hatte, nahe fühlte: «Imaginez l'invraisemblable», schrieb er angesichts der Einladung nach Berlin euphorisch an seine letzte Geliebte, Marguerite Baldensperger – stellen Sie sich das Unglaubliche vor. Den letzten Triumph seines Lebens verschafften ihm die Deutschen gegen Frankreich.

Epilog:
V wie Versailles

Was ist Versailles? «Versailles beginnt lange vor Versailles», hat der französische Romancier Érik Orsenna geschrieben.[1] Er hat ja so recht. Gehen wir also zurück in eine Zeit vor dem Geschehen, um das es in diesem Buch geht, zurück zu einem Lexikoneintrag von 1908 aus dem immer noch schönsten aller deutschsprachigen Nachschlagewerke: der sechsten Ausgabe von Meyers Konversations-Lexikon. Dort ist über Versailles zu lesen: «Hauptstadt des franz. Depart. Seine-et-Oise, 139 m ü. M., auf einer im N. und S. von bewaldeten Anhöhen begrenzten Hochebene 17 km südwestlich von Paris, an die Linien Paris (Rive Droite) – V., Paris (Rive Gauche) – V., Paris–Granville und Paris–Brest der Westbahn und der Großen Pariser Gürtelbahn gelegen, durch Straßenbahn mit Paris und durch Dampfstraßenbahn mit St.-Cyr verbunden, ist regelmäßig angelegt, aber wenig belebt und hat einen großen Platz (Place d'Armes), von dem drei breite, gerade Straßen (Avenues de St.-Cloud, de Paris und de Sceaux) auslaufen. Die Stadt ist Sitz des Präfekten, eines Gerichts- und Assisenhofs, eines Handelsgerichts sowie eines Bischofs, hat eine Kathedrale St.-Louis (18. Jahrh.), eine 1684–86 von J.H. Mansart erbaute Kirche Notre-Dame, 6 andre Kirchen, ein berühmtes Schloß mit Park (s. unten), ein ehemaliges Ballhaus (von 1686, mit einem Museum

der Revolution), ein neues Stadthaus (1898–1900), Denkmäler von
Hoche, Houdon, dem Abbé de l'Epée und Albert Joly, ein großes
und ein kleines Seminar, ein Lyzeum, eine Lehrer- und eine Leh-
rerinnenbildungsanstalt, ein Mädchenlyzeum, eine Gartenbau-
schule, eine Gewerbeschule, ein städtisches Konservatorium, eine
Bibliothek (150,000 Bände), Volksbibliothek, Theater, Handels-
kammer, Ackerbaukammer, eine Filiale der Bank von Frankreich,
Fabrikationen von Werkzeugen, Kesseln, Gittern, Tonwaren,
Zement, Chemikalien etc., Branntweinbrennerei, Gemüsebau,
Gartenkultur, Handel und (1906) 54,596 (als Gemeinde 54,820)
Einw. Das Schloß von V. wurde mit Einbeziehung eines bereits
von Ludwig XIII. 1626 hier errichteten Jagdschlosses unter Ludwig XIV. von Levau und besonders von J. H. Mansart 1662–88
erbaut, mit Skulpturen und Gemälden reich ausgestattet und mit
großartigen, von Lenôtre entworfenen Gartenanlagen umgeben.
Um das Schloß entwickelte sich allmählich die Stadt, da Ludwig XIV. die Bautätigkeit möglichst förderte. Auch Ludwig XV.
und Ludwig XVI. residierten hier, und während dieser Zeit erhob
sich die Bevölkerung auf mehr als 100,000 Seelen. 1832 wurde
das Schloß unter Ludwig Philipp wiederhergestellt und zu einem
großartigen historischen Nationalmuseum eingerichtet, das mit
Büsten, Porträten, Schlachtenbildern und andern Kunstwerken,
von vorwiegend historischem Werte (darunter Meisterwerke von
H. Vernet, Delacroix, A. Scheffer, Yvon u. a.), geschmückt wurde.
Das Schloß hat eine Länge von 415 m und besteht aus zwei lang-
gestreckten Seitenflügeln. Den großen, von der Place d'Armes
durch ein Gittertor getrennten Schloßhof schmückt ein Reiter-
standbild Ludwig XIV. (1832, von Cartellier und Petitot), umgeben von sechs Statuen historischer Persönlichkeiten. Hervorra-
gende Räume des Schlosses sind: die Galerie de l'Empire (14 Säle
mit Bildern aus den Kriegen 1796–1810), die Galerie de Sculpture

(mit Bildwerken von Persönlichkeiten des 17. und 18. Jahrh.), die Galerie des Batailles (120 m lang, 13 m breit) und die Salle de 1830, im südlichen Flügel; die großartige Galerie des Glaces (73 m lang, 10 m breit und 13 m hoch), der Salon de la Guerre, die Zimmer des Königs und der Königin, im Mittelbau; die Galerie de l'histoire de France, die Salle des Croisades, eine Galerie de Sculpture (mit ältern Bildwerken), die Säle mit Gemälden aus der neuern Geschichte, das 1770 erbaute Theater, in dem 1871–79 zuerst die Nationalversammlung, dann der Senat tagte, und die 1699–1710 von Mansart und Cotte erbaute, reichgeschmückte Schloßkapelle, im nördlichen Flügel. Der Park senkt sich vom Schloß terrassenförmig herab und macht, wenn auch in dem steifen Stil jener Zeit gehalten, doch mit seinen Blumenbeeten, Rasenteppichen, seiner Orangerie, seinen Bassins und Springbrunnen und den zahlreichen Bildwerken einen großartigen Eindruck (vgl. Tafel «Gartenkunst», Fig. 2 u. 6). Die Wasserwerke (beschrieben von Gavin 1899, von Barbet 1907), die an bestimmten Tagen in Betrieb gesetzt werden, ziehen ungeheure Zahlen von Zuschauern herbei. Im Park von V. liegen die beiden Lustschlösser Trianon (s. d.). V. ist der Geburtsort Ludwigs XV., XVI. und XVIII., Karls X., der Generale Berthier und Hoche, des Abbé de l'Epée, des Dichters Ducis, des Bildhauers Houdon, des Ingenieurs Lesseps u. a. – In V. ward 2. Sept. 1783 der Friede zwischen Frankreich und Nordamerika einerseits und England anderseits geschlossen. Am 1. Juli 1815 fand hier ein Gefecht zwischen den Preußen und Franzosen statt. Vom 5. Okt. 1870 bis 13. März 1871 war V. Sitz des großen Hauptquartiers der deutschen Armeen, und 18. Jan. 1871 ward hier in der Spiegelgalerie des Schlosses König Wilhelm I. von Preußen zum deutschen Kaiser proklamiert. Die Friedenspräliminarien wurden 26. Febr. 1871 in V. unterzeichnet. Am 10. März 1871 verlegte die Nationalversammlung den Regierungssitz von Bordeaux nach V.;

erst 1879 wurde er wieder nach Paris verlegt. Jedoch treten hier
die Deputiertenkammer und der Senat zum Kongreß (Nationalversammlung) behufs Revision der Verfassung und zur Wahl des
Präsidenten der Republik zusammen.»[2]

Das ist Versailles? Gewiss nicht mehr im heutigen Verständnis des Namens. Aber in gewisser Weise ist in dem Lexikoneintrag von 1908 schon alles angelegt, was sich elf Jahre später dort
abspielen sollte.

Also noch einmal: Was ist Versailles? Der britische Schriftsteller Edmund de Waal hat es in anderem Kontext mit einem
einzigen Satz auf den Begriff gebracht: «Versailles ist Wirklichkeit gewordenes Verlangen.»[3] Damit hat er die Motivation Ludwigs XIV. gemeint, sich im 17. Jahrhundert eine Schlossanlage
errichten zu lassen, die alles übertraf, was europäische Prachtentfaltung zuvor gekannt hatte. In seinen sogenannten Memoiren,
die der König aber ursprünglich als Handlungsanweisung für seinen Sohn, den Thronfolger, niedergeschrieben hatte, findet sich
eine Passage über die erste große Feier im großzügigen neuen
Schloss: das 1662 nachgeholte Hochzeitsfest des Herrschers, der
zwei Jahre zuvor die spanische Infantin Maria Theresia gehei-
ratet hatte. Ludwig prägt darin den Begriff des «Genies von uns
Franzosen», das darin bestehe, dass der König mit dem Volk zu
feiern verstehe, «in einer glücklichen und ehrenvollen Gemeinschaft».[4] Nach den Jahren der innenpolitischen Konflikte zwischen Königshaus und adliger Fronde sollte nun die Versöhnung
im Fest stattfinden, und dafür schuf Ludwig XIV. den geeigneten
grandiosen Rahmen. Im Mittelpunkt des Ganzen: die Galerie des
Glaces, also der Spiegelsaal, vollendet 1684. Bezeichnenderweise
wird dieser damals größte Raum des Schlosses flankiert durch
zwei Säle, die «Salon de la Guerre» und «Salon de la Paix» getauft
wurden (Letzterer fehlt interessanterweise im deutschen Lexikon-

eintrag von 1908, als wäre Frieden im Zusammenhang mit Versailles schon damals undenkbar gewesen). Es ist, als hätte Ludwig mit dieser Namensgebung den heute mit Versailles verbundenen Kampf um Krieg und Frieden schon vorausgeahnt. Genau wie der Duc de Saint-Simon, der berühmte Schriftsteller, der dank seiner Position als Herzog und Patensohn des Königspaars engsten Kontakt zum Hof hatte und mit seinen Memoiren ein skeptisches Komplementärstück zu denen Ludwigs XIV. schuf: Er nannte Versailles «den traurigsten und unwirtlichsten aller Orte, ohne Aussicht, ohne Forst, ohne Wasser, ohne feste Erde, denn alles dort ist schwankender Sandboden und Sumpf».[5] Auch das passt – angesichts der Bodenlosigkeit, die die in Versailles begründeten Friedensordnungen charakterisiert.

Doch das Bild, das sich heute mit dem Ort verbindet, ist ein anderes, durchaus glanzvolles. Wer rund um die Welt von Versailles spricht, meint gemeinhin nicht die französische Stadt mit ihren heute immerhin fünfundachtzigtausend Einwohnern, sondern die Palastanlage und mehr noch eine Regierungsform, die Ludwig, der sich selbst als «Sonnenkönig» verherrlichen ließ, auf ihren Höhepunkt brachte: den Absolutismus. In der Weltgeschichte gibt es nur noch eine andere kleine Stadt, deren Name genauso für ein ganzes Politikmodell steht. Bezeichnenderweise ist das Weimar.

Und um in der Terminologie dieser politischen Geographie zu bleiben: Am Beginn von Weimar steht Versailles. Hier allerdings gemeint im Sinne eines Namensverständnisses, das sich in Deutschland erst nach 1919 etablieren konnte: Versailles steht für den Versailler Vertrag, und die Weimarer Republik stand im Schatten dieses Vertragswerks, obwohl die deutsche Nationalversammlung sich bereits in der Residenzstadt konstituiert hatte, bevor Versailles überhaupt Schauplatz der Vertragsverhandlungen geworden war. Und genau genommen wurde ja in Ver-

sailles nie über den nach ihm benannten Vertrag verhandelt. Das
geschah in Paris. Aber unterschrieben werden musste das Ergebnis in dem weltberühmten Schloss – auf Wunsch Frankreichs als
Gastgeber der Verhandlungen, das damit die symbolische Wiedergutmachung einer ihm 48 Jahre zuvor angetanen Schmach
betrieb: Am 18. Januar 1871 war im Spiegelsaal von Versailles, im
Zentrum einstiger französischer Macht- und Prachtentfaltung,
der preußische König Wilhelm zum deutschen Kaiser und damit
gleichzeitig auch das Deutsche Reich proklamiert worden.

Das geschah noch mitten im Deutsch-Französischen Krieg,
während das benachbarte Paris belagert wurde, und als die ausgerechnet in Versailles, dem Zentrum des französischen Absolutismus, neu entstandene feindliche Kaiser-Monarchie schließlich
der militärisch längst besiegten alten Großmacht, die ihrerseits
am 4. September 1870 im Zeichen dieser Niederlage vom Kaiserreich zur Republik geworden war, einen Friedensschluss anbot,
wurde der Ende Februar in einem Vorvertrag geregelt, den beide
Parteien wiederum im Schloss von Versailles unterzeichneten.
Der sogenannte Präliminarfrieden von Versailles verpflichtete
Frankreich bereits zur Abtretung von Elsass-Lothringen an das
Deutsche Reich, was dann im endgültigen Vertrag, dem «Frieden
von Frankfurt», zweieinhalb Monate später völkerrechtlich verbindlich vereinbart wurde.

Die deutsche Seite hatte ein Händchen für die Demütigung
Frankreichs, was sich auch darin zeigte, dass sie im Schloss Ludwigs XIV. ihr Hauptquartier eingerichtet und den dortigen
Spiegelsaal seit Anfang Oktober 1870 zunächst als Lazarett für
verwundete preußische Soldaten genutzt hatten. Das darf man
Symbolpolitik nennen: Der prunkvollste Ort französischer Herrschaft war gerade gut genug für die Truppen des Feindes. Was so
demokratisch wirkte, war dann jedoch vergessen, als die Kaiser-

proklamation nahte – dafür konnte es nicht prächtig genug sein, also mussten die Verwundeten ihr Domizil räumen und kehrten danach auch nicht mehr dorthin zurück. Fortan betrachtete die deutsche Armeeführung den Spiegelsaal nämlich wieder als repräsentative Räumlichkeit, sozusagen als die gute Stube des neuen Reichs auf fremdem Boden, und dass man dort dann jene Friedensbedingungen diktieren konnte, die Elsass-Lothringen wieder in deutschen Besitz brachten, wurde als besonders passend angesehen, weil es ja der Sonnenkönig gewesen war, der zweihundert Jahre zuvor diese Provinzen dem alten Reich entrissen hatte. Als Frankreich sie dann wieder abzutreten hatte, wurde dieser Verlust zu einer Wunde im französischen Selbstverständnis, die untrennbar mit dem Namen Versailles verbunden war. Geheilt werden konnte sie somit auch nur dort.

Es ist deshalb bezeichnend, dass schon der Name «Versailles» etymologisch auf neugewonnenes Land verweist. «Versail» steht im Altfranzösischen für ein der Wildnis abgerungenes Terrain, auf dem man Ackerbau betreiben kann. Erstmals erwähnt wird der Name als «Versailliis» in einer Urkunde von 1038, allerdings da noch gar nicht in geographischem Zusammenhang, sondern bezogen auf einen Landbesitzer namens Hugo de Versailliis, erst 1065 wird auch der Ort als solcher aktenkundig. Bis Ludwig XIV. ein dort gelegenes kleines Jagdrevier seines Vaters zum Bauplatz eines neuen Palastes bestimmte, war von einer Stadt gar keine Rede. Und so beginnt die eigentliche Geschichte von Versailles unter einem König, der erst im Inneren seine Macht konsolidierte und dann Frankreich zur mächtigsten Nation Europas machte, wobei er noch weitaus mehr Gebiete als nur Elsass-Lothringen eroberte.

Doch Versailles stand in Deutschland und auf dem ganzen Kontinent damals dennoch nicht für Aggression, sondern war den anderen Fürsten Vorbild – architektonisch und machtsymbolisch.

Während des Deutsch-Französischen Kriegs von 1870/71 diente das Schloss von Versailles nach der Eroberung durch preußische Truppen als Lazarett. Hier ist eine der kleineren Galerien im Februar 1871 zu sehen, als der Spiegelsaal schon wieder geräumt worden war, damit er als Proklamationsstätte des neuen deutschen Kaiserreichs hatte dienen können.

Dass die Kaiserproklamation von 1871 dort stattfand, hatte neben solch demonstrativen auch praktische Gründe: Hätte Ludwig nicht so nah an der Hauptstadt Paris und so repräsentativ bauen lassen, wäre das Hauptquartier der deutschen Armeen woanders aufgeschlagen worden. Bismarck als Organisator der Reichseinigung hatte ein feines Gespür für Diplomatie und Symbolpolitik, allerdings eher bezüglich des Datums als des Orts der Kaiserproklamation: Er wählte den 18. Januar, weil Wilhelm an diesem Tag auch schon zum preußischen Monarchen gekrönt worden war, 1861 in Königsberg – wie noch einmal hundertsechzig Jahre früher der erste Hohenzollern-König überhaupt, Friedrich I. So sollte die Kontinuität preußischer Herrschaft auch im neuen Reich beschworen werden: als Trostpflaster für den keineswegs kaiserwilligen Wilhelm, der sich Bismarcks Plänen aber schließlich der Staatsräson wegen gebeugt hatte.

Genau zehn Jahre nach der Königsberger Krönung von 1861 standen der König und die mit ihm verbündeten anderen deutschen Fürsten als nominelle Oberbefehlshaber ihrer Armeen vor Paris. Um ihren mühsam ausgehandelten Zusammenschluss, der nur unter dem Eindruck der glänzenden gemeinsamen Siege des Jahres 1870 auf französischem Boden zustande gekommen war, nicht zu gefährden, musste der Augenblick genutzt werden. Zumal ein geeintes Reich dann auch Frieden mit Frankreich würde schließen können, und darauf legte Bismarck wert, um durch die Ergebnisse des Krieges nicht neue Rivalitäten zwischen den deutschen Einzelstaaten zu schüren. Deshalb wurde Elsass-Lothringen schließlich zum «Reichsland» und unmittelbar dem Kaiser unterstellt, nicht dem preußischen König, obwohl es sich dabei um dieselbe Person handelte.

Die Symbolpolitik mit historischen Daten wurde dann 1919 im Ringen um das Ende des Ersten Weltkriegs auf einen neuen Höhepunkt geführt: Die Eröffnung der «Pariser Friedenskonferenz», an der jedoch nur die Alliierten als gegen Deutschland verbündete Staaten teilnahmen und die lediglich dazu dienen sollte, unter den Siegern die Bedingungen für den Friedensschluss mit den Besiegten auszuhandeln, erfolgte am 18. Januar 1919, dem Jahrestag der Proklamation des Deutschen Kaiserreichs. Der deutschen Delegation überreicht wurde der äußerst mühsam verabredete Vertragstext am 7. Mai 1919, genau vier Jahre nach Versenkung der «Lusitania», jenes britischen Passagierdampfers, um den sich im Krieg eine Propagandaschlacht entwickelt hatte,

weil die Deutschen behaupteten, das Schiff habe Waffen an Bord
gehabt, die von den damals noch neutralen Vereinigten Staaten
an Großbritannien geliefert werden sollten. Eine solche Ladung
hätte nach geltendem Kriegsrecht die Versenkung durch ein
deutsches U-Boot gestattet. Von britischer wie amerikanischer
Seite wurde diese Behauptung zurückgewiesen, und da unter den
rund 1200 Todesopfern des Torpedoangriffs auch 128 Bürger der
Vereinigten Staaten waren, neigte die bis dahin gespaltene öffentliche Meinung in Amerika fortan mehr den Alliierten zu. Dass der
Passagierdampfer tatsächlich große Mengen an Munition geladen
hatte (mehr als vier Millionen Patronen) konnte erst 2008 durch
eine Untersuchung des Wracks am Meeresgrund nachgewiesen
werden. 1919 aber galt das Datum des Angriffs auf die «Lusitania»
den Alliierten als eines der wichtigsten der jüngeren Geschichte:
Auch wenn der Kriegseintritt der Vereinigten Staaten erst zwei
Jahre später, am 6. April 1917, erfolgte, sahen die neuen Verbündeten in der Versenkung des Schiffes einen Wendepunkt, weil
dadurch die Barbarei der deutschen Kriegsführung auch den
Amerikanern bewusst geworden sei.

Die Übergabe der Friedensbedingungen, die zugleich der Vertragsentwurf für den kommenden Friedensschluss waren, erfolgte
dann endlich in Versailles selbst, denn nun sollte auch der Ort
hochsymbolisch wirken. Die deutsche Delegation wurde dazu am
7. Mai in den «Trianon Palace» bestellt, das erst kurz zuvor, im Jahr
1910, errichtete Luxushotel im Park des Schlosses. Damit näherte
man sich dem Schlusspunkt an, der natürlich an genau jenem Ort
stattfinden sollte, der 1871 in französischen Augen von den Deutschen entweiht worden war: Unterzeichnet wurde der Vertrag
im Spiegelsaal des Schlosses selbst, und zwar an einem Tisch, der
exakt dort aufgestellt war, wo achtundvierzig Jahre zuvor der
Feldaltar gestanden hatte, an dem König Wilhelm zum Kaiser aus-

gerufen worden war. Nur die Uhrzeit war eine andere: 1871 hatten die Deutschen die Mittagsstunde für den feierlichen Akt gewählt; die Revanche fand nun um drei Uhr nachmittags statt. Und die Unterzeichnungszeremonie am 28. Juni 1919 hatte selbstverständlich auch einen historischen Jahrestag zum Hintergrund, nämlich denjenigen der Ermordung des österreichischen Thronfolgers Franz Ferdinand in Sarajevo 1914. Von diesem Tag, darüber waren sich alle einig, hatte der Erste Weltkrieg seinen Ausgang genommen. Nun sollte er genau fünf Jahre später sein Ende finden – und mit ihm sollten das in den Worten von H. G. Wells und Woodrow Wilson auch alle anderen Kriege. Doch wie sich zeigte, war es gerade dieser Frieden, der den Krieg wieder eröffnete.

Das war hellsichtigen Beobachtern schon klar gewesen, bevor die Friedenskonferenz überhaupt begonnen hatte. Einer von ihnen hatte das Weltgeschehen der letzten Jahre fast ausschließlich von seinem Bett aus beobachtet und am Tag nach dem Waffenstillstand, dem 12. November 1918, dann an eine Freundin geschrieben: «Mit dem Schicksal darf man nicht hadern, vor allem wenn es uns mit der verzögert einsetzenden Reaktion eines Uhrwerks, das seit vier Jahren stillzustehen schien, diese Schlusskaskade an Triumphen schenkt.» Unschwer zu erraten, welcher Nation der Autor angehörte – es handelte sich um einen Franzosen, um Marcel Proust. In seinem damals entstehenden Romanzyklus «Auf der Suche nach der verlorenen Zeit» sollte der Erste Weltkrieg eine wichtige inhaltliche Rolle spielen, und in Fiktion wie Realität war Proust gar kein nationalistischer Eiferer. Umso charakteristischer ist seine Haltung zum Ende der Kampfhandlungen; im selben Brief schrieb er auch: «Ich ziehe einen Frieden vor, der im Herzen der Menschen keinen Groll hinterlässt. Da es sich nun aber nicht um einen derartigen Frieden handelt, wäre es vielleicht gut gewesen, ihn, da er Rachegelüste hinterlässt, gar nicht erst wirksam werden zu lassen.»[6]

Wobei Proust keine Angst vor den französischen Rachegelüsten hatte, sondern vor den deutschen, weshalb er sich einen totalen Sieg der Alliierten gewünscht hatte, eine Kapitulation des Gegners. Das jetzige Ende des Waffengangs hielt er für übereilt. In den Folgemonaten begleitete Proust die Verhandlungen in Paris mit immer größerer Skepsis: «Ich bin weiß Gott kein Militär», schrieb er am 30. April, als die deutsche Delegation gerade in Versailles eingetroffen war, «aber trotzdem glaube ich, dass der Maréchal Foch immer noch der beste Minister für alles wäre und dass er, der Krieg zu führen verstand, sicher auch den Frieden herzustellen vermöchte, wozu dieser jämmerliche Kongress offenbar völlig außerstande ist.»[7] Wie er dachten viele seiner Landsleute, und die Zahl der Enttäuschten wuchs im Laufe des Folgejahrzehnts noch weiter an. Clemenceau musste sich in seinen letzten Lebensjahren immer mehr Kritik an seiner Verhandlungsführung bei der Friedenskonferenz gefallen lassen, zuletzt sogar von ebenjenem Ferdinand Foch, mit dem gemeinsam er den Krieg geführt und gewonnen hatte. Die eigene Rolle verteidigte Clemenceau, das schlechte Ergebnis aber konnte er nicht leugnen. In seiner postum erschienenen Rechtfertigungsschrift «Grandeurs et misères d'une victoire» hat der ehemalige französische Ministerpräsident prägnant formuliert, welche Bedeutung der Versailler Vertrag weltgeschichtlich hatte: «Das Drama des Kriegs ist vorbei. Das Drama des Friedens beginnt.»[8]

In diesem Drama gab es anfangs keine Schurkenrolle, sosehr sich alle Beteiligten auch bemühten, sie jemand anderem zuzuweisen. Der Versailler Vertrag war als Textgrundlage zwar eindeutig, aber Amerikaner und Briten beklagten sich in den Folgejahren eher über die Scharfmacherei der Franzosen während der

Verhandlungszeit als über die für kriegsverantwortlich erklärten Deutschen, und spätestens die Ruhrbesetzung von 1923 setzte Frankreich in den Augen seiner Verbündeten moralisch genauso ins Unrecht, auch wenn es mit seiner Aktion die Erfüllung der Vertragsbestimmungen durchsetzen wollte. Die Deutschen sahen sich selbst schon von 1919 an ohnehin nicht mehr als Verlierer, geschweige denn als Schurken, sondern nun, offenbar allerdings noch schlimmer für sie, als Opfer. Dadurch entstand das Gefühl von Passivität, die überkompensiert werden sollte durch diplomatische und – wiewohl unerlaubte – militärische Initiativen der Reichsregierung, um die Bestimmungen des Versailler Vertrags zu unterlaufen und dadurch wieder eine aktive Rolle in Europa, wenn nicht gar der Welt einzunehmen. Die anfängliche Bereitschaft in der jungen Republik, nach dem Waffenstillstand und angesichts der Revolution einen Ausgleich mit den bisherigen Feindstaaten auf der Basis nunmehr gemeinsamer gesellschaftspolitischer Interessen zu suchen, hatte sich bereits erledigt, als der deutsche Politiker, der wie kein anderer für diesen Ansatz stand, der bayerische Ministerpräsident Kurt Eisner, ermordet worden war. Er hatte die Schuld des Deutschen Reichs am Krieg eingestanden und daraus dessen Verantwortung für eine konstruktive Gestaltung der Nachkriegsordnung hergeleitet, die nicht länger auf Machtpolitik beruhen sollte, sondern auf solidarischem Austausch. Die deutsche Position hatte nach Eisners Meinung immer der moralischen Belastung durch die Fehler der Vergangenheit Rechnung zu tragen und sollte deshalb besonders gemäßigt und vermittelnd sein.[9] In gewisser Weise war damit vorausgedacht, was erst nach dem ungleich größeren militärischen und moralischen Bankrott des nationalsozialistischen Staates in der Bundesrepublik zum politischen Ideal erhoben werden sollte.

Dieser Bankrott war das Resultat der radikalen deutschen

Bemühungen, die vom Versailler Vertrag definierte Nachkriegsordnung zu revidieren. Dass mit Gustav Stresemann, dem Kopf
der Deutschen Volkspartei, 1929 jener Staatsmann vorzeitig starb,
der aus einer konservativen Grundüberzeugung heraus das Reich
in den Völkerbund geführt und die Reparationsregelung des
Young-Plans innenpolitisch durchgesetzt hatte (mit dem erstmals
ein – wenn auch fernes – Ende der deutschen Zahlungen fixiert
wurde), der also eine sanfte Revisionspolitik betrieb, beendete
nach Meinung von Hans Mommsen eine außenpolitische Epoche
und «bedeutete zugleich die definitive Niederlage der ausgleichs-
willigen Kräfte in der DVP».[10] Fortan setzten sich auf der Rechten
jene Protagonisten durch, die im Versailler «Schandfrieden» auch
nach zehn Jahren noch die Ursache aller gegenwärtigen Übel iden-
tifizierten und durch die einsetzende Weltwirtschaftskrise immer
mehr Wähler für ihre Ziele gewinnen konnten: Der Durchbruch
der NSDAP und die unparlamentarische Phase der Präsidialka-
binette in der Weimarer Republik begannen jeweils 1930. Sowohl
der rechten Opposition als auch dem seit Eberts Tod im Jahr 1925
amtierenden Reichspräsidenten Paul von Hindenburg galten die
Demokratie, die sie doch erst auf ihre Positionen gebracht hatte,
als alleinverantwortlich für den Friedensschluss von 1919 und
damit als diskreditiert. Sie taugte ihnen nur dazu, den Weg an die
Macht zu ermöglichen, und noch dieses Mitwirken an der eigenen Abschaffung bewies in den Augen der Antidemokraten die
Schwäche des «Systems», wie sie die Republik schmähten.

Das von Clemenceau konstatierte Drama des Friedens hatte
seine Hauptursache darin, dass der Versailler Vertrag selbst einerseits zu radikal gewesen war – die Kriegsschuldthese –, um die
Kriegsgegner zu versöhnen, andererseits aber auch nicht dafür
gesorgt hatte, dass das als europäisches Unglück identifizierte
Reich dauerhaft kleingehalten werden konnte. Die Teilnehmer

der Pariser Konferenz scheuten vor einer Konsequenz zurück, wie sie 1945 dann durch die Aufteilung Deutschlands vollzogen wurde; so etwas wurde 1919 nicht einmal erwogen, zu sehr stand man noch in der diplomatischen Tradition des Wiener Kongresses, bei dem Frankreich nach den napoleonischen Eroberungsexzessen als Großmacht wieder eingesetzt worden war – neben dem von Wilson neu formulierten Selbstbestimmungsrecht der Völker gab es ja noch das viel ältere (Über-)Lebensrecht der Staaten.

Auf der alliierten Seite der Vertragsparteien von Versailles existierte deshalb spätestens seit 1925 kein ausreichender gemeinsamer Wille mehr, Deutschlands Rückkehr zur Weltmachtpolitik mit den Mitteln der getroffenen Friedensvereinbarungen einzuhegen oder gar zu verhindern. Man war der andauernden Debatten um die Auslegung des Vertrags müde – Frankreich setzte nach dem politischen Debakel der Ruhrbesetzung, die es seinen Verbündeten entfremdet hatte, lieber auf sich selbst, Großbritannien gefiel sich wieder einmal in bewährter «splendid isolation» gegenüber der Lage auf dem Kontinent, und Amerika hatte sich ja schon unmittelbar nach Versailles aus dem ganzen Spiel zurückgezogen. Die Uneinigkeit der Entente hatte im Frühjahr 1919 immerhin noch zu Kompromissen untereinander geführt, allerdings nicht zu Zugeständnissen an den deutschen Kriegsgegner, obwohl allen Beteiligten klar war, dass er die Konsequenzen des Friedensschlusses nicht würde tragen können. Frankreich und Großbritannien waren damals zu realistisch, um nachsichtig zu sein: Frankreich schätzte mit Blick auf die Zukunft die eigene Schwäche und die deutsche Stärke korrekt ein und war darum gnadenlos darum bemüht, durch die Friedensregelung zu korrigieren, was eben möglich war; Großbritannien dagegen erkannte mit Blick auf die Vergangenheit die eigene Schwäche und die Stärke der Vereinigten Staaten und war nicht bereit, diese Diskrepanz noch dadurch zu vertiefen, dass ungebührliche Rücksicht auf die Deutschen genommen wurde.

Die Vereinigten Staaten wiederum waren zu idealistisch. Der Brite John Maynard Keynes hatte für die moralische Mission des amerikanischen Präsidenten rückblickend im November 1919 ein märchenhaftes Bild gefunden: «Der aus dem Westen in seiner Barke *George Washington* herbeigesegelte Prinz Wilson betritt das verzauberte Schloss von Paris, um die ewig junge und schöne Maid Europa, seine Mutter und Braut in einem, von Ketten, Unterdrückung und einem alten Fluch zu befreien. Dort im Schloss erwartet ihn der König mit gelbem Pergamentgesicht, eine Million Jahre alt, und mit diesem eine harfespielende Zauberin, die des Prinzen eigene Worte zu einer magischen Melodie singt. Wenn nur der Prinz die ihn befallende Lähmung abschütteln und mit einem Gebet zum Himmel das Kreuz schlagen könnte, dann würde sich das Schloss unter dem Geräusch von Donnerschlag und zersplittertem Glas auflösen, würden die Zauberer verschwinden, und Europa würde ihm in die Arme fallen.»[11] Aber Wilson stand sowohl im Banne des komplizierten, gleichwohl verzaubernden alten Kontinents als auch seiner selbst. Das erlösende pragmatische amerikanische Machtwort, das den Bannspruch gebrochen und die Vereinigten Staaten zum Herrn auch im europäischen Haus gemacht hätte, blieb aus. Hier wurde ebenfalls erst ein Vierteljahrhundert später eingelöst, was schon 1919 hätte getan werden müssen und womit die zurückliegenden bitteren Erfahrungen hätten verhindert werden können: die Schaffung einer amerikanischen Schutzmacht.

Hätte der Versailler Vertrag auch die Rettung Europas bedeuten können – statt seinen Untergang im deutschen Furor? Nicht in der Form, die er hatte, denn ebenso wenig wie darin konkrete Reparationssummen genannt wurden, gab es konkrete Sanktionen im Falle von Vertragsverletzungen, wie sie das Reich von

Beginn an betrieb – etwa durch die militärische Zusammenarbeit mit Sowjetrussland, mit der die Abrüstungsvorschriften unterlaufen wurden. Dagegen hätte nach dem Vertragsmodell der Völkerbund vorgehen müssen, dessen Konstruktion im Text nicht umsonst allem anderen vorausging. Dass er nie die ihm zugedachte Rolle spielen konnte, lag an den Amerikanern; ohne sie fehlte der mächtigste Staat der Erde in Genf, ohne sie hatte der Bund gar nicht die militärischen und vor allem finanziellen Mittel, um kollektive Weltsicherheitspolitik betreiben zu können. Europa zerfiel deshalb wieder in Einzelinteressen, die umso schwieriger auszugleichen waren, als die ideologischen Gräben sich vertieften: Kommunismus und Faschismus boten attraktive Gegenentwürfe zur Demokratie, deren endgültiger Sieg 1918/19 genauso oft beschworen und auch schon gefeiert worden war wie der nun angeblich mögliche ewige Frieden. Am 28. Juni 1919 war formell beendet worden, was fünf Jahre zuvor mit dem Attentat von Sarajevo begonnen hatte; faktisch aber herrschte danach noch siebzig weitere Jahre Krieg nach dem Krieg, ehe die politischen Umstürze von 1989 ein Kapitel aufschlugen, das nicht mehr auf Versailles zurückgeführt werden braucht. Die durch Churchill im Zweiten Weltkrieg popularisierte Siegesgeste «V for Victory» kann auch als Fingerzeig auf all das dienen, was diesen späteren Überlebenskampf von Demokratie und Menschenrechten mit all seinen schrecklichen Opfern erst nötig gemacht hatte: V wie Verursacher, Verruf, Versehrte, Verstörung, Verwirrung, Vorgeschmack, Verstocktheit, Vorwurf, Verdikt, Volkszorn, Versäumnis, Verweigerung, Verblendung, Verbot, Verlust, Verhängnis, Vergeltung, Verantwortung, Verachtung, Vaterland, Vorführung, Verfemung, Verbitterung, Versagen, Verschulden, Verzweiflung.

Oder mit einem einzigen Wort: V wie Versailles.

Anmerkungen

Vorwort:
Die Illusion vom Ende

1 Zitate im Folgenden nach: H.G.Wells: «The War that Will End War». London 1914, S. 9–13.
2 Woodrow Wilson: «Address of the President of the United States». Delivered at a Joint Session of the Two Houses of Congress April 2, 1917. New York 1917.
3 Zum Beispiel in «Versailles 1919». Aus der Sicht von Zeitzeugen. München 2002; hieraus auch alle folgenden Zitate des Vertragstextes.
4 Ferdinand Czernin: «Die Friedensstifter». Männer und Mächte um den Versailler Vertrag. Bern 1968, S.354.
5 Jörn Leonhard: «Die Büchse der Pandora». Geschichte des Ersten Weltkriegs. München 2014, S.957f.
6 Peter Graf Kielmansegg: «Deutschland und der Erste Weltkrieg». Zweite durchgesehene Auflage. Stuttgart 1980, S.696.

Schreckensbild des Sieges:
Kriegsversehrte im Spiegelsaal

1 Vergl. Gerd Krumeich: «Ein einzigartiges Werk». In: Ernst Friedrich: «Krieg dem Kriege». Neu hrsg. vom Anti-Kriegs-Museum Berlin. Mit einer Einführung von Gerd Krumeich. Berlin 2015, S.VII–XXXVII, hier S.VII und XXXI.
2 Friedrich: «Krieg dem Kriege», a.a.O., S.216f.
3 Ebd., S.227.

4 Astrid Wenger-Dollmann: «Die ‹Kriegszermalmten› – Die visu-
elle Schockrhetorik des Antikriegsdiskurses». In: Gerhard Paul
(Hrsg.): «Das Jahrhundert der Bilder 1900–1949», Göttingen 2009,
S. 308–315, hier S. 314.

5 Krumeich, «Ein einzigartiges Werk», a. a. O., S. XXVIII.

6 Leonhard, a. a. O., S. 948 f.

7 Zit. bei Gerd Krumeich: «Der Dolchstoß war nicht bloß eine
Legende». In «Frankfurter Allgemeine Zeitung» vom 10. Juli 2017,
S. 13.

8 Vergl. Jean-Jules-Henri Mordacq: «Le ministère Clemenceau».
Journal d'un témoin. Tome III: Novembre 1918 – juin 1919. Paris 1931,
S. 353.

9 Vergl. Stéphane Audoin-Rouzeau: «Die Delegation der ‹gueules
cassées› in Versailles am 28. Juni 1919». In: Gerd Krumeich (Hrsg.):
«Versailles 1919». Ziele – Wirkung – Wahrnehmung. Schriften der
Bibliothek für Zeitgeschichte – Neue Folge, Band 14. Essen 2001,
S. 281–289, hier S. 282.

10 Zit. ebd., S. 285.

11 Zit. ebd., S. 286.

12 Vergl. ebd., S. 283.

13 Zit. bei Birgit Dalbajewa, Olaf Peters: «Die Auseinandersetzung mit
dem Krieg 1918–1924 (mit einem Exkurs zur Rezeption des Gemäl-
des ‹Schützengraben›). In: Birgit Dalbajewa, Simone Fleischer und
Olaf Peters (Hrsg.): «Otto Dix». Der Krieg – Das Dresdner Triptychon. Dresden 2014, S. 71–83, hier S. 71.

1. Vorgeschmack auf Versailles:
Der Weg zum Waffenstillstand

1 Victor Klemperer: «Curriculum Vitae». Erinnerungen eines Philologen 1881–1918. Berlin 1989, S. 635.

2 Ebd., S. 660.

3 Zit. bei John C. G. Röhl: «Wilhelm II.» Der Weg in den Abgrund
1900–1941. München 2008, S. 1230.

4 Vergl. ebd., S. 1234.

5 Sebastian Haffner: «Die deutsche Revolution 1918/19». Berlin 2002,
S. 27.

6 Vergl. Elise Julien: «Der Erste Weltkrieg». Darmstadt 2014, S. 76;
dazu auch Röhl, a. a. O., S. 1214.

7 Zit. bei Haffner, «Die deutsche Revolution», a. a. O., S. 35.

8 Zit. bei Sebastian Haffner: «Preußen ohne Legende». Textausgabe. München 1981, S. 184.

9 Zit. bei Czernin, a. a. O., S. 17.

10 Zit. ebd., S. 20.

11 Adolf Wild von Hohenborn: «Briefe und Tagebuchaufzeichnungen des preußischen Generals als Kriegsminister und Truppenführer im Ersten Weltkrieg». Hrsg. von Helmut Reichhold. Schriften des Bundesarchivs 34. Boppard am Rhein 1986, S. 246.

12 Zit. bei Czernin, a. a. O., S. 37.

13 Friedrich von Berg: «Erinnerungen aus seinem Nachlaß». In: «Quellen zur Geschichte des Parlamentarismus und der politischen Parteien». Erste Reihe, Band 7: Friedrich von Berg als Chef des Geheimen Zivilkabinetts 1918. Düsseldorf 1971, S. 195 f.

14 Vergl. Hans Mommsen: «Die verspielte Freiheit». Der Weg der Republik von Weimar in den Untergang 1918 bis 1933. Propyläen Geschichte Deutschlands, 8. Band. Berlin 1989, S. 29.

15 Bernd Sösemann (Hrsg.): «Theodor Wolff, der Chronist». Krieg, Revolution und Frieden im Tagebuch 1914 bis 1919. Düsseldorf 1997, S. 304.

16 Ulrich Herbert: «Geschichte Deutschlands im 20. Jahrhundert». München 2014, S. 169.

17 Max Prinz von Baden: «Erinnerungen und Dokumente». Neu hrsg. von Golo Mann und Andreas Burckhardt. Stuttgart 1968, S. 597.

18 Wild von Hohenborn, a. a. O., S. 249.

19 Zit. bei Czernin, a. a. O., S. 54.

20 Vergl. Joseph E. Persico: «Eleventh Month, Eleventh Day, Eleventh Hour». Armistice Day, 1918. World War I and Its Violent Climax. New York 2004, S. 310.

21 Zit. ebd., S. 306.

22 Haffner, «Die deutsche Revolution», a. a. O., S. 74.

23 Vergl. Persico, a. a. O., S. 314.

24 Vergl. Karl Dietrich Erdmann, Wolfgang Mommsen (Hrsg.): «Das Kabinett Scheidemann (1919)». Boppard am Rhein 1971, S. 12.

25 Vergl. ebd., S. 378.

2. Entzweiung der jungen Republik: Der innere Kampf in Deutschland

1 Zit. bei Herbert Michaelis, Ernst Schraepler (Hrsg.): «Ursachen und Folgen». Vom deutschen Zusammenbruch 1918 und 1945 bis zur

staatlichen Neuordnung Deutschlands in der Gegenwart. Band 3. Berlin o. J. (1958), S. 504 f.

2 Zit. bei Haffner, «Die deutsche Revolution», a. a. O., S. 86.
3 Vergl. Mommsen, a. a. O., S. 39.
4 Haffner, «Die deutsche Revolution», a. a. O., S. 92.
5 Zit. bei Röhl, a. a. O., S. 1247.
6 Haffner, «Die deutsche Revolution», a. a. O., S. 113.
7 «Deutsche Tageszeitung» vom 10. November 1918, S. 1.
8 Paul von Hindenburg: «Aus meinem Leben». Leipzig 1920, S. 403.
9 Zit. bei Lars-Broder Keil, Sven F. Kellerhoff: «Deutsche Legenden». Vom «Dolchstoß» und anderen Mythen der Geschichte. Berlin 2002, S. 36.
10 Mommsen, a. a. O., S. 45.
11 Karl Retzlaw: «Spartakus». Aufstieg und Niedergang – Erinnerungen eines Parteiarbeiters. Frankfurt am Main 1971, S. 120 und 122.
12 Wolfram Wette: «Gustav Noske». Eine politische Biographie. Düsseldorf 1987, S. 308.
13 Vergl. Retzlaw, a. a. O., S. 126 f.
14 Vergl. Joachim Radkau: «Max Weber». Die Leidenschaft des Denkens. München 2005, S. 225 ff.
15 Zit. bei Mommsen, a. a. O., S. 87.
16 Zit. in «Versailles 1919», a. a. O., S. 358.
17 Vergl. Eberhard Kolb: «Der Frieden von Versailles». München 2005, S. 100.

3. Verweigerung der jungen Republik: Der äußere Kampf von Deutschland

1 Zit. bei Czernin, a. a. O., S. 53.
2 Bericht des Generals von Hammerstein vom 4. März 1919, zit. bei Erdmann und Mommsen, a. a. O., S. 13.
3 Zit. bei Czernin, a. a. O., S. 24.

4. Verbrechen und Strafe: Vier politische Attentate und ihre juristischen Folgen

1 Margaret MacMillan: «Paris 1919». Six Months that Changed the World. New York 2003, S. 143.
2 Vergl. ebd., S. 149.

3   Jean Martet: «Clemenceau spricht». Unterhaltungen mit seinem
     Sekretär Jean Martet. Berlin 1930, S. 48 f.
4   Zit. bei Hick Neath: «Cottin, Louis Emile», auf http://libcom.org/
     history/cottin-louis-emile-1896–1937, abgerufen am 8. März 2017.
5   Vergl. Mordacq, a. a. O., S. 152.
6   Haffner, «Die deutsche Revolution», a. a. O., S. 237.
7   Vergl. Elisabeth Hannover-Drück, Heinrich Hannover: «Der Mord
     an Rosa Luxemburg und Karl Liebknecht». Dokumentation eines
     politischen Verbrechens. Göttingen 1989, S. 47–50.
8   Vergl. Retzlaw, a. a. O., S. 138.
9   Vergl. Klaus Gietinger: «Der Konterrevolutionär». Waldemar
     Pabst – Eine deutsche Karriere. Hamburg 2009, S. 394 ff.
10   Zit. ebd., S. 394.
11   Klaus Gietinger: «Eine Leiche im Landwehrkanal». Die Ermordung
     der Rosa L. Berlin 1995, S. 31.
12   Vergl. Hannover-Drück und Hannover, a. a. O., S. 116.
13   Ebd., S. 115.
14   Haffner, «Die deutsche Revolution», a. a. O., S. 202.
15   Victor Klemperer: «Man möchte immer weinen und lachen in
     einem». Revolutionstagebuch 1919. Berlin 2015, S. 49.
16   Ebd., S. 51.
17   Thomas Mann: «Tagebücher 1918–1921». Hrsg. von Peter de Men-
     delssohn. Frankfurt am Main 1979, S. 110 f.
18   Klemperer, «Weinen und lachen», a. a. O., S. 85 f.
19   Haffner, «Die deutsche Revolution», a. a. O., S. 200.
20   Ebd., S. 204.
21   Klemperer, «Weinen und lachen», a. a. O., S. 98.
22   Mann, a. a. O., S. 367.
23   Zit. bei Klemperer, «Weinen und lachen», a. a. O., S. 214.
24   Ebd., S. 192 f.
25   Mann, a. a. O., S. 367 f.
26   Max Rehm: «Erinnerungen an Max Weber». In: René König, Johan-
     nes Winckelmann (Hrsg.): «Max Weber zum Gedächtnis». Mate-
     rialien und Dokumente zur Bewertung von Werk und Persönlich-
     keit. Köln 1963, S. 24–28, hier S. 25 f.
27   Ebd., S. 26.

Der internationale Blick:
Albert Einsteins Wille zum Frieden

1 Vergl. Thomas de Padova: «Allein gegen die Schwerkraft». Einstein 1914–1918. München 2015, S. 23.
2 Albert Einstein: «Einstein Papers». Vol. 8, Part A: The Berlin Years. Correspondence 1914–1917. Princeton 1998, S. 44.
3 Albert Einstein: «Einstein Papers». Vol. 9: The Berlin Years. Correspondence January 1919 – April 1920. Princeton 2004, S. 58.
4 De Padova, a. a. O., S. 115.
5 Albert Einstein: «Einstein Papers». Vol. 8, Part B: The Berlin Years. Correspondence 1918. Princeton 1998, S. 872.
6 Ebd., S. 871.
7 Kurt Hiller (Hrsg.): «Tätiger Geist!». Zweites der Ziel-Jahrbücher. München 1918, S. 387.
8 Einstein Papers, Vol. 8, Part B, a. a. O., S. 869.
9 Ebd., S. 872.
10 Ebd., S. 884.
11 Vergl. ebd., S. 938.
12 Ebd., S. 906.
13 Albert Einstein: «Einstein Papers». Vol. 7: The Berlin Years. Writings, 1918–1921. Princeton 2002, S. 90.
14 Einstein Papers, Vol. 8, Part B, a. a. O., S. 944.
15 Max Born: «My Life». Recollections of a Nobel Laureate. New York 1978, S. 186.
16 Einstein Papers, Vol. 8, Part B, a. a. O., S. 944.
17 Ebd., S. 941.
18 Ebd., S. 945.
19 Einstein Papers. Vol. 7, a. a. O., S. 123.
20 Einstein Papers, Vol. 8, Part B, a. a. O., S. 946.
21 Vergl. ebd., S. 947.
22 Vergl. de Padova, a. a. O., S. 269.
23 Berliner Tageblatt vom 19. 11. 1918.
24 Vergl. de Padova, a. a. O., S. 261.
25 Einstein Papers, Vol. 8, Part B, a. a. O., S. 958.
26 Ebd., S. 958.
27 Ebd., S. 962.
28 Ebd., S. 960.
29 Einstein Papers, Vol. 9, a. a. O., S. 4.
30 Ebd., S. 5.
31 Ebd., S. 16.

32 Ebd., S. 16.
33 Ebd., S. 29.
34 Ebd., S. 35 f.
35 Vergl. Mann, a. a. O., S. 180.
36 Vergl. Norbert Jegelka: «Paul Natorp». Philosophie, Pädagogik, Politik. Würzburg 1992, S. 159–161.
37 Einstein Papers, Vol. 9, a. a. O., S. 93.
38 Ebd., S. 59.
39 Zit. bei Jegelka, a. a. O., S. 160.
40 Romain Rolland: «Das Gewissen Europas». Tagebuch der Kriegsjahre 1914–1919. Berlin 1963, S. 696.
41 Albert Einstein: «Einstein Papers». Vol. 6: The Berlin Years. Writings, 1914–1917. Princeton 1997, S. 213.
42 Vergl. de Padova, a. a. O., S. 167 u. 214.
43 Vergl. ebd., S. 42.
44 Einstein Papers, Vol. 9, a. a. O., S. 53.
45 Ebd., S. 54.
46 Ebd., S. 57 f., auch die folgenden Zitate.
47 Ebd., S. 80.
48 Ebd., S. 71.
49 Ebd., S. 85.
50 Ebd., S. 93.
51 Ebd., S. 117.

5. Ohne Thesen nichts gewesen: Wilsons Vierzehn Punkte

1 Deren Text einschließlich der späteren Erweiterungen durch Wilsons andere Reden bis zum Waffenstillstand und der Kommentierungen durch seinen Beraterstab wird im Folgenden jeweils zitiert nach Czernin, a. a. O., S. 24–37.
2 «Address of President Wilson delivered at Mount Vernon July 4, 1918», Washington 1918, S. 4.
3 Czernin, a. a. O., S. 126.
4 Beide Passagen zit. ebd., S. 44.
5 Zit. ebd., S. 45.
6 Zit. ebd.

6. Wenn vier sich streiten, reut es den Fünften:
Der Ablauf der Pariser Friedenskonferenz

1 Zit. bei Kolb, a. a. O., S. 49.

2 Zit. bei MacMillan, a. a. O., S. 5.

3 Vergl. Murray L. Eiland, III: «Woodrow Wilson, Architect of World War II». New York 1991, S. 25.

4 Vergl. Renate Meyer: «David Lloyd George und der Friedensvertrag von Versailles». Inaugural-Dissertation zur Erlangung des Doktorgrades der Freien Universität Berlin. Berlin 1953, S. 24 f.

5 Michael Graham Fry: «And Fortune Fled». David Lloyd George, the First Democratic Statesman, 1916–1922. New York 2011, S. 193.

6 Vergl. Anton Pelinka: «Intentionen und Konsequenzen der Zerschlagung Österreich-Ungarns». In: Krumeich, «Versailles 1919», a. a. O., S. 202–210, hier S. 203 f.

7 Vergl. MacMillan, a. a. O., S. 295.

8 Vergl. Holger Afflerbach: «... nearly a case of Italy contra mundo?» Italien als Siegermacht in Versailles. In: Krumeich, «Versailles 1919», a. a. O., S. 159–173, hier S. 165.

9 Vergl. MacMillan, a. a. O., S. 300.

10 Vergl. Martet, a. a. O., S. 18.

11 Vergl. ebd., S. 229.

12 Zit. ebd., S. 163 f.

13 Zit. ebd., S. 357.

14 Georges Clemenceau: «Correspondance (1858–1929)». Édition établie et annotée par Sylvie Brodziak et Jean-Noël Jeanneney. Paris 2008, S. 133.

15 Vergl. ebd., S. 184.

16 Ebd., S. 524.

17 Martet, a. a. O., S. 26 f.

7. Das erste Dilemma:
Der Völkerbund

1 «Versailles 1919», a. a. O., S. 117.

2 Ebd., S. 117.

3 Zit. bei Leonhard, a. a. O., S. 949 f.

4 Fritz M. Cahén: «Der Weg nach Versailles». Erinnerungen 1912–1919. Boppard am Rhein 1963, S. 356.

8. Das zweite Dilemma:
Die Gebietsabtretungen

1   Hans-Ulrich Wehler: «Deutsche Gesellschaftsgeschichte». Vierter
    Band: Vom Beginn des Ersten Weltkriegs bis zur Gründung der bei-
    den deutschen Staaten 1914–1949. München 2003, S. 241.
2   Czernin, a. a. O., S. 35 f.
3   Zit. von Henrik Becker-Christensen in einem bislang unpublizier-
    ten Vortrag zum Thema «60 Jahre Bonn-Kopenhagener Erklärun-
    gen», gehalten am 24. März 2015 in Kiel. Ich danke Lutz Kettmann
    für die freundliche Mitteilung.
4   Vergl. Mordacq, a. a. O., S. 15 f.

9. Das dritte Dilemma:
Österreichs Beitritt zum Deutschen Reich

1   Czernin, a. a. O., S. 214.
2   Vergl. Leonhard, a. a. O., S. 958.
3   Zit. bei Czernin, a. a. O., S. 31.
4   Zit. bei Daniel Schranz: «Der Friedensvertrag als Beutestück». Zum
    Schicksal der Originalurkunde des Versailler Vertrags im Zweiten
    Weltkrieg. In: Krumeich, «Versailles 1919», a. a. O., S. 342–348, hier
    S. 346.

10. Das vierte Dilemma:
Schwierige Kleinigkeiten wie Kaffee, Bilder, Schädel

1   Artikel 263, zit. nach «Versailles 1919», a. a. O., S. 256.
2   Ebd., S. 228.
3   Ebd., S. 247.
4   Ebd., S. 247 f.
5   Vergl. Cahén, a. a. O., S. 333.
6   «Versailles 1919», a. a. O., S. 247.
7   Ebd.
8   Vergl. hierzu und zum Folgenden Vincent C. Frank-Steiner: «Der
    Schädel des Makaua». http://www.kritisches-zur-zeitgeschichte.
    ch/sites/makaua.html, abgerufen am 22. Februar 2017.

11. Das größte Dilemma:
Die Kriegsschuldthese

1 «Versailles 1919», a.a.O., S. 222.
2 Ebd., S. 112.
3 Vergl. dazu Czernin, a.a.O., S. 266.
4 Ebd., S. 268.
5 «Versailles 1919», a.a.O., S. 222.
6 Ebd., S. 228.
7 Zit. bei Czernin, a.a.O., S. 275.
8 Vergl. hierzu und im Folgenden «Versailles 1919», a.a.O., S. 220 f.
9 Ebd., S. 121.

Der nationale Blick:
Theodor Wolffs Unwille zum Frieden

1 Berliner Tageblatt, Abend-Ausgabe vom 11. November 1918, S. 1.
2 Theodor Wolff: «Das Vorspiel». München 1924, S. 6.
3 Vergl. Sösemann, «Der Chronist», a.a.O., S. 304.
4 Berliner Tageblatt vom 10. November 1918, S. 1.
5 Zit. in Wolfram Köhler: «Der Chef-Redakteur Theodor Wolff». Ein Leben in Europa 1868–1943. Düsseldorf 1978, S. 184.
6 Berliner Tageblatt vom 10. November 1919, S. 1.
7 Zit. bei Theodor Heuss: «Friedrich Naumann». Der Mann, das Werk, die Zeit. Stuttgart 1949, S. 453.
8 Vossische Zeitung vom 23. November 1918, S. 1.
9 Zit. bei Wolfgang Hartenstein: «Die Anfänge der Deutschen Volkspartei 1918–1920». Beiträge zur Geschichte des Parlamentarismus und der politischen Parteien, Band 22. Düsseldorf 1962, S. 45.
10 Zit. bei Werner Becker: «Demokratie des sozialen Rechts». Die politische Haltung der Frankfurter Zeitung, der Voss'schen Zeitung und des Berliner Tageblatts 1918–1924. Göttingen 1971, S. 149 f.
11 Zit. bei Hans-Joachim Bieber: «Gewerkschaften in Krieg und Revolution». Arbeiterbewegung, Industrie, Staat und Militär in Deutschland 1914–1920. Hamburg 1981, S. 761.
12 Zit. bei Sösemann, «Der Chronist». a.a.O., S. 366.
13 Wolff, «Vorspiel», a.a.O., S. 5.
14 Vergl. Bernd Sösemann: «Theodor Wolff». Ein Leben mit der Zeitung. München 2000, S. 59.
15 Theodor Wolff: «Pariser Tagebuch». Neuausgabe. Berlin 1927, S. 150.

16 Ebd., S. 154 f.

17 Klaus Schwabe: «Deutsche Revolution und Wilson-Frieden». Die amerikanische und deutsche Friedensstrategie zwischen Ideologie und Machtpolitik 1918/19. Düsseldorf 1971, S. 604, Anm. 39.

18 Berliner Tageblatt vom 6. Oktober 1918, S. 1.

19 Berliner Tageblatt vom 7. Oktober 1918, S. 1.

20 Sösemann, «Der Chronist», a.a. O., S. 35.

21 Berliner Tageblatt vom 25. Mai 1916, S. 1.

22 Vergl. Theodor Wolff: «Tagebücher 1914–1919». Boppard am Rhein 1984, S. 291 f.

23 Theodor Wolff: «Vollendete Tatsachen 1914–1917». Berlin 1918, S. 6 f.

24 Vergl. Kurt Koszyk: «Zwischen Kaiserreich und Diktatur». Die sozialdemokratische Presse von 1914 bis 1933. Heidelberg 1958, S. 110.

25 Berliner Tageblatt vom 10. Oktober 1918, S. 1.

26 Berliner Tageblatt vom 28. Oktober 1918, S. 1.

27 Berliner Tageblatt vom 23. Dezember 1919, S. 1.

28 Zit. in Sösemann, «Der Chronist», a.a. O., S. 327.

29 Vergl. Kolb, a.a. O., S. 38.

30 Vergl. Sösemann, «Der Chronist», a.a. O., S. 324.

31 Berliner Tageblatt vom 8. Mai 1919, S. 1.

32 Zit. in Sösemann, «Der Chronist», a.a. O., S. 368.

33 Zit. ebd., S. 373 f.

34 Zit. ebd., S. 375.

35 Zit. ebd., S. 376.

36 Zit. ebd., S. 379.

37 Zit. ebd., S. 385.

38 Berliner Tageblatt vom 23. Juni 1919, S. 1.

39 Berliner Tageblatt vom 28. Juni 1919, S. 1.

12. Demütigung als Prinzip:
Die deutsche Delegation in Versailles

1 Mann, a.a. O., S. 225.

2 Zit. bei Czernin, a.a. O., S. 308.

3 Ebd.

4 Zit. in «Versailles 1919», a.a. O., S. 85.

5 Zit. ebd., S. 86.

6 Zit. bei Czernin, a.a. O., S. 312.

7 Mann, a.a.O., S. 233.
8 Julien, a.a.O., S. 81.
9 Zit. bei Czernin, a.a.O., S. 315.
10 Zit. in «Versailles 1919», a.a.O., S. 86.
11 Zit. bei Czernin, a.a.O., S. 316 f.
12 Zit. ebd., S. 336 f.
13 Zit. bei Kolb, a.a.O., S. 79.
14 Zit. ebd., S. 79 f.
15 Vergl. ebd., S. 81.
16 Zit. bei Czernin, a.a.O., S. 347.

13. Das letzte Dilemma des Versailler Vertrags: Die Unterzeichnung

1 Nachzulesen etwa in der «New York Times» vom 29. Juni 1919, S. 1.
2 Zit. bei Czernin, a.a.O., S. 320.
3 Vergl. Mordacq, a.a.O., S. 355.
4 Zit. ebd., S. 356.

Stillleben des Sieges: Monets Geschenk an Frankreich

1 Zit. bei Martet, a.a.O., S. 273.
2 Vergl. Clemenceau, a.a.O., S. 1028.
3 Ebd., S. 466 f.
4 Zit. bei Martet, a.a.O., S. 246.
5 Ebd., S. 261.
6 Ebd., S. 266.
7 Zit. bei Sylvie Patry: «Monet et la décoration». In: «Claude Monet 1840–1926». Paris 2010, S. 318–325, hier S. 318.
8 Vergl. Michel Hoog: «Musée de l'Orangerie – Les Nymphéas de Claude Monet». Paris 2006, S. 24.
9 Ebd.
10 Ebd., S. 41.
11 Vergl. Patry, a.a.O., S. 324.
12 Vergl. Clemenceau, a.a.O., S. 481.
13 Martet, a.a.O., S. 260 und 263.
14 Vergl. ebd., S. 248 f.
15 Clemenceau, a.a.O., S. 597.

16 Zit. bei Martet, a. a. O., S. 275.
17 Zit. bei Hoog, a. a. O., S. 44.
18 Vergl. Clemenceau, a. a. O., S. 673.
19 Ebd., S. 729.
20 Vergl. Hoog, a. a. O., S. 46 ff.
21 Vergl. ebd., S. 54.
22 Vergl. Clemenceau, a. a. O., S. 918.

Epilog:
V wie Versailles

1 Érik Orsenna: «Portrait eines glücklichen Menschen». Der Gärtner von Versailles. München 2001, S. 44.
2 «Meyers Großes Konversations-Lexikon». Ein Nachschlagewerk des allgemeinen Wissens. Sechste gänzlich neubearbeitete und vermehrte Auflage. Zwanzigster Band – Veda bis Zz. Leipzig 1908, S. 99 f.
3 Edmund de Waal: «Die weiße Straße». Auf den Spuren meiner Leidenschaft. Wien 2016, S. 156.
4 Zit. bei Uwe Schultz: «Versailles». Die Sonne Frankreichs. München 2002, S. 31.
5 Zit. ebd., S. 28.
6 Marcel Proust: «Briefe». Hrsg., ausgewählt und kommentiert von Jürgen Ritte. Band 2: Briefe 1914–1922. Berlin 2016, S. 1066.
7 Ebd., S. 1089.
8 Georges Clemenceau: «Grandeurs et misères d'une victoire». Présenté par Jean-Noël Jeanneney. Paris 2010, S. 301.
9 Vergl. zu Eisners internationalen Aktivitäten für eine umfassende Aussöhnung Ralf Höller: «Das Wintermärchen». Schriftsteller erzählen die bayerische Revolution und die Münchner Räterepublik 1918/19. Berlin 2017, S. 123 ff.
10 Mommsen, a. a. O., S. 282.
11 John Maynard Keynes: «Essays in Biography». New York 2012, S. 36.

Literatur

Stéphane Audoin-Rouzeau, Christophe Prochasson (Hrsg.): «Sortir de la Grande Guerre». Le monde et l'après–1918. Paris 2008.

Max Prinz von Baden: «Erinnerungen und Dokumente». Neu hrsg. von Golo Mann und Andreas Burckhardt. Stuttgart 1968.

John M. Barry: «The Great Influenza». The Story of the Deadliest Pandemic in History. London 2009.

Werner Becker: «Demokratie des sozialen Rechts». Die politische Haltung der Frankfurter Zeitung, der Vossischen Zeitung und des Berliner Tageblatts 1918–1924. Göttingen 1971.

Henrik Becker-Christensen: «60 Jahre Bonn-Kopenhagener Erklärungen». Bislang ungedruckter Vortrag in der Hermann-Ehlers-Akademie, Kiel, vom 24. März 2015.

Friedrich von Berg: «Erinnerungen aus seinem Nachlaß». In: «Quellen zur Geschichte des Parlamentarismus und der politischen Parteien». Erste Reihe, Band 7: Friedrich von Berg als Chef des Geheimen Zivilkabinetts 1918. Düsseldorf 1971.

Hans-Joachim Bieber: «Gewerkschaften in Krieg und Revolution». Arbeiterbewegung, Industrie, Staat und Militär in Deutschland 1914–1920. Hamburg 1981.

Max Born: «My Life». Recollections of a Nobel Laureate. New York 1978.

Michael Brenner: «Jüdische Kultur in der Weimarer Republik». München 2000.

Fritz M. Cahén: «Der Weg nach Versailles». Erinnerungen 1912–1919. Boppard am Rhein 1963.

Georges Clemenceau: «Correspondance (1858–1929)». Édition établie et annotée par Sylvie Brodziak et Jean-Noël Jeanneney. Paris 2008.

Georges Clemenceau: «Grandeurs et misères d'une victoire». Présenté par Jean-Noël Jeanneney. Paris 2010.

Ferdinand Czernin: «Die Friedensstifter». Männer und Mächte um den Versailler Vertrag. Bern 1968.

Birgit Dalbajewa, Simone Fleischer und Olaf Peters (Hrsg.): «Otto Dix». Der Krieg – Das Dresdner Triptychon. Dresden 2014.

Thomas de Padova: «Allein gegen die Schwerkraft». Einstein 1914–1918. München 2015.

Edmund de Waal: «Die weiße Straße». Auf den Spuren meiner Leidenschaft. Wien 2016.

Murray L. Eiland, III: «Woodrow Wilson: Architect of World War II». New York 1991.

Albert Einstein: «Einstein Papers». Vol. 6: The Berlin Years. Writings, 1914–1917. Princeton 1996.

Albert Einstein: «Einstein Papers». Vol. 7: The Berlin Years. Writings, 1918–1921. Princeton 2002.

Albert Einstein: «Einstein Papers». Vol. 8, Part A: The Berlin Years. Correspondence 1914–1917. Princeton 1997.

Albert Einstein: «Einstein Papers». Vol. 8, Part B: The Berlin Years. Correspondence 1918. Princeton 1998.

Albert Einstein: «Einstein Papers». Vol. 9: The Berlin Years. Correspondence January 1919 – April 1920. Princeton 2004.

Karl Dietrich Erdmann und Wolfgang Mommsen (Hrsg.): «Das Kabinett Scheidemann (1919)». Boppard am Rhein 1971.

Ernst Friedrich: «Krieg dem Kriege». Neu hrsg. vom Anti-Kriegs-Museum Berlin. Mit einer Einführung von Gerd Krumeich. Berlin 2015.

Michael Graham Fry: «And Fortune Fled». David Lloyd George, the First Democratic Statesman, 1916–1922. New York 2011.

Klaus Gietinger: «Eine Leiche im Landwehrkanal». Die Ermordung der Rosa L. Berlin 1995.

Klaus Gietinger: «Der Konterrevolutionär». Waldemar Pabst – Eine deutsche Karriere. Hamburg 2009.

Sebastian Haffner: «Preußen ohne Legende». Textausgabe. München 1981.

Sebastian Haffner: «Germany: Jeckyll & Hyde». 1939 – Deutschland von innen betrachtet. Berlin 1996.

Sebastian Haffner: «Die deutsche Revolution 1918/19». Berlin 2002.

Elisabeth Hannover-Drück und Heinrich Hannover (Hrsg.): «Der Mord an Rosa Luxemburg und Karl Liebknecht». Dokumentation eines politischen Verbrechens. Göttingen 1989.

Wolfgang Hartenstein: «Die Anfänge der Deutschen Volkspartei 1918–1920». Beiträge zur Geschichte des Parlamentarismus und der politischen Parteien, Band 22. Düsseldorf 1962.

Ulrich Herbert: «Geschichte Deutschlands im 20. Jahrhundert». München 2014.

Theodor Heuss: «Friedrich Naumann». Der Mann, das Werk, die Zeit. Stuttgart 1949.

Kurt Hiller: «Ein deutsches Herrenhaus». In: Kurt Hiller (Hrsg.): «Tätiger Geist». Zweites der Ziel-Jahrbücher. München 1918, S. 379–425.

Paul von Hindenburg: «Aus meinem Leben». Leipzig 1920.

Ralf Höller: «Das Wintermärchen». Schriftsteller erzählen die bayerische Revolution und die Münchner Räterepublik 1918/1919. Berlin 2017.

Michel Hoog: «Musée de l'Orangerie – Les Nymphéas de Claude Monet». Paris 2006.

Norbert Jegelka: «Paul Natorp: Philosophie, Pädagogik, Politik». Würzburg 1992.

Elise Julien: «Der Erste Weltkrieg». Darmstadt 2014.

Lars-Broder Keil und Sven F. Kellerhoff: «Deutsche Legenden». Vom «Dolchstoß» und anderen Mythen der Geschichte. Berlin 2002.

John Maynard Keynes: «Essays in Biography». New York 2012.

Peter Graf Kielmansegg: «Deutschland und der Erste Weltkrieg». Zweite durchgesehene Auflage. Stuttgart 1980.

Victor Klemperer: «Curriculum Vitae». Erinnerungen eines Philologen 1881–1918. Berlin 1989.

Victor Klemperer: «Man möchte immer weinen und lachen in einem». Revolutionstagebuch 1919. Berlin 2015.

Wolfram Köhler: «Der Chef-Redakteur Theodor Wolff». Ein Leben in Europa 1868–1943. Düsseldorf 1978.

Eberhard Kolb: «Der Frieden von Versailles». München 2005.

Kurt Koszyk: «Zwischen Kaiserreich und Diktatur». Die sozialdemokratische Presse von 1914 bis 1933. Heidelberg 1958.

Gerd Krumeich (Hrsg.): «Versailles 1919». Ziele – Wirkung – Wahrnehmung. Schriften der Bibliothek für Zeitgeschichte – Neue Folge, Band 14. Essen 2001.

Gerd Krumeich: «Ein einzigartiges Werk». In: Ernst Friedrich: «Krieg dem Kriege». Neu hrsg. vom Anti-Kriegs-Museum Berlin. Mit einer Einführung von Gerd Krumeich. Berlin 2015, S. VII – XXXVII.

Gerd Krumeich: «Der Dolchstoß war nicht bloß eine Legende». In: «Frankfurter Allgemeine Zeitung» vom 10. Juli 2017, S. 13.

Jörn Leonhard: «Die Büchse der Pandora». Geschichte des Ersten Weltkriegs. München 2014.

Thomas Lorenz: «Die Weltgeschichte ist das Weltgericht». Der Versailler Vertrag in Diskurs und Zeitgeist der Weimarer Republik. Frankfurt am Main 2008.

Margaret MacMillan: «Paris 1919». Six Months that Changed the World. New York 2003.

Thomas Mann: «Tagebücher 1918–1921». Hrsg. von Peter de Mendelssohn. Frankfurt am Main 1979.

Jean Martet: «Clemenceau spricht». Unterhaltungen mit seinem Sekretär Jean Martet. Berlin 1930.

Renate Meyer: «David Lloyd George und der Friedensvertrag von Versailles». Inaugural-Dissertation zur Erlangung des Doktorgrades der Freien Universität Berlin. Berlin 1953.

«Meyers Großes Konversations-Lexikon». Ein Nachschlagewerk des allgemeinen Wissens. Sechste gänzlich neubearbeitete und vermehrte Auflage. Zwanzigster Band – Veda bis Zz. Leipzig 1908.

Herbert Michaelis und Ernst Schraepler (Hrsg.): «Ursachen und Folgen». Vom deutschen Zusammenbruch 1918 und 1945 bis zur staatlichen Neuordnung Deutschlands in der Gegenwart. Bd. 3. Berlin o. J. (1958).

Hans Mommsen: «Die verspielte Freiheit». Der Weg der Republik von Weimar in den Untergang 1918 bis 1933. Propyläen Geschichte Deutschlands, 8. Band. Berlin 1989.

Jean-Jules-Henri Mordacq: «Le ministère Clemenceau». Journal d'un témoin. Tome III: Novembre 1918 – juin 1919. Paris 1931.

Érik Orsenna: «Portrait eines glücklichen Menschen». Der Gärtner von Versailles. München 2001.

Sylvie Patry: «Monet et la décoration». In: «Claude Monet 1840–1926». Paris 2010, S. 318–325.

Joseph E. Persico: «Eleventh Month, Eleventh Day, Eleventh Hour». Armistice Day, 1918. World War I and Its Violent Climax. New York 2004.

Joachim Radkau: «Max Weber». Die Leidenschaft des Denkens. München 2005.

Max Rehm: «Erinnerungen an Max Weber». In: René König und Johannes Winckelmann (Hrsg.): «Max Weber zum Gedächtnis». Materialien und Dokumente zur Bewertung von Werk und Persönlichkeit. Köln 1963, S. 24–28.

Pierre Renouvin: «L'Armistice de Rethondes, 11 novembre 1918». Paris 1968.

Karl Retzlaw: «Spartakus». Aufstieg und Niedergang – Erinnerungen eines Parteiarbeiters. Frankfurt am Main 1971.

John C. G. Röhl: «Wilhelm II.» Der Weg in den Abgrund 1900–1941. München 2008.

Romain Rolland: «Das Gewissen Europas». Tagebuch der Kriegsjahre 1914–1919. Berlin 1963.

Christiane Scheidemann: «Ulrich Graf Brockdorff-Rantzau (1869–1928)».
Eine politische Biographie. Frankfurt am Main 1998.

Uwe Schultz: «Versailles». Die Sonne Frankreichs. München 2002.

Klaus Schwabe: «Deutsche Revolution und Wilson-Frieden». Die amerikanische und deutsche Friedensstrategie zwischen Ideologie und Machtpolitik 1918/19. Düsseldorf 1971.

Klaus Schwabe (Hrsg.): «Quellen zum Friedensschluß von Versailles». Ausgewählte Quellen zur deutschen Geschichte der Neuzeit – Freiherr vom Stein-Gedächtnisausgabe, Band XXX. Darmstadt 1997.

Bernd Sösemann: «Theodor Wolff». Ein Leben mit der Zeitung. München 2000.

Bernd Sösemann (Hrsg.): «Theodor Wolff, der Chronist». Krieg, Revolution und Frieden im Tagebuch 1914 bis 1919. Düsseldorf 1997.

«Versailles 1919». Aus der Sicht von Zeitzeugen. München 2002.

Hans-Ulrich Wehler: «Deutsche Gesellschaftsgeschichte». Vierter Band: Vom Beginn des Ersten Weltkriegs bis zur Gründung der beiden deutschen Staaten 1914–1949. München 2003.

Astrid Wenger-Dollmann: «Die ‹Kriegszermalmten› – Die visuelle Schockrhetorik des Antikriegsdiskurses». In: Gerhard Paul (Hrsg.): «Das Jahrhundert der Bilder» 1900–1949. Göttingen 2009, S. 308–315.

Wolfram Wette: «Gustav Noske». Eine politische Biographie. Düsseldorf 1987.

Adolf Wild von Hohenborn: «Briefe und Tagebuchaufzeichnungen des preußischen Generals als Kriegsminister und Truppenführer im Ersten Weltkrieg». Hrsg. von Helmut Reichhold. Schriften des Bundesarchivs 34. Boppard am Rhein 1986.

Theodor Wolff: «Vollendete Tatsachen 1914–1917». Berlin 1918.

Theodor Wolff: «Das Vorspiel». München 1924.

Theodor Wolff: «Pariser Tagebuch». Neuausgabe. Berlin 1927.

Theodor Wolff: «Tagebücher 1914–1919». Boppard am Rhein 1984.

Mitteleuropa 1914

Skager

N o r d s e e

KGR.
DÄNEMA

Dublin

KGR.
GROSSBRITANNIEN
UND IRLAND

KGR.
NIEDERLANDE

Hamb

London

Amsterdam

DEUTSCH

Der Kanal

Brüssel

KGR.
BELGIEN

Cherbourg

LUXEMBURG

Compiègne

Luxemburg

Paris

Verdun

Stutt

Bodense

Basel

Bern

SCHWEIZ

FRANKREICH

Genf

Lyon

Bordeaux

KGR. SPANIEN

Marseille

Barcelona

0   100   200   300 km

Europa nach 1918

--- Grenzen der Mittelmächte 1914
▮ Deutsches Reich 1918
▯ neue Staaten
–·–· Grenzen seit 1923

NORWEG

Shetland-Inseln

Orkney-Inseln

Kristia
Os

Hebriden

GROSSBRITANNIEN UND NORDIRLAND

DÄNEMA

Ulster
● Belfast

N o r d s e e

Ki

FREISTAAT IRLAND
(1922)
● Dublin

NIEDER-
LANDE

Ham

Amsterdam ●

London ●

Köln ●

DEUTSC

BELGIEN

A t l a n t i s c h e r
O z e a n

Versailles ● ● Paris

LUXEM-
BURG

Rhein

N

S

SCHWEIZ

FRANKREICH

Rhône

Loire

Korsika
(franz.)

Ebro

PORTUGAL

Tajo

● Madrid

SPANIEN

Sardinie
(ital.)

Lissabon ●

Balearen
(span.)

● Gibraltar (brit.)

Tanger ●
(internat./
1924 neutralisiert)

Er-Rif
(Span.-Marokko)

● Algier

T

Marokko
(franz. Protektorat)

Algerien (franz.)

Tunes
(fra
Protek

Gebietsabtretungen im Westen des Deutschen Reichs

an Nachbarstaaten abgetretene Gebiete (1919–1921)

Saargebiet, bis 1935 vom Völkerbund verwaltet, danach zu Deutschland

Deutschland 1920

Besetztes Gebiet innerhalb der entmilitarisierten Zone im Rheinland

Grenzen des Deutschen Reichs 1914

Ostgrenze der entmilitarisierten Zone

DÄNEMARK

Nordschleswig

Kiel

Hamburg

Nordsee

NIEDERLANDE

Elbe

Bremen

■ Amsterdam

Den Haag ●

Hannover

Rhein

DEUTSCHES REICH

BELGIEN

■ Brüssel

● Köln

Weimar ●

Eupen-Malmedy

Rhein-provinz

N

S

Mosel

Frankfurt ●

LUXEMBURG

■ Luxemburg

● Würzburg

Metz ● ● Saarbrücken

Nürnberg ●

Elsass-Lothringen

● Karlsruhe

FRANKREICH

Seine

Straßburg ● ● Stuttgart

Donau

Bayern

Württem-berg

● Langres

München ●

Dijon ●

Bodensee

Basel ● Zürich

0   50   100   150km

SCHWEIZ

■ Bern

ÖSTERREICH

Gebietsabtretungen im Osten des Deutschen Reichs

Abtretungen des Deutschen Reiches
nach dem Versailler Vertrag

Abstimmungsgebiete

Staatsgrenze von 1937

heutige Grenze Polens

SCHWEDEN

Karlskrona

Bornholm

O s t s e e

Windau

LETTLAND

Libau

LITAUEN

Memelgebiet
1920–23 unter alliiert. Verwalt.
1923 von Litauen annektiert
«Anschluss» Memel 23.3.1939

Memel

Memel

Tilsit

Insterburg

Freie Stadt
Danzig
1920 unter Schutz
des Völkerbundes

Königsberg

Danzig

Ostpreußen

Stolpmünde

POLNISCHER KORRIDOR

Rügenwalde

Stolp

Elbing

Allenstein (11.7.1920)

Usedom

Kolberg

Marienwerder
(11.7.1920)

Allenstein

Swinemünde

Marienwerder

West-
preußen

Pommern

N

Stettin

Bromberg

S

Schneidemühl

Thorn

Bug

DEUTSCHES
REICH

Posen
(1920 zu Polen)

Gnesen

Weichsel

Plozk

Berlin

Posen

Warschau

Oder

Frankfurt/Oder

POLEN

Łódź
(Litzmannstadt)

Glogau

Schlesien

Breslau

Warthe

Elbe

Ober-
schlesien
(20.3.1921)

Sudetenland

Oppeln

Glatz

Beuthen

Krakau

Gleiwitz

(1921
zu Polen)

Prag

0   50   100   150 km

Personenregister

Bildnachweis

Dank

Danke
an die wichtigste Leserin: Martina Gerhardt
an den wichtigsten Leser: Dietmar Dath
und an alle, die das Buch bei Rowohlt · Berlin befördert haben.